Gramática básica del estudiante de español

Gramática básica del estudiante de español

Rosario Alonso Raya
Alejandro Castañeda Castro
Pablo Martínez Gila
Lourdes Miquel López
Jenaro Ortega Olivares
José Plácido Ruiz Campillo

Primera edición: junio de 2005

Centro de investigaciones
y publicaciones de idiomas, S.L.
c/Trafalgar, 10, entlo. 1ª
08010 Barcelona
Tel. (+34) 93 268 03 00 / Fax (+34) 93 310 33 40
editorial@difusion.com
www.difusion.com

Autores: Rosario Alonso Raya
Alejandro Castañeda Castro
Pablo Martínez Gila
Lourdes Miquel López
Jenaro Ortega Olivares
José Plácido Ruiz Campillo

Coordinación y diseño: Jordi Sadurní i Ventura
Asesor didáctico: Agustín Garmendia
Maquetación: Sònia Cabestany
Documentación: Olga Mias

Ilustraciones: David Revilla

Fotografías: Pág. 36, 102, 106, 116, 140, 146, 153, 217, 234, 237: autores y familiares. Pág. 44: 1: Rasmus Evensen, Didvision, 2: John Pring (john@johnpringphotography.com), 3: Franco Giovanella (franco@revistanossa.com.br), 4: San San (san@loungefrog.com). Pág. 110: João Estevão A. de Freitas (jefras@netmadeira.com). Pág. 193: Real Ibérico, Consorcio para la Promoción del Jamón Ibérico Español.

Impreso por Tesys

ISBN: 84-8443-225-4
Depósito legal: B-24.174-2005

difusión
Centro de Investigación y Publicaciones de Idiomas, S.L.

Agradecimientos

Quien busca una gramática busca el mapa de un territorio desconocido. Es un pirata, un astronauta, un aventurero loco dispuesto a descubrir un universo entero. No hay nada más atrevido ni más generoso que aprender una lengua. Es una empresa infinita, abrumadora, digna de héroes. Como Adán en el paraíso, empiezas a nombrar de nuevo el mundo. Si has llegado hasta aquí y tienes esta gramática en tus manos, ya eres uno de los nuestros. Gracias.

Gracias también a nuestros alumnos del Centro de Lenguas Modernas de la Universidad de Granada, de la Escuela Oficial de Idiomas-2 de Barcelona y del Instituto Cervantes de Estambul, todos ellos expedicionarios del safari de las clases, porque han sido ellos los que de verdad nos han hecho ver dónde estaban las arenas movedizas, los oasis, las grutas y los volcanes, los torrentes desbocados y los remansos de aguas cristalinas. Porque son ellos los que han guiado y corregido los trazos de este mapa con el testimonio lúcido de sus aventuras gramaticales. Porque no son ellos los que han aprendido de esta gramática: es esta gramática la que ha aprendido de ellos.

Gracias a la genialidad del dibujante David Revilla; gracias al apoyo, paciencia y ayuda de Agustín Garmendia y el equipo de producción de Difusión; gracias a la sensibilidad, implicación, comprensión y entusiasmo de Jordi Sadurní.

Y, sobre todo, damos las gracias a nuestras sufridas familias y a nuestros temporalmente abandonados amigos por haber soportado nuestras largas ausencias en países imaginarios. De nuestras temporadas en la región de los pronombres, en la selva del subjuntivo, en el planeta de qué, quién, cuál *o en el castillo de* ser *y* estar, *volvíamos peor que nos habíamos ido, con más conciencia de los abismos, a punto de ser atraídos por el lado oscuro de la fuerza. Adoración, Alicia, Ángela, Antonio, Arnau, Carlota, Carmen, Carmen, Francisca, Gloria, Héctor, Inma, Juani, Jesús, Lucía, Lucía, Lucía, Luis, Mari, Mopa, Plácido, Puchi, Rosario, Samuel, Teo, Xavier: lo vuestro no tiene precio.*

Los cartógrafos.

Índice

10 **Presentación**

11 **Organización y funcionamiento de la GBE**

SECCIÓN 1 **Sustantivos y adjetivos**

14 1. **Sustantivo. Género de las cosas.**
14 a. Regla general: *el edificio, la casa...*
14 b. Reglas especiales: *el problema, la mano...*

17 2. **Sustantivo. Género de personas y animales.**
17 a. Regla general: *doctor, doctora...*
18 b. Reglas especiales para el género de las personas: *marido, mujer...*
19 c. Reglas especiales para el género de los animales: *toro, vaca...*

20 3. **Sustantivo. Número.**
20 a. Formación del plural: *mapa, mapas; país, países...*
21 b. Usos particulares: *la gente, las gafas...*

23 4. **Adjetivo**
23 a. Género: *guapo, guapa; interesante...*
24 b. Número: *guapos, guapas; interesantes...*
25 c. Concordancia: *Unos amigos griegos.*
26 d. Adjetivo después del sustantivo: *¿Vino tinto o vino blanco?*
26 e. Adjetivo antes del sustantivo: *Mi apartamento pequeño / Mi pequeño apartamento*
28 f. *Un gran problema / Un problema grande*

SECCIÓN 2 **Determinantes**

30 5. **Artículos: *Un, el, ø***
30 a. Formas
31 b. Usos: *Toma una carta / Toma la carta*
33 c. ¿*Un* o *el* o *ø*?: *Tenemos teléfono. Suena un teléfono. He roto el teléfono.*
34 d. Generalizar: *A los españoles les gusta el café...*
36 e. *Uno alto, el de Soria, el que te dije...*

37 6. **Demostrativos: *este, ese, aquel... esto, eso, aquello...***
37 a. *Este libro; ese libro; aquel libro.*
39 b. Uso en relación con el tiempo: *Este mes. Ese día. Aquel fin de semana.*
39 c. *Éste, ése, aquél...*
40 d. Demostrativos neutros: *¿Dónde pongo esto? No me digas eso. ¿Qué es aquello?*

43 7. **Posesivos: *mi, tu, su... mío, tuyo, suyo...***
43 a. Posesivos antes del sustantivo: *mi amigo, mi amiga...*
45 b. Posesivos después del sustantivo: *un amigo mío, una amiga mía...*
46 c. *Un amigo mío / Mi amigo*
47 d. Sin sustantivo: *Tu casa es bonita pero la mía es más grande.*
48 e. *¿De quién es? Es nuestro: mío, tuyo y de Pepe.*
49 f. Casos especiales: *Tengo el pelo mojado.*

50 8. **Indefinidos: *todos, algunos, alguien, nada, otros...***
50 a. *Algún estudiante, ninguna casa, todos los días...*
52 b. *Alguien, nadie; algo, nada; todo.*
53 c. Doble negación: *No hay ninguno; no hay nadie; no hay nada.*
54 d. *Otro, otra, otros, otras.*

56 9. **Numerales cardinales: *uno, dos, tres...***
56 a. De 0 a 15
57 b. De 16 a 99
58 c. De 100 a 999
59 d. De 1.000 a 999.999
59 e. *Millón, millones...*
60 f. Cómo se lee una cifra en español.

61 10. **Numerales ordinales: *primero, segundo, tercero...***
61 a. Significado y formas
62 b. Funcionamiento
62 c. Usos
63 d. Ordinales a partir del 10º
64 11. **Cuantificadores: *demasiado, mucho, bastante...***
64 a. Con sustantivos: *mucho chocolate / muchas galletas*
65 b. *Poco / un poco de* + sustantivos no contables: *Hay un poco de comida pero hay poca bebida.*
66 c. Con adjetivos, adverbios y verbos: *Corre mucho; es muy rápido; está muy lejos.*

SECCIÓN 3 Pronombres personales

68 12. **Pronombres personales. Introducción.**
68 a. Sujeto, complemento directo y complemento indirecto
70 b. Construcciones reflexivas: *Ella se pinta.*
70 c. Construcciones valorativas: *A Jaime le gustan las motos.*
71 13. **Pronombres sujeto: *yo, tú, él...***
71 a. Formas: *yo, tú, él...*
72 b. Presencia y ausencia del pronombre: *¿Cómo te llamas? / ¿Tú cómo te llamas?*
73 14. **Pronombres con preposición: *a mí, para ti, con él...***
73 a. Formas
74 b. *Conmigo, contigo, con él...*
75 15. **Pronombres complemento: *me, te, nos... lo, la, le, los...***
75 a. Primera y segunda persona: *me, te, nos, os.*
76 b. Tercera persona: *lo, la, los, las / le, les.*
78 c. *Lo* neutro: *Yo eso no lo entiendo. Parece fácil, pero no lo es.*
79 16. **Posición y combinación de pronombres complemento**
79 a. Un pronombre: *Te he visto. Os he visto.*
80 b. Combinación de dos pronombres: *Te lo compro. Os lo compro.*
80 c. Combinación de dos pronombres: *Se lo compro. Se la compro.*
81 d. Con imperativo positivo, infinitivo y gerundio: *déjasela, dejársela, dejándosela...*
82 e. Con perífrasis verbales: *Tienes que comértelo / Te lo tienes que comer*
83 f. En construcciones reflexivas y valorativas: *Se las lava. Le gusta el chocolate.*
84 17. **Presencia y reduplicación de pronombres**
84 a. Uso de *lo, la, los, las / le, les*: *Lo ha comprado. Le ha dado un regalo a María.*
85 b. Reduplicación: *Me ha mirado a mí.*
87 18. **Construcciones reflexivas y valorativas**
87 a. Construcciones reflexivas: *Me baño. Me lavo los dientes.*
88 b. Usos: *Te has mojado. Te has mojado el pelo. Te has mojado la blusa.*
89 c. La reciprocidad: *Nos conocemos. Nos queremos.*
90 d. Construcciones valorativas: *Me gusta... Les da miedo... Nos parece bien...*

SECCIÓN 4 Verbos

94 19. **Conjugación. Elementos básicos.**
94 a. Referirse a un verbo: el infinitivo.
95 b. Conjugar un verbo
96 c. Concordar el verbo con el sujeto
97 20. **Formas no personales: *hablar, hablando, hablado.***
97 a. Significado y forma del infinitivo: *hablar, comer, vivir.*
97 b. El infinitivo como sustantivo
98 c. El infinitivo como verbo
99 d. Significado y forma del gerundio: *hablando, comiendo, viviendo.*
100 e. Usos del gerundio: *Está subiendo. Subiendo a la derecha.*
101 f. Significado y forma del participio: *hablado, comido, vivido.*
102 g. Uso como adjetivo: *Una cosa terminada. Está terminada. La tengo terminada.*
103 h. Uso de las formas compuestas del verbo: *he salido, había salido, habré salido...*

104 **21. Presente de indicativo**
104 a. Verbos regulares: *hablo, como, vivo...*
105 b. Verbos con alteraciones vocálicas: *quiero / puedo, juego...*
105 c. Verbos con alteraciones vocálicas: *pido, repito...*
106 d. Primera persona irregular: *hago, pongo, salgo...*
107 e. Primera persona irregular y otras alteraciones: *tener, venir, decir, oír, estar.*
108 f. Verbos totalmente irregulares: *ir, ser, haber.*
108 g. Usos. Afirmar el presente: *Mi novio está en Madrid.*
109 h. Usos. Afirmar el futuro: *Mi novio vuelve mañana.*
110 i. Usos. Afirmar en general: *Los hombres son así.*

111 **22. Pretérito perfecto de indicativo**
111 a. Significado y formas: *he hablado, he comido, he vivido...*
112 b. El pasado del presente: *Ha llovido mucho. Este verano ha llovido mucho.*
114 c. El pasado del futuro: *A las cinco he terminado.*

115 **23. Pretérito indefinido**
115 a. Significado y formas regulares: *hablé, comí, viví...*
116 b. Verbos con raíz irregular: *dijo, puso, estuvo...*
117 c. Verbos con alteraciones vocálicas: *pidió, durmió...*
117 d. *Dar, ir, ser.*
118 e. Usos: *El viernes pasado los vi. Cuando entraba, los vi.*

119 **24. ¿Perfecto o Indefinido? *Ha salido / Salió***
119 a. Espacios actuales y no actuales: *Este año ha sido horrible / El año pasado fue horrible*
120 b. Espacios ambiguos: *Nunca ha pasado nada / Nunca pasó nada*
122 c. Espacios inmediatos: *Ya he terminado / Ya terminé*

123 **25. Pretérito imperfecto de indicativo**
123 a. Significado del Imperfecto
124 b. Formas regulares: *hablaba, comía, vivía...*
125 c. Verbos totalmente irregulares: *ir, ser, ver.*
125 d. Usos del Imperfecto. Describir cualidades: *Era una chica muy guapa.*
126 e. Usos del Imperfecto. Describir situaciones regulares: *Antes dormía mucho.*
127 f. Usos del Imperfecto. Describir situaciones momentáneas: *A las dos estaba durmiendo.*

128 **26. ¿Imperfecto, Indefinido o Pretérito perfecto?**
128 a. Decribir situaciones momentáneas (Imperfecto) o contar hechos completos (Indefinido)
129 b. Procesos completos (Indefinido) y partes de un proceso (Imperfecto)
130 c. Cualidades estáticas (Imperfecto) y cualidades dinámicas (Indefinido)
132 d. Describir situaciones regulares (Imperfecto)
132 e. Contar historias
133 f. ¿Imperfecto o Pretérito perfecto? *Salía / Ha salido*
134 g. Historias actuales y no actuales

136 **27. Pluscuamperfecto de indicativo**
136 a. Significado y formas: *había hablado, había comido, había vivido...*
137 b. Uso: el pasado del pasado.

139 **28. Futuro**
139 a. Significado
139 b. Formas regulares: *hablaré, comeré, viviré...*
140 c. Verbos irregulares: *diré, querré, tendré...*
141 d. Usos. Predecir el futuro: *Mi novio volverá mañana.*
142 e. Usos. Suponer el presente: *Mi novio estará en Madrid ahora.*

144 **29. Futuro perfecto**
144 a. Significado y formas: *habré hablado, habré comido, habré vivido...*
144 b. Usos. Suponer el pasado del presente: *Habrá dormido poco, supongo.*
145 c. Usos. Predecir el pasado del futuro: *Mañana habré terminado.*

146 **30. Condicional**
146 a. Formas regulares e irregulares: *hablaría, comería, viviría, querría...*
147 b. Hacer suposiciones sobre el pasado: *Serían las cinco, más o menos.*
148 c. Hacer declaraciones hipotéticas sobre el presente y el futuro: *Yo no diría nada...*

149 31. **Condicional compuesto: *habría hablado...***
149 a. Formas: *habría hablado, habría comido, habría vivido...*
149 b. Hacer suposiciones sobre el pasado del pasado: *Habría salido, porque no abría.*
150 c. Hacer declaraciones hipotéticas sobre el pasado del presente: *Yo no habría dicho nada...*

151 32. **Formas de subjuntivo: *hable, haya hablado...***
151 a. Formas regulares del Presente de subjuntivo: *hable, coma, viva...*
152 b. Verbos con alteraciones vocálicas: *pedir, sentir, dormir...*
153 c. Verbos con raíz irregular: *salga, diga, ponga...*
153 d. Verbos totalmente irregulares: *ser, estar, ver, ir, haber, saber.*
154 e. Formas del Pretérito imperfecto de subjuntivo: *hablara(-se), comiera(-se), viviera(-se)...*
156 f. Formas del Pretérito perfecto de subjuntivo: *haya hablado/comido/vivido...*
156 g. Formas del Pluscuamperfecto de subjuntivo: *hubiera(-se) hablado/comido/vivido...*

157 33. **¿Indicativo o subjuntivo?**
157 a. Declarar (indicativo) o no declarar (subjuntivo)
158 b. Expresar deseos y objetivos: *Quiero que venga.*
162 c. Declarar o cuestionar informaciones: *Creo que viene / No creo que venga*
165 d. Declarar o pedir: *Dice que viene / Dice que venga*
165 e. Valorar informaciones: *Es estupendo que venga.*
168 f. Identificar o no identificar entidades: *La chica que viene / La chica que venga*
171 g. Relacionar temporalmente dos hechos
172 h. Correspondencias temporales

173 34. **Imperativo**
173 a. Usos
173 b. Imperativo de *tú*: *come...*
174 c. Imperativo de *vosotros*: *comed...*
175 d. Imperativo de *usted* y *ustedes*: *coma, coman...*
175 e. Imperativo negativo: *no comas, no comáis, no coma, no coman...*
176 f. Imperativo con pronombres: *Dímelo / No me lo digas*

177 35. ***Ser* y *estar***
177 a. *Ser: Julio César es un gato.*
178 b. *Estar: Julio César está dormido.*

180 36. ***Haber* y *estar***
180 a. Formas de *haber: hay, había, habrá...*
181 b. Usos de *haber* en forma impersonal: *¿Hay un hospital por aquí cerca?*
182 c. *Haber / Estar: Hay varios hospitales, pero el Hospital General está en la esquina.*

185 37. **Perífrasis verbales: *Va a salir. Está saliendo...***
185 a. *Ir a* + INFINITIVO: *voy a comer, iba a comer...*
187 b. *Tener que / Haber que* + INFINITIVO: *Tienes que comer / Hay que comer*
188 c. *Estar* + GERUNDIO: *Está durmiendo / Duerme*
190 d. *Estar* + GERUNDIO con hechos terminados: *Estuvo comiendo / Comió...*

SECCIÓN 5 **Preposiciones**

192 38. **Preposiciones (I): *de, a, desde, hasta, en, entre, por...***
192 a. *De, a*
193 b. *Desde, hasta*
195 c. *En, entre*
197 d. *Para, por*
199 e. *Con, sin*
200 f. *Contra, hacia*

201 39. **Preposiciones (II): *encima (de), debajo (de)...***
201 a. *Encima (de), debajo (de), delante (de), detrás (de)...*
202 b. *¿Delante (de)* o *detrás (de)* o *enfrente (de)?*
203 c. *Al principio (de), al final (de), dentro (de), después (de)...*

SECCIÓN 6 Oraciones (Sätze)

206 **40. Preguntar y exclamar**
206 **a.** Preguntas sí/no: *¿Vienes con nosotros?*
207 **b.** Lugar, tiempo y modo: *¿Dónde...? ¿Cuándo...? ¿Cómo...?*
208 **c.** Cantidad: *¿Cuánto...?*
209 **d.** Causa: *¿Por qué...?*
210 **e.** Cosas: *¿Qué compramos? ¿Qué disco compramos? ¿Cuál compramos?*
211 **f.** Personas: *¿Quién? ¿Qué niño? ¿Cuál?*
213 **g.** *¿Cuál es la capital de Perú? / ¿Qué es Tegucigalpa?*
214 **h.** *¿De dónde...? ¿Hasta cuando...? ¿Por cuánto...? ¿Para qué...?*
215 **i.** Preguntas indirectas: *No sé si te conozco. No sé cómo te llamas.*
216 **j.** Exclamar: *¡Ha nevado esta noche! ¡Qué raro!*

218 **41. Comparar**
218 **a.** *¿Más o menos?*
219 **b.** *Igual, tan / tanto, el mismo...*
222 **c.** Superlativo relativo: *El hombre más rápido del mundo.*
223 **d.** Superlativo absoluto: *Una mujer cariñosísima.*
225 **e.** *Mejor, peor, mayor, menor.*

226 **42. Unir frases: *y, o, pero, sino, porque, cuando, si, que...***
226 **a.** *Y, o, ni*
228 **b.** *Pero, sino*
230 **c.** *Porque, como, es que*
231 **d.** *Que, donde, como, cuando*
235 **e.** *Cuando, hasta que, en cuanto, mientras, siempre que, antes de (que), después de (que)*
238 **f.** Expresar condiciones con *si*: *Si tienes tiempo, llámame.*

SECCIÓN 7 Ortografía

242 **43. Letras y sonidos**
242 **a.** Grupos de letras que representan un solo sonido
243 **b.** Letras que pueden representar sonidos diferentes
244 **c.** Letras diferentes que representan el mismo sonido
246 **d.** La *ñ*

247 **44. Acentuación**
247 **a.** El acento de la palabra
249 **b.** Diptongos
250 **c.** Distinguir el significado de las palabras por la tilde: *te / té*

Verbos conjugados

252 **Verbos conjugados**
252 **a.** Verbos regulares
253 **b.** Verbos con dos o más irregularidades
272 **c.** Verbos con una irregularidad
272 **d.** Lista de verbos irregulares

Claves de los ejercicios

274

Índice temático

297

Presentación

¿Qué es la GBE?

La ***Gramática Básica del Estudiante de Español*** (GBE) es una gramática para estudiantes de español de nivel inicial e intermedio (A1-B1 del *Marco de Referencia Europeo*) que buscan una descripción clara, útil y operativa del funcionamiento de la lengua española. Las características esenciales de la GBE son:

- Explica el sistema gramatical español teniendo en cuenta siempre —tanto en la descripción gramatical como en los ejercicios— el significado y el uso real de los distintos recursos.
- Emplea de manera regular una serie de elementos figurativos (dibujos, colores y otras convenciones gráficas) para apoyar y facilitar la comprensión de los significados gramaticales.
- Presenta una descripción rigurosa, operativa y fiable de los recursos gramaticales: el estudiante podrá aplicar significativa y sistemáticamente las reglas proporcionadas, así como prevenir posibles errores.

Estructura de la GBE

El libro está organizado en siete secciones que recogen los principales aspectos del sistema gramatical del español: SUSTANTIVOS Y ADJETIVOS; DETERMINANTES; PRONOMBRES PERSONALES; VERBOS; PREPOSICIONES; ORACIONES,Y ORTOGRAFÍA.

Estas secciones contienen diversos capítulos. En ellos se alternan fichas que explican un determinado recurso gramatical (acompañadas de numerosos ejemplos e ilustraciones) con ejercicios de aplicación inmediata (que permiten al estudiante ensayar y comprobar su asimilación de la explicación que los precede). Los diferentes capítulos se vinculan entre sí con abundantes remisiones.

La GBE cuenta, además, con una clave de ejercicios, unas tablas de verbos conjugados (donde se ofrecen las conjugaciones de los verbos regulares y, alfabéticamente, la de los principales verbos irregulares) y un índice temático que facilita el manejo y consulta de los distintos aspectos gramaticales.

Instrucciones gramaticales y muestras de lengua

Las instrucciones gramaticales (con pocos términos técnicos y un vocabulario adecuado al nivel), los esquemas, las muestras de lengua que acompañan a las explicaciones y las ilustraciones han sido elaborados teniendo en cuenta siempre la perspectiva del estudiante. Se ha considerado siempre su necesidad de aprender gramática de una manera que atienda tanto al carácter sistemático de la lengua como a la rentabilidad comunicativa de los elementos tratados.

Ejercicios

La GBE ofrece un amplio abanico de ejercicios de automatización, interpretación y producción, así como de corrección de los errores habituales en la interlengua de los estudiantes. Todos ellos han sido diseñados y ordenados de modo que el trabajo resulte interesante, ameno y centrado en el significado. Los ejercicios presentan la lengua en contextos reales y verosímiles y, así, permiten comprender mejor el funcionamiento de la gramática. Los ejercicios son de respuesta cerrada, para que el estudiante pueda controlar autónomamente su aprendizaje consultando la clave de ejercicios incluida al final del libro.

Contextos educativos

La GBE, por su facilidad de manejo y consulta, es un eficaz instrumento para el aprendizaje autónomo de los estudiantes de los niveles A1-B1. Sin embargo, la GBE también es útil para cualquier estudiante con un dominio más avanzado del español, y ello por la novedad con que encontrará formulados los problemas más típicos y recurrentes de la gramática española, y por la fiabilidad y operatividad de las reglas proporcionadas.

Por otra parte, la GBE puede ser usada regularmente en clase para presentar y profundizar en los distintos temas gramaticales, para ejercitarlos en el marco del aula favoreciendo una corrección colectiva que puede enriquecer la reflexión gramatical.

Organización y funcionamiento de la GBE

- La GBE está dividida en siete SECCIONES que recogen los principales aspectos del sistema gramatical del español. Cada una de las SECCIONES y las **unidades** que la conforman se distingue con un color diferente:

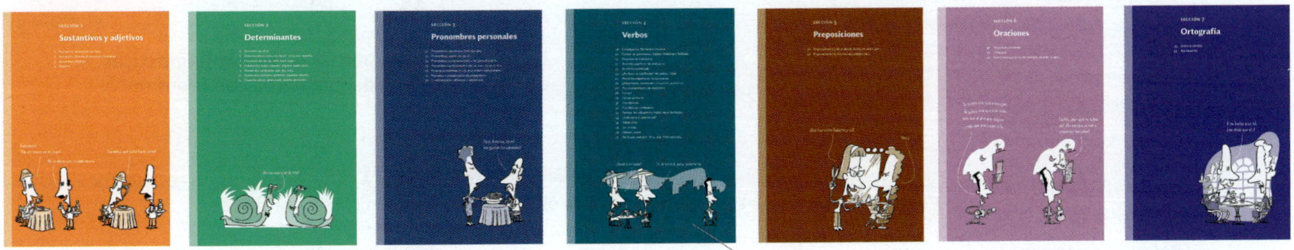

- Las unidades están organizadas en **apartados.** En ellos encontrarás **explicaciones** y **ejercicios**:

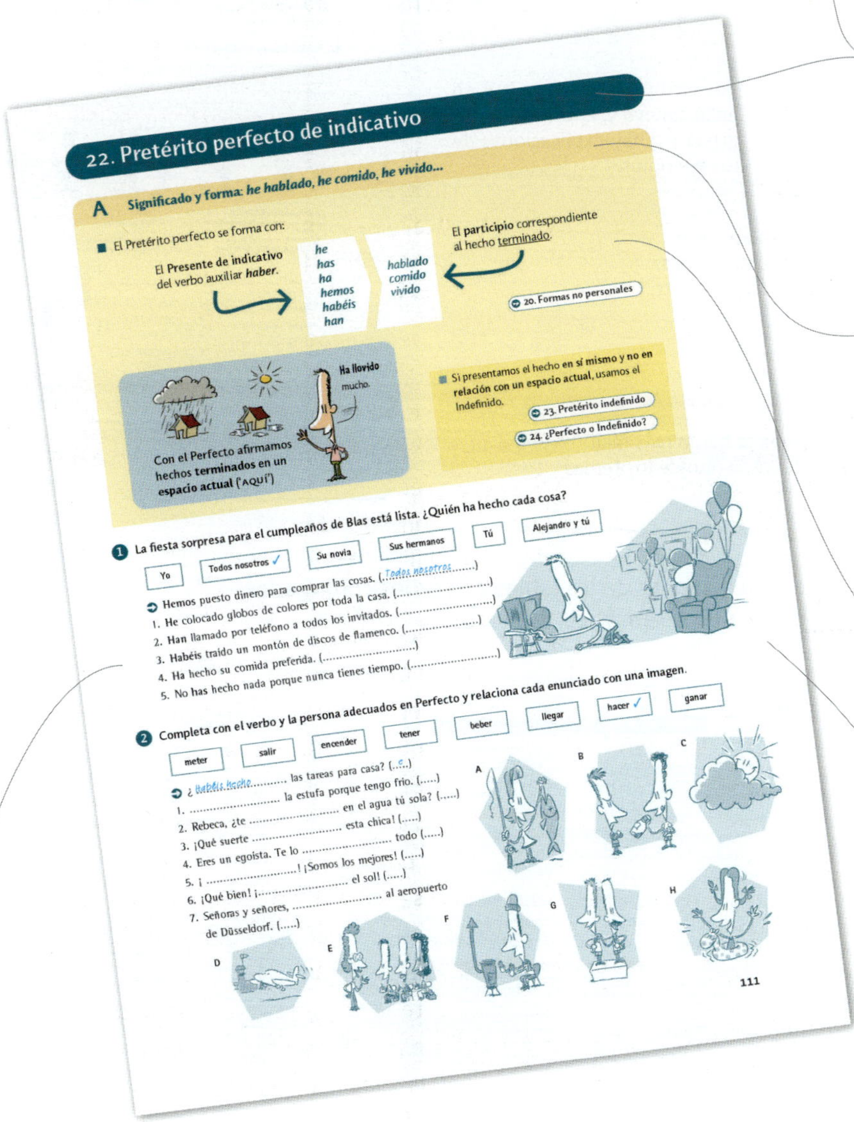

22. Pretérito perfecto de indicativo

A **Significado y forma: *he hablado, he comido, he vivido...***

- El Pretérito perfecto se forma con:

El **Presente de indicativo** del verbo auxiliar ***haber***. → *he / has / ha / hemos / habéis / han* + *hablado / comido / vivido* ← El **participio** correspondiente al hecho terminado.

➲ 20. Formas no personales

Ha llovido mucho.

Con el Perfecto afirmamos hechos **terminados** en un **espacio actual** ('AQUÍ')

- Si presentamos el hecho **en sí mismo y no en relación con un espacio actual**, usamos el Indefinido.

➲ 23. Pretérito indefinido

➲ 24. ¿Perfecto o Indefinido?

1 **La fiesta sorpresa para el cumpleaños de Blas está lista. ¿Quién ha hecho cada cosa?**

Yo | Todos nosotros ✓ | Su novia | Sus hermanos | Tú | Alejandro y tú

➲ Hemos puesto dinero para comprar las cosas. (Todos nosotros)
1. He colocado globos de colores por toda la casa. (..........)
2. Han llamado por teléfono a todos los invitados. (..........)
3. Habéis traído un montón de discos de flamenco. (..........)
4. Ha hecho su comida preferida. (..........)
5. No has hecho nada porque nunca tienes tiempo. (..........)

2 **Completa con el verbo y la persona adecuados en Perfecto y relaciona cada enunciado con una imagen.**

meter | salir | encender | tener | beber | llegar | hacer ✓ | ganar

➲ ¿Habéis hecho.......... las tareas para casa? (..c..)
1. .... la estufa porque tengo frío. (.....)
2. Rebeca, ¿te .... en el agua tú sola? (.....)
3. ¡Qué suerte .... esta chica! (.....)
4. Eres un egoísta. Te lo .... todo (.....)
5. ¡..........! ¡Somos los mejores! (.....)
6. ¡Qué bien! ¡.......... el sol! (.....)
7. Señoras y señores, ... al aeropuerto de Düsseldorf. (.....)

A B C D E F G H

111

Número y **nombre** de la unidad. El **color** te indica la sección a la que pertenece.

Cada **apartado** está definido por una letra (**A**, **B**, **C**...) y consta de **explicaciones** y **ejercicios**. Los apartados aparecen recogidos en el índice.

Las **explicaciones** se presentan en un cuadro sobre un fondo de color crema.

Después de cada explicación, hay **ejercicios** (de automatización, comprensión y producción) para poner en práctica los contenidos que estás trabajando. Tú mismo podrás comprobar las respuestas consultando las **claves de los ejercicios**.

En los **ejercicios,** las formas lingüísticas están relacionadas con el **significado**: debes prestar siempre mucha atención a la situación y al sentido de las frases y los textos.

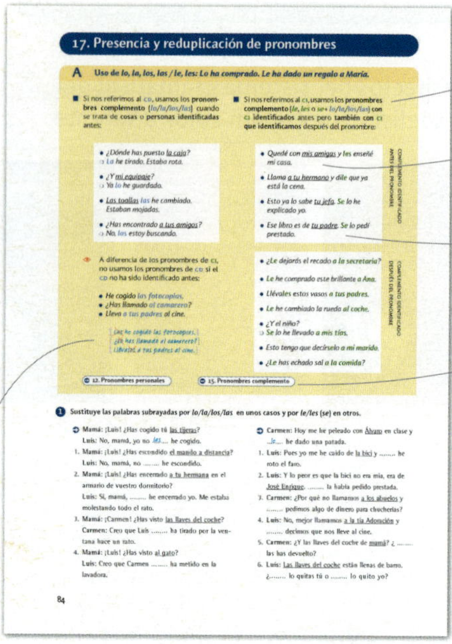

Se ponen en **negrita** las formas que se presentan y los conceptos clave de las explicaciones.

Los subrayados destacan elementos directamente relacionados con el punto gramatical que se trata.

Los colores distinguen unas **formas lingüísticas** de otras con el fin de facilitar la comprensión.

Encontrarás **remisiones** a otras unidades en recuadros con el color de la sección correspondiente.

La información gramatical más importante está marcada con el símbolo ■.

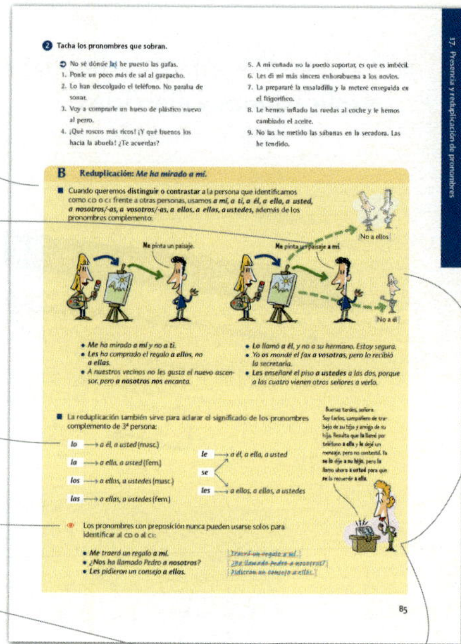

Los ejemplos están escritos en *letra cursiva* y, entre corchetes grises [...],hay explicaciones de los ejemplos.

Los errores que debes evitar están escritos en *azul* y ~~tachados~~ en rojo.

El **fondo blanco** sirve para destacar información importante: paradigmas, formas, categorías, clasificaciones, etc.

Un 👁 destaca cierta información a la que tienes que prestar especial atención.

Las **imágenes** te harán más fácil comprender cada uno de los temas que consultes.

■ Además de las unidades, en esta gramática dispones de las tablas de **verbos conjugados**, una **clave de los ejercicios** y un completo **índice temático**:

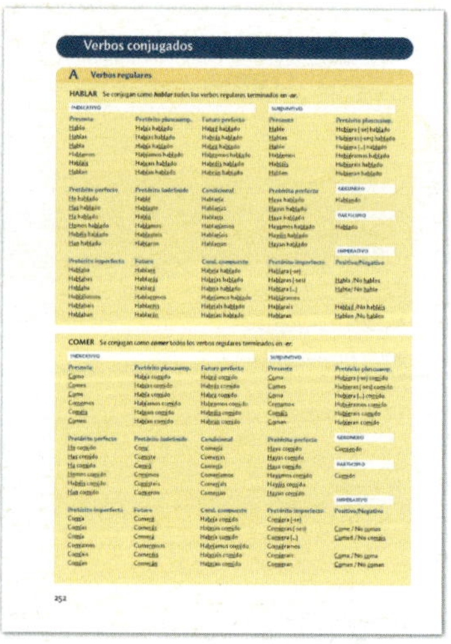

Las tablas de **verbos conjugados** recogen los modelos de conjugación de los verbos regulares y de los verbos irregulares más frecuentes. La sílaba acentuada está subrayada. Las irregularidades están en color verde.

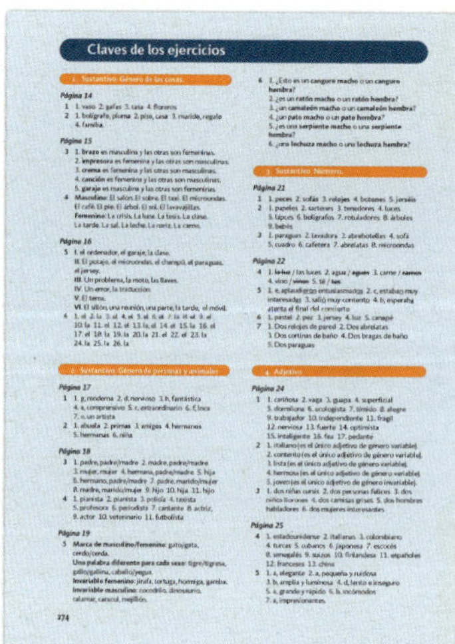

Con la página, el número de la unidad y el número del ejercicio podrás encontrar las respuestas en las **claves de los ejercicios**.

El **índice temático** te servirá para encontrar fácilmente cualquier tema tratado en esta gramática.

SECCIÓN 1

Sustantivos y adjetivos

1 Sustantivo. Género de las cosas.
2 Sustantivo. Género de personas y animales.
3 Sustantivo. Número.
4 Adjetivo

1. Sustantivo. Género de las cosas.

En español, **todos los sustantivos tienen siempre género**, que puede ser **masculino** o **femenino** (no hay sustantivos neutros). Es muy importante saber si un sustantivo es masculino o femenino, porque todos los elementos que se refieren a él (artículos, adjetivos, demostrativos...) deben tener el mismo género:

- *Éste es **el** edificio más alto de esta ciudad.*
- *Toma otr**a** taza, porque és**a** está rot**a**.*

A Regla general: *el edificio, la casa...*

- Los sustantivos que designan cosas (objetos concretos, conceptos, sentimientos, etc.) **sólo tienen un género**: unos son siempre masculinos y otros son siempre femeninos. Generalmente, el masculino se corresponde con final en *-o*, y el femenino con final en *-a*:

MASCULINO EN *-o*:	*el bolígraf**o**, el diner**o**, el edifici**o**, el florer**o**, el pañuel**o**, el vas**o**...*
FEMENINO EN *-a*:	*la car**a**, la cas**a**, la mes**a**, la palabr**a**, la plaz**a**, la taz**a**, la ventan**a**...*

1 **Relaciona cada enunciado con el objeto al que se refiere.**

➲ Tengo dos así, rojos, muy parecidos a éstos. — pañuelos
1. Tienes que lavarlo, porque está un poco sucio.
2. No están mal, son bonitas, pero me parecen un poco caras.
3. La mía es más grande que la suya.
4. Éstos son muy baratos.

- casa
- pañuelos
- gafas
- vaso
- floreros

2 **Pon la terminación de los sustantivos. Todos éstos siguen la regla general.**

➲ Carmela tiene el pel.o.. muy negro y la car.a.. muy blanca.
1. Nunca escribo con bolígraf.... azul o negro. Escribo con una plum.... de mi abuela que me gusta mucho.
2. Nuestro pis.... es bastante pequeñito, pero tenemos una cas.... en Asturias que es bastante grande y muy bonita.
3. ¿Quién es el marid.... más simpático del mundo? ¿Quién me va a hacer un regal.... precioso?
4. Los Martín son una famili.... muy numerosa. Son ocho hermanos, creo.

B Reglas especiales: *el problema, la mano...*

- En contra de la regla general, hay algunos sustantivos **masculinos que terminan en *-a*** (entre ellos, la mayoría de los terminados en ***-ema***):

MASCULINO EN *-a*:	*el clim**a**, el dí**a**, el idiom**a**, el map**a**, el planet**a**, el program**a**, el sof**á**...* *el esqu**ema**, el po**ema**, el probl**ema**, el sist**ema**, el t**ema**...* (PERO: *la crema*)

- Y también hay algunos **femeninos que terminan en *-o***:

FEMENINO EN *-o*:	*la foto (fotografía), la mano, la moto (motocicleta), la radio...*

- Son generalmente **masculinos** los sustantivos que terminan en ***-aje*** y ***-or***:

-***aje***:	*el masaje, el garaje, el paisaje, el pasaje, el peaje, el potaje...*	-***or***:	*el amor, el dolor, el error, el olor, el sabor, el terror...* (PERO: *una flor*)

- Son **femeninos** los sustantivos que terminan en ***-ción***, ***-sión***, ***-dad*** y ***-tad***:

-***ción***:	*la canción, la relación, la traducción...*	-***dad***:	*la bondad, la ciudad, la verdad...*
-***sión***:	*la expresión, la prisión, la televisión...*	-***tad***:	*la amistad, la lealtad, la libertad...*

- **En el resto de los casos**, el género no se puede saber por la forma de la palabra. Recuerda, sin embargo, que el diccionario siempre indica el género de cada sustantivo:

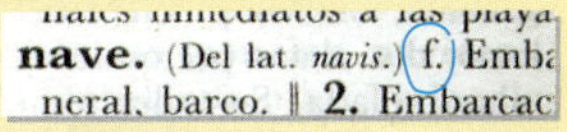
nave. (Del lat. *navis.*) f. Emba... neral, barco. ‖ **2.** Embarcac...

MASCULINOS	FEMENINOS
el café, el coche, el champú, el esquí, el hambre, el jersey, el pie, el sobre, el tabú, el taxi...	*la clase, la carne, la fiebre, la frente, la gente, la llave, la muerte, la nave, la noche, la nube, la parte, la suerte, la tarde...*
el árbol, el lápiz, el lavavajillas, el metal, el móvil (teléfono móvil), el microondas (horno microondas), el país, el papel, el paraguas, el salón, el sillón, el sol...	*la cárcel, la cicatriz, la col, la crisis, la hipótesis, la imagen, la nariz, la sal, la sed, la síntesis, la tesis...*

3 **¿Cuál es diferente?**

➲ día, pentagrama, clima, plaza, idioma. (*plaza es femenina y las otras palabras son masculinas.*)
1. mano, foto, brazo, moto, radio.
2. mapa, impresora, planeta, idioma, sofá.
3. problema, esquema, poema, crema, tema.
4. color, monedero, canción, sabor, paisaje.
5. garaje, libertad, prisión, expresión, ciudad.

4 **¿Masculino o femenino? Coloca estos sustantivos en el recuadro correspondiente.**

noche ✓ champú ✓ salón crisis luna sobre tesis taxi clase microondas
café tarde sal pie leche nariz árbol carne sol lavavajillas

Masculino	**Femenino**
El champú,	*La noche,*

5 **Señala las formas adecuadas de los artículos.**

I
Mariano:
He dejado el/la coche en el/la garaje
y he cogido el/la ordenador portátil.
Llego tarde al/a la clase de las siete.
Un beso.

II
Pepa:
Tienes el/la potaje en el/la microondas.
Compra el/la champú para el perro
y coge el/la paraguas, que llueve mucho.
¡Ah! Tienes que poner el/la jersey verde
en la secadora.
Gracias, cariño

III
José:
Tenemos un/una problema
con el/la moto.
Y, además, no encuentro los/las llaves.

IV
Ana:
Hay un/una error en
el/la traducción del señor Weiss.
¿Puedes corregirlo?, por favor.

V
Raquel:
¿Hablamos mañana del/de la tema de la reunión?
¿Me llamas tú?

VI
Jacinto:
¿Puedes ir tú a Yanokea a recoger
el/la sillón? Tenemos un/una reunión
que me ocupará un/una parte
del/de la tarde.
Llámame al/a la móvil.

6 **El cantautor Joan Ismael Lumbago ha compuesto esta canción. Complétala con los artículos *el/la*.**

Vendo una canción

➔ Compra ...el... lápiz de labios;
1. compra .... móvil,
2. compra .... crema antiarrugas,
3. compra .... paraguas para la lluvia.
4. Pero nunca podrás comprar .... poema que no te escribí,
5. ni .... amor que nunca sentí,
6. ni .... olor
7. de .... flor que nunca te di.
8. Compra .... champú,
9. compra .... jersey,
10. compra .... sal,
11. compra .... papel.
12. Pero nunca podrás comprar .... beso
13. en .... frente al empezar .... día,
14. ni .... sabor
15. de .... noche del verano que termina.
16. Compra .... café;
17. compra .... reloj,
18. compra .... leche,
19. compra .... col.
20. Pero nunca podrás comprar .... tarde en que nos conocimos,
21. ni .... paisaje,
22. ni .... planeta en que tú y yo vivimos.
23. Si no amas .... libertad,
24. .... vida,
25. .... canción que te canto,
26. .... nube al pasar...,
¿qué podrás amar?

2. Sustantivo. Género de personas y animales.

A Regla general: *doctor, doctora...*

- Los sustantivos que designan personas o animales tienen, generalmente, **dos formas**: una **masculina** y otra **femenina**. El masculino es la forma básica (es la forma que aparece en el diccionario).

- Generalmente, si el masculino termina en vocal *-o*, el femenino se hace **cambiando** esta vocal por una *-a*; si el masculino termina en **consonante**, el femenino se hace **añadiendo** una *-a*:

MASCULINO EN *-o*	FEMENINO EN *-a*
*el chic**o**, un gat**o***	*la chic**a**, una gat**a***

MASCULINO EN **CONSONANTE**	FEMENINO EN **CONSONANTE** + *-a*
*un docto**r**, un leó**n***	*una docto**ra**, una leo**na***

👁 Con algunos sustantivos terminados en *-e* el femenino se hace también cambiando esa vocal por una *-a*: *el jef**e**/la jef**a***; *el nen**e**/la nen**a***; *un president**e**/una president**a***. (PERO: *el/la paciente, el/la teniente, el/la vidente...*).

1 **Relaciona y subraya las marcas de género que te ayudan a decidir.** Observa el ejemplo.

➲ La presidenta de la comunidad de vecinos... — b.

1. Mi peluquera...
2. Mi psicólogo...
3. Mi ginecóloga...
4. Mi jefe...
5. Mi vidente...
6. Mi profesora de español...
7. Mi panadero...

a. es muy comprensivo, pero habla poco con sus empleados.
b. es experta en energías alternativas y, por eso, tenemos energía solar en el edificio.
c. es extraordinario. Con él me ha tocado dos veces la lotería.
d. es muy nervioso. En la terapia, él habla más que yo.
e. es un artista. Hace unos bollos integrales riquísimos.
f. está loca. Ayer vino a clase vestida de gitana.
g. es muy moderna. Peina muy bien.
h. es fantástica y trata muy bien a las pacientes.

2 **Completa como en el ejemplo.**

➲ El marido de mi hermana es mi cuñado y la mujer de mi hermano es mi cuñad.a.... .

1. Mi abuelo paterno se fue a Cuba con mi abuel...... . Y allí se casaron.
2. Tengo muchos primos: diez primos y siete prim...... .
3. La verdad es que tengo más amigas que amig...... .
4. Mi padre tiene dos hermanas y dos herman...... . Así que, por su parte, tengo cuatro tíos.
5. No, mi madre no tiene hermanos. Sólo tiene herman...... . Tres, sólo mujeres.
6. Tengo dos hijos gemelos. La parejita: un niño y una niñ...... .

B Reglas especiales para el género de las personas: *marido, mujer...*

- En algunos casos tenemos **una palabra diferente** para cada sexo:

*un **hombre**/una **mujer*** | *el **padre**/la **madre***

Hay algunas palabras con terminaciones especiales para el femenino:

*el actor/la act**riz*** | *el emperador/la empera**triz*** | *el alcalde/la alcal**desa***

- En otros casos tenemos sustantivos que tienen **una sola forma para los dos sexos** (como los terminados en -***ante*** o -***ista***), y las palabras que se refieren a ellos (artículos, adjetivos, etc.) se usan en masculino o femenino, dependiendo del sexo de la persona:

el/la *am**ante**/cant**ante**/estudi**ante**...*
*art**ista**/social**ista**...*
cónyuge/mártir/testigo...

- *Paca Nela es **una** artista muy conocida.*
- *Sí, pero Camilo Décimo también es **un** artista muy conocido, ¿o no?* [Un artista]

3 Completa los enunciados con palabras del recuadro. En algunos casos tendrás que repetirlas. Puede haber varias soluciones.

hombre	mujer	marido	padre	madre	hermano	hermana	hijo	hija

➲ El ..hombre.. con el que estoy casada es mi ..marido.. .
1. El .... de mi .... es mi abuelo.
2. La .... de mi .... es mi abuela.
3. La .... con la que estoy casado es mi ....
4. La .... de mi .... es mi tía.
5. Mi .... es la nieta de mis padres.
6. El .... de mi .... es mi tío.
7. El .... de mi .... es mi suegro.
8. La .... de mi .... es mi suegra.
9. Mi .... es el nieto de mis padres.
10. Mi mujer es la madre de mi única ....
11. Mi marido es el padre de mi único ....

4 Los niños de la Escuela Futurible ya saben qué quieren ser de mayores, pero no saben el nombre de la profesión. ¿Por qué no les ayudas como en el ejemplo? Ten en cuenta que hay niños y niñas.

pintor ✓	cantante	profesor	periodista	taxista
pianista (x2)	actor (x2)	policía	veterinario	futbolista

➲ Adela quiere pintar cuadros. Quiere ser ..pintora.. .
1. Pablo quiere tocar el piano y dar conciertos. Quiere ser ....
2. Irene también quiere tocar el piano y dar conciertos por todo el mundo. Quiere ser ....
3. Javier quiere meter a los ladrones en la cárcel. Quiere ser ....
4. Elvira quiere conducir coches por la ciudad. Quiere ser ....
5. Carmen quiere dar clases. Quiere ser ....
6. Miguel quiere escribir en los periódicos. Quiere ser ....
7. Arturo quiere cantar. Quiere ser ....
8. Elena quiere actuar en el teatro. Quiere ser ....
9. David quiere ser como Antonio Banderas. Quiere ser ....
10. Mateo quiere curar animales. Quiere ser ....
11. Encarnita quiere jugar al fútbol. Quiere ser ....

C Reglas especiales para el género de los animales: *toro, vaca...*

■ Igual que sucede con los sustantivos referidos a persona, también en algunos casos tenemos **una palabra diferente** para cada sexo:

*el **caballo**/la **yegua*** *el **toro**/la **vaca***

👁 Hay algunas palabras con terminaciones especiales para el femenino:

*el gallo/la gall**ina*** *el tigre/la tigr**esa***

■ Muchos nombres de animales tienen **una sola forma**, masculina o femenina:

el *buitre, calamar, caracol, cocodrilo, dinosaurio, jabalí, mejillón, pulpo...*

la *almeja, cigüeña, codorniz, gamba, hormiga, jirafa, mosca, tortuga...*

👁 ***el*** *cocodrila hembra* [~~la~~ cocodrilo]
la *jirafa macho* [~~el~~ jirafa]

5 **Clasifica estos nombres de animales según su género. Busca en el diccionario los que no conoces.**

jirafa perro ✓ mosca ✓ tortuga tigre gato pulpo ✓ cerda vaca ✓
cocodrilo perra ✓ gallina cerdo toro ✓ dinosaurio caballo calamar
yegua tigresa gata hormiga caracol mejillón gamba gallo

Marca de masc./fem.: (-*o*/-*a* u otras terminaciones)	**Una palabra diferente para cada sexo**	**Invariable femenino**	**Invariable masculino**
perro / perra	toro / vaca	mosca	pulpo

6 **En el Zoo Penco hay demasiados animales. Machos y hembras no deben estar juntos, así que dos ayudantes nuevos tienen que clasificar a los animales. Completa como en el ejemplo.**

➔ Ayudante 1: ¿Esto qué es?,
¿ un oso o una osa .... ?

Ayudante 2: Ni idea. ¿Y esto qué es?,
¿ un pingüino macho o un pingüino hembra ?

1. Ayudante 1: ¡Qué difícil!,
¿esto es ....
.... ?

2. Ayudante 2: Y yo qué sé. Y esto,
¿es ....
.... ?

3. Ayudante 1: Anda que esto,
¿qué será?, ¿ ....
.... ?

4. Ayudante 2: Esto parece más fácil,
pero no lo sé. ¿Qué es?, ¿ ....
.... ?

5. Ayudante 1: Esto sí que es verdaderamente imposible.
¿Es .... ?

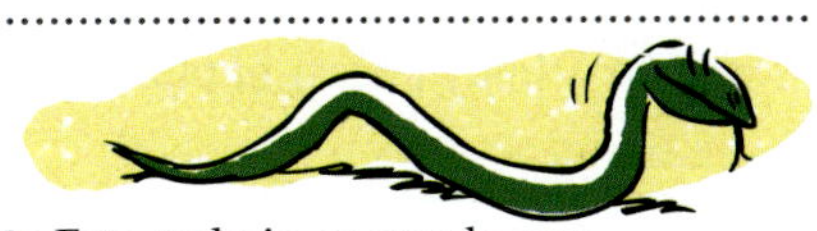

6. Ayudante 2: Este trabajo es una locura.
¿Qué será esto?, ¿ ....
.... ?

3. Sustantivo. Número.

En español, además de género (masculino y femenino), los sustantivos tienen número (singular o plural). El número indica la **cantidad** de objetos a los que nos referimos con el sustantivo. El **singular** es la forma básica (es la forma que aparece en el diccionario). Por el contrario, el **plural** se marca siempre, como mínimo, con una -**s** final:

- *¿Has traído el coche?*
  [*Coche* es singular: se refiere a **un solo** objeto.]

- *¿Cuántos coches tienes?*
  [*Coches* es plural: se refiere a **varios** objetos.]

A Formación del plural: *mapa, mapas; país, países...*

■ Cuando **el singular termina en vocal**, el plural se hace añadiendo una -*s* final:

SINGULAR EN -*a*, -*e*, -*i*, -*o*, -*u*:	*mapa*	*sofá*	*clase*	*café*	*bici*	*israelí*	*moto*	*tabú*
PLURAL EN -*s*:	*mapas*	*sofás*	*clases*	*cafés*	*bicis*	*israelís*	*motos*	*tabús*

■ Cuando **el singular termina en consonante**, el plural se hace añadiendo -*es*:

SINGULAR EN -*d*, -*j*, -*l*, -*n*, -*r*, -*s*, -*z*:	*pared*	*reloj*	*árbol*	*cajón*	*botón*	*motor*	*país*	*pez*
PLURAL EN -*es*:	*paredes*	*relojes*	*árboles*	*cajones*	*botones*	*motores*	*países*	*peces*

👁 Las palabras terminadas en -*í* y -*ú* acentuadas también pueden hacer el plural añadiendo -*es*:

israelí → *israelís*/*israelíes*
tabú → *tabús*/*tabúes*

👁 Si el singular termina en **vocal átona** (**sin acento**) + -*s*, el plural no cambia (observa que el acento está en las vocales subrayadas):

el/los: *abrebotellas, abrelatas, cumpleaños, jueves, lavavajillas, microondas, paraguas, sacacorchos...*

la/las: *crisis, tesis ...*

■ Cuando el **singular termina en** -*y*, el plural se hace en -*s* en las palabras de origen extranjero (la -*y* se interpreta como -*i*). En las palabras españolas terminadas en -*y* (muy pocas), el plural se hace en -*es*:

jersey → *jerséis*
penalti (*penalty*) → *penaltis...*

rey → *reyes*
ley → *leyes...*

1 **¿Cuántos hay?**

➲ Tres flor.es.

1. Dos pe.....
2. Dos so.....
3. Dos rel.....
4. Cinco bot.....
5. Dos jer.....

2 **Aquí tienes un fragmento del diario de una niña de seis años. Completa el plural de las palabras de este texto.**

Mis padres no me dejan pintar las ➲ pared es.. ni escribir en sus (1) papel..... , ni coger las (2) sarten.... , ni los (3) tenedor.... , ni apagar y encender las (4) luc.... cuando yo quiero. Además, sólo puedo usar (5) lápic....: los (6) bolígrafo.... y los (7) rotulador.... están prohibidos. Tampoco me dejan subir a los (8) árbol..... . ¿Cuándo comprenderán que los niños de seis años ya no somos unos (9) bebé....?

3 **Bea y Miguel acaban de casarse y han recibido muchos regalos. Pero tienen algunos repetidos y han decidido dárselos a otros amigos. ¿Qué regalo le hacen a cada uno?**

➲ Alejandro necesita una máquina para lavar los platos: un lavavajillas....... .

1. A Rafa le hace falta una cosa para no mojarse cuando llueve: un ....
2. Adoración quiere un electrodoméstico para lavar la ropa: una ....
3. Iñaqui necesita algo para abrir botellas: un ....
4. Joaquín quiere un mueble para sentarse a ver la tele: un ....
5. Julia quiere alguna cosa para adornar las paredes de la casa: un ....
6. Lola necesita un aparato para preparar café: una ....
7. Lucía necesita algo para abrir las latas: un ....
8. María quiere algo para calentar rápidamente la comida: un ....

2 lavavajillas ✓
4 abrelatas
2 lavadoras
2 sofás
6 abrebotellas
3 cafeteras
6 cuadros
2 microondas
4 paraguas

B Usos particulares: *la gente, las gafas.*

■ Los sustantivos **no contables** (que se refieren a cosas que no se pueden contar) se usan en **singular** para hablar de la **materia en general** o una **cantidad no determinada**. Cuando se usan en plural sirven para hablar de **distintos tipos** o **unidades diferentes** de la misma materia:

agua, arroz, carne, luz, madera, música, pan, papel, pescado, plástico, té, vino...

SINGULAR	• *¿Tú tomas* ***vino*** *en las comidas?*	[*Vino*, clase de bebida.]
PLURAL	• *Aquí hay muchos* ***vinos*** *de calidad.*	[Distintos tipos de vino.]
	• *Si me tomo tres* ***vinos****, me mareo.*	[Distintas copas de vino.]

- Algunos sustantivos en singular se refieren a conjuntos con varios elementos, pero concuerdan en singular:

la familia, la gente, el público...

- *En España **la** gente come mucho, ¿no?*
  [La gente come~~n~~ mucho.]

- Otros sustantivos se usan normalmente en plural:

***las** gafas, **las** tijeras, **los** zapatos...*
***unos** pantalones, **unas** pinzas,*
***unos** prismáticos...*

- *Esas gafas de sol **son** nuevas, ¿verdad?*
- *¿Le gustan estos pantalones? **Son** italianos.*

4 ¿Singular o plural? Elige la forma más adecuada.

➲ Me gusta España porque tiene mucha luz / ~~muchas luces~~. Es un país fantástico.
1. ¿Has visto la luz / las luces de ese árbol de Navidad? Sí, allí, mira.
2. Esta sopa necesita más agua / aguas. Está muy espesa.
3. Nunca más voy a comer carne / carnes. A partir de ahora seré vegetariana.
4. Una mancha de vino / vinos es muy difícil de quitar. Siempre queda un poco.
5. ¿Qué tipo de té / tes compramos? ¿O prefieres manzanilla?

5 ¿Éxito o fracaso del músico José Plácido Domingo? Busca la reacción de cada grupo y subraya qué te ha ayudado a encontrarla.

➲ La gente... —— a. estaba, en general, encantada.
1. Sus amigos... b. esperaba atenta el final del concierto.
2. Sus seguidoras... c. estaban muy interesadas.
3. El público... d. salió muy contento.
4. La policía... e. aplaudieron entusiasmados.

6 Rosa estaba fatal esta mañana, todo le salía mal. Observa lo que le ha pasado y completa como en el ejemplo.

➲ El gato le ha roto dos jarrones. Sólo le queda un jarrón .
1. Ha quemado dos pasteles de queso. Sólo le queda un .... para el postre.
2. Sin darse cuenta, ha tirado tres peces por el desagüe. Ya sólo le queda el .... azul.
3. Ha quemado dos jerséis con la plancha. Afortunadamente tiene otro ....
4. Ha estropeado casi todas las luces de la casa. Únicamente funciona la .... del pasillo.
5. Tenía hambre y se ha comido diecinueve canapés. Sólo le queda un .... para la cena.

7 En los almacenes Maxitim hay una gran oferta. Regalan el doble de cada compra.

¡¡GRAN OFERTA!! ¡¡REGALAMOS EL DOBLE!! ¡¡GRAN OFERTA!!

POR LA COMPRA DE:	LE DAMOS:	POR LA COMPRA DE:	LE DAMOS:
➲ Un kilo de arroz...	Dos kilos de arroz .	3. Unas cortinas de baño...	....
1. Un reloj de pared...	....	4. Unas bragas de algodón...	....
2. Un abrelatas...	....	5. Un paraguas...	....

MAXITIM

4. Adjetivo

El adjetivo sirve para hablar de las propiedades de los objetos que nombramos con un sustantivo:
un <u>chico</u> ***guapo*** *una <u>gata</u>* ***cariñosa*** *una <u>casa</u>* ***grande*** *una <u>idea</u>* ***interesante***

A Género: *guapo, guapa; interesante...*

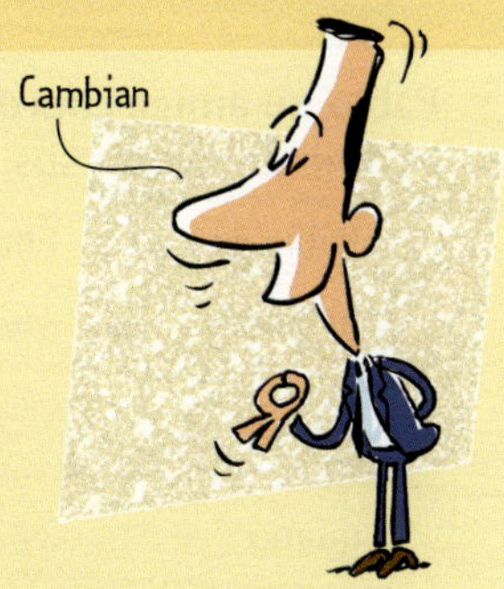

■ Algunos adjetivos tienen **una forma para el masculino y otra para el femenino.** El masculino es la forma básica (es la que aparece en el diccionario). Si el masculino termina en *-o*, el femenino se hace **cambiando** esta *-o* por una *-a*. Si el masculino termina en *-or*, o en ***vocal tónica*** (vocal con acento) + ***n***, se añade una *-a*:

-o		-~~o~~ -a	
guapo	• *¿Verdad que mi <u>novio</u> es guapo?*	*guapa*	• *¿Verdad que mi <u>novia</u> es guapa?*
italiano	• *Ese <u>señor</u> parece italiano.*	*italiana*	• *Esa <u>señora</u> parece italiana.*
largo	• *A mí me gusta más el <u>pañuelo</u> largo.*	*larga*	• *A mí me gusta más la <u>chaqueta</u> larga.*

-or		+ -a	
hablador	• *<u>Pepe</u> no es muy hablador, ¿verdad?*	*habladora*	• *<u>Pepa</u> no es muy habladora, ¿verdad?*
trabajador	• *Pues <u>Javier</u> es muy trabajador.*	*trabajadora*	• *Pues <u>Lucía</u> es muy trabajadora.*

-vocal tónica + n		+ -a	
catalán	• *<u>Josep</u> es catalán.*	*catalana*	• *<u>Montserrat</u> es catalana.*
holgazán	• *<u>Luis</u> es muy holgazán. No hace nada.*	*holgazana*	• *<u>Ana</u> es muy holgazana. No hace nada.*
llorón	• *El <u>niño</u> no es llorón y duerme mucho.*	*llorona*	• *La <u>niña</u> no es llorona y duerme mucho.*

👁 Los adjetivos ***mayor, menor, mejor, peor, superior, inferior***... son invariables:

• *Éste es mi <u>hermano</u>* ***mayor*** *y ésta mi <u>hermana</u>* ***menor.*** • *Mira, esa <u>cafetería</u> es* ***mejor*** *que aquélla.*

■ Otros adjetivos, en cambio, ***tienen una sola forma para masculino y femenino***. Estos adjetivos pueden terminar en:

-a, -e, -i, -u, -ista o ***consonante*** (***-l, -n, -r, -s, -z***)

belga, hipócrita, lila, malva, persa...	• *<u>Ella</u> es belga y <u>él</u> es canadiense, ¿no?* ○ *No, al revés: <u>ella</u> es canadiense y él es belga.*
amable, estadounidense, fuerte, pobre, verde...	• *La <u>situación</u> de la economía es muy preocupante, pero el <u>paro</u> es aun más preocupante.*
cursi, iraní, marroquí, hindú, zulú...	• *Tengo alumnos de muchos sitios. Hay una <u>chica</u> marroquí, <u>otra</u> hindú y un <u>chico</u> iraní.*
pacifista, progresista, socialista...	• *Raúl es un <u>hombre</u> muy pesimista. Su <u>novia</u>, sin embargo, es bastante optimista.*
azul, principal, joven, familiar, cortés, gris, feliz...	• *Siempre va vestida del mismo color. Hoy lleva una <u>falda</u> azul y un <u>jersey</u> también azul.*

👁 Los adjetivos de **nacionalidad o procedencia que terminan en consonante** forman el femenino añadiendo una *-a* al masculino:

-l:	*español* → ***española***
-n:	*alemán* → ***alemana***
-s:	*francés* → ***francesa***, *inglés* → ***inglesa***, *japonés* → ***japonesa***, *portugués* → ***portuguesa***
-z:	*andaluz* → ***andaluza***

1 **Pablo, su amiga Lourdes y su primo Javier buscan un novio o una novia exactamente igual que ellos. ¿Cómo deben ser sus parejas?**

Pablo es...	Ella debe ser...	Lourdes es...	Él debe ser...	Javier es...	Ella debe ser...
➲ hablador	habladora	6. ecologista	....	12. nervioso	....
1. cariñoso	....	7. tímida	....	13. fuerte	....
2. vago	....	8. alegre	....	14. optimista	....
3. guapo	....	9. trabajadora	....	15. inteligente	....
4. superficial	....	10. independiente	....	16. feo	....
5. dormilón	....	11. frágil	....	17. pedante	....

2 **Piensa en la forma del género: ¿cuál es diferente?**

➲ inglés, francés, español, alemán, estadounidense (Es el único adjetivo de género invariable.)
1. iraní, italiano, israelí, iraquí, marroquí
2. feliz, alegre, impaciente, contento, amable
3. optimista, pesimista, ecologista, socialista, lista
4. azul, joven, hermosa, débil, feliz
5. alemán, charlatán, llorón, joven, dormilón

B Número: *guapos, guapas, interesantes...*

■ Los adjetivos forman el plural siguiendo las mismas reglas que los sustantivos:

SINGULAR TERMINADO EN ***vocal*** + ***-s***	*habladora* → ***habladoras*** *importante* → ***importantes*** *simpático* → ***simpáticos***
SINGULAR TERMINADO EN ***consonante*** + ***-es***	*azul* → ***azules*** *hablador* → ***habladores*** *feliz* → ***felices***

➲ 3. Sustantivo. Número

👁 La ***-z*** se convierte en ***-c***

3 **A Casimiro el agua mineral le sienta mal. Ve doble. ¿Qué ve en estos casos?**

Cuando...	Casimiro ve...
➲ hay un coche verde...	dos coches verdes
1. hay una niña cursi...	....
2. hay una persona feliz...	....
3. hay un niño llorón...	....
4. hay una camisa gris...	....
5. hay un hombre hablador...	....
6. hay una mujer interesante...	....

C Concordancia: *Unos amigos griegos*.

■ El adjetivo debe tener el mismo género y número que el sustantivo al que se refiere. La forma del adjetivo puede indicar de qué sustantivo estamos hablando:

- *Mañana vienen a casa unos <u>amigos</u> griegos.*
- ○ *¿Aquéllos tan simpáticos de la fiesta de Inés?*

- *Esa <u>película</u> es muy buena pero un poco larga.*
- ○ *Sí, larga, lenta y pesada...*
- *Pero interesante.*

- *Bueno, mira: ahí hay chaquetas y <u>vestidos</u>. ¿Te decides por algo?*
- ○ *El amarillo no está mal.*

[Sabemos que *amarillo* se refiere a un <u>vestido</u> (masc.) porque el adjetivo está en masculino.]

■ Cuando hablamos al mismo tiempo de sustantivos **femeninos** y **masculinos**, el plural se hace en **masculino**:

- *Mira ese <u>jersey</u> y esa <u>chaqueta</u>. Me encantan, pero son carísimos.*

- *Rafael tiene cuatro hermanos: tres <u>chicas</u> y un <u>chico</u>. Los cuatro son muy simpáticos.*

4 **¿De dónde son tus cosas? Cuidado con el género y el número.**

alemán ✓	español	francés	escocés	finlandés	senegalés	japonés
colombiano	cubano	italiano	chino	turco	suizo	estadounidense

➲ Si tu coche es de Alemania, es ...alemán...
1. Si tu ordenador es de EEUU, es ....
2. Si tus pizzas son de Italia, son ....
3. Si tu café es de Colombia, es ....
4. Si tu alfombras son de Turquía, son ....
5. Si tu puros son de Cuba, son ....
6. Si tu cámara de fotos es de Japón, es ....
7. Si tu whisky es de Escocia, es ....
8. Si tu cacao es de Senegal, es ....
9. Si tus relojes son de Suiza, son ....
10. Si tu sauna es de Finlandia, es ....
11. Si tus vinos son de España, son ....
12. Si tus perfumes son de Francia, son ....
13. Si tu porcelana es de China, es ....

5 **José es pobre y Alejandro es rico. ¿Con quién se va a casar la bella Claudia? Ayúdale a examinar las condiciones de cada opción.**

➲ Con José tendrá que llevar ropa... (→ c)
1. Con Alejandro podrá llevar ropa...

a. elegante
b. caras
c. barata
d. viejo

2. Con José vivirá en una casa...
3. Con Alejandro vivirá en una casa...

a. pequeña y ruidosa
b. amplia y luminosa
c. grande y cómodo
d. pequeñas y oscuras

4. Con José tendrá un coche...
5. Con Alejandro podrá tener un coche...

a. grande y rápido
b. vieja y fea
c. lujosos y bonitos
d. lento e inseguro

6. Con José tendrá que ir a hoteles...
7. Con Alejandro podrá ir a hoteles...

a. impresionantes
b. incómodos
c. sucia
d. estupendas

6 **Decide un final adecuado para cada enunciado y completa con las marcas apropiadas de género y número.**

➲ El gazpacho y la ensalada de pasta... (→ están buenísim*os*. Pruébalos.)
1. Mi padre y mi madre...
2. La ciudad y los alrededores...
3. La radio y la prensa...
4. La moto y la bicicleta...
5. El tabaco y el alcohol...
6. Ten cuidado, el suelo y la bañera....

- son más ecológic..... . Los coches contaminan mucho.
- están buenísim.os. . Pruébalos.
- están mojad..... y te puedes caer.
- son medios más objetiv..... que la televisión.
- son asturian..... , pero yo nací en Madrid.
- son muy mal..... para la salud.
- son maravillos..... , aunque hace mucho frío.

D Adjetivo después del sustantivo: *¿Vino tinto o vino blanco?*

- En español los adjetivos pueden ponerse **antes** o **después** del sustantivo.
- **Después** del sustantivo, los adjetivos se usan normalmente **para distinguir** el objeto del que hablamos de otros objetos:
  - *Al final, ¿vas a comprarte la mesa **cuadrada** o la **redonda**?*
  - *Su oficina está en un edificio **alto**, **vanguardista**, realmente **precioso**.*
  - *Entonces, ¿qué prefiere?, ¿la casa, el apartamento **grande** o el apartamento **pequeño**?*
  - *Es una chica **inteligente**, **comprensiva** y **educada**. No como su hermana.*

Algunas clases de adjetivos normalmente van **sólo después** del sustantivo, como los que expresan:

Color:	*un coche **azul*** (*negro, rojo, blanco, verde...*)
Forma:	*un objeto **cuadrado*** (*redondo, alargado, rectangular, ovalado...*)
Estado:	*una caja **abierta*** (*cerrada, llena, rota, vacía...*)
Tipo, procedencia:	*un tema **español*** (*familiar, internacional, socialista, portátil...*)

7 Ordena los elementos de las siguientes frases.

➲ [un/sueco/Tengo/novio] Tengo un novio sueco y, por eso, este verano me voy a Estocolmo.
1. [abierto/un/Hay/grifo] .... Se oye el agua.
2. [el/Ponte/naranja/jersey] .... Te queda muy bien.
3. [cenicero/vacío/Dame/un] .... Éste está lleno de colillas.
4. [la/sucia/Trae/ropa] .... Voy a poner una lavadora.
5. [botella/llena/Mete/la] .... en el frigorífico y saca la vacía, por favor.
6. [coche/familiar/un/Es] .... Caben por lo menos ocho personas.
7. [universitaria/Vivo/una/en/residencia] .... , pero el año próximo quiero ir a un piso.
8. [vuelos/Los/internacionales] .... salen de la terminal B.
9. [un/sobre/Está/en/cerrado] .... porque es confidencial.

E Adjetivo antes del sustantivo: *Mi apartamento pequeño / Mi pequeño apartamento*

- **Antes** del sustantivo, los adjetivos se usan normalmente para **destacar una cualidad** del objeto, pero no para distinguirlo de otros:

Mira, Alicia, la ballena **grande** es la mamá y la ballena **pequeña**, el hijo.

Sorprendentemente, la **gran** ballena se alimenta de las **pequeñas** criaturas del plancton.

Pueden usarse **antes** del sustantivo los adjetivos como: ***largo-corto, frío-caliente, pequeño-grande, fuerte-débil, lejano-cercano, ligero-pesado, rápido-lento, ancho-estrecho, claro-oscuro, viejo-joven, alegre-triste, blando-duro, áspero-suave, bonito-feo***, etc. Todos ellos tienen significado relativo: una cosa es *grande* o *pequeña*, *rápida* o *lenta*, etc., según con qué la comparamos.

8 **Decide si en estas frases el adjetivo destaca una propiedad del objeto o sirve para distinguir el objeto de otros de su misma clase.**

	Distingue	Destaca
➲ La **vieja radio** todavía funciona.	....	.........✓.........
➲ Dame las **zapatillas viejas**, por favor.	.........✓.........	....
1. Mire, verá, tengo una **pequeña duda** sobre el precio del hotel.	....	....
2. Pásame el **destornillador pequeño**, por favor, éste no me sirve.	....	....
3. Nos ha tocado el **camarero lento** y hemos tardado tres horas.	....	....
4. Amelia dio un **lento paseo** por la ciudad y se fue al hotel.	....	....
5. Desde la puerta se veía un **ancho pasillo** que llegaba a la terraza.	....	....
6. Es mejor que entres por el **pasillo ancho**, así no te pierdes.	....	....
7. Un plato de **frías lentejas** le esperaba en la mesa.	....	....
8. Tráete las **cervezas frías** a la mesa, por favor.	....	....

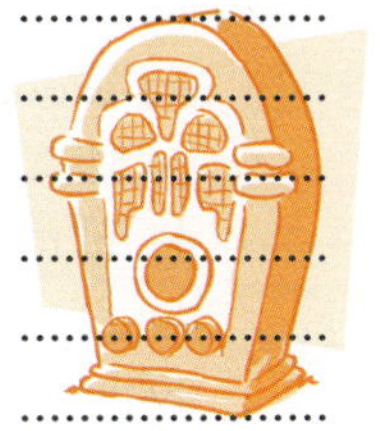

■ Con los adjetivos de significado relativo (*largo/corto, oscuro/claro*, etc.), la posición antes del sustantivo es una **opción formal** (lenguaje periodístico, literario, etc.). Los adjetivos que no tienen significado relativo (color, forma, estado, etc.) sólo se usan antes del sustantivo en el **lenguaje poético**:

LENGUAJE COTIDIANO	LENGUAJE FORMAL	LENGUAJE POÉTICO
• *La niña de los ojos azules estaba al fondo de una habitación oscura.*	• *La niña de los ojos azules se hallaba en una **oscura** habitación.*	• *Al fondo de una **oscura** habitación brillaban los **azules** ojos de la niña.*

9 **Este texto periodístico tiene errores: hay adjetivos (el ejemplo y cinco más) que deben ir después del sustantivo. Táchalos y escribe tu solución.**

El presidente de Gililandia ha emprendido un largo viaje diplomático por lejanos países, acompañado de su ministro de ~~exteriores~~ asuntos y su joven esposa. Durante los últimos días se han producido ya numerosas anécdotas. En la inauguración de un industrial edificio, por ejemplo, alguien entregó a la esposa del presidente un redondo objeto que resultó ser un japonés reloj de pared. Pero también ha habido malos momentos. Cuando iban en el oficial coche a la inauguración de un nuevo edificio por una estrecha carretera de montaña, el coche del presidente sufrió un pequeño accidente y choco contra una vacía casa.

asuntos exteriores.................................
....
....
....
....
....

■ Los adjetivos que indican orden en una serie (*primero, segundo, último, siguiente, próximo, futuro, nuevo, antiguo, etc.*) normalmente se ponen ***antes*** del sustantivo:

- *Ana fue mi **primera** novia.*
- *Todo esto lo veremos en la **siguiente** reunión.*
- *Sólo te pido una **segunda** oportunidad.*
- *Esto son cosas del **antiguo** régimen.*

Pero cuando hablamos de plantas de un edificio o de capítulos de un libro, estos adjetivos también se usan después del sustantivo:

- ***Segunda** planta / Planta **segunda***
- ***Primer** capítulo / Capítulo **primero***

Se usan siempre **después** para hablar de reyes, papas, etc.:

Juan Carlos I [primero] *Pablo VI* [sexto] *Isabel II* [segunda]

10 **Ésta es la historia sentimental de Catalina Jiménez de Hurtado. Coloca los adjetivos de los recuadros en el lugar adecuado.**

➲ Mi ...primer... marido .... era arquitecto. Construía .... chalés ...adosados... . Se cayó de un décimo piso. (1) Mi .... marido .... era marinero. Se ahogó frente a (2) las .... costas ....(3) Mi .... marido .... era piloto. Se estrelló en (4) una .... carretera .... (5) Mi .... marido .... era bombero. Murió apagando (6) una .... barbacoa .... (7) Mi .... marido .... será (8) el .... presidente .... del gobierno. No sé qué ocurrirá. Por el momento ha abierto varias cuentas a mi nombre en (9) un .... banco .... Últimamente dice que no se encuentra muy bien.

cuarto
próximo
primer ✓
segundo
futuro
tercer

adosados ✓
secundaria
familiar
caribeñas
suizo

F Un gran problema / Un problema grande

■ Los adjetivos ***grande***, ***bueno***, ***malo***, ***primero*** y ***tercero*** tienen otra forma —una forma reducida— cuando van antes y se refieren a un sustantivo singular:

CAMBIAN EN MASCULINO Y FEMENINO

Grande:	*un coche **grande** / un **gran** coche*	*una casa **grande** / una **gran** casa*

CAMBIAN SÓLO EN MASCULINO

Bueno:	*un amigo **bueno** / un **buen** amigo*	(*una amiga buena / una buena amiga*)
Malo:	*un día **malo** / un **mal** día*	(*una noche mala / una mala noche*)
Primero:	*el capítulo **primero** / el **primer** capítulo*	(*la sección primera / la primera sección*)
Tercero:	*el piso **tercero** / el **tercer** piso*	(*la planta tercera / la tercera planta*)

NO CAMBIAN CON SUSTANTIVO PLURAL

*Las **grandes** casas, los **grandes** coches, las **buenas** amigas, las **malas** noches, los **primeros** capítulos...*

11 **Corrige las palabras subrayadas del texto siguiente.**

Sé que es una ➲ ~~buen~~ ..buena.. chica, y la quiero, pero tengo miedo. Mi (1) primer .... novia se marchó a las Bahamas el día de la boda. De la segunda prefiero no hablar, por su culpa pasé (2) muy mal .... momentos. Ésta es mi (3) tercer .... novia y no quiero volver a pasar una (4) mal .... experiencia. El otro día me dio un (5) bueno .... susto. Me dijo: “Quiero casarme ya: estoy segura de que serás un (6) grande .... padre.” Yo le dije: “Para mis padres será una (7) grande .... alegría porque tienen muchas ganas de tener nietos”, pero la verdad es que estaba un poco asustado. Al final cambió de opinión y, por ahora, seguimos siendo una (8) buen .... pareja de novios. Novios que están buscando un (9) bueno .... piso con un (10) bueno .... precio...

SECCIÓN 2

Determinantes

5 Artículos: *un, el, ø*

6 Demostrativos: *este, ese, aquel... esto, eso, aquello...*

7 Posesivos: *mi, tu, su... mío, tuyo, suyo...*

8 Indefinidos: *todos, algunos, alguien, nada, otros...*

9 Numerales cardinales: *uno, dos, tres...*

10 Numerales ordinales: *primero, segundo, tercero...*

11 Cuantificadores: *demasiado, mucho, bastante...*

5. Artículos: *un*, *el*, *ø*...

A Formas

- Los artículos se clasifican en **indefinidos** y **definidos**. Las formas de cada grupo **varían según el género y el número del sustantivo**:

	INDEFINIDOS MASCULINO	INDEFINIDOS FEMENINO	DEFINIDOS MASCULINO	DEFINIDOS FEMENINO
SINGULAR	***un*** *amigo*	***una*** *amiga*	***el*** *gato*	***la*** *gata*
PLURAL	***unos*** *niños*	***unas*** *niñas*	***los*** *chicos*	***las*** *chicas*

Cuando no mencionamos el sustantivo, *un* se convierte en ***uno***:
¿Tienen helados? ¿Me da ~~un~~ uno de fresa?

- Después de las preposiciones ***a*** y ***de***, el artículo ***el*** forma con ellas una sola palabra:

a + el = ***al***
de + el = ***del***

- *¿Puedes bajar un momento* ***al*** *supermercado, por favor?*
- *¿Vas a ir al concierto* ***del*** *viernes?*

Con nombres propios, el artículo y la preposición **no se unen**:

- *Mañana me voy* ***a El*** *Cairo.*
- *Esta noticia es* ***de*** **El** País. *Un periódico muy serio, ¿no?*

- Cuando tenemos que usar artículo con **un sustantivo femenino singular** que empieza por ***a-*** **tónica** (con acento), usamos ***el/un*** si no hay otras palabras entre el artículo y el sustantivo:

el agua, un águila, el ala, el alma, un arma, el área, el arte, un aula, un ave, el hada, el hambre...

Pero estos sustantivos son femeninos y, por tanto, en todos los otros casos concuerdan en femenino:

Con adjetivos y otros determinantes:
*El agua fresc**a**, un hambre tremend**a**, es**a** águila, algun**as** armas...*
Con artículos en plural:
Las *águilas,* ***las*** *artes,* ***unas*** *aulas...*

Con artículos en singular separados del sustantivo:
La *última águila,* ***la*** *misma arma,* ***una*** *gran aula...*

1 El detective Rodrigo Trigo llega a la escena del crimen y ve muchas cosas sospechosas. Va a buscar a la policía y, cuando vuelve, sólo hay objetos en el suelo. Ayúdalo a completar su informe.

Cuando entré en la habitación, vi a:

➲ ...Un... profesor de español lleno de sangre, en el suelo.
1. .... alumnas que parecían muy nerviosas, escondiendo .... papeles.
2. .... hombre joven que llevaba .... tijeras en la mano.
3. .... mujer con .... vestido rojo, muy tranquila.
4. .... niño llorando delante de .... caja llena de regalos.

Cuando volví, sólo encontré:

➲ ..La.. sangre ..del.. profesor.
5. .... papeles de .... alumnas.
6. .... tijeras de .... hombre joven.
7. .... vestido rojo de .... mujer.
8. .... caja que pertenecía a .... niño.

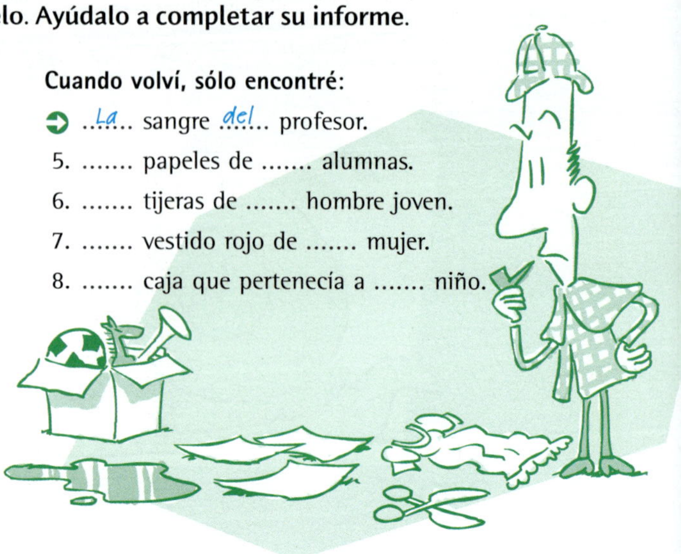

2 **Completa con las formas adecuadas del artículo. Si es necesario, completa también el género y número del adjetivo.**

➲ Vamos a buscar ..*un*.. aula libre para hacer el examen.

1. Tengo .... hambre que me muero.
2. Mira en .... últim.... aula en la que has estado a ver si encuentras el bolígrafo.
3. Papá, ¿ .... hadas existen?
4. En la puerta de su chalé hay .... águila horroros.... , de piedra y de madera. No he visto una cosa más fea en mi vida.
5. .... hada buena convirtió a la rana fea en un príncipe guapo.
6. .... aguas de este balneario son excelentes para el riñón.
7. Mató al policía con .... mism..... arma que había utilizado para matar a su novio.
8. Mamá, ¿dónde está .... alma?
9. Coge la olla por .... dos asas. Si no, se te va a caer.

B Usos: *Toma una carta / Toma la carta*

■ Usamos ***un, una, unos, unas*** para referirnos a algo que **no** es especialmente **identificable** para el oyente entre otros objetos de su clase porque, por ejemplo:

I. Hay varios objetos del mismo tipo.

- *Éste es Pedro,* ***un*** *hermano de María.*
  [Dice *un hermano* porque María tiene más hermanos.]
- *Necesito* ***un*** *móvil. Es para un regalo.*
  [No busca un móvil específico. Pueden servir muchos.]

II. Hablamos por primera vez de ese objeto.

- *También vienen* ***unos*** *amigos de Ana: Pedro y Juan.*
  [Son unos amigos específicos, pero no son identificables porque no hemos hablado antes de ellos.]

■ Usamos ***el, la, los, las*** para indicar que nos referimos a algo que es **identificable** para el oyente entre todos los otros objetos porque, por ejemplo:

I. No hay otros objetos como ése.

- *Éste es Pedro,* ***el*** *hermano de María.*
  [Dice *el hermano* porque sólo tiene un hermano.]
- *Tengo* ***el*** *móvil roto. ¿Ustedes arreglan?*
  [Habla de su móvil.]

II. Hemos hablado antes de ese objeto.

- *Entonces, no cabemos en mi coche: Rosa, Jesús, Cati, tú,* ***los*** *amigos de Ana y yo. Somos muchos.*
  [Habla de unos amigos ya identificados porque hemos hablado de ellos antes.]

3 Carmen y Lucía tienen que hacer un trabajo para clase. ¿Sabes de qué hablan? Lee las frases y relaciona cada una con la situación correspondiente.

➲ a. **Carmen:** Un amigo de Julia nos puede ayudar. b. **Carmen:** El amigo de Julia nos puede ayudar.	a. Lucía y Carmen ya han hablado del amigo de Julia. b. Lucía y Carmen no han hablado antes de ese chico.
1. a. **Lucía:** He traído unos libros que había en casa. b. **Lucía:** He traído los libros que había en casa.	a. Carmen ya sabe de qué libros habla Lucía. b. Carmen no sabe de qué libros habla Lucía.
2. a. **Carmen:** Tenemos que entregar un trabajo el martes. b. **Carmen:** Tenemos que entregar el trabajo el martes.	a. Hablan del trabajo que están haciendo. b. Hablan de otro trabajo distinto.
3. a. **Lucía:** Un profesor de Filosofía me ha dejado esta revista. b. **Lucía:** El profesor de Filosofía me ha dejado esta revista.	a. Hablan de otro profesor de Filosofía. b. Hablan de su profesor de Filosofía.
4. a. **Carmen:** ¿Me dejas el bolígrafo? b. **Carmen:** ¿Me dejas un bolígrafo?	a. Lucía tiene sólo un bolígrafo. b. Lucía tiene tres bolígrafos.
5. a. **Lucía:** Ha llamado Luis, un chico de Barcelona. b. **Lucía:** Ha llamado Luis, el chico de Barcelona.	a. Lucía y Carmen han hablado muchas veces de Luis. b. Carmen no conoce a Luis.

4 Fíjate en el contexto y escribe el artículo correspondiente.

➲ En el salón de casa de Lucía hay sólo un cuadro en la pared.	**Carmen:** Me gusta mucho el...... cuadro del salón. Siempre he querido tener una..... pintura como ésa.
1. Carmen y Lucía han terminado su trabajo de Historia.	**Lucía:** ¿Puedo llevarme .... trabajo a casa para leerlo otra vez? Si quieres, puedo hacer .... copia.
2. Carmen llega con una tarta muy grande. Lucía no sabía nada.	**Carmen:** Mira, mi madre ha hecho .... tarta. ¿Te apetece .... trozo?
3. Carmen ha cortado la tarta. Hay un trozo grande y otro pequeño.	**Lucía:** A mí dame .... trozo pequeño.
4. Las dos chicas conocen a toda la familia de Julia.	**Lucía:** Voy a ir al cine con .... amigos. Bueno, tú los conoces, son Paco y Pepe, ... hermanos de Julia, ¿te acuerdas?
5. Carmen tiene un reloj, como todas sus compañeras de piso.	**Carmen:** ¿Sabes qué? Pues que he perdido .... reloj. **Lucía:** Bueno, yo he visto .... reloj pequeño encima de la cama, no sé si es .... tuyo.

5 Lee el comienzo de este cuento y señala si son adecuadas las siguientes interpretaciones.

Leopoldo Luis II, un rey de Gantea (➲), salió el sábado de paseo en un caballo de la reina (1). En la puerta un soldado lo despidió. Al llegar a un río (2), cruzó por un puente y se encontró con los duendes del agua (3) y éstos le dijeron: Va a venir un príncipe (4) del país vecino (5), se va a enamorar de tu mujer y va a huir con ella. El rey no creyó nada de las palabras de los duendes, cruzó el puente (6) y volvió a palacio. Pero en la puerta estaba el soldado (7) que, muy nervioso, le dijo: Majestad, la reina se ha ido.

➲. En Gantea sólo hay y ha habido un rey.	Sí	No (circled)
1. La reina tiene varios caballos.	Sí	No
2. Leopoldo probablemente iba a ese río todos los días.	Sí	No
3. Seguramente Leopoldo no había oído hablar de esos duendes.	Sí	No
4. Este príncipe viene mucho a Gantea.	Sí	No
5. Gantea tiene frontera con cinco países.	Sí	No
6. El mismo puente de antes.	Sí	No
7. Es el mismo soldado que lo había despedido.	Sí	No

C ¿Un o el o ø?: *Tenemos teléfono. Suena un teléfono. He roto el teléfono.*

- Cuando usamos un sustantivo **sin artículo** (***artículo Ø***), no nos referimos a ningún objeto concreto:

[No hablan de un objeto particular, sino de un medio de comunicación.]

- *La forma más rápida y sana de ir es en bicicleta.*
- *Están recibiendo clases de guitarra.*
- *He hecho un avión de papel.*
- *En ese restaurante hay que llevar traje y corbata.*

- Cuando usamos un sustantivo **con artículo** (***un***... o ***el***...), nos referimos a objetos individuales: indefinidos (***un***...) o definidos (***el***...):

[Habla de un teléfono particular e indefinido: no se puede identificar.]

- *Voy a comprarme **una** bicicleta para hacer ejercicio.*
- *He visto **una** guitarra ideal para ti.*
- *Apunta esto en **un** papel.*
- *Voy a comprarme **un** traje y **una** corbata en las rebajas.*

[Habla de un teléfono particular y definido: se puede identificar.]

- *Antes de salir tengo que arreglar **la** bicicleta.*
- *Acuérdate de guardar **la** guitarra en su sitio.*
- *Éste es **el** papel que decía.*
- *Me he manchado **el** traje y **la** corbata con salsa de tomate.*

- Cuando hablamos de una **cantidad indeterminada** de algo y no necesitamos especificar ni identificar ningún objeto concreto, usamos **sustantivo sin artículo** (Ø):

SUSTANTIVOS CONTABLES (en plural)

- *¿Venden ustedes **alfombras**?*
- *Mi vecino arregla **ordenadores**.*

SUSTANTIVOS NO CONTABLES (en singular)

- *Si vas al súper, compra **aceite** y **café**.*
- *No, no tengo **dinero**. Lo siento.*

6 Tacha la opción incorrecta y relaciona.

➲ ¿Me pasas Ø/**un** tomate, por favor? — a.
1. ¿Le has echado sal a Ø/**el** tomate?
2. ¿No te gusta la salsa de Ø/**un** tomate?
3. Máximo, no puedes recibir a los invitados en Ø/**un** pijama.
4. Máximo, echa Ø/**el** pijama a la lavadora.
5. Máximo, voy a comprarte Ø/**un** pijama.
6. Me duele Ø/**el** pie derecho.
7. Está cerca: vamos a Ø/**el** pie.
8. He visto Ø/**un** apartamento precioso.
9. He perdido la llave de Ø/**el** apartamento.
10. He conocido a mi profesor de Ø/**un** piano.
11. Cierra Ø/**el** piano con cuidado.

a. Voy a hacer una ensalada.
b. Ahora hay rebajas.
c. Ponte unos pantalones y una camisa.
d. Está muy soso.
e. Hace quince días que no te lo quitas.
f. Es casera. La he hecho con aceite de oliva.
g. Me he dado un golpe jugando al fútbol.
h. Puedes hacerte daño en los dedos.
i. No puedo entrar. ¿Puedo quedarme en tu casa?
j. Creo que voy a alquilarlo.
k. Me gusta. Tiene mucha paciencia.
l. Así hacemos ejercicio.

7 **Completa con las palabras del recuadro. Algunas deben ir en plural.**

pila	dinero	tomate ✓	aspirina	agua	huevo	café

Cariño, tienes que hacer tú la compra. Acuérdate de traer ➲ ...*tomates*....... para el gazpacho, que no hay, y también compra (1) .... para la tortilla. Necesitamos (2) .... mineral y (3) .... descafeinado. La linterna no tiene (4) .... , así que trae también. Y tienes que ir a la farmacia. Hacen falta (5) .... Por cierto, saca (6) .... del banco. Yo no tengo.

D Generalizar: *A los españoles les gusta el café...*

■ Cuando nos referimos a toda una clase de objetos, usamos ***el, la, los, las***:

CONTABLES **Singular** (la clase en general) **Plural** (todos los miembros de la clase)	NO CONTABLES **Singular**
• ***El*** *perro es el mejor amigo* ***del*** *hombre.* [El perro y el hombre como clase de seres vivos.] • ***Los*** *niños siempre dicen la verdad excepto cuando mienten.* [Todos los niños, en general.] • ***Las*** *mujeres todavía no tienen las mismas oportunidades que* ***los*** *hombres.* [Todas las mujeres y todos los hombres en general.]	• *Aquí* ***la*** *gente va mucho al cine.* [Todo el mundo, en general.] • *No me gusta* ***el*** *café, me pone nerviosa.* [El café, en general.]

■ Cuando hablamos de un objeto representativo de su clase, es decir, de cualquier objeto de una determinada clase, usamos ***un, una*** (y ***unos, unas*** para sustantivos que no se usan en singular):

- *¿Qué es* ***un*** *flexo?*
- ***Un*** *flexo es* ***una*** *lámpara de mesa para leer.*
- ***Unos*** *prismáticos permiten ver de lejos.*
- ***Un*** *médico tiene que saber tratar a los pacientes.*

👁 En español, el **sujeto** de la oración tiene que estar **determinado** (con artículo o con cualquier otro determinante):

- ***Un*** *niño necesita espacio para jugar.* [~~Niño~~ necesita espacio para jugar.]
- ***La*** *naranja tiene vitamina C.* [~~Naranja~~ tiene vitamina C.]
- *Me encanta* ***el*** *café.* [Me encanta ~~café~~.]
- ***Los*** *delfines son muy inteligentes.* [~~Delfines~~ son muy inteligentes.]

8 Fíjate en las palabras subrayadas y relaciona cada enunciado con la interpretación más adecuada.

I. Toda una clase de objetos o personas.	II. Cualquier objeto o persona de una clase.	III. Una cantidad indeterminada de objetos o personas.

➲ a. Los colchones de agua son muy relajantes .I...
b. Evidentemente, prefiero dormir en un colchón a dormir en el suelo. .II..
c. Tenemos colchones de látex, de algodón y de muelles. .III.

1. a. Se venden y alquilan apartamentos. Razón: 031676742. .....
b. Los pisos en este barrio son muy caros. .....
c. Un apartamento suele ser más pequeño que un piso. .....
2. a. Los dentistas ganan mucho dinero. .....
b. Lo conocí en un congreso de dentistas. .....
c. Un dentista no debe comer ajo antes de la consulta. .....
3. a. Linus sólo bebe vino tinto. .....
b. A estas horas, un vino tinto es mejor que un refresco. .....
c. Perdona, pero el vino tinto es mucho mejor que el blanco. .....
4. a. ¿Tú sabías que los murciélagos son ciegos? .....
b. ¿Has comido murciélagos alguna vez? Están buenísimos. .....
c. Ese perro es más feo que un murciélago. .....
5. a. No tengo hijos pero tengo sobrinos. Sobrinas, en realidad, porque son todas chicas .....
b. Los hijos dan muchos disgustos. .....
c. Tener un hijo es lo mejor que te puede pasar en esta vida. .....

9 Completa con las palabras del recuadro usando, cuando es necesario, el artículo correspondiente.

kioscos ✓	agua	helados	carrito	hormigas	abanico	cajeros	ratón	té	café	mostaza

➲ .Los kioscos.... son tiendas en las que se venden periódicos y revistas.
1. En España, ... es algo muy típico en verano. Además es perfecto para el calor.
2. .... automáticos son máquinas para sacar dinero con tarjeta.
3. ¿Esas albóndigas llevan .... ?
4. Me encantan .... tanto en verano como en invierno. La pena es que engordan mucho.
5. .... van siempre en fila unas detrás de otras.
6. .... es tan excitante como ....
7. Se lo aseguro: .... inalámbrico no da problemas. Es más caro, pero funciona mucho mejor.
8. Pues .... es una cesta con ruedas para hacer la compra en los supermercados.
9. No te puedes duchar. No hay ....

10 Jerónimo y Alablanca a veces olvidan usar los artículos en español. Corrige sus palabras poniendo *el*, *la*, *los*, *las*, donde son necesarios.

➲ Cuando hojas caen, indios cazan y recogen muchos frutos. Ahora árboles están tristes porque hace frío.
.las hojas caen...; los indios cazan...;.......................
.los árboles están...

1. Después de cazar bisontes, nos duelen mucho piernas, pero gran jefe Halcón Maltés nos da zumo de uvas y aspirinas. ....
....
2. Indios quieren ser como oso y águila y respetan a seres vivos. Sólo cazan animales para comer. ....
....
3. A indios les gusta fumar hierba seca con anciano más viejo de tribu. ....
....
4. Para indios amor es sentimiento más hermoso. Indios aman naturaleza y también a hombre blanco.
....
....
5. Indios hacen fuego y bailan danza de lluvia cuando llega primavera. ....
....
6. Todas primaveras osos bajan de montañas a río para pescar salmones. Indios aprenden mucho de ellos. ....
....
7. Hombres indios se pintan para guerra. Mujeres indias nunca se pintan. Les gusta paz. ....
....

E *Uno alto, el de Soria, el que te dije...*

■ Cuando está claro de qué estamos hablando, ***uno, una, unos, unas*** pueden usarse sin mencionar el sustantivo al que se refieren:

- *Pásame un <u>boli</u>. **Uno** de ésos. **Uno** rojo vale.*
- *Necesito <u>tomates</u>. Tráeme **unos** que hay en el frigo.*
- *¿Has visto mis <u>cintas</u>? Son **unas** con canciones de Prins.*
- *Estas <u>camisas</u> no están nada mal. Cómprate **una**.*
- *Tengo varios <u>amigos</u>, pero sólo salgo con **uno**.*

Las formas ***unos, unas*** se utilizan solas sólo cuando se refieren a sustantivos que normalmente no se usan en singular (*unas gafas, unos pantalones, unos prismáticos, unas tijeras...*):

- *Yo tengo varias <u>tijeras</u>. ¿Te dejo **unas**?*
- *No tiene <u>prismáticos</u>. Regálale **unos**.*

■ También los artículos ***el, la, los, las*** pueden usarse sin mencionar el sustantivo al que se refieren, pero sólo cuando van seguidos por ADJETIVO / ***de*** + SUSTANTIVO / ***que*** + ORACIÓN:

	ADJETIVO
El, la, los, las +	***de*** + SUSTANTIVO
	que + ORACIÓN

- *Sólo me está bien un <u>traje</u>: **el** negro.*
- *Esa <u>mesa</u> no está mal, pero me gusta más **la de** cristal.*
- *¿Quieres una <u>tapa</u>? **Las que** ponen aquí son muy buenas.*

11 Tacha el sustantivo cuando no es necesario y cambia *un* por *uno* si hace falta.

➲ • Prueba un canapé.
○ Gracias, ya me he comido uno ~~canapé~~.

1. ¡Qué horror! Se me han roto las medias. ¿Me prestas unas medias?
2. Estos sobres son pequeños. Mejor usamos los sobres amarillos, los sobres que están ahí.
3. • ¿Quieres una cerveza?
   ○ No, gracias, acabo de tomarme una cerveza.
4. • Me han regalado un reloj con alarma.
   ○ Pues yo tengo un reloj que tiene cronómetro.
5. • ¿Cuál de esas chicas es tu hermana?
   ○ La chica de las gafas, la chica alta, la chica que está de pie.
6. • Han venido unos amigos preguntando por ti.
   ○ Sí, ya lo sé. Son unos amigos que conocí en la discoteca.
7. • ¿Me pasas ese libro, por favor?
   ○ ¿Cuál? ¿El libro gordo? ¿El libro de física?
8. • ¿Ustedes han pedido un café?
   ○ Dos: yo un café sólo y él un café con leche.

12 Estos personajes son los autores de la gramática. Completa y descubrirás quiénes son.

➲ Los que llevan gafas son Jenaro, Alex y Pablo.
1. El que .... es Jenaro.
2. La de los .... es Rosa.
3. El de la .... es Alex.
4. El .... es José Plácido.
5. El del .... es Pablo.
6. La que .... es Lourdes.
7. Las .... son Lourdes y Rosa.

llevan gafas ✓
guapísimas
delgado
lleva peluca
guantes largos
pistola
pañuelo de lunares
está cantando

6. Demostrativos: *este, ese, aquel... esto, eso, aquello...*

A *Este libro; ese libro; aquel libro.*

■ Los demostrativos pueden ser femeninos, masculinos y neutros:

	SINGULAR			PLURAL		
MASCULINO	***este*** *libro*	***ese*** *niño*	***aquel*** *edificio*	***estos*** *libros*	***esos*** *niños*	***aquellos*** *edificios*
FEMENINO	***esta*** *mesa*	***esa*** *niña*	***aquella*** *tienda*	***estas*** *libretas*	***esas*** *niñas*	***aquellas*** *tiendas*
NEUTRO	*esto*	*eso*	*aquello*			

👁 Las formas de **masculino** y **femenino concuerdan en género y número con el sustantivo** al que se refieren.

■ Los demostrativos sirven para **señalar cosas** identificándolas en relación con tres espacios diferentes:

Este indica que el objeto puede identificarse en el **espacio de la persona que habla** (*yo, nosotros, nosotras*).

Ese indica que el objeto puede identificarse en un espacio **distinto pero próximo al espacio de la persona que habla.**

Aquel indica que el objeto puede identificarse en un espacio **distinto y alejado del espacio de la persona que habla.**

- *¿Qué regalo quieres?: ¿**esta** pelota?, ¿**ese** cochecito?, ¿**aquella** muñeca?*

  [Dice ***esta*** para señalar una pelota que está ***aquí*** (junto a la persona que habla); dice ***ese*** para señalar un coche que está ***ahí*** (no junto a la persona que habla, pero tampoco lejos) y dice ***aquella*** para señalar una muñeca que está ***allí*** (lejos de la persona que habla).]

[Dice ***esa*** porque habla de la camiseta de la persona que escucha.]

■ Para referirnos **a cosas que se sitúan en el espacio de la persona con la que hablamos** (*tú, usted, ustedes, vosotros y vosotras*) se usan ***ese/-a/-os/-as*** porque se trata de un espacio distinto al de la persona que habla, pero no lejano:

- ***Este*** *bolígrafo no funciona, ¿me dejas **ese** rotulador?*

  [Dice ***este*** porque habla del bolígrafo que está usando; y dice ***ese*** para señalar el rotulador que está cerca de la persona que escucha.]

1 **Mª José ha ido a cenar a un restaurante japonés. Tiene mucha hambre. Completa lo que dice.**

¡Qué rico está ➲ .....este..... atún y qué buenas están (1) .... gambas! ¡(2) .... tallarines están exquisitos y (3) .... salsa de soja es fantástica!

Y póngame también (4) .... salmón, (5) .... trucha, (6) .... sardinas y (7) .... mejillones.

Y, por favor, de postre, me trae (8) .... tarta, (9) .... bombones, (10) .... natillas, y (11) .... flan.

2 **Relaciona cada diálogo con una imagen.**

➲ **María:** **Este** jersey es muy bonito.
Ana: Sí, y **estos** zapatos tampoco están mal.

1. **María:** Mira, **ese** jersey es precioso.
   Ana: Un poco caro, ¿no? Mejor te compras **esos** zapatos.
   María: Sí, o **esa** chaqueta marrón.
2. **Ana:** **Este** jersey es precioso, pero es carísimo.
   María: Y **aquellas** chaquetas, ¿qué te parecen?
   Ana: ¿Cuáles? ¿Las del fondo?
3. **Ana:** **Estos** zapatos son bonitos, ¿verdad?
   María: Sí, están bien pero los jerséis me gustan más.
   Ana: ¿**Esos** jerséis? A ver cuánto cuestan.

A ➲ ......

B ......

C ......

D ......

3 **Fíjate en el contexto en el que se produce cada frase y subraya el demostrativo adecuado.**

➲ (Luis está leyendo un libro.)	**Luis:** Este/**ese/aquel** libro es fantástico. ¿Lo conoces?
1. (Luis y Pedro están en la cocina comiendo pasteles.)	**Luis:** ¿**Estos/esos/aquellos** pasteles los ha hecho tu madre? Están buenísimos.
2. (Pedro saca unas cervezas de la nevera. Luis está sentado en la mesa.)	**Luis:** No sé si **estas/esas/aquellas** cervezas estarán muy frías.
3. (Luis y Pedro están de excursión. Muy a lo lejos hay un pequeño bosque.)	**Luis:** ¿Qué tal si nos acercamos a **este/ese/aquel** bosque de pinos?
4. (Luis va con Pedro y señala a una chica que ven a mucha distancia.)	**Luis:** Mira, Pedro, **esta/esa/aquella** chica es Carmen, la que ha tenido trillizos.
5. (Pedro tiene unos discos en la mano.)	**Luis:** Si te gustan **estos/esos/aquellos** discos, puedes llevártelos.

B Uso en relación con el tiempo: *Este mes. Ese día. Aquel fin de semana.*

- Los demostrativos también sirven para situar algo en relación con el tiempo:

Este, esta, estos, estas sirven para referirse al **presente** y también al **pasado** o **futuro** más próximos:

- ***Este** verano ha sido un desastre; **este** mes está siendo espantoso, pero **estas** Navidades me voy a Cuba.*

Ese, esa, esos, esas pueden señalar al **futuro** o al **pasado**:

- *Del 1 al 8 de julio no trabajo. Y **esa** semana me voy de vacaciones.* [La semana futura ya identificada.]
- ***Ese** día estaba muy cansado, por eso no te llamé.* [El día pasado del que hemos hablado.]

Aquel, aquella, aquellos, aquellas señalan a un **pasado lejano**:

- ***Aquella** semana fue la más feliz de mi vida.* [La semana, alejada en el tiempo, de la que hemos hablado.]
- ***Aquel** novio que tenías antes no me gustaba mucho.* [Un novio que tuvo en el pasado.]

4 Relaciona cada enunciado con su continuación.

➲ Hace diez años vendí el Volvo 240. — e
1. Podemos ir pasado mañana si quieres.
2. Nos conocimos la Semana Santa del 87.
3. Me caso el 15 de febrero.
4. Mi antiguo profesor de español era mucho mejor que el que tenemos ahora.
5. Volví a casa el día de Navidad, después de dos años trabajando en el barco.

a. Ese día tienes que estar aquí.
b. Ese día supe que mi mujer estaba embarazada.
c. Me acuerdo porque aquellos días hizo un calor espantoso.
d. Esta semana no tengo mucho trabajo.
e. Aquel coche era fantástico, de verdad.
f. Me encantaban aquellos estupendos ejemplos que ponía.

C *Éste, ése, aquél...*

- Los demostrativos pueden usarse **sin mencionar el sustantivo** al que se refieren cuando está claro de qué estamos hablando. En este caso, al escribir, podemos marcarlos con un acento gráfico (tilde) para indicar que son pronombres:

- *Son preciosas **estas** lámparas. Me llevo **ésta**, **ésa**, y **aquélla** roja.*

- ***Este** vaso está limpio, pero **ése** no.*

- *¿Cuál es tu clase?*
- ○ ***Ésa** de la derecha.*

- *¿Te acuerdas de Raquel, la antigua novia de Rafa?*
- ○ *Sí, claro, **aquélla** sí que era guapa.*

5 ¿A qué se refieren estos demostrativos?

➲ **Aquéllas** me gustan más.
1. ¿Son **éstos**?
2. Déjame **ésa**.
3. **Aquél** era mucho más interesante.
4. Con **éste** es suficiente, gracias.
5. **Ésos** para ti, y **éstos** para mí.

~~chaqueta~~	gafas	~~pantalones~~	~~caramelos~~
amigo	personas	chica	hombres
hoja	libros	bolígrafo	plástico
película	novelas	discos	chico
libreta	tijeras	papel	papeles
reloj	silla	pendientes	monedas

D Demostrativos neutros: *¿Dónde pongo esto? No me digas eso. ¿Qué es aquello?*

- Los demostrativos de **género neutro son siempre singulares** y nunca se usan con sustantivo porque, en español, no hay sustantivos neutros:

	SINGULAR			PLURAL		
MASCULINO	*éste*	*ése*	*aquél*	*éstos*	*ésos*	*aquéllos*
FEMENINO	*ésta*	*ésa*	*aquélla*	*éstas*	*ésas*	*aquéllas*
NEUTRO	***esto***	***eso***	***aquello***			

- Usamos **las formas neutras** de los demostrativos cuando queremos señalar algo en relación con los espacios ***aquí, ahí*** y ***allí*** pero **no sabemos su nombre, no importa su nombre**, o **no hablamos de un objeto concreto** (por ejemplo, un hecho, una situación, lo que alguien ha dicho, etc.):

NO SABEMOS EL NOMBRE DEL OBJETO

- *¿Quieres un...* ashtray*?¿Cómo se dice **eso** en español?* [El hablante no conoce el nombre de ese objeto.]
- *¿Has visto **eso**? Parece un ratón, ¿no?* [El hablante no sabe exactamente qué es esa cosa.]

[El hablante no conoce el contenido de una caja envuelta en papel de regalo, y, por tanto, no puede mencionarlo con un sustantivo.]

NO IMPORTA EL NOMBRE DEL OBJETO

- *Tengo que irme ya. ¿Puedes tú recoger todo **esto**?* [Todas las cosas que hay que recoger.]
- *Mira, **esto** lo pones encima del armario, **eso** dentro y **aquello** en la otra habitación.* [Tres cosas que señalamos con el dedo.]

NO ES UN OBJETO CONCRETO

- *No lo entiendo. Le he pedido perdón y sigue sin hablarme.* [El hecho de pedirle perdón.]
- ○ *Es que **eso** no es suficiente.*
- *Estábamos durmiendo y, de repente, oímos un ruido muy raro... **Aquello** no me gustaba nada...* [La situación que está contando.]
- *Creo que voy a dejar este trabajo.* [Las palabras que ha dicho la otra persona.]
- ○ *¿Por qué dices **eso**?*

No usamos estas formas neutras para hablar de **personas**. En su lugar, usamos las formas masculinas o femeninas:

- *¿Quién es ése?* [*¿Quién es ~~eso~~?*]
- ○ *Es mi padre.*

6 **Victor ha perdido la memoria y tiene muchos problemas para reconocer los objetos que están a su alrededor. Ayúdale a recuperarla completando los espacios con demostrativos.**

Están AQUÍ

- ¿Qué es ➲ ...esto...?
- ○ Son servilletas.
- ¿Y (1) .... tan raro?
- ○ Son tenedores y cuchillos y (2) .... que está aquí son cucharas. ¿No te acuerdas?

Están AHÍ

- ¿Qué es (3) .... que se mueve ahí?
- ○ No te preocupes. Son las cortinas.
- ¿Y (4) .... con tanto pelo que está ahí?
- ○ Es una alfombra. Y (5) .... de ahí debajo, también. Las compramos hace años.

Están ALLÍ

- Oye, ¿y (6) .... ? Parecen monstruos.
- ○ ¿Monstruos? Son las sombras de las plantas del jardín.
- ¿Y (7) .... tan peludo allí, al fondo? ¿Son alfombras?
- ○ No, Víctor, no. Son tus perros, Caín y Abel...

7 **Un turista acaba de llegar a España. Completa la conversación entre él (T) y un español (E) con la información del recuadro.**

➲ T: (*Tiene una fruta en la mano que no conoce.*) — a
E: Granada. Es una fruta de otoño.

1. T: (*Señala un monumento que está bastante lejos.*)
   E: Es la Puerta de Alcalá. Es del siglo XVIII.
2. T: (*Está en una discoteca. Le gusta el ambiente, la música, la gente...*)
   E: Sí, está muy bien. Es el local de moda.
3. E: ¿Qué vas a tomar?
   T: (*Señala una comida que toman unas personas.*)
4. T: Yo no estoy acostumbrado a acostarme tan tarde.
   E: (*Comenta algo sobre esa costumbre en España.*)
5. T: (*Le da un regalo a su acompañante.*)
   E: Muchas gracias. Pero no tenías que regalarme nada.
6. T: Tengo 30 euros.
   E: (*Explica para qué puede servir ese dinero.*)

a. ¿Cómo se llama esto?
b. Pues eso, aquí, es bastante normal.
c. Esto es fantástico.
d. Toma, esto es para ti.
e. Con eso puedes pagar el taxi y poco más.
f. ¿Qué es aquello de allí?
g. Me apetece aquello que comen aquellos señores.

Clasifica las respuestas. ¿Cuál de las posibilidades siguientes es la más probable en cada caso?

No sabe el nombre	....
	....
No importa el nombre	....
	....
No es un objeto	....
	....

8 **Juan y Jorge acaban de trasladarse a una nueva casa. Todo es un caos. No saben qué es cada cosa pero están intentando poner un poco de orden. Completa los diálogos.**

● ¿Dónde pongo ➲ ..esto.... ?

○ (1) .... ponlo en la cocina. Me parece que es la batidora.

● ¿Y (2) .... que está ahí?

○ (3) .... puedes dejarlo en el dormitorio.

○ ¿Y dónde ponemos (4) .... del fondo?

○ Oye, ¿y (5) .... que está ahí qué es?

9 **Subraya las opciones más adecuadas. A veces son posibles las dos.**

➲ ● ¿Quién es ese chico / eso?
○ El novio de Maite.

1. ● ¿Qué es **aquel pájaro** / **aquello**?
   ○ No sé, parece un pájaro.
2. ● Lucía dice que no te quiere.
   ○ **Esa chica** / **eso** me da igual.
3. ● ¿Por qué no enviaste **esa carta** / **eso**?
   ○ Porque no la pude terminar.
4. ● ¿Quieres manzanas?
   ○ Sí, pero sólo una; dame **ésa** / **eso**.
5. ● ¿A qué se dedica **ese señor** / **eso**?
   ○ Me han dicho que es profesor de instituto.
6. ● ¿En qué piensas?
   ○ En **aquella chica** / **aquello** que vino ayer.
7. ● ¿En qué piensas?
   ○ En **aquella chica** / **aquello** que ocurrió ayer.
8. ● ¿Dónde puedo poner **este mueble** / **esto**?
   ○ En el pasillo, aquí molesta.
9. ● ¿**Ése** / **eso** de la barba es tu hermano?
   ○ No, mi hermano es el de la gorra.

7. Posesivos: *mi, tu, su... mío, tuyo, suyo...*

A Posesivos antes del sustantivo: *mi amigo, mi amiga...*

	SINGULAR		PLURAL	
yo	***mi** amigo/amiga*		***mis** amigos/amigas*	
tú	***tu** libro/revista*		***tus** libros/revistas*	
él/ella/usted	***su** hermano/hermana*		***sus** hermanos/hermanas*	
nosotros/as	***nuestro** primo*	***nuestra** vecina*	***nuestros** primos*	***nuestras** vecinas*
vosotros/as	***vuestro** gato*	***vuestro** gata*	***vuestros** amigos*	***vuestras** amigas*
ellos/ellas/ustedes	***su** tío/tía*		***sus** discos/películas*	

En español, los posesivos **no** concuerdan con la persona gramatical correspondiente: **concuerdan con el objeto del que hablamos.** ***Mi, tu*** y ***su*** concuerdan con el objeto del que hablamos **sólo en número**. ***Nuestro*** y ***vuestro*** concuerdan en **género** y **número**:

- *Mirad, esta foto es del día de **mi** boda. Éstos son **mis** padres, **vuestros** abuelos; éste, **mi** hermano Javier, **vuestro** tío. Esta chica del sombrero, **mi** hermana pequeña, **vuestra** tía Alicia. Y éstas son **vuestras** primas Ángela y Lucía, **mis** sobrinas.*

Su (hablamos de un objeto) y ***sus*** (hablamos de varios objetos) significan:

DE USTED/USTEDES

- *¿Y usted? Vendrá a la boda, ¿verdad?*
- *Sí, claro, muchas gracias.*
- *¿Y **su** mujer y **sus** hijas?*
- *Sí, también. Están encantadas.*
- *Por el hotel no se preocupen ustedes, porque ya tengo **su** reserva.*

DE ÉL/ELLA/ELLOS/ELLAS

- *¿A quién más has invitado a la boda?*
- *Al jefe, con **su** mujer y **sus** tres hijas; a la tía Ana, con **su** novio y **sus** amigas; a los tíos de Almería, con **su** hijo, **su** nuera y **sus** dos nietos; y a las hermanas López, con **su** madre y **sus** novios.*

1 **Aquí tienes una selección de anuncios con ofertas especialmente pensadas para el verano. Complétalos con los posesivos adecuados.**

1

2

3

4

5

2 **Bea y Miguel se separan y se reparten las cosas. Observa el diálogo y complétalo con los posesivos adecuados.**

Bea: Te puedes quedar con el equipo de música, pero yo me llevo ➔ mis................ cedés y (1) .... libros, por supuesto.

Miguel: Perfecto, quédate con (2) .... cedés y con (3) .... libros, pero el microondas es mío.

Bea: ¡Ah, no! Perdona, pero éste es (4) .... microondas. El tuyo lo tiene María, ¿no te acuerdas?

Miguel: Pues el lavavajillas sí es mío, y la lavadora, también.

Bea: Mira, me da igual, quédate con (5) .... lavavajillas y (6) .... lavadora; pero (7) .... cuadros y (8) .... sofá no vas a tocarlos.

Miguel: Muy bien, muy bien. Llévate (9) .... sofá y esos cuadros horribles. Ah, y llévate también el abrebotellas de (10) .... madre y el paraguas de (11) .... prima Jacinta y yo me quedo con todo lo demás.

B Posesivos después del sustantivo: *un amigo mío, una amiga mía...*

	SINGULAR MASCULINO	SINGULAR FEMENINO	PLURAL MASCULINO	PLURAL FEMENINO
yo	*un amigo **mío***	*una amiga **mía***	*unos amigos **míos***	*unas amigas **mías***
tú	*ese libro **tuyo***	*aquella casa **tuya***	*esos libros **tuyos***	*aquellas casas **tuyas***
él/ella/usted	*otro coche **suyo***	*otra casa **suya***	*otros coches **suyos***	*otras casas **suyas***
nosotros/as	*otro gato **nuestro***	*otra gata **nuestra***	*otros gatos **nuestros***	*otras gatas **nuestras***
vosotros/as	*ese primo **vuestro***	*esa prima **vuestra***	*esos primos **vuestros***	*esas primas **vuestras***
ellos/ellas/ustedes	*un disco **suyo***	*una mesa **suya***	*unos discos **suyos***	*unas mesas **suyas***

■ Estos posesivos son **adjetivos** y, como todos los adjetivos, **concuerdan en género y número con el sustantivo**, al igual que los artículos, demostrativos, cuantificadores e indefinidos:

- *He traído muchos discos **míos**.*
- *En mi mesa hay varios libros **vuestros**.*
- *Esta calculadora **tuya** no tiene pilas, ¿sabes?*
- *Javier es un amigo **suyo** de la universidad, ¿no?*

👁 *un amigo ~~de mí~~ mío, un amigo ~~de ti~~ tuyo, un amigo ~~de vosotros~~ vuestro...*

➲ 4. Adjetivo

3 Relaciona los enunciados y completa con los adjetivos posesivos adecuados.

➲ Estoy saliendo con un chico guapísimo. —— a.

1. A tu marido le gusta mucho Elvis, ¿verdad?
2. Pues nosotros tenemos un amigo que sabe mucho de ordenadores.
3. A Aurelio se le olvida devolver las cosas.
4. ¿Qué os regaló Francisco por vuestra boda?
5. En casa organizamos en Navidad una comida para más de veinte personas.

a. ¡No me digas!, ¿y tienes alguna foto suya ?
b. ¿Y eran todos amigos .... ?
c. Ya lo sé, todavía tiene algunos libros .... que le presté el año pasado.
d. Varios cuadros .... Son increíbles.
e. ¡Ah!, ¿sí?, pues ¿por qué no le decís a ese amigo .... que si puede venir a ayudarnos?
f. Sí, tiene un montón de discos ....

4 Tu profesora de español te ha pedido que corrijas este ejercicio de un compañero de clase.

➲ Estoy supercontento. Han colgado un cuadro de mí en el Guggenheim de Bilbao.

1. Ha sido un éxito tremendo. Al final, miles de fans gritaban: "Queremos un hijo de tí".
2. ¿Ése es profesor de vosotros? Increíble, pero si es jovencísimo.
3. ¿Se puede saber qué hace un zapato de tí en el coche de Fernando?
4. Imagina la ilusión que nos hace tener un libro de nosotros en las librerías.

➲ un cuadro mío
1. ....
2. ....
3. ....
4. ....

C *Un amigo mío / Mi amigo*

- Con ***mío, tuyo, suyo***..., igual que con otros adjetivos (*familiar, español, europeo*, etc.), indicamos que un objeto (o varios) forma parte del conjunto de cosas relacionadas con algo o alguien:

  - *Ester es vecina **nuestra**.*
    [Forma parte del conjunto de vecinos nuestros.]
  - *He encontrado fotografías **vuestras**.*
    [Cantidad indeterminada de fotografías con vuestra imagen o que habéis hecho vosotros. Puede haber más.]
  - *Tres profesores **míos** hablan chino.*
    [Tres de los profesores que tengo. Puedo tener más.]
  - *Una novela **suya** ha ganado el premio.*
    [Una de las novelas que ha escrito. Puede haber más.]

- Con ***mi, tu, su***... hablamos de objetos identificables entre todos los demás por su relación con algo o alguien. No hay más o son los únicos de los que hemos hablado:

  - *Ester es **nuestra** vecina.*
    [Es la única identificable por ser vecina nuestra.]
  - *He encontrado **vuestras** fotografías.*
    [Las fotografías con vuestra imagen, las que habéis hecho, las únicas de las que hemos hablado...]
  - ***Mis** tres profesores hablan chino.*
    [Los tres profesores que tengo o los tres de los que he hablado...]
  - ***Su** novela ganó el premio.*
    [La única que ha escrito, la que presentó al concurso, la única de la que hemos hablado ...]

[No hemos hablado antes]

[Hemos hablado antes]

[No hemos hablado antes de Paula. Es única por alguna razón...]

- Los posesivos **antes del sustantivo** determinan el sustantivo y no se combinan con artículos o demostrativos:

  - ***Su** tío ha llamado. / **Un** tío **suyo** ha llamado.* [~~Un su tío~~ ha llamado.]
  - ***Ese** teléfono está sonando. / **Nuestro** teléfono está sonando.* [~~Ese nuestro~~ teléfono está sonando.]
  - *¿Fuiste con **tu** coche? / ¿Fuiste con **el** coche?* [¿Fuiste con ~~el tu~~ coche?]

- Los posesivos **después del sustantivo** no son determinantes. Pueden combinarse con artículos o demostrativos:

  - *El ordenador **suyo** del otro despacho es más rápido.*
  - *El otro día nos llamó un compañero **nuestro** del instituto.*
  - *No soporto esa manía **tuya** de gritarme.*

➲ 5. Artículos

➲ 6. Demostrativos

5 **Relaciona como en el ejemplo.**

➲ Vinieron todos ...sus hermanos... .	a. hermanos suyos (b.) sus hermanos
1. .... vive en Nueva York y la otra en Dublín.	a. Una hermana mía b. Mi hermana
2. Me gustan mucho .... Tienen un color precioso.	a. ojos tuyos b. tus ojos
3. Estará .... He visto luces encendidas en tu casa.	a. compañero de piso tuyo b. tu compañero de piso
4. Todos tuvimos que decirle .... para poder pasar.	a. nombres nuestros b. nuestros nombres
5. Es director de cine, ¿verdad? Me gustaría ver	a. su película b. alguna película suya
6. Yo no estoy de acuerdo, pero es .... Tú decides.	a. vida tuya b. tu vida
7. Aquí tienes .... que estaban en mi casa. Hay más, pero no podía traértelos todos.	a. estos libros tuyos b. tus libros

6 **Ha habido un robo en el Occidente Exprés. Completa con posesivos, colocándolos en el lugar adecuado.**

Marquesa de Montefosco: ¡Qué desgracia! Esto es terrible. Se han llevado ➲ ...mis... joyas .... , (1) todos .... camisones de seda .... y (2) .... dentadura postiza ....

El Duque y la Duquesa de Aguasturbias: Pues nosotros hemos perdido todo el equipaje: (3) .... dieciocho maletas .... , (4) .... seis abrigos de pieles ...... y (5) .... gorros de dormir .... Estamos desolados.

La Marquesa: Querido Duque, ¿y (6) .... magnífica colección de pipas de marfil .... ? ¿Está a salvo?

El Duque: ¡Qué va! También ha desaparecido. Y el anillo de diamantes que le regalé a (7) .... esposa .... con motivo de (8) .... último cumpleaños ....

La Duquesa: Guillermo, te olvidas de (9) .... ordenador portátil .... y de (10) .... doce palos de golf preferidos ....

Hércules Jolms: Cálmense. Parece que se han encontrado algunos (11) .... objetos .... en la Estación de Albacete: Señor Duque, ha aparecido (12) .... ordenador .... , con documentos bastante comprometidos, por cierto.

El Duque: No sé a qué se refiere.

Hércules Jolms: Hay varios (13) .... poemas .... dedicados a la Marquesa de Montefosco. También hemos encontrado algunas (14) .... joyas .... , Señora Marquesa, junto con (15) .... anillo .... , Señora Duquesa. Dos (16) .... pipas .... , y (17) .... doce palos de golf .... estaban en los servicios de la estación, señor Duque.
Hay otro asunto delicado: dos (18) .... camisones .... , Señora Marquesa, estaban en una (19) .... maleta .... , Señor Duque.

La Duquesa: Ahora lo comprendo todo: Querida Marquesa, aquí tiene (20) .... dentadura postiza .... La encontré en el bolsillo de (21) .... pijama .... , Guillermo.

D Sin sustantivo: *Tu casa es bonita pero la mía es más grande*.

■ Cuando no es necesario usar sustantivo con el posesivo, porque ya sabemos a cuál nos referimos, usamos ***el mío***, ***el tuyo***, ***el suyo***, etc.:

- *¿Con qué lavas tus sábanas? Están más limpias que* ***las mías***. [mis sábanas]
- *Mi sillón es más cómodo que* ***el tuyo***. [tu sillón]
- *Le he prestado la moto a mi hermano,* ***la suya*** *no funciona.* [su moto]
- *Vosotros vais en vuestro coche y nosotros en* ***el nuestro***, *¿vale?* [nuestro coche]

7 Transforma las oraciones para no repetir el sustantivo.

➔ Tu hija se lo pasa muy bien con mi hija. Se divierten mucho juntas.
Tu hija se lo pasa muy bien con la mía...

1. Me gusta más su dentista que nuestro dentista. Hace menos daño.
2. Mi móvil se ha quedado sin batería. ¿Me dejas tu móvil?
3. Éstas son mis toallas. Tus toallas están en el armario.
4. El barrio donde vivo no está mal, pero su barrio es más tranquilo.
5. Mi sueldo es más alto que vuestro sueldo. Y eso que yo trabajo bastante menos...
6. Yo tengo una letra muy difícil de leer, pero tu letra no se entiende nada.
7. Entre la bicicleta de David y nuestra bicicleta, prefiero la de David.
8. Tenemos el mismo coche, pero su coche tiene aire acondicionado.
9. Nunca te lo había dicho, pero prefiero su café a tu café.

E ¿De quién es? Es nuestro: *mío, tuyo y de Pepe.*

■ Los posesivos adjetivos se usan con el verbo ***ser*** para expresar pertenencia:

- *¿**De quién** es esta revista?*
  ○ *Es **mía**.*
- *¿**De quién** son estas gafas?*
  *¿Son las **tuyas**?*
- *¿**De quiénes** son estas copas?*
  ○ *Son **nuestras**.*
- *¿**De quiénes** son estos abrigos?*
  *¿Son **suyos**, señores Núñez?*
- *¿Ese sombrero rojo es el **tuyo**?*
  ○ *Sí, ¿te gusta?*
- *¿Este cuadro es **de tu abuela**?*
  ○ *Sí, **suyo**.*

8 Carmen y su novio Alberto han ido con Inma a comprar juntos. Después de pagar en caja, sus cosas y las de un señor desconocido están mezcladas. Tienen que separarlas. Fíjate en lo que han comprado y completa con posesivos los huecos del ejercicio en la página siguiente.

Inma:
leche
café
naranjas

Carmen y Alberto:
yogures
queso
naranjas
tomates
pasta
sandía

El señor:
Patatas

Inma: ¿El pan es ➲ ...nuestro...?
Carmen: No, no es (1) ....
¿El pan es (2) .... , señor?
Señor: No, (3) .... tampoco.
Alguien lo ha olvidado.
Carmen: Las patatas sí son (4) ....
.... , ¿verdad, señor?
Señor: Sí, son (5) ....
Muchas gracias.
Carmen: ¿De quién es la leche?
Inma: (6) ....
Carmen: ¿Y el café?
Inma: También es (7) .... ,
¿me lo pasas?
Señor: Señora, ¿esa sandía de ahí es
(8) .... ?
Carmen: No, la (9) .... es
aquella que es más grande.
Señor: Entonces es la (10) ....
¿Me la pasa?
Carmen: ¿De quién son las naranjas?
Alberto: (11) .... , cariño.
Inma: No, éstas son (12) .... ;
las (13) .... son aquéllas.
Inma: Y, ¿de quién son los yogures?
Carmen: Los yogures son (14) ....
....
Inma: ¿Y el queso?
Carmen: También (15) es ....
Inma: Toma, Alberto, los tomates
son (16) ....
Alberto: Gracias, la pasta también es
(17) .... , ¿me la das?

F Casos especiales: *Tengo el pelo mojado.*

■ En español, los posesivos normalmente no se usan para hablar de las partes del cuerpo ni de la ropa u otros objetos que llevamos; en estos casos usamos los artículos ***el***, ***la***, ***los***, ***las***:

- *¿Vas a salir con **el** pelo mojado? ¡Vas a resfriarte!* [*¿Vas a salir con ~~tu~~ pelo mojado?*]
- *Llevas una mancha de aceite en **la** camisa.* [*Llevas una mancha de aceite en ~~tu~~ camisa.*]
- *Mejor, no voy. Me duele **la** cabeza.* [*Me duele ~~mi~~ cabeza.*]
- *¿Os habéis lavado **las** manos?* [*¿Os habéis lavado ~~vuestras~~ manos?*]

➲ 18. Construcciones reflexivas y valorativas

9 **Completa los diálogos y relaciona como en el ejemplo.**

A. Venga, a dormir. ¿Os habéis puesto ➲ ..el.. pijama?
¿Os habéis lavado ➲ .los. dientes? ¿Sí? Pues, a la cama.

B. Oye, pues al principio muy bien, pero luego, un horror, Borja, un horror. Me rompí (1) .... brazo izquierdo por dos sitios, (2) .... dos piernas, (3) .... nariz y (4) .... cadera. Creo que esto de esquiar no es para mí.

C. No, de verdad que no puedo. El sábado tengo una boda y quiero cortarme (5) .... pelo, depilarme (6) .... piernas y pintarme (7) .... uñas de (8) .... pies y de (9) .... manos. Imposible, chica.

D. Mire, es que realmente me encuentro fatal. Me parece que es la gripe. Me duele (10) .... cabeza, (11) .... garganta, (12) .... estómago y tengo muchísima fiebre. De verdad, lo siento.

➲ Un padre habla con sus hijos. ..A....
1. Dos amigas charlan por teléfono. ....
2. Un empleado llama al trabajo para disculparse por su ausencia. ....
3. Un amigo le cuenta a otro sus vacaciones en Sierra Nevada. ....

8. Indefinidos: *todos, algunos, alguien, nada, otros...*

A *Algún estudiante, ninguna casa, todos los días...*

■ Estos indefinidos se usan para hablar de los **objetos que seleccionamos de un conjunto**. Siempre se refieren a un sustantivo que expresa el **tipo** de persona o cosa de la que hablamos:

Alguno/-a /-os/-as

Alguno: Uno o varios objetos de un conjunto, sin especificar cuáles ni cuántos.

- *Se han comido **algún** <u>bombón</u>.*
- *Han dejado **algunos**.*

Ninguno/-a/-os/-as

Ninguno: Nada (ø) de un conjunto.

- *No se han comido **ningún** <u>bombón</u>.*
- *No han abierto **ninguno**.*

Todos/-as

Todos: El conjunto completo.

- *Se han comido **todos** <u>los bombones</u>.*
- *Han abierto **todos**.*

👁 Antes de un sustantivo, las formas masculinas singulares *alguno* y *ninguno* se reducen a ***algún*** y ***ningún***:

Algún lápiz [~~Alguno lápiz~~] ***Ningún lápiz*** [~~Ninguno lápiz~~]

■ Estas formas **concuerdan** en género y número con el sustantivo al que se refieren:

Algún** chico / **alguno	***Ningún** chico / **ninguno***	***Todos** los chicos*
***Alguna** chica*	***Ninguna** chica*	***Todas** las chicas*
***Algunos** chicos*	***Ningunos** pantalones*	
***Algunas** chicas*	***Ningunas** tijeras*	

👁 ***Ningunos/-as*** sólo se usan con sustantivos que normalmente no se dicen en singular: *pantalones, tijeras, prismáticos, gafas*, etc. Con los sustantivos que tienen singular (*chico*) y plural (*chicos*) usamos ***ninguno/-a***.

■ Podemos usar estas formas **con el sustantivo** al que se refieren o, cuando ya se sabe de qué sustantivo hablamos, **sin sustantivo**:

- *¿Tenéis **alguna** <u>pregunta</u>?*
- *No, **ninguna**. Está todo clarísimo.*

- *Jesús tiene un montón de <u>discos</u> de los años ochenta. **Algunos** son muy buenos.*

- *Sólo tengo cuatro <u>amigos</u>, pero **todos** son estupendos.*

Alguno/-a/-os/-as y ***ninguno/-a*** se usan sin sustantivo y con la preposición ***de*** cuando mencionamos el conjunto del que seleccionamos objetos:

- ***Algunas** <u>de las preguntas</u> que nos hizo eran muy difíciles.*
- ***Ninguno** <u>de esos discos</u> es de los Rolin Estón.*

1 **Adivina las respuestas de estos tres participantes en un concurso de memoria de la televisión, siguiendo el ejemplo. Presta atención al género y al número.**

¿Recuerda usted...

➲ ... las películas que vio de pequeño?	Sí, algunas......... .	No, ninguna....... .	Sí, todas........... .
➲ ... los nombres de sus vecinos?	Algunos.................. .	No, ninguno....... .	Todos................ .
1. ... sus primeras palabras?	Sí, ...	No, ...	Casi ....
2. ... las gafas de sol que ha tenido hasta ahora?	Sólo	Mmm, ...	....
3. ... a sus compañeros de clase de la escuela?	A .... sí .	No, a	Sí, a ....
4. ... a sus profesores de la escuela primaria?	Sí, a	A ...... , me temo.	Claro, a ....
5. ... las marcas de vino que ha probado?	....	Casi	Casi ....
6. ... los discos que le han regalado?	Bueno, ...	¿Discos?	.... , creo.
7. ... los títulos de los libros que ha leído?	Sólo	Pues no, ...	....
8. ... las canciones de éxito de la década de los 90?	....	Esto... No, ...	....

2 **Elige y completa con la forma adecuada.**

alguna	algunas	algunos	algún ✓	algún	algún	ningún	ningún	ninguno	todas	todos

➲ ¿Tienes algún........ día libre la semana que viene?

1. No entiendo .... cosas de este libro. ¿Puedes ayudarme?
2. .... jóvenes son muy responsables, pero son pocos.
3. Te puedes llevar .... los diccionarios. No necesito ....
4. No me gustan los caramelos ni los pasteles. .... dulce me gusta.
5. ¿Qué te pasa? ¿Tienes .... problema?
6. Ten cuidado con el horno. En .... caso debes tocar el cristal. Quema.
7. A Jaime le gustan .... las películas de Rigoberto de Nilo.
8. Si necesitas .... chaqueta, yo te puedo prestar una.
9. El perro se escapó y no ocurrió nada al final, pero en .... momento pasamos muchísimo miedo.

3 **Fátima Gómez ha estado en una reunión de antiguos alumnos. Completa con *todos*, *todas*, *algunos*, *algunas*, *ninguno*, *ninguna*.**

➲ Todos....... , sin excepción, estamos más viejos. ¡Cómo pasa el tiempo! (1) .... se han quedado completamente calvos, aunque Fernando Dávila sigue con su impresionante mata de pelo; (2) .... están bastante más gorditas –Maite Céspedes y Conchi Moreno siguen pesando cincuenta kilos, ¿cómo lo harán?-, pero (3) .... se ha operado nada –al menos eso dicen ellas. ¡Hasta hay (4) .... embarazadas! En general , la verdad es que (5) .... las chicas seguimos estando muy guapas. (6) .... ya se han divorciado, creo que José Miguel Lombardo y Paco Goikoetxea, y vinieron a la fiesta con sus segundas parejas. Es curioso, pero (7) .... de ellos vive en el extranjero, (8) .... se han quedado en España. Sólo yo vivo fuera. (9)................ las chicas, sin excepción, trabajamos. Es una suerte. Sin embargo, no (10) .... los chicos tienen trabajo. (11) .... están en paro.

B *Alguien, nadie; algo, nada; todo.*

■ Estos indefinidos se usan como sustantivos y sirven para hablar de **personas** (*alguien, nadie*) o **cosas** (*algo, nada, todo*) **sin especificar de qué tipo de persona o cosa hablamos**:

Alguien	Nadie	Algo	Nada	Todo
[alguna persona]	[ninguna persona]	[alguna cosa]	[ninguna cosa]	[todas las cosas]

*Veo a **alguien**.*

*No veo a **nadie**.*

*Veo **algo**.*

*No veo **nada**.*

*Lo veo **todo**.*

■ ***Alguien***, ***nadie***, ***algo***, ***nada*** y ***todo*** son invariables, y la concordancia se hace **siempre en masculino singular**:

- *¡Hola! ¿Hay **alguien** despiert<u>o</u>?*

  [Podemos estar hablando de: un hombre, una mujer, varios hombres, varias mujeres...]

- *Tenía **algo** roj<u>o</u> en la mano.*

  [Podemos estar hablando de: un juguete, una bola, varios lápices, varias cerezas...]

- *Me gusta este libro. **Todo** está muy clar<u>o</u>.*

  [Podemos estar hablando de: el texto, la presentación, los ejemplos...]

4 **Éste es un fragmento del guión de una película policíaca. Completa con las formas *alguien, nadie, algo, nada* o *todo*.**

➲ ..*Alguien*.. pone, con mucho cuidado, (1) .... en el bolso de la agente del 069, Laura Ladrón. (2) .... se da cuenta: ni su compañero, el agente Cortés, ni su ayudante. Cuando la agente abre el bolso, ve que dentro hay (3) .... muy extraño, pero no dice (4) ...., porque Cortés siempre quiere saber (5) .... lo que ella hace. La agente cierra el bolso y va a su coche. Allí abre el bolso, pero ya no hay (6) .... El paquete ha desaparecido. Laura se pone muy nerviosa y, de repente, ve que en el asiento de atrás hay (7) .... Es el conocido Manazas, un ayudante del mafioso Gil.

● ¿Buscas (8) .... , muñeca?

○ No, no busco (9) ....

● Tengo un mensaje de mi jefe para ti. Me ha dicho que tiene (10) .... que decirte. Tienes que ir a su casa esta tarde, pero sola; (11) .... puede acompañarte.

○ ¿Y por qué tengo que ir a verlo? Gil es un mafioso y no tengo (12) .... que decirle.

● Pero Gil te interesa mucho. Tiene información sobre (13) .... , sobre una persona que estás buscando. A las cinco y media en su casa, sola, sin (14) .... ¿Lo has entendido (15) .... ?

○ Sí.

● Toma, tengo (16) .... para ti.

Laura ve que Manazas le da (17) .... Es el paquete que antes estaba en su bolso.

5 **Completa con el adjetivo más adecuado en el género apropiado.**

➲ Es verdad que no eres guapísima, pero **nadie** es ..*perfecto*.. .

1. **Una persona** .... es alguien que no quiere trabajar mucho.
2. **Algo** que es tan .... no puede ser de buena calidad.
3. Si miras las cosas con pesimismo, **todo** lo verás ....
4. Para atraer la atención de un toro necesitas una tela roja o **algo** ....
5. **Nada** es más .... que la velocidad de la luz.

rápido/-a
rojo/-a
barato/-a
perezoso/-a
perfecto/-a ✓
oscuro/-a

6 Completa con la forma adecuada.

alguien	nadie	algo	nada	algún/-o (-a, -os, -as)	ningún/-o (-a, -os, -as)

➲ ● Necesito otro pañuelo. ¿Tienes ..alguno.. más?
○ Lo siento. Ya no me queda ..ninguno.. .
● Si quieres una servilleta de papel...
○ Bueno, ..algo.. es ..algo.. .

1. ● .... sabe lo nuestro, Ernestina, tengo miedo.
○ No, hombre, tranquilo, no lo sabe .... , sólo nuestros amigos íntimos.
● Bueno, es que .... de ellos puede decir .... , ¿no crees?

2. ● ¿Tienes .... para el dolor?
○ Pues me parece que no tengo .... Espera, sí, tengo aspirinas.
● ¿Sólo aspirinas?
○ Pues sí, mejor es .... que .... , ¿no?

3. ● ¿Tienes .... para picar? ¿Aceitunas, por ejemplo?
○ Aceitunas sí, creo que tengo .... en el frigorífico.

4. ● ¿Quedan .... galletas? Estaban muy ricas.
○ Pues creo que no. He mirado hace un momento y no quedaba ....

5. ● ¿Ha llamado .... ?
○ Sí.
● ¿Quién era?
○ No me lo ha dicho. .... amigo tuyo, supongo.

6. ● Esta sopa necesita .... más. ¿Hay tomates?
○ Pues la verdad es que no queda .... tomate.
● ¿En serio? ¿ .... ? ¿Y cebolla?
○ Ni tomates ni cebolla. No queda ....

7. ● Buenas. Estaba buscando .... bonito para una fiesta.
○ Muy bien. Tenemos unos conjuntos muy modernos y unos vestidos preciosos.
● ¿Puede enseñarme .... barato?
○ ¿ .... vestido o .... conjunto?

8. ● ¿Crees realmente que tus compañeros de trabajo te odian?
○ .... , sí. Sobre todo el gerente.
● Pero, ¿tú les has hecho .... malo?
○ ¿Yo? No, ... Bueno, a .... de ellos sí, ... vez.

C Doble negación: *No hay ninguno; no hay nadie; no hay nada.*

■ Las formas negativas ***nadie, nada*** o ***ningún/-o*** (***-a, -os, -as***) pueden ir **antes** o **después del verbo. Si van después,** también hay que expresar la **negación antes del verbo**:

Ningún *problema es grave.*	PERO:	***No*** *existe* ***ningún*** *problema grave.*	[~~Existe ningún problema grave.~~]
Nada *le parece bien.*		***No*** *le parece bien* ***nada.***	[~~Le parece bien nada.~~]
Nadie *me comprende.*		***No*** *me comprende* ***nadie.***	[~~Me comprende nadie.~~]

■ En español, la negación debe expresarse siempre antes del verbo. Para eso usamos ***no*** y también **otras formas de significado negativo**:

No, ni, tampoco...	• ***No*** *me ha llamado* ***ningún*** *amigo.* ***Tampoco*** *me han hecho* ***ningún*** *regalo.* • ***Ni*** *me ha llamado* ***nadie ni*** *me han regalado* ***nada.***
Nunca, jamás...	• ***Nunca / Jamás*** *he tenido* ***ningún*** *problema con esta chica.* • ***Nunca / Jamás*** *he hecho* ***nada*** *malo ni he ofendido a* ***nadie.***
Nadie, nada...	• ***Nadie*** *ha dicho* ***nada*** *malo de ti.* • *Había mucha comida, pero* ***nada*** *le ha gustado a* ***nadie.***
Ningún/-o *(-a, -os, -as)*	• ***Ningún*** *empleado ha observado* ***ninguna*** *cosa extraña.* • *En* ***ningún*** *caso debes dejar* ***ninguna*** *ventana abierta.* • *Yo creo que en* ***ningún*** *momento he dicho* ***nada*** *en contra de ella, ¿no?* • *De* ***ningún*** *modo va a entrar* ***nadie*** *en esta casa.*

7 **Identifica los cuatro enunciados que necesitan doble negación y corrígelos a la derecha, como en el ejemplo.**

➲ Yo esperaba una visita, pero ha venido **nadie**.
...no ha venido nadie...............

Si no lo dices, **ninguno** de ellos lo sabrá.
✓ ....

1. A **nadie** le importan mis problemas.
....

2. Bueno, yo esperaba tu ayuda, pero si no puedes, pasa **nada**. ....

3. Llamé a Berta, a Julia y a Paco, pero **nadie** contestaba al teléfono. ....

4. Dicen que Rosa y aquel chico se besaron, pero yo vi **nada**. ....

5. Tiene cuatro gatos, pero quiere regalarme **ninguno**.
....

6. No lo dudo, será tu hijo, pero se parece en **nada** a ti. ....

D *Otro, otra, otros, otras.*

■ ***Otro/-a /-os/-as*** se refieren a uno o varios objetos distintos pero del mismo tipo:

- *¿Sabe si hay **otra** gasolinera en este pueblo? En ésta no hay gasolina para motos.*
[Pregunta por una gasolinera distinta de la gasolinera en la que está.]
- *¿Has cambiado de perfume? Creo que me gustaba más el **otro**.*
[El perfume anterior, distinto al que lleva.]

■ Estas formas concuerdan en género y número con el sustantivo al que se refieren:

- *Tengo que buscar **otro** trabajo mejor.*
- *¡Qué cola! ¿No hay **otros** cajeros automáticos cerca?*
- *Si quieres a Andrés, dale **otra** oportunidad.*
- *¿No tienen **otras** gafas más baratas?*

■ Cuando el sustantivo ya está claro, no es necesario repetirlo:

- *Ya no vivo en ese piso. Ahora vivo en **otro**.*
- *Los Hidalgo tienen una casa en la costa y **otra** en la montaña.*

■ ***Otro/-a /-os/-as*** pueden combinarse con otros determinantes (demostrativos, posesivos, artículos definidos, etc.) pero **nunca se combinan** con ***un/-a /-os/-as***:

- *Hoy te han llamado **otras** dos chicas.*
- *Hay dos posibilidades: una, quedarnos en casa y la **otra**, salir.*
- *Es bonito, pero prefiero ese **otro**.*
- *El hijo mayor es muy simpático, pero sus **otros** hijos, no.*

- *Dame **otro** café.* [~~Dame un otro café.~~]
- *Tienes que venir **otra** vez.* [~~Tienes que venir una otra vez.~~]

👁 Los numerales cardinales (*dos, tres...*) se ponen **después de *otros, otras***, no antes:
[Tengo ~~dos otros~~ trabajos para ti.]
otros dos

8 **Isabel Préslez es una compradora muy exigente. Relaciona los enunciados y completa con *otro, otra, otros, otras*. Subraya el sustantivo al que se refieren.**

➲ Estas chaquetas son muy bonitas, pero — ➲ ¿no tiene otras... más baratas? No quiero gastar mucho.

1. Oh, qué jersey más mono, pero es un poco caro,
2. Me gusta muchísimo esta pulsera de plata, pero
3. Estas botas son estupendas, pero
4. ¡Qué pantalones más divinos! Pero

a. ¿no tiene .... más grande y más sofisticada?
b. ¿no tiene .... más barato? Es para ir muy deportiva.
c. ¿no tiene .... un poco más anchos y más oscuros?
d. ¿no tiene .... con el tacón alto? Son para una fiesta.

9 **Los grandes almacenes Mercatoma están de oferta: por cada cosa que compras te dan varias más. Completa el anuncio con lo que falta, fijándote en el número que está entre paréntesis.**

➲ Si se lleva un perfume de señora, le regalamos (I) otro... y si se lleva dos perfumes de caballero, le regalamos (III) otros tres...... .
1. Si se lleva unas medias, le regalamos (I) ....
2. Si se lleva tres cedés, le regalamos (III) ....
3. Si se lleva un juego de cama, le regalamos (I) ....
4. Si se lleva dos colchas, le regalamos (II) ....
5. Si se lleva una maquinilla de afeitar, le regalamos (I) ....
6. Y si se lleva una calculadora, le regalamos (II) .... Así podrá descubrir todo lo que se ha ahorrado.

10 **Vicenta escribe a su hermano Manolo para contarle las novedades en el pueblo. Pon en orden los elementos entre paréntesis y tacha los que no son necesarios.**

Marmolejo, 29 de diciembre de 1970

Querido Manolo:

Te escribo (~~una~~, vez, otra) (➲) otra vez para contarte las últimas novedades en Marmolejo. Papá y yo nos hemos mudado a (una, casa, otra) (1) .... más pequeña en (otra, la, parte) (2) .... del pueblo. El tío Agapito ya no vive con su hijo Paco sino con (otra, su, hija) (3) ...., Elvira. Tu prima Felisa ha tenido (hijos, otros, dos) (4) .... y están todos muy bien. La vaca también ha parido (ternero, un, otro) (5) .... Tu hermano Aureliano ha comprado (tres, casas, otras) (6). .... y quiere hacer un hotel y un restaurante para traer turistas a Marmolejo. Y yo ya no salgo con Rogelio, sino con (chico, otro, aquel) (7) .... de Madrid que conociste en verano.

Ya ves que hay muchos cambios en el pueblo. ¿Cuándo piensas venir a vernos?

Un beso de tu hermana,

Vicenta

11 **Jerónimo y Alablanca a veces tienen problemas de amor y, también, con *otro, otra, otros* y *otras*. Corrige los cuatro errores que hay, además del ejemplo.**

➲ **Jerónimo:** En las fiestas miras a unos otros chicos. otros chicos .
1. **Alablanca:** Estás celoso, mi único sol. Miro a otros, sí, pero no miro a nadie en especial. A mí los otros no me interesan ....
2. **Jerónimo:** ¿Por qué te fijas en unos otros si me tienes a mí? ....
3. **Alablanca:** Jerónimo, yo no miro unos otros ojos, no miro una otra boca, no miro otras manos. Yo sólo te miro a ti. ....
4. **Jerónimo:** Eso deseo yo, Alablanca. Porque tú eres mi única luna y no hay en todo el mundo ninguna otra. Nunca podrá haber una otra. Sólo te quiero a ti ....

9. Numerales cardinales: *uno, dos, tres...*

Los numerales cardinales sirven para expresar cantidades: *un globo, dos globos, tres globos.* Se refieren siempre a un sustantivo, pero pueden usarse solos cuando ya está claro de qué estamos hablando:

- *Tengo **dos** <u>entradas</u> para el concierto, ¿y tú?*
- *Yo tengo **tres**.*

A De 0 a 15

0	*cero*	4	*cuatro*	8	*ocho*	12	*doce*
1	*uno*	5	*cinco*	9	*nueve*	13	*trece*
2	*dos*	6	*seis*	10	*diez*	14	*catorce*
3	*tres*	7	*siete*	11	*once*	15	*quince*

■ ***Uno**, **una*** tienen género y concuerdan con el sustantivo:

- *¿Qué van a tomar?*
- ***Una** <u>cerveza</u> y dos vinos, por favor.*

- *¿Cuántos <u>bocadillos</u> quieren?*
- ***Uno.***

Uno se convierte en ***un*** antes del sustantivo: ***Un** <u>té</u> y tres cafés, por favor.*

1 Claudio es muy envidioso y siempre quiere el doble que su amigo Julio. Completa escribiendo en letras el número.

➲ Si Julio se come dos bocadillos, él se come ..*cuatro*.. bocadillos.
1. Si Julio se bebe cinco cafés, él se bebe .... cafés.
2. Si Julio se toma una cerveza, él se bebe .... cervezas.
3. Si Julio tiene tres novias, él tiene .... novias.
4. Si Julio invita a seis amigos, él invita a .... amigos.
5. Si Julio se come siete pasteles, él se come .... pasteles.
6. Si Julio compra cuatro botellas de vino, él compra .... botellas de vino.
7. Si Julio alquila cinco vídeos, él alquila .... vídeos.
8. Si Julio se come tres platos de pasta, él se come .... platos de pasta.
9. Si Julio se cae una vez, él se cae .... veces.

2 En el bar de Carlota se escuchan estas conversaciones entre los camareros y los clientes. Escribe los números y ten cuidado con *un, uno, una.*

➲ ● Buenas tardes, quería **2** ..*dos*.. cafés y **1** ...*un*. té con limón, por favor.

1. ○ ¿**2** .... tes?
   ● No, **1** ....
2. ● ¿Cuántas cervezas me ha dicho?
   ○ Sólo **1** .... , y **3** .... vinos de Rioja.
3. ● **1** .... cerveza, por favor.
   ○ ¡Marchando!
   ● ¿Me pones también **1** .... vaso de agua?
4. ● ¿Qué van a tomar?
   ○ **1** .... bocadillo de queso y **1** .... limonada.
5. ● ¿Cuántos cafés?
   ○ **3** .... : **2** .... solos y **1** .... con leche.
6. ● ¿Cuánto es todo?
   ○ **2** .... bocadillos, **1** .... botella de vino y **1** .... carajillo. Espera, ahora te lo digo.

3 **Ayuda a Jaime a hacer estas cuentas.**

dos + uno = ...tres...	seis + tres = ...	diez + cuatro = ...
quince - ocho = ...	dos + nueve = ...	doce + tres = ...
nueve + cuatro = ...	trece - siete = ...	siete + cinco = ...

B De 16 a 99

■ Del **16** al **29**, los números se escriben en **una sola palabra**:

16	*dieciséis*
17	*diecisiete*
18	*dieciocho*
19	*diecinueve*

20	*veinte*
21	*veintiuno*
22	*veintidós*
23	*veintitrés*
24	*veinticuatro*

25	*veinticinco*
26	*veintiséis*
27	*veintisiete*
28	*veintiocho*
29	*veintinueve*

- *¿Cuántos años tienes?*
- ○ ***Diecisiete**. ¿Y tú?*
- ***Veintitrés**.*

- *¿Qué día es hoy?*
- ○ ***Diecinueve** de febrero.*

- *¿Cuánto cuestan esos calendarios?*
- ○ *Los grandes **veinticinco** euros y los pequeños **dieciocho**.*

■ Del **31** al **99**, los números se escriben en **dos palabras** unidas por *y*:

30	*treinta*	*y*	*uno/a*
40	*cuarenta*		*dos*
50	*cincuenta*		*tres*
60	*sesenta*		*cuatro*
70	*setenta*		*cinco*
80	*ochenta*		*seis*
90	*noventa*		*siete*
			ocho
			nueve

- *Mi abuela Lupe tiene **ochenta y tres** años y mi abuelo **noventa**. La tía Amalia tiene unos **sesenta y cinco** años y su marido, el tío Paco, **setenta** o **setenta y dos**. Mi madre tiene **sesenta y siete** años. Mi hermana Blanca tiene **treinta y nueve** y Carlos, su ex-marido, **treinta y dos**. Mi prima Eloísa, que está a la derecha, es la más joven del grupo: tiene **treinta años**.*

Recuerda que cuando los números terminan en ***uno/una*** concuerdan en género con el sustantivo. ***Uno*** se convierte en ***un*** delante del sustantivo:

- *Te has comido **treinta y una** galletas saladas. Te vas a poner malo.*
- *Carla cumple pasado mañana **veintiún** años.*

4 **Todas estas personas nacieron un 24 de marzo. Hoy, 24 de marzo de 2015, es el cumpleaños de todas ellas. Pero, ¿cuántos años cumple cada una?**

➲ Carmen: 24-03-1975: ...cuarenta... años.
1. Pepe: 24-03-1976: .... años.
2. Celia: 24-03-1984: .... años.
3. Clara: 24-03-1988: .... años.
4. Marina: 24-03-1996: .... años.
5. Juan José: 24-03-1992: .... años.
6. Beatriz: 24-03-1990: .... años.
7. Pablo: 24-03-1999: .... años.

5 Carla se muda. Está haciendo la lista de las cosas que guarda en las cajas. Ayúdala. Ten cuidado con *un/una*.

➲ cuadros: 30 *treinta cuadros*
1. novelas: 71 ....
2. libros de arte: 63 ....
3. discos de jazz: 84 ....
4. discos de pop: 3 ....
5. botellas de vino: 9 ....
6. cubiertos: 52 ....
7. plantas: 5 ....
8. candelabros: 2 ....

6 Antoñito está aprendiendo a escribir los números pero tiene muchos problemas. ¿Puedes ayudarle?

➲ ~~veinte y dos~~: *veintidós*
1. diez y siete: ....
2. sietenta y nueve: ....
3. nueventa y seis: ....
4. treintaytrés: ....
5. vientiuno: ....
6. cuarentacinco: ....
7. seisenta y uno: ....
8. ochoenta y dos: ....
9. cincuentaséis: ....

C De 100 a 999

- Usamos ***cien*** sólo cuando nos referimos exactamente al número **100**:
  - *Doña Pura tiene **cien** años, ni uno más ni uno menos.*
- Usamos ***ciento*** en los demás casos:
  - *Ese reloj cuesta **ciento dos** euros.* [102]
  - *De Granada a Córdoba hay **ciento ochenta y cinco** km.* [185]
  - *El noventa **por ciento** de la población está en contra de la decisión.* [90%]

👁 Cuando hablamos de cantidades indeterminadas usamos **cientos**:
  - *Había **cientos** de tortugas en la playa.*

- Los números del **200** al **999** concuerdan con el sustantivo al que se refieren:
  - *Póngame trescient**os** gramos de jamón.*
  - *Necesito seiscient**as** cincuenta copias de este documento.*

👁 Las centenas (grupos de 100 cosas) y las decenas (grupos de 10 cosas) no están unidas por ***y***:

450 *cuatrocientos cincuenta* [*cuatrocientos ~~y~~ cincuenta*]
583 *quinientos ochenta y tres* [*quinientos ~~y~~ ochenta y tres*]

100	*cien; ciento...*
200	*doscientos/as*
300	*trescientos/as*
400	*cuatrocientos/as*
500	***quin**ientos/as*
600	*seiscientos/as*
700	***sete**cientos/as*
800	*ochocientos/as*
900	***nove**cientos/as*

7 Ana y Julie están ahorrando para ir de viaje (una en euros, la otra en libras). En sus cuadernos anotan las cantidades que van consiguiendo. Ayúdalas: escribe las siguientes cifras en el cuaderno que corresponde y escribe también el número al lado.

Cuaderno de Ana:

Euros:

Cuaderno de Julie:

Libras esterlinas:
trescientas veintiuna (321)

- Trescientas veintiuna ✓
- Doscientos cincuenta
- Seiscientas doce
- Ochocientos
- Setecientos dos
- Quinientas treinta y una
- Novecientos veintidós
- Setecientas
- Cuatrocientas cincuenta

8 **Fin de mes. ¡Socorro! Hay que pagar muchísimas cosas. Completa estos cheques con las cantidades en letras.**

Alquiler: 999 euros novecientos noventa y nueve ....
Electricidad: 281 euros ....
Móvil: 789 euros ....
Teléfono: 411 euros ....
Agua: 576 euros ....
Droguería: 125 euros ....

D De 1000 a 999.999

■ La palabra ***mil*** es invariable con cantidades exactas:

1.000	2.000	3.000	10.000	100.000	500.000
Mil	*Dos mil*	*Tres mil*	*Diez mil*	*Cien mil*	*Quinientos/as mil*

1.635 $ *mil seiscien**tos** treinta y cinco dólares.*
38.751 m^2 *treinta y ocho mil setecien**tos** cincuenta y un metros cuadrados.*
912.182 £ *novecient**as** doce mil ciento ochenta y dos libras.*

Cuando hablamos de cantidades indeterminadas usamos ***miles***:

- *Había **miles** de personas en el concierto.*

9 **Escribe los siguientes números al revés.**

➲ (2.321) dos mil trescientos veintiuno (1.232) mil doscientos treinta y dos ....
1. (9.714) nueve mil setecientos catorce ....
2. (76.159) setenta y seis mil ciento cincuenta y nueve ....
3. (1.205) mil doscientos cinco ....
4. (48.118) cuarenta y ocho mil ciento dieciocho ....
5. (10.913) diez mil novecientos trece ....
6. (23.472) veintitrés mil cuatrocientos setenta y dos ....

E *Millón, millones...*

■ La palabra ***millón*** sólo se utiliza en singular cuando hablamos de ***1 millón***.
Para hablar de más de un millón se usa en plural: ***millones***.

1.000.000	2.000.000	10.000.000	100.000.000	200.000.000	1.000.000.000
Un millón	*Dos millones*	*Diez millones*	*Cien millones*	*Doscien**tos** millones*	*Mil millones*

Millón es un sustantivo masculino y, por tanto, las centenas (doscientos, cuatrocientos...) que lo preceden van siempre en masculino:

*200.340.000 personas: doscien**tos** millones trescient**as** cuarenta mil personas.*
*700.278.000 palabras: setecien**tos** millones doscient**as** setenta y ocho mil palabras.*

■ Cuando las palabras ***millón*** o ***millones*** van seguidas inmediatamente por un sustantivo, llevan la preposición ***de***:

- *Más de cuatrocientos **millones de** personas hablan español.*
- ***Un millón de** turistas han visitado Mallorca este año.*

*Un millón **cien mil** turistas han visitado Mallorca este año.*

■ En español, un ***billón*** (1.000.000.000.000) es un millón de millones y se escribe, por tanto, con 12 ceros.

10 **Estás colaborando con la Gran Enciclopedia Panhispánica. Tienes datos sobre el número de habitantes de estos países y tienes que escribirlos en palabras.**

➲ Argentina = 38.812.817 *Treinta y ocho millones ochocientos doce mil ochocientos diecisiete habitantes.*
1. México = 104.200.165 ....
2. Venezuela = 25.287.670 ....
3. Ecuador = 14.447.494 ....
4. Paraguay = 6.084.491 ....
5. Guatemala = 14.314.079 ....
6. España = 41.077.100 ....
7. Chile = 16.498.930 ....

F Cómo se lee una cifra en español.

- 345 € = *trescientos cuarenta y cinco euros.*
  579 personas = *quinientas setenta y nueve personas.*
- Si se trata de **miles**, se separa en dos bloques la lectura:
  96.345 € = *noventa y seis **mil** // trescientos cuarenta y cinco euros.*
  269.579 personas = *doscientas sesenta y nueve **mil** // quinientas setenta y nueve personas.*
- Si se trata de **millones**, se hace una pausa después de *millón/-es* y otra después de *mil/miles*:
  204.796.345 € = *doscientos cuatro millones // setecientos noventa y seis **mil** // trescientos cuarenta y cinco euros.*

[Sólo se unen con *y* las decenas y las unidades]

325. 456. 815
Trescientos veinticinco millones cuatrocientos/as cincuenta y seis mil ochocientos/as quince

[Las centenas de millón siempre son masculinas (*-os*) porque concuerdan con la palabra *millones*.]

[En plural, las centenas de millar y las centenas concuerdan con el sustantivo (*-os/-as*).]

11 **Marc tiene un problema cuando escribe los números: no sabe cuándo tiene que escribir *y* griega. Ayúdalo tachando la *y* cuando no es necesaria. Escribe también el número en cifras.**

➲ Trescientos ~~y~~ veinte mil seiscientos ~~y~~ treinta y siete *320.637*
1. Cuarenta y dos mil ciento y cinco ....
2. Tres millones y ochenta y ocho mil trescientos y cuarenta y seis ....
3. Cuatrocientos y cinco mil sesenta y uno ....
4. Cincuenta y nueve mil y once ....
5. Noventa y dos mil trescientos y quince ....
6. Ochocientos y cinco mil quinientos y ochenta ....
7. Trescientos y veintiséis ....
8. Setecientos y setenta mil ....

12 **Lee el siguiente texto sobre la isla de Golandia y completa las cifras a medio escribir con las del recuadro.**

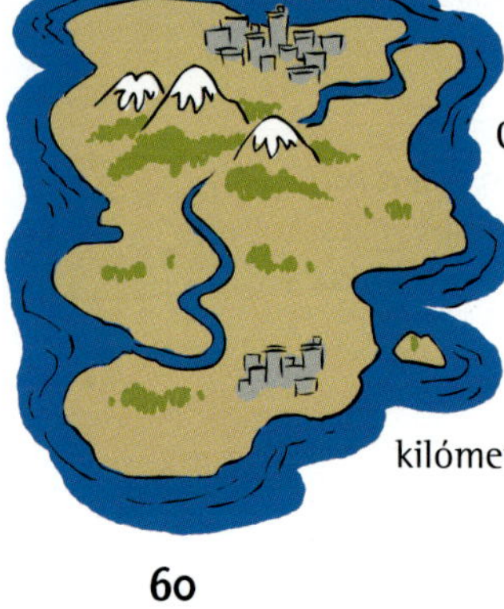

Golandia tiene una superficie de *seiscientos* quince *mil* km² y un total de dos millones .... habitantes. La capital, Gola City, está situada al norte del país y tiene .... trescientos habitantes; la segunda ciudad importante de Golandia es Rúcola, con .... siete .... habitantes. El monte principal de la isla es El Golón con una altura de .... y ocho metros, y tiene dos ríos principales: el Gologolo, de .... setenta .... kilómetros y el Golín, de doscientos .... kilómetros.

4.058
615.000
849.300
235
307.000
2.565.000
479

10. Numerales ordinales: *primero, segundo, tercero...*

A Significado y formas

■ Los numerales ordinales expresan **orden** en una serie:

- *La **primera** novela de Clemente Bernad me gustó mucho más que la **segunda**.*
- *De los seis hijos del doctor Muñiz sólo el **segundo** y la **cuarta** han estudiado Medicina.*

■ Los números ordinales más usados en español son los siguientes:

1º	*primero/a*	6º	*sexto/a*
2º	*segundo/a*	7º	*séptimo/a*
3º	*tercero/a*	8º	*octavo/a*
4º	*cuarto/a*	9º	*noveno/a*
5º	*quinto/a*	10º	*décimo/a*

Las formas masculinas se escriben con el signo º en la parte superior derecha: 1º, 5º, 10º, ...
Las formas femeninas, con el signo ª: 2ª, 4ª, 7ª...

Delante de un sustantivo masculino, ***primero*** y ***tercero*** tienen una forma reducida: ***primer*** y ***tercer***.

- *Mira, éste es mi **primer** trabajo con el ordenador.*
- *Éste es el **tercer** año que vivimos en el extranjero.*

Las formas femeninas, ***primera*** y ***tercera***, no cambian:

- *¿Vivís en la **primera** puerta de la **tercera** planta, ¿verdad?*

➔ 4. Adjetivo

■ En la lengua hablada se usan generalmente los ordinales hasta el 10º. Para los ordinales superiores se usan los cardinales correspondientes:

➔ 9. Números cardinales

- *La oficina donde trabajo está en el **primer** piso.*
- *La **cuarta** sinfonía de Mahler.*
- *Ha batido el récord en el **tercer** intento.*

PERO:
- *Vivimos en el piso **quince** de ese edificio.*
- *La sinfonía **cuarenta** de Mozart.*
- *Ganó la edición **treinta y dos** del Festival de la TOTI.*

1 La familia Alonso Blanco tiene muchos hijos. Fíjate en las edades y ponlos en orden.

Carlos tiene 25 años, María 18 y Juan 15. Francisco, no me acuerdo, pero es mayor que María y menor que Carlos. Laurita tiene 27, y Ana, la mayor, un año más. El más pequeño es Ricardo, que tiene 12 años.

Ana fue la ➔ ..primera.......... en nacer; Carlos es el .... ; María es la .... ; Juan es el .... , Francisco es el .... ; Laura es la .... y Ricardo es el ....

2 La agenda cultural de un periódico informa de estos acontecimientos. ¿Puedes escribir el ordinal correspondiente? Cuidado con la concordancia.

➔ 7º ..Séptimo........ Premio de Novela Histórica "Marqués de Lozoya"
1. 2º .... Certamen de Pintura al aire libre ciudad de Pedraza
2. 9º .... Festival de la Canción Popular "Agapito Marazuela"
3. 8º .... Concurso de Cocina "Mesón de Cándido"
4. 3º .... Concurso de guitarra flamenca "Fuente y caudal"
5. 1ª .... Muestra de Trajes Regionales Españoles de la ciudad de Sepúlveda
6. 3ª .... Exhibición de gaita asturiana del Concejo de Escamplero
7. 1º .... Congreso Nacional de las Caras de Bélmez de la Moraleda

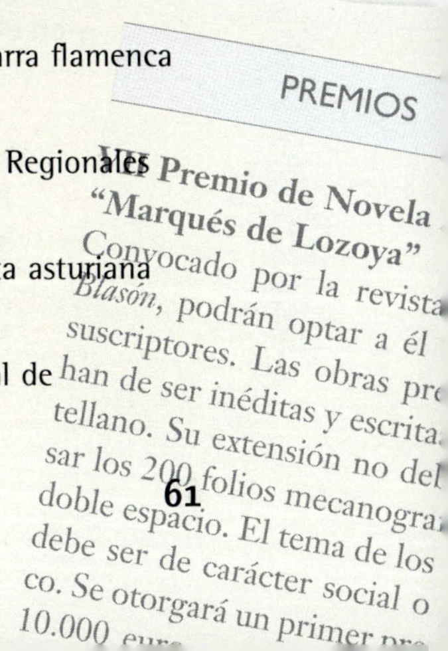
PREMIOS
VII Premio de Novela "Marqués de Lozoya"
Convocado por la revista Blasón, podrán optar a él suscriptores. Las obras han de ser inéditas y escrita... tellano. Su extensión no de... sar los 200 folios mecanogra... doble espacio. El tema de los... debe ser de carácter social o... co. Se otorgará un primer pr... 10.000 eur...

3 **Escribe el ordinal o el cardinal correspondiente para cada uno de los siguientes reyes y reinas.**

➲ Juan Carlos I: Juan Carlos Primero .... [1]
1. Carlos III: .... [3]
2. Luis XV: .... [15]
3. Alfonso X: .... [10]
4. Isabel II: .... [2]
5. Alfonso XIII: .... [13]

B Funcionamiento

- Concuerdan en género y número con el sustantivo:
  - *Vivo en el **cuarto** piso, **segunda** puerta.*
  - *Las **primeras** gafas que llevé eran cuadradas.*
- Van acompañados de determinantes:
  - *Mi **primera** sobrina se llama Carlota y el **segundo** sobrino, Arnau.*
- Cuando acompañan al sustantivo, generalmente van antes:
  - *¡Bien! Hoy es el **primer** día de las vacaciones...*

➲ 4. Adjetivo

- Cuando ya está claro de qué estamos hablando, no es necesario nombrar el sustantivo:
  - *Ésta es la **primera** casa construida por Gaudí en Barcelona.*
    *Y ésta, la **segunda**.*

4 **Mira el programa de esta semana de la Orquesta Filarmónica de Cañadahonda y completa después el texto. Cuidado con la concordancia.**

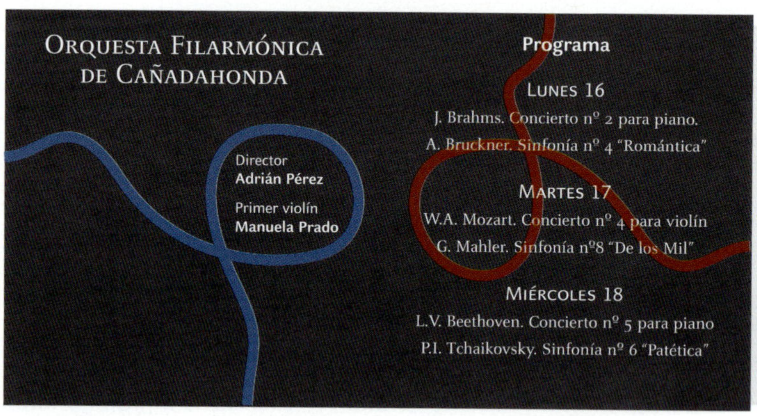

El ➲ primer .... día, la orquesta va a tocar el .... concierto para piano de Brahms y la .... sinfonía de Bruckner. El .... día, el .... concierto de violín de Mozart y la .... sinfonía de Mahler. Y el .... día va a tocar el .... concierto para piano de Beethoven y la .... sinfonía de Tchaikovsky.

C Usos

- Los ordinales sirven para indicar el orden de algo en una secuencia (en el espacio y en el tiempo):

👁 Para referirse a los días del mes, en español se usan los cardinales, **no** los ordinales:

- *¿Cuándo es el cumpleaños de Lourdes?*
- *El tres de enero.* [El ~~tercero~~ de enero]

■ Para ordenar el discurso podemos usar ***primero, segundo, tercero...***

- *¿Cómo preparas el daiquiri?*
- ***Primero**, pico cuatro cubitos de hielo y los meto en la coctelera;* [En primer lugar...] ***segundo**, echo una cucharada de azúcar, un vasito de ron blanco y* [Después...] *un poco de zumo de lima y lo agito bien; **tercero**, lo cuelo todo y,* [Luego...] *al final, lo pongo en copas de martini.*

5 **Esta receta del pan con tomate y jamón no está bien. Pon en orden las instrucciones.**

.... se echa sal y aceite de oliva.

Primero........ se corta una rebanada de pan.

.... se unta con tomate.

.... se cubre con lonchas finas de jamón.

D Ordinales a partir del 10º

■ En la lengua formal se usan los numerales ordinales a partir del 10º para hacer referencia a:

Acontecimientos
- *Duodécima (12º) Asamblea de Micología.*
- *Vigésimo cuarto (24º) Encuentro Nacional de Libreros.*

Aniversarios
- *Trigésimo (30º) aniversario de la muerte del poeta Alberto Mori.*
- *Undécimo (11º) aniversario de la Sociedad Bonaerense de Peletería.*

Posición en una serie
- *España asciende al vigésimo (20º) puesto de los países desarrollados.*
- *Décimo octavo (18º) día de guerra en Aquinostán.*
- *El corredor español llegó en el puesto trigésimo tercero (33º).*

11º	*undécimo/a*
12º	*duodécimo/a*
13º	*décimo tercero/a*
14º	*décimo cuarto/a*
15º	*décimo quinto/a*
	...
20º	*vigésimo/a*
30º	*trigésimo/a*
40º	*cuadragésimo/a*
50º	*quincuagésimo/a*
60º	*sexagésimo/a*
70º	*septuagésimo/a*
80º	*octogésimo/a*
90º	*nonagésimo/a*

6 **Escribe al lado de cada ordinal el número que corresponde.**

➲ Vigésimo séptimo: 27º
1. Sexagésimo noveno: ....
2. Cuadragésimo sexto: ....
3. Nonagésimo primero: ....
4. Décimo octavo: ....
5. Undécimo: ....
6. Octogésimo segundo: ....
7. Septuagésimo sexto: ....
8. Trigésimo cuarto: ....
9. Quincuagésimo: ....
10. Duodécimo: ....
11. Nonagésimo noveno: ....

7 **Escribe los ordinales que faltan en los siguientes titulares de periódico. Fíjate bien en los sustantivos masculinos y femeninos.**

➲ Un corredor bengalí gana la (22ª) vigésimo segunda carrera popular de Vallecas.
1. Se reúne la comisión para la celebración del (45º) .... aniversario del descubrimiento de la isla de Tacri.
2. El (26º) .... Congreso de Medicina Natural tendrá lugar en Berlín, en marzo.
3. La novelista Alameda Robles gana la (19ª) .... edición del premio Ciudad de Murcia.
4. El motorista Nito Fons sufre un accidente y llega a la meta en la (31ª) .... posición.

11. Cuantificadores: *demasiado, mucho, bastante...*

Los cuantificadores se usan para graduar la intensidad o la cantidad del significado de un sustantivo, un adjetivo, un verbo o algunos adverbios.

A Con sustantivos: *mucho chocolate / muchas galletas*

SUSTANTIVOS NO CONTABLES

Demasiado *chocolate*	***Mucho*** *chocolate*	***Bastante*** *chocolate* [Suficiente]	***Poco*** *chocolate* [No suficiente]	***Nada de*** *chocolate*

SUSTANTIVOS CONTABLES

Demasiadas *galletas*	***Muchas*** *galletas*	***Bastantes*** *galletas* [Suficientes]	***Pocas*** *galletas* [No suficientes]	***Ninguna*** *galleta* ***Ningún*** *plato*

- Con los sustantivos, los cuantificadores —excepto ***nada de***— funcionan como un adjetivo: ***demasiado***, ***mucho***, ***poco*** y ***ningún*** concuerdan en género y número, pero ***bastante*** concuerda sólo en número.
  Estas formas pueden usarse sin sustantivo cuando está claro de qué estamos hablando:

➲ 8. Indefinidos

- *¿Tenemos **bastantes** cervezas para todos?*
- *Sí, en la nevera hay **muchas**.*
- *Yo pensaba que había **pocas**.*

- *Date prisa. Tenemos **poco** tiempo.*
- *Tenemos **bastante**. Todavía nos queda una hora.*
- *Sí, pero hay **mucho** tráfico.*

1 **Describe los dibujos usando en orden los cuantificadores *nada de/ningún, poco, bastante, mucho* y *demasiado*. Cuidado con la concordancia.**

➲ Hay poca agua y muchos cubitos.

1. ....
....

2. ....
....

3. ....
....

4. ....
....

2 **Completa con *ningún*, *ninguna* o *nada de*. Ten en cuenta si el sustantivo es contable o no.**

➲ No hay ..*nada de*.......... agua y tampoco queda ..*ningún*........ vaso.
1. Puedes tomarlo. No lleva .... cafeína.
2. No puedo comprarlo. No tengo .... dinero.
3. Ya no queda .... botella de aceite.
4. Todavía no ha entrado .... cliente.
5. Sabe mejor así, sin .... azúcar.
6. Al final no ha hecho .... comentario.

B *Poco/un poco de* + sustantivos no contables: *Hay un poco de comida pero hay poca bebida.*

■ Con sustantivos no contables, ***poco*** y ***un poco de*** expresan pequeña cantidad, pero con ***poco*** damos importancia a lo que **no** hay, y con ***un poco de*** damos importancia a lo que **sí** hay. Es decir, con ***poco*** expresamos una visión negativa de la cantidad, mientras que con ***un poco de*** expresamos una visión positiva:

Poco/a/os/as concuerdan con el sustantivo. ***Un poco de*** no concuerda:

- *Queda **poca** leche.*
- *Dame un poco de leche.* [*Dame ~~una poca~~ de leche*]

3 **Para los Jiménez es muy difícil hacer la lista de la compra. El marido, Bonifacio, siempre ve lo que hay, mientras que la mujer, Dolores, siempre ve lo que no hay. Completa lo que falta.**

Hay un poco de tortilla de patatas en la nevera. ➲ ..*Bonifacio*......
Nos queda un poco de leche. 1. ....
Hay poco vinagre. 2. ....
Hay muy poco tomate frito. 3. ....
Queda un poco de jamón serrano. 4. ....
Hay un poco de fruta. 5. ....
Tenemos poco atún. 6. ....
Hay poca sal. 7. ....

4 **Completa con *un poco de* o con *poco*, *poca*, *pocos*, *pocas*.**

➲ No veo casi nada. Hay ..*poca*........... luz.
1. Todavía puedo leer. Hay .... luz.
2. La sopa está sosa. Creo que tiene .... sal.
3. La sopa está sosa. Ponle .... sal.
4. Queda .... arroz. Tenemos que comprar más.
5. Queda .... arroz. Puedes probarlo.
6. Tenemos .... dinero. Voy al banco.
7. Tenemos .... dinero. Podemos tomar algo.
8. Hace .... frio. ¿Enciendo la calefacción?
9. Hace .... frio. ¿Vamos a dar un paseo?

C Con adjetivos, adverbios y verbos: *Corre mucho; es muy rápido; está muy lejos.*

■ Cuando los cuantificadores se refieren a un adjetivo, a un adverbio o a un verbo, son **invariables**:

- *Mis vecinos son **muy** agradables.*
- *Ya estamos **bastante** cerca de mi pueblo.*
- *Las novelas policíacas me gustan **mucho**.*

*Corre **demasiado**.*
*Es **demasiado** rápido.*
*Ha llegado **demasiado** lejos.*

*Corre **mucho**.*
*Es **muy** rápido.*
*Ha llegado **muy** lejos.*

Muy sólo con adjetivos y adverbios

*Corre **bastante**.*
*Es **bastante** rápido.*
*Ha llegado **bastante** lejos.*

*Corre **poco**.*
*Es **poco** rápido.*
*Ha llegado **poco** lejos.*

***No** corre **nada**.*
***No** es **nada** rápido.*
***No** ha llegado **nada** lejos.*

Con los verbos, los cuantificadores normalmente van después:

- *Tu primo Rafael no habla **nada**.*
- *Habla **poco**, la verdad.*

5 **Completa los ejemplos con un cuantificador que exprese un grado mayor que el anterior. Para escoger la forma adecuada, ten en cuenta si el cuantificador se refiere a un sustantivo o no.**

➲ ● Hace **bastante** calor, ¿verdad?
○ Sí, mucho .
1. ● ¿Has recibido **muchas** cartas?
○ ....: no he podido leerlas.
2. ● Esta chica habla **poco**.
○ Pues conmigo sí habla ....
3. ● Han venido **muchos** invitados.
○ .... ; ya no cabemos.
4. ● ¿Tu hermano es un chico **bastante** alto?
○ Sí, ... alto: mide dos metros.
5. ● ¿Come usted **muchos** dulces?
○ Como .... , pero dulces, no.
6. ● Últimamente trabajas **mucho**.
○ .... .Voy a buscar otro trabajo.
7. ● Este niño no come **nada**.
○ Es cierto. Come .... ¿Lo llevamos al médico?
8. ● Casi no nos vemos. Vivimos **muy** lejos.
○ ....: dos horas en avión.
9. ● Es **bastante** temprano, ¿verdad?
○ .... temprano; todavía no ha salido el sol.
10. ● Yo viajo **poco**, pero no me gusta viajar.
○ Pues yo por mi trabajo viajo ....

6 **Completa con *poco, bastante* o *demasiado*. Cuidado con la concordancia.**

➲ Este barco puede llevar 2000 personas y hoy lleva 2500. Es demasiado peso.
1. Corres .... El límite de velocidad es 120 Km. por hora y tú vas a 150.
2. Son dos personas y cada uno toma 2 litros de agua al día. Con 4 litros tienen .... agua para hoy.
3. Estudia .... Seguro que no pasa el examen.
4. Estoy engordando. Como .... dulces y hago .... deporte.
5. Todas las naranjas no caben en esta bolsa. Son ....

SECCIÓN 3

Pronombres personales

12 Pronombres personales. Introducción.

13 Pronombres sujeto: *yo, tú, él...*

14 Pronombres con preposición: *a mí, para ti, con él...*

15 Pronombres complemento: *me, te, nos... lo, la, le, los...*

16 Posición y combinación de pronombres complemento

17 Presencia y reduplicación de pronombres

18 Construcciones reflexivas y valorativas

12. Pronombres personales. Introducción.

Para usar bien los pronombres personales es necesario reconocer el sujeto y los distintos tipos de complemento de un verbo.

➲ 13. Pronombres sujeto
➲ 15. Pronombres complemento

A Sujeto, complemento directo y complemento indirecto

■ En algunos casos sólo necesitamos decir el **sujeto** y el **verbo** que concuerda con él:

• ***Laura pinta.***

[Sólo hablamos de un sujeto (Laura) que realiza una actividad (pintar).]

➲ 19. Conjugación. Elementos básicos

■ En otros casos es necesario también hablar de un elemento, distinto del sujeto, que está **directamente relacionado con el verbo**. Ese otro elemento es el **complemento directo** (**CD**) o acusativo:

• *Laura pinta* ***paisajes.***

[Decimos que Laura pinta y también qué pinta: paisajes, a sus hijos...]

• *Laura pinta* ***a sus hijos.***

El CD puede referirse a personas o cosas. Cuando se refiere a personas, se utiliza la preposición **a**:

• *Desde la ventana veo* ***mi coche.***
• *Desde la ventana veo* ***a mi hijo.***

■ En otros casos, el verbo puede tener otro complemento que normalmente se refiere al destinatario o receptor de la acción verbal. Este nuevo elemento se llama **complemento indirecto** (**CI**) o dativo y puede combinarse con el **CD**:

• *Laura les pinta paisajes* ***a sus hijos.***

[Indicamos, además, los destinos de las cosas que pinta Laura.]

• *Laura les pinta hojas* ***a los árboles.***

El CI puede referirse a personas o cosas, y siempre lleva la preposición **a**:

• *Les he comprado unos juguetes* ***a mis sobrinos.***
• *Le he quitado la mancha* ***a la camisa.***

1 **Los Gómez son una familia numerosa y cada uno, excepto el bebé, tiene responsabilidades en la casa.**

Paco, el padre, hace la compra.
Dolores les prepara el desayuno a sus hermanos pequeños.
Eduardo pone la ropa en la lavadora.
Leonor les echa agua a las plantas cada día.
María, la madre, les hace la comida y la cena a todos.
Elisabeth lleva a los pequeños al cole.
Felipa, la asistenta, limpia la casa y cuida al bebé.
Así, la casa siempre funciona bien.

Ahora, contesta a estas preguntas. Con tus respuestas sabrás el sujeto de cada frase.

- ➲ ¿Quién limpia la casa y cuida al bebé? — ➲ Felipa
1. ¿Quién les echa agua a las plantas? — 1. ....
2. ¿Quién hace la compra? — 2. ....
3. ¿Quién prepara el desayuno? — 3. ....
4. ¿Quién lleva a los pequeños al cole? — 4. ....
5. ¿Quién pone la ropa en la lavadora? — 5. ....
6. ¿Quién hace la comida? — 6. ....
7. ¿Qué funciona bien? — 7. ....

Ahora, contesta a estas preguntas. Con tus repuestas sabrás el CD (acusativo) de cada frase.

- ➲ ¿Qué limpia Felipa? — ➲ La casa
8. ¿Qué les echa Leonor a las plantas? — 8. ....
9. ¿Qué prepara Dolores? — 9. ....
10. ¿Qué hace el padre? — 10. ....
11. ¿A quién lleva Elizabeth al cole? — 11. ....
12. ¿Qué pone Eduardo en la lavadora? — 12. ....
13. ¿A quién cuida Felipa? — 13. ....
14. ¿Qué hace la madre? — 14. ....

Ahora, contesta a estas preguntas. Con tus respuestas sabrás el CI (dativo) de cada frase.

- ➲ ¿A quién le hace María la comida? — ➲ A todos
15. ¿A qué le echa agua Leonor? — 15. ....
16. ¿A quién le prepara Dolores el desayuno? — 16. ....
17. ¿A quién le hace María la cena? — 17. ....

2 **Relaciona las frases con su continuación como en el ejemplo. Decide si las palabras de la columna derecha son CD o CI.**

➲ Andrés riega cada dos días...	a. a sus amigos que están de viaje CI
Andrés les riega las plantas...	b. el jardín CD
1. El secretario anota siempre...	a. todas las citas ....
El secretario le anota sus citas...	b. a la directora ....
2. El profesor les enseña música jugando...	a. las matemáticas ....
El profesor enseña con juegos...	b. a los niños ....
3. El hijo les lava y les plancha la ropa...	a. a sus padres ....
La lavadora lava y seca en dos horas...	b. las camisas ....
4. Paco pone en la mesa...	a. la comida ....
Paco le pone la comida...	b. a Marta ....

B Construcciones reflexivas: *Ella se pinta.*

■ Con las formas reflexivas (***acostarse***, ***lavarse***, ***vestirse***...), el **complemento** (directo o indirecto) y el **sujeto** se refieren a la **misma persona o cosa**:

- ***Laura** __se__ **pinta*** *en sus cuadros.*
  SUJETO = CD

- ***Laura** __se__ pinta **los labios**.*
  SUJETO = CI

3 **Relaciona como en el ejemplo y señala qué frases de la izquierda son reflexivas.**

➲ a. Raúl se ata los zapatos. ...Reflx.	a. Son pequeños y tiene que ayudarles.
b. Raúl les ata los zapatos. ...—...	b. Es ya mayor y puede hacerlo solo.
1. a. Tú siempre me pones la comida primero.	a. Eres muy amable conmigo.
b. Tú siempre te pones la comida primero.	b. Eres un maleducado.
2. a. Me he cortado el pelo.	a. Con mi nueva máquina no necesito a nadie.
b. Me han cortado el pelo.	b. Mis peluqueros son muy buenos.
3. a. Nos hemos despertado pronto esta mañana.	a. Nos hemos enfadado mucho con ellos.
b. Nos han despertado pronto esta mañana.	b. Pusimos el despertador a las 6:30 para salir temprano.

C Construcciones valorativas: *A Jaime le gustan las motos.*

■ En los **verbos** como ***apetecer***, ***doler***, ***encantar***, ***gustar***, ***molestar***, ***preocupar***, etc, el sujeto es algo que produce un efecto (sensación, sentimiento, emoción o reacción) en alguien, y el complemento indirecto (CI) se refiere al receptor, a la persona que experimenta ese efecto:

- ***A Alfredo*** *le gusta__n__ __los cuadros__ de Laura.*
  CI SUJETO

➲ 18. Construcciones reflexivas y valorativas

4 **Subraya el sujeto de las siguientes oraciones.**

➲ a. __Eduardo__ tiene muchas plantas.
b. A Eduardo le gustan __las plantas__.

1. a. Esta mañana me duele la cabeza.
   b. Alicia tiene la cabeza muy pequeña, ¿verdad?
2. a. A los niños les apetecen unos helados.
   b. Los niños han pedido unos helados.
3. a. A nosotros ese problema no nos preocupa.
   b. Nosotros resolveremos ese problema.
4. a. ¿Tu madre ha llamado a los niños?
   b. A Rocío le encantan los niños.
5. a. ¿Les molesta a ustedes el ruido?
   b. Los niños hacen mucho ruido.
6. a. Las chicas prefieren la música disco.
   b. A las chicas les encanta la música disco.
7. a. La tele le molesta a tu madre.
   b. Tu madre no quiere ver la tele.

13. Pronombres sujeto: *yo, tú, él...*

A Formas: *yo, tú, él...*

- Los pronombres personales que funcionan como sujeto de la oración y que, por tanto, concuerdan con el verbo, son:

	SINGULAR	PLURAL
1ª PERSONA	*yo*	*nosotros, nosotras*
2ª PERSONA	*tú*	*vosotros, vosotras*
3ª PERSONA	*él, ella*	*ellos, ellas*

➲ 14. Pronombres con preposición

- En español peninsular se usan ***tú*** y ***vosotros/vosotras*** en relaciones menos formales o de confianza. ***Usted*** y ***ustedes*** se usan en relaciones más formales o jerarquizadas:

INFORMAL	FORMAL
tú	*usted*
vosotros/vosotras	*ustedes*

Usted, ustedes van siempre con verbos en 3ª persona:

MÉDICO: *Se encuentra **usted** estupendamente.*
PACIENTE: *¿Está **usted** seguro, don Dimas?*

El médico y el paciente mantienen una relación formal. *Encuentra* y *está* son formas de la tercera persona del singular.

MANUEL: *¿Te encuentras bien?*
PACO: *Yo, estupendamente; ¿y **tú**?, ¿cómo estás?*

Manuel y Paco tienen una relación informal. *Encuentras* y *estás* son formas de la segunda persona del singular.

1 Claudia está hablando con su amiga Marta. ¿Qué pronombre usa para hablar de...?

➲ Claudia ...yo...
1. Claudia y Marta ....
2. Claudia y el novio de Claudia ....
3. unos amigos de Claudia ....
4. Marta ....
5. el ex-novio de Claudia ....
6. una amiga de Marta ....
7. las hermanas de Marta ....
8. Marta y el novio de Marta ....
9. Marta y su hermana ....

yo ✓	nosotras	ellos	vosotros	vosotras	nosotros	tú	él	ellas	ella

2 ¿*Tú* o *usted*? Relaciona e indica qué forma se emplea para hablar con cada una de estas personas.

➲ Con una dependienta de una tienda. ...usted... — c
1. Con la novia de un amigo. ....
2. Con un compañero de la universidad. ....
3. Con una vecina de setenta años. ....
4. Con un policía de tráfico. ....
5. Con un vecino de dieciocho años. ....
6. Con un camarero en un restaurante. ....
7. Con un niño pequeño. ....

a. ¿Sabe cómo se sale hacia Madrid?
b. ¿Y vas a venir mañana a clase?
c. ¿No me puede hacer una rebaja?
d. ¿Necesita ayuda, doña Reme?
e. Por favor, ¿nos trae la cuenta?
f. Te vas a caer. Ten cuidado.
g. Aquí tienes el aceite que me ha pedido tu madre.
h. Eres la persona perfecta para Pepe, de verdad.

B Presencia y ausencia del pronombre: *¿Cómo te llamas?/¿Tú cómo te llamas?*

■ A diferencia de lo que pasa en otras lenguas, en español **no se emplea siempre** el pronombre sujeto con el verbo. Su uso es **necesario** cuando queremos **distinguir** o **contrastar** la persona o personas que identificamos como sujeto frente a otras personas:

Hola, soy Pepe. Llámame.

[No hay contraste de personas. Sólo *Pepe*.]

Hola, **Yo** soy Pepe y **él** es Javier.

[Hay contraste de personas. *Yo/él*.]

PACO: *Alicia y yo vamos a cenar fuera, ¿os venís?*
SONIA: *Es que **nosotras** habíamos pensado ir al concierto de Gamberries.*

[Sonia dice *nosotras* para contrastar los planes de ella y su amiga con la propuesta de Paco.]

Las formas ***usted/ustedes*** no siempre tienen valor contrastivo. También se usan para expresar claramente el tratamiento formal:

- *Adelante, pase **usted**, pase. Siéntese **usted**.*
- *¿Vendrán **ustedes** a la inauguración?*
- *¿Han reservado **ustedes** mesa?*
- *Debe traer **usted** el pasaporte.*

3 Completa con la opción más adecuada.

➲ a. yo voy después
b. voy después

● La próxima semana voy a París y, si tengo tiempo, ...voy después... a Bruselas.
○ ¿Ah sí? Qué suerte.

■ La próxima semana Carlos se va unos días a París.
□ Sí, ya lo sé. ...Yo voy después... , del diez al veinte de mayo.

1. a. **nosotras** no queremos
b. no queremos

● El jefe ha propuesto venir a trabajar los sábados; y algunos en la oficina han dicho que sí, pero ....
○ ¿Y si venís el sábado también tenéis que trabajar el lunes?

■ ¿Tenemos que venir el sábado a trabajar? ¿Es obligatorio?
□ Bueno, obligatorio no. Si .... , podemos quedarnos el lunes hasta las nueve.

2. a. sabe cocinar
b. **ella** sabe cocinar

● Lucía es fantástica: trabaja muy bien, ... , y, además, baila!
○ Tú también bailas muy bien.

■ Yo no tengo ni idea de cocina, y tú tampoco. ¿ .... ?
□ Espero que sí. Esta cena es importante para nosotras.

3. a. **él** no se levanta
b. no se levanta

● Carlos dice que si quieres ir tú a pescar a las seis, que muy bien, pero que .... tan temprano un domingo.

● Carlos últimamente está muy raro: .... hasta las once, fuma sin parar, no me habla... No sé, chica, muy raro.

4. a. **ellas** no vinieron
b. no vinieron

● Marina y Antonia me dijeron que iban a venir, pero al final ....

● Avisamos a las chicas y a los chicos, pero .... Sólo los chicos.

5. a. lo has roto **tú**
b. lo has roto

● No le eches la culpa al perro. El jarrón .... Sólo quiero saber por qué ....

14. Pronombres con preposición: *a mí, para ti, con él...*

A Formas

■ Cuando los pronombres personales se emplean después de una preposición, usamos las formas de los pronombres personales sujeto, excepto *yo* y *tú*:

13. Pronombres sujeto

PREPOSICIÓN	PRONOMBRES
a	***mí***
de	***ti***
en	*él, ella*
para	*usted*
por	*nosotros/-as*
sin	*vosotros/-as*
contra	*ellos, ellas*
desde	*ustedes*
...	

[a ~~yo~~ a mí]
[para ~~tú~~ para ti]

- *Estoy segura de que mi novio piensa mucho **en mí**.*
- *Me han hablado muy bien **de ti**.*
- *¿Puedo hacer algo **por usted**?*
- *No sé qué van a hacer **sin nosotros**.*
- *Esto me lo han dado en la fotocopiadora **para vosotras**.*
- *Ellos no están **contra usted** están **contra mí**.*
- ***A mí** me han regalado un bolígrafo, ¿y **a vosotros**?*
- *Si te pones delante **de ella**, no va a ver nada. Eres muy alto.*

Las preposiciones ***entre***, ***hasta*** (cuando significa *incluso*) y ***según*** no se combinan con las formas *mí y ti* sino con las formas ***yo*** y ***tú***:

- ***Entre tú** y **yo** no hay nada.*
- *Eso, **hasta yo** lo entiendo.*
- ***Según tú**, ¿quién ganará las elecciones?*

1 Completa con los pronombres adecuados. Luego relaciona cada frase de la primera columna con su continuación en la segunda columna.

vosotras vosotros tú ti ✓ mí usted ustedes

➲ ● Mira, he comprado estos pasteles pensando en ...ti...... , que te gustan tanto.

1. ● Mirad, me he acordado de .... y he traído la tarta que os gusta tanto a las dos.
2. ● Señora Cuevas, le he traído rosas porque sé que a .... le encantan.
3. ● Me he comprado esos dulces que .... compras siempre, a ver qué tal están.
4. ● Dime la verdad, ¿hay algo entre .... dos? Porque todo el mundo dice que sois novios.
5. ● Para .... es muy importante: tienen que venir a mi boda. No sería igual sin ....

yo ✓ mí nosotros nosotras ti vosotros

a. ○ Ah, ¿son para .... ? Muchas gracias, es verdad que son preciosas.

b. ○ Muchas gracias. ¿Te quedarás a comerla con .... verdad?

c. ○ ..Yo..... también te he comprado una cosa: mira.

d. ○ Entre .... no hay absolutamente nada. Te lo prometo. Somos simplemente amigos.

e. ○ Muchas gracias. Nosotros ya no salimos nunca. Pero iremos por .... Os queremos mucho a los dos.

f. ○ Te van a encantar, son buenísimos. ¿Y son todos para .... o me dejarás comer uno?

B *Conmigo, contigo, con él...*

conmigo [~~con mí~~]
contigo [~~con ti~~]
con él, ella
con usted
con nosotros/-as
con vosotros/-as
con ellos/-as
con ustedes

- *Clara va a venir **conmigo** al ginecólogo. Menos mal, porque no quiero ir sola.*
- *Voy a ir **con ella** al ginecólogo, porque no quiere ir sola.*

- *No pienso irme a vivir **contigo**. Eres un desastre.*
- *No me voy a vivir **con él** porque es un desastre.*

- *Stephan no quiere salir ni **contigo** ni **conmigo**.*
- *Stephan no quiere salir **con nosotras**. ¿Estará enfadado?*

2 **Lee la carta de Ana y Montse a su hermano Daniel y elige la opción que corresponda en cada caso.**

Querido Daniel:

➲ Sin ..ti... ya nada es igual en casa. Desde que te fuiste con esa chica sueca, la tía Berta no para de hablar (1) de .... Dice que (2) para .... eres el más simpático de la familia, el más inteligente. (3) A .... casi ni nos habla y a tía Rita sólo le grita. Tú sabes que (4) con .... siempre ha tenido una relación difícil, pero ahora es insoportable. El abuelo dice que tenemos que hablar en serio (5) con .... , y que si no dejas a la sueca, toda la herencia, al final, será (6) para .... y tú te quedarás sin nada. Pero no te preocupes porque no es mucho y ya sabes que el abuelo siempre piensa que todos estamos (7) contra .... , y cambia de opinión con frecuencia. Mamá insiste en que sólo podemos confiar (8) en .... porque es la única que puede poner orden en esta casa, pero sigue yendo al bingo todas las tardes.

Un abrazo de tus hermanas y recuerdos a Inge,

Ana + Montse

➲ tú / (ti) / te
1. te / ti / tú
2. la / ella / le
3. nosotras / nos
4. ella / la / le
5. tú / ___tigo / ti
6. nosotras / nos
7. lo / él / le
8. ella / la / le

3 **Escribe la preposición y el pronombre en la forma adecuada, como en el ejemplo, y colócalos después en la frase correspondiente.**

Preposición	+	Pronombre	
para	+	yo ✓	para mí
a	+	tú	....
con	+	yo	....
sin	+	nosotras	....
entre	+	tú y yo	....
con	+	tú	....
según	+	tú	....
de	+	tú	....
hasta	+	yo	....
sobre	+	tú	....
de	+	yo	....
por	+	yo	....
para	+	ellos	....

➲ ¿El regalo es para mí.......... ? ¡Muchísimas gracias!
1. ¿Quieres venir .... al cine esta tarde?
2. No puedo salir .... esta noche. Lo siento.
3. Los espárragos que hay en la nevera son ....
4. Gracias .... ahora soy una mujer feliz.
5. Este secreto debe quedar ....
6. Nuestros maridos no podrían vivir ....
7. Cada día te siento más lejos ....
8. Estos ejercicios son muy fáciles, ... los hago bien.
9. Cuidado, tienes un camión detrás ....
10. ¿Y, ... , cuál es la mejor solución al problema?
11. Venga, por favor, apúntate a la excursión. Hazlo ....
12. Mira, mira, en el periódico de hoy hay un artículo ....

15. Pronombres complemento: *me, te, nos... lo, la, le, los...*

A Primera y segunda persona: *me, te, nos, os.*

■ Cuando los complementos de una oración se refieren a las personas ***yo, tú, nosotros/-as, vosotros/-as,*** usamos **la misma forma** de pronombre tanto para el complemento directo (CD) como para el complemento indirecto (CI):

PERSONA GRAMATICAL	*yo*	*tú*	*nosotros/-as*	*vosotros/-as*
FORMAS DE CD Y CI	***me***	***te***	***nos***	***os***

➲ 12. Pronombres personales
➲ 16. Posición y combinación
➲ 17. Presencia y reduplicación

- *¿**Me** han llamado?*
- *Sí, **te** han llamado tres clientes.*

- *Renata **nos** ha invitado a su casa. **Os** recojo a las nueve, ¿vale?*

- *¿**Me** das las señas de Enrique?*
- ***Te** doy el móvil y la dirección de casa.*

- *Los ladrones **nos** dieron un susto tremendo.*
- *¿Y **os** robaron algo?*

1 **Unos extraterrestres visitan el planeta Tierra. Completa las frases con *me, te, nos, os*.**

➲ ¿ ..Me.. has llamado tú a mi antena telepática?

1. Sí, he sido yo. ¿ .... prestas tu pistola de rayos?

2. ¿ .... lleváis a los dos a vuestro planeta? Queremos conocerlo.
3. ¿ .... enseñáis vuestro platillo volante a mi hermano y a mí?

4. ¿Vosotros coméis comida como la nuestra? ¿......... preparo algo?

5. ¿ .... controlan mucho tus jefes?, ¿y tu mujer?
6. ¿......... enseño una foto de mi hijo? ¿Vosotros también tenéis hijos como los humanos?

7. Los terrícolas .... hacen preguntas muy raras. Creemos que tienen miedo.

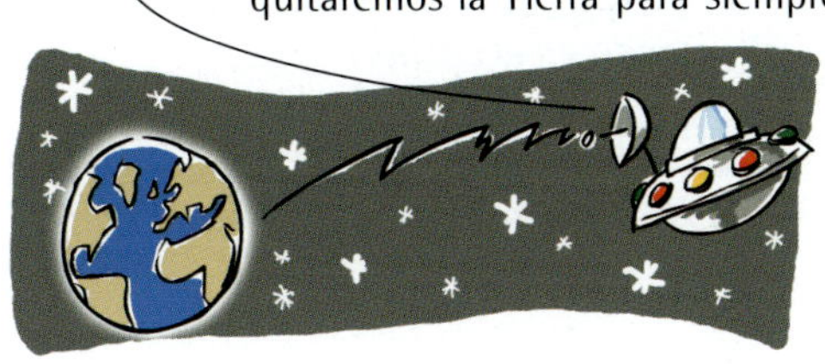

8. Queridos terrícolas: .... invadiremos en el año 2040 y .... quitaremos la Tierra para siempre.

B Tercera persona: *lo, la, los, las / le, les.*

- Cuando el complemento de una oración se refiere a terceras personas (***él, ella, ellos, ellas***) o a las formas de tratamiento ***usted, ustedes***, usamos **formas de pronombre distintas para el complemento directo (CD) y para el complemento indirecto (CI)**:

PERSONA GRAMATICAL	FORMAS DE CD MASCULINO	FEMENINO	FORMAS DE CI MASCULINO Y FEMENINO
Él, ella, usted	*lo*	*la*	*le*
Ellos, ellas, ustedes	*los*	*las*	*les*

- Usamos los pronombres para referirnos a una persona o una cosa de la que ya hemos hablado antes o tenemos perfectamente identificada:

CD

lo

- *¿Has recibido mi e-mail?*
- *Sí, lo he leído. Es muy interesante.*

- *¿Y Juan? No lo encuentro.*

la

- *¿Llevas la cartera?*
- *Sí, la llevo en el bolso.*

- *¿Ha venido Elisa? Todavía no la he visto.*
- *Ha venido, pero la han llamado y se ha tenido que ir.*

- *¿La acompaño en coche, señora Cueto?*

los

- *¿Y los documentos? ¿Los habéis visto?*

- *He quedado con tus primos. Los he invitado a comer.*

- *¿Qué tal Ángela y Alfredo?*
- *Pues ayer los llamé y están muy bien.*

las

- *¿Estas gafas son tuyas? Las he encontrado en el coche.*

- *¿Sabes algo de las hermanas de Sofía?*
- *Ayer las vi. Fuimos a dar una vuelta.*

CI

le

- *¿Y el coche?*
- *Le están cambiando el aceite.*

- *¿Has hablado con tu hermano?*
- *No, le he escrito un e-mail.*

- *¿Ya has hecho la ensalada? ¿Le has echado sal?*

- *Hoy es el cumpleaños de Julia. Y no le he comprado nada.*

- *¿Quiere que le traiga un café, señor Pérez?*

les

- *Aquí tienes los sobres. ¿Les pones el sello?*

- *Ayer quedé con mis amigos y les devolví las llaves del piso.*

- *¿Has avisado a sus padres?*
- *Sí, les he dejado un mensaje.*

- *¿Has regado ya las plantas?*
- *No, les estoy quitando los bichos.*

- *Las chicas están muy contentas. Les han dado un premio.*

2 **La abuela de Victoria es un poco sorda. Completa como en el ejemplo.**

➲ **Victoria**: Víctor baila la rumba con mucho estilo.
Abuela: ¿Qué? ¿Que ..la..... baila vestido?

1. **Victoria**: Víctor plancha las camisas mejor que mi madre.
Abuela: ¿Qué? ¿Que .... plancha con vinagre?
2. **Victoria**: Víctor corta el pelo como un profesional.
Abuela: ¿Qué? ¿Que .... corta en un funeral?
3. **Victoria**: Víctor ayuda a las ancianitas a ir a la iglesia.
Abuela: ¿Qué? ¿Que .... ayuda con la anestesia?
4. **Víctor**: Conocí a Victoria en un gimnasio.
Abuela: ¿Qué? ¿Que .... conociste en un armario?
5. **Víctor**: Victoria cuida a sus sobrinos todas las noches.
Abuela: ¿Qué? ¿Que .... lleva en coche?
6. **Víctor**: Victoria lleva a su madre a jugar al mus.
Abuela: ¿Qué? ¿Que .... lleva en autobús?
7. **Víctor**: Victoria prepara los macarrones como nadie.
Abuela: ¿Qué? ¿Que .... prepara con alguien?

3 **Completa los siguientes diálogos con el pronombre correspondiente.**

➲ **Víctor**: ¿Y mi pijama? No lo veo.
Victoria: Está secándose. ..Le..... he quitado las manchas.

1. **Víctor**: ¿Vas a ver a tus sobrinos este fin de semana?
Victoria: Claro, ¿no te acuerdas? .... doy clases de natación todos los sábados.
2. **Victoria**: ¿No te parece que la sopa está un poco sosa?
Víctor: Es que .... he echado poca sal. Es más sano.
3. **Victoria**: ¿Cómo están tus tíos?
Víctor: No lo sé. Esta semana no .... he llevado el correo y no los he visto.
4. **Víctor**: Ha llamado un tal Javier preguntando por ti.
Victoria: ¡Anda, se me había olvidado! .... pedí unos libros prestados y no se los he devuelto.
5. **Victoria**: El perro está muy nervioso.
Víctor: No pasa nada. Ahora .... pongo la correa y salimos a dar una vuelta.

4 **Completa las siguientes frases con *lo, la, los, las, le, les*.**

Nuestro robot C3PO hace cosas extrañas:

➲ Ha aprendido a preparar natillas. ..Las..... hace muy ricas.

1. Se enfadó y .... rompió la antena a mi coche.
2. Alquiló un vídeo y .... metió en el microondas.
3. .... dio un susto tremendo a mi tía Eugenia.
4. Se ha comido mi radio y .... ha vomitado.
5. .... ha regalado una cama de agua a mis padres.
6. .... ha echado aceite lubricante a las plantas de mi abuela.
7. Sacó a pasear a los niños y .... llevó al bingo.
8. Discutió con el abuelo y .... encerró en el armario.
9. Se ha enamorado de mi hermana Fernanda. Esta noche .... ha invitado a cenar.
10. Ha cogido los discos de Julio Iglesias de mi padre y .... ha tirado por la ventana.
11. No soporta a las amigas de mi madre. El otro día .... echó a la calle.

C *Lo neutro: Yo eso no lo entiendo. Parece fácil, pero no lo es.*

- El pronombre de CD *lo* puede referirse a cosas que nombramos con sustantivos masculinos y singulares, pero también a cosas de las que hablamos sin usar nombres (ni masculinos ni femeninos):

  - *No puedo entender su libro.* — *No puedo entender**lo**.* — **Lo** = su libro (masculino)
  - *No puedo entender a ese hombre.* — *No puedo entender**lo**.* — **Lo** = ese hombre (masculino)
  - *No puedo entender por qué no vienes.* — *No puedo entender**lo**.* — **Lo** = por qué no vienes = *eso* (neutro)

- Usamos el pronombre de CD ***lo* neutro** cuando nos referimos a objetos que no marcamos como masculinos ni femeninos, porque:

NO SABEMOS EL NOMBRE DEL OBJETO.	• *¿Qué ha sido eso?, ¿**lo** has visto?*	• *¿Me das esto? **Lo** necesito.*
NO IMPORTA EL NOMBRE DEL OBJETO.	• *¿Puedes tú recoger todo eso?* ○ *Sí, ya **lo** recojo yo mañana.*	• *¿Me acercas aquello de allí?* ○ *Sí, ahora mismo te **lo** doy.*
NO ES UN OBJETO CONCRETO (hechos, situaciones; cosas que decimos, pensamos, sabemos, sentimos, etc.).	• *¿Sabes qué? Al final, Carlos se ha casado.* ○ *No **lo** puedo creer. ¿Con quién? No me **lo** digas... ¡Con Adelina!*	• *¿Qué pasó el sábado en la piscina?* ○ *No **lo** sé. ¿Por qué **lo** dices?*

- También usamos *lo* cuando nos referimos al complemento de los verbos ***ser, estar*** y ***parecer***:

  - *Es muy rico, pero no **lo** parece.*
  - *Mira, tu jefe está completamente loco.*
    ○ *No, no **lo** está.*
  - *Ya no eres cariñoso conmigo.*
    ○ *Sí que **lo** soy, pero tú no te das cuenta.*

5 **La actriz Margarita Bosque ha sido asesinada. La policía está interrogando a su amante Amadeo Sanjosé. Señala a qué se refiere *lo* en cada caso e indica si es neutro (N) o masculino (M).**

A= Amadeo **P= el policía**

➲ P: ¿Cuándo durmió en su chalet por última vez?
A: No **lo** recuerdo. Hace poco. (.N.)
a. su chalet
b. el último día que durmió en su chalet ✓

1. P: ¿Había otro hombre en la vida de Margarita Bosque?
A: **Lo** siento. No tengo esa información. (....)
a. el hecho de tener Margarita otro amante
b. el hecho de no tener esa información

2. P: El cadáver tenía esto en un bolsillo. ¿Sabe qué es?
A: No **lo** he visto en mi vida. (....)
a. el cadáver
b. el objeto encontrado en el bolsillo

3. P: ¿Y entiende eso que hay apuntado en su diario?
A: ¿Cómo se atreve a tocar**lo**? (....)
a. el diario
b. las cosas escritas en el diario

4. P: ¿A usted este asesinato le parece sorprendente?
A: Claro que me **lo** parece. (....)
a. el asesinato
b. sorprendente

5. P: Yo creo que este crimen no es un asesinato profesional.
A: Pues, yo creo que sí **lo** es. (....)
a. este crimen
b. un asesinato profesional

6. P: Le aseguro que muy pronto vamos a detener al culpable.
A: Así **lo** espero. (....)
a. al culpable
b. el hecho de detener al culpable

7. A: ¿Puedo llamar a mi abogado?
P: Si **lo** tiene, está en su derecho. (....)
a. el abogado
b. el hecho de llamar al abogado

16. Posición y combinación de pronombres complemento

A Un pronombre: *Te he visto. Os he visto.*

■ Los pronombres complemento se colocan **antes de las formas conjugadas del verbo**, excepto con las formas de imperativo positivo:

➔ 17. Presencia y reduplicación

CD + VERBO

- *¿Me llevas a la estación?*
- *Te he visto en El Corting Less.*
- *No nos llames tan tarde.*
- *Os necesito ahora.*

- *Tú abres el frigorífico pero no lo cierras.*
- *La ensalada está muy rica. ¿La has hecho tú?*
- *Los niños están con mi madre. ¿Los recojo yo?*
- *Las camisas están ahí, pero no las he planchado.*
- *Se ducha tres veces al año.*

CI + VERBO

- *¿Me haces un favor?*
- *Te he mandado un e-mail.*
- *Nos regaló una mesa horrorosa.*
- *¿Os leo un cuento?*

- *Ayer quedé con Paco y le devolví su libro.*
- *Hoy es el santo de Pepa. ¿Le envío un SMS?*
- *Si ves a los vecinos, no les digas nada.*
- *Llamé a tus tías y les di el móvil del pintor.*
- *A José María le encantan los caracoles.*

1 **Ordena estas frases. Luego decide a qué dibujo corresponden.**

A ......

B ......

C ......

D ......

I

➔ ¿compro-le-entradas-para la ópera?
¿Le compro entradas para la ópera?

1. ¿en su restaurante de siempre-reservo-mesa-le?
   ....
2. ¿a alguna parte-llevo-lo?
   ....
3. ¿un baño caliente-preparo-le?
   ....

II

4. ¿a la peluquería-llevo-te?
   ....
5. ¿música-pongo-te?
   ....
6. ¿enciendo-te-el aire acondicionado?
   ....
7. ¿el cinturón de seguridad-abrocho-te?
   ....

III

8. ¿laváis-los dientes-os?
   ....
9. ¿acostáis-temprano-os?
   ....
10. ¿llevan-os-al médico?
    ....
11. ¿os-hacen regalos-en Navidad?
    ....

IV

12. han aplaudido-nos-durante veinte minutos
    ....
13. han tirado-ropa interior-al escenario-me
    ....
14. muchos autógrafos-han pedido-nos
    ....
15. han hecho-me-miles de fotos
    ....

B Combinación de dos pronombres: *Te lo compro. Os lo compro.*

■ Cuando necesitamos usar **dos pronombres** (uno de CD y otro de CI) el orden es:

CI	+	CD	+	VERBO
Te		*lo*		*compro*
me/te/nos/os		*lo/la/los/las*		

➔ 12. Pronombres personales
➔ 15. Pronombres complemento

- *Oye, me gusta mucho esa camisa tuya. ¿Me la dejas?*
- *Necesitamos tu ordenador. ¿Nos lo prestas?*
- *He recibido unas fotos preciosas de José. ¿Te las mando?*
- *Sé dos chistes nuevos. ¿Os los cuento?*

2 **Ana y Andrés están a punto de tener una hija. Andrés está muy nervioso y quiere asegurarse de que todo está bien. Completa las respuestas.**

En casa

➔ **Andrés:** ¿Has preparado la ropa de la niña?
Ana: Sí, ya ..*la*.... he preparado.

1. **Andrés:** ¿Llevas todos los documentos?
   Ana: Sí, ... llevo todos: el informe médico, la ecografía, todo.
2. **Andrés:** ¿Has cogido la cámara de vídeo?
   Ana: No, no .... he cogido. ¿Dónde está?
3. **Andrés:** ¿Llevas el osito de peluche?
   Ana: Claro que .... llevo.

En el hospital

4. **Andrés:** ¿Te ha traído el agua la enfermera?
   Ana: Sí, ... ha traído, pero está muy fría.
5. **Ana:** ¿Nos van a devolver los documentos?
   Enfermera: Sí, no os preocupéis. El médico .... devolverá enseguida.
6. **Andrés:** ¿Os han traído el café?
   Abuelos: Sí, ... han traído, no te preocupes.
7. **Ana:** ¿Me puedes abrir la ventana?
   Andrés: Ahora mismo .... abro.

C Combinación de dos pronombres: *Se lo compro. Se la compro.*

■ Cuando el pronombre de CI se refiere a una tercera persona (*él, ella, ellos, ellas*) o a la segunda persona con tratamiento formal (*usted, ustedes*) y se combina con un pronombre de CD (*lo/la/los/las*), la forma del pronombre de CI es siempre *se*:

CI (3ª PERSONA)	+	CD	+	VERBO
~~*Le/Les*~~ *Se*		*lo*		*compro*
		lo/la/los/las		

- *¿Le mandaron por fin el paquete?*
- ○ *Sí, se lo mandaron ayer.*

- *¿Le diste a Linus la receta?*
- ○ *Sí, se la di por teléfono.*

- *¿Les robaron las joyas a tus padres?*
- ○ *Sí, se las robaron todas.*

- *¿Podrían cambiar las toallas?*
- ○ *Por supuesto, señores, ahora mismo se las subimos a la habitación.*

- *Señora, ¿le llevo el paquete al coche? ¿O se lo enviamos a su casa?*

- *¿Les has comprado los bombones ya?*
- ○ *Todavía no.*
- *Ah, ¿no? Pues no se los compres, que son alérgicos al chocolate.*

3 **Ha nacido Lucía, la niña de Ana y Andrés; está estupendamente, pero Andrés no para de hacerle preguntas a Ana.**

➲ **Andrés:** ¿Le has dadola manzanilla?
Ana: Sí, ..se... ..la... he dado hace un rato.

1. **Andrés:** ¿Le has puesto el chupete?
   Ana: Sí, ... he puesto, pero no le gusta.
2. **Andrés:** ¿Le has cambiado el pañal?
   Ana: No, Andrés, todavía no .... he cambiado.
3. **Andrés:** ¿Le has limpiado los oídos?
   Ana: Sí, ... he limpiado.
4. **Andrés:** ¿Le han hecho los agujeros en las orejas?
   Ana: No, no .... han hecho. ¿ .... vamos a hacer?
5. **Andrés:** ¿Le has dado el masaje?
   Ana: Sí, ... he dado y le ha encantado.

4 **Ana es educadora en una guardería. Completa como en el modelo.**

➲ **Lucía:** Señorita Ana, ¿me puedes quitar el abrigo?
Ana: Sí, Lucía, ahora mismo ..te lo quito... .

1. **Ana:** Miguel, ¿le has devuelto las tijeras a Omar?
   Miguel: Sí, seño, ... Creo que está cortando las cortinas de la ventana.
2. **Ángela:** Seño, ¿me puedes limpiar los mocos?
   Ana: Sí, Ángela, ahora mismo ....
3. **Sara** y **Sofía:** Seño, ¿nos pones el vídeo de Cenicienta?
   Ana: Dentro de un rato .... , ¿vale?
4. **Ana:** ¿Queréis leer un cuento?
   Niños: No, seño. Tú ....
   Es que nosotros no sabemos leer todavía.
5. **Ana:** ¿Le has dado el rotulador verde a Adrián?
   Leo: No, seño, no .... Es mío.
6. **Lara:** Seño, ¿me das una galleta?
   Ana: Claro, Lara. .... ahora mismo.
7. **Carmen** y **Andrés:** Seño, ¿nos das la plastilina?
   Ana: Sí, enseguida ....
8. **Ana:** ¿Os habéis lavado las manos?
   Niños: No, seño, no ....
9. **Ana:** Omar, ¿les has echado la comida a los peces?
   Omar: Sí, ... y .... han comido en un minuto.
10. **Ana:** Carmen, ¿tú le has dado un empujón a Sofía?
    Carmen: No, yo no .... Ha sido Miguel.

D Con imperativo positivo, infinitivo y gerundio: *déjasela, dejársela, dejándosela...*

■ Con las formas de **imperativo positivo, infinitivo** y **gerundio** los pronombres complemento se colocan después del verbo, formando una sola palabra con él:

IMPERATIVO POSITIVO + CD/CI	INFINITIVO + CD/CI	GERUNDIO + CD/CI
Escríbela	*Escribirla*	*Escribiéndola*
Escríbele	*Escribirle*	*Escribiéndole*

IMPERATIVO POSITIVO + CI + CD	INFINITIVO + CI + CD	GERUNDIO + CI + CD
Escríbesela	*Escribírsela*	*Escribiéndosela*

- *Déjasela un momento a ella.*
- *Dejársela fue un error.*
- *Dejándosela no solucionas nada.*

Cuando añadimos los pronombres al verbo, el acento de la palabra no cambia. Por esa razón, cuando la sílaba acentuada se convierte en la tercera o cuarta sílaba, hay que poner tilde (acento gráfico):

Deja	*Dejar*	*Dejando*
Déjasela (4)	*Dejársela* (3)	*Dejándosela.* (4)

Con el pronombre ***os*** la ***-d*** final del imperativo de **vosotros** se pierde:

➲ 34. Imperativo

- *Poneos los abrigos.* [~~Ponedos los abrigos~~]

➲ 20. Formas no personales

5 **Éste es el baile de más éxito del verano: *El baile del cachimbo*. El coro repite las acciones usando pronombres. Completa como en el ejemplo.**

1ª estrofa	El coro dice:	El coro repite: ¡ahora házselo a tu pareja!
Y uno, dos y tres. Levanta los brazos,	➲ a. Levantándolos	➲ b. Levantándoselos
mueve las manitas,	1 a.	1 b. ....
ahora dobla las rodillas	2 a.	2 b. ....
y un, dos, tres. Gira la cabecita.	3 a.	3 b. ....
Adelante y atrás, mueve las caderas,	4 a.	4 b. ....
sube la pierna derecha al compás,	5 a.	5 b. ....
y mueve el cuello sin parar.	6 a.	6 b. ....
¡Ay!, ¡qué gustito!, ¡ay!, ¡qué gustito!		

6 **El director de *La Bella Durmiente* y de *La Cenicienta* da instrucciones a los actores. Pon los pronombres adecuados en su sitio y no olvides los acentos gráficos.**

La Bella Durmiente

- Acércate despacio a la princesa. ➲ ..... Bésala.
(1) ......coge...... la mano para ayudarla a levantarse. Estupendo, muy bien... Ahora (2) ....mira....... intensamente y (3) ....di....... que la quieres... ¡Genial, estupendo!
- A ver, ahora, todos vosotros (4) ....despertad.......; venga, (5) ...... levantad....... Si la Bella Durmiente está despierta, vosotros también.

La Cenicienta

- Bien, ahora tú, (6) ....prueba....... el zapato de cristal a Anastasia, la hermanastra. (7) ....coge....... el pie con mucha suavidad... Eso es, muy bien. Ahora (8) ....pon .... el zapato. Así, con delicadeza. Muy bien, estupendo...
- Ahora tú, Anastasia, muy enfadada, (9) ....tira....... el zapato a la cabeza. (10) ....di....... que es un inútil. ¡Espléndido! ¡Sublime!

E Con perífrasis verbales: *Tienes que comértelo / Te lo tienes que comer*

■ Con las **perífrasis verbales** (combinaciones de un verbo conjugado y un verbo no conjugado), los pronombres complemento se pueden poner antes de la forma conjugada o después de la forma no conjugada:

- *Te lo tengo que decir.*
- *Se lo voy a decir.*
- *Te lo estoy diciendo.*
- *Os la puedo enseñar.*

- *Tengo que decírtelo.*
- *Voy a decírselo.*
- *Estoy diciéndotelo.*
- *Puedo enseñárosla.*

Cuando los pronombres se sitúan después del verbo, forman una sola palabra con él (*Voy a regalár**selo***); sin embargo, cuando los pronombres se sitúan antes del verbo, se escriben separados (***Se lo** voy a regalar*).

➲ 33. Perífrasis verbales

7 **Bea y Miguel visitan al psicólogo. Pon los pronombres adecuados en su sitio y no olvides los acentos gráficos.**

➲ **Bea:** Miguel, ... llámame alguna vez al trabajo.

1. **Miguel:** Bea, ... deja...... salir con mis amigos algún día. No pasa nada.
2. **Bea:** Tú siempre ...... estás regañando...... por hablar por teléfono con mis amigas.
3. **Miguel:** Y tú, ¿ ...... puedes dejar...... ver el fútbol en paz?
4. **Bea:** ....compra.... flores y .....di..... cosas bonitas.
5. **Psicólogo:** Tranquilos. No os enfadéis. ..... tenéis que decir..... siempre lo que pensáis el uno al otro.
6. **Bea** y **Miguel:** ¿ ..... tenemos que decir..... siempre, siempre lo que pensamos?, ¿en serio?
7. **Psicólogo:** Pues claro. Tenéis que recuperar el romanticismo. Tú, Bea, ... manda..... mensajes al móvil, ... diciendo..... que lo quieres. Y tú, Miguel, ... llama.... para ..... decir..... que estás deseando verla.

8 **Lucía es un poco rebelde. Coloca los pronombres y no olvides poner los acentos gráficos.**

Mamá: Lucía, recoge tus juguetes. ➲ .....Recógelos , por favor, Lucía. (1) ¿ No ..... quieres recoger..... ? (2) Pues ..... vas a recoger..... , por las buenas o por las malas. (3) Venga, Lucía, ... tienes que recoger..... .

Lucía: (4) Ya ..... estoy recogiendo..... , mamá.

Mamá: Tómate la leche, Lucía.

Mamá: (5) Lucía, ¿ ..... vas a tomar..... la leche?

Lucía: (6) Ya ..... estoy tomando ..... , mamá.

Mamá: Lucía, apaga la televisión. (7) ..... Apaga..... , por favor. Lucía, (8) ..... tienes que apagar..... , ya es muy tarde. (9) ¿ ..... vas a apagar..... o no?

Lucía: (10) Ya ..... estoy apagando..... , mamá.

F En construcciones reflexivas y valorativas: *Se las lava. Le gusta el chocolate.*

■ En las construcciones reflexivas podemos combinar pronombres de CI y de CD. En ese caso, **el pronombre reflexivo va antes del pronombre no reflexivo**:

- *Se ha cortado las uñas pero no **se las** ha pintado.*
- *Ese vestido está muy bien. ¿**Te lo** pruebas?*
- *Me aprietan los zapatos.*
  ○ *Pues, quíta**telos**.*
- ***Me lo** puedo tocar pero no puedo vér**melo**.*

■ En construcciones valorativas, con verbos como ***gustar***, ***encantar***, ***interesar***, ***apetecer***, ***preocupar***, ***molestar***, ***doler***, etc., sólo se usan los pronombres de CI. Nunca se combinan con pronombres de CD (*lo/la/los/las*), porque en estas estructuras no hay CD, sólo sujeto y CI:

➲ 18. Construcciones reflexivas y valorativas

- ***Me** gustan mucho los garbanzos, pero es que ahora no **me** apetecen.*
- *¿**Te** duele la garganta?*
  ○ ***Me** molesta un poco, sí.*

[Me ~~los~~ apetecen.]
[Me ~~la~~ molesta.]

Los garbanzos y la garganta son SUJETO y no CD.

9 **Esta familia tiene unas costumbres bastante peculiares. Completa con uno o dos pronombres.**

➲ Mi madre se lava las manos continuamente. Se las lava unas veinte veces al día.

1. A mi padre .... duelen los huesos cuando va a llover. Le molestan especialmente las rodillas.
2. Yo me pongo normalmente dos pares de calcetines de lana. Siempre tengo los pies fríos. ¡ .... pongo incluso en verano!
3. A mis hermanos les gustan mucho los animales. .... interesan sobre todo los insectos. Son grandes coleccionistas.
4. A mi abuela le dan mucho miedo las tormentas. .... da pánico que le caiga un rayo en la cabeza.
5. Mis hermanas y yo nos pintamos las uñas de los pies de colores. .... pintamos así porque somos muy modernas.
6. En mi casa, nos acostamos todas las noches a las 10.30, y .... levantamos a las 6.30. En eso, mi padre es inflexible.
7. A mí me encanta mi familia. Y a vosotros, ¿qué .... parece?

17. Presencia y reduplicación de pronombres

A Uso de *lo, la, los, las / le, les*: *Lo ha comprado. Le ha dado un regalo a María.*

■ Si nos referimos al CD, usamos los **pronombres complemento** (*lo*/*la*/*los*/*las*) cuando se trata de **cosas** o **personas identificadas** antes:

- *¿Dónde has puesto la caja?*
- *La he tirado. Estaba rota.*

- *¿Y mi equipaje?*
- *Ya lo he guardado.*

- *Las toallas las he cambiado. Estaban mojadas.*

- *¿Has encontrado a tus amigos?*
- *No, los estoy buscando.*

■ Si nos referimos al CI, usamos los **pronombres complemento** (*le*, *les* o *se*+*lo*/*la*/*los*/*las*) **con** CI **identificados** antes pero **también con** CI **que identificamos** después del pronombre:

COMPLEMENTO IDENTIFICADO ANTES DEL PRONOMBRE

- *Quedé con mis amigas y les enseñé mi casa.*
- *Llama a tu hermano y dile que ya está la cena.*
- *Esto ya lo sabe tu jefa. Se lo he explicado yo.*
- *Ese libro es de tu padre. Se lo pedí prestado.*

A diferencia de los pronombres de CI, no usamos los pronombres de CD si el CD no ha sido identificado antes:

- *He cogido las fotocopias.*
- *¿Has llamado al camarero?*
- *Lleva a tus padres al cine.*

[~~Las~~ he cogido las fotocopias.]
[¿~~Lo~~ has llamado al camarero?]
[Lléva~~los~~ a tus padres al cine.]

COMPLEMENTO IDENTIFICADO DESPUÉS DEL PRONOMBRE

- *¿Le dejarás el recado a la secretaria?*
- *Le he comprado este brillante a Ana.*
- *Llévales estos vasos a tus padres.*
- *Le he cambiado la rueda al coche.*
- *¿Y el niño?*
- *Se lo he llevado a mis tías.*
- *Esto tengo que decírselo a mi marido.*
- *¿Le has echado sal a la comida?*

➲ 12. Pronombres personales   ➲ 15. Pronombres complemento

1 **Sustituye las palabras subrayadas por *lo*/*la*/*los*/*las* en unos casos y por *le*/*les* (*se*) en otros.**

➲ **Mamá:** ¡Luis! ¿Has cogido tú las tijeras?
Luis: No, mamá, yo no ..*las*.... he cogido.

1. **Mamá:** ¡Luis! ¿Has escondido el mando a distancia?
   Luis: No, mamá, no .... he escondido.
2. **Mamá:** ¡Luis! ¿Has encerrado a tu hermana en el armario de vuestro dormitorio?
   Luis: Sí, mamá, ... he encerrado yo. Me estaba molestando todo el rato.
3. **Mamá:** ¡Carmen! ¿Has visto las llaves del coche?
   Carmen: Creo que Luis .... ha tirado por la ventana hace un rato.
4. **Mamá:** ¡Luis! ¿Has visto al gato?
   Luis: Creo que Carmen .... ha metido en la lavadora.

➲ **Carmen:** Hoy me he peleado con Álvaro en clase y ..*le*.... he dado una patada.

1. **Luis:** Pues yo me he caído de la bici y .... he roto el faro.
2. **Luis:** Y lo peor es que la bici no era mía, era de José Enrique. .... la había pedido prestada.
3. **Carmen:** ¿Por qué no llamamos a los abuelos y .... pedimos algo de dinero para chucherías?
4. **Luis:** No, mejor llamamos a la tía Adoración y .... decimos que nos lleve al cine.
5. **Carmen:** ¿Y las llaves del coche de mamá? ¿ .... las has devuelto?
6. **Luis:** Las llaves del coche están llenas de barro. ¿........ lo quitas tú o .... lo quito yo?

2 **Tacha los pronombres que sobran.**

➔ No sé dónde ~~las~~ he puesto las gafas.
1. Ponle un poco más de sal al gazpacho.
2. Lo han descolgado el teléfono. No paraba de sonar.
3. Voy a comprarle un hueso de plástico nuevo al perro.
4. ¡Qué roscos más ricos! ¡Y qué buenos los hacía la abuela! ¿Te acuerdas?
5. A mi cuñada no la puedo soportar, es que es imbécil.
6. Les di mi más sincera enhorabuena a los novios.
7. La prepararé la ensaladilla y la meteré enseguida en el frigorífico.
8. Le hemos inflado las ruedas al coche y le hemos cambiado el aceite.
9. No las he metido las sábanas en la secadora. Las he tendido.

B Reduplicación: *Me ha mirado a mí.*

■ Cuando queremos **distinguir o contrastar** a la persona que identificamos como CD o CI frente a otras personas, usamos ***a mí, a ti, a él, a ella, a usted, a nosotros/-as, a vosotros/-as, a ellos, a ellas, a ustedes,*** además de los pronombres complemento:

- ***Me*** *ha mirado* ***a mí*** *y no* ***a ti.***
- ***Les*** *ha comprado el regalo* ***a ellos****, no* ***a ellas.***
- *A nuestros vecinos no les gusta el nuevo ascensor, pero* ***a nosotros nos*** *encanta.*
- ***Lo*** *llamó* ***a él****, y no a su hermano. Estoy segura.*
- *Yo* ***os*** *mandé el fax* ***a vosotras****, pero lo recibió la secretaria.*
- ***Les*** *enseñaré el piso* ***a ustedes*** *a las dos, porque a las cuatro vienen otros señores a verlo.*

■ La reduplicación también sirve para aclarar el significado de los pronombres complemento de 3ª persona:

lo	⟶ *a él, a usted* (masc.)
la	⟶ *a ella, a usted* (fem.)
los	⟶ *a ellos, a ustedes* (masc.)
las	⟶ *a ellas, a ustedes* (fem.)

le	⟶ *a él, a ella, a usted*
se	↗ le / ↘ les
les	⟶ *a ellos, a ellas, a ustedes*

👁 Los pronombres con preposición nunca pueden usarse solos para identificar al CD o al CI:

- ***Me*** *traerá un regalo* ***a mí.*** [~~Traerá un regalo a mí.~~]
- *¿****Nos*** *ha llamado Pedro* ***a nosotros****?* [~~¿Ha llamado Pedro a nosotros?~~]
- ***Les*** *pidieron un consejo* ***a ellos.*** [~~Pidieron un consejo a ellos.~~]

3 Completa según el modelo.

➲ I. ● Concha, ¿me quieres?
○ Claro que te quiero ....
II. ● Es verdad que en mi vida hay muchas mujeres, pero yo sólo te quiero a ti ....

a. te quiero
b. te quiero a ti

1. I. ● Fíjate qué mala suerte: de todo el bloque de vecinos sólo ....
II. ● ¿Qué os pasa?
○ Es que .... la cámara de vídeo.

a. nos han robado
b. nos han robado a nosotros

2. I. ● ¡Camarero, la cuenta! Yo ....
II. ● Es que a mi fiesta .... , no a ellas.

a. os invito
b. os invito a vosotras

3. I. ● A Rosa le preocupa mucho el dinero, pero ....
II. ● ¿Qué prefieres? ¿Pollo o ternera?
○ Pues, no sé, ...

a. a mí me da igual
b. me da igual

4. I. ● Perdone, señor, ¿quiere ver la nueva enciclopedia que tenemos en oferta?
○ No, gracias, ...
II. ● A mi novio le encanta el fútbol, pero ....

a. no me interesa
b. a mí no me interesa

5. I. ● A ti no, porque tú estás acostumbrado, pero .... hablar en público.
II. ● El humo .... Tiene un problema respiratorio.

a. le molesta mucho
b. a ella le molesta mucho

4 Las instrucciones de este juego son un poco complicadas. Completa como en el modelo.

➲ Vamos a ver, Carmen, yo ..te.. doy a ti la pelota y tú ..se.. la das a Luis.

1. Y si no ...... encuentro a ti, ¿a quién se la doy?
2. No importa. Luis ...... la da a mí y yo ...... la doy a vosotras, ¿vale? Sara y Sofía, ¿lo habéis entendido?
3. No, no lo hemos entendido. ¿Tú ...... la das a nosotras? ¿Sí? Y nosotras, ¿a quién se la damos?
4. Vosotras ...... la dais a nosotros, a Luis y a mí.
5. Perdona, mamá, pero desde aquí no ...... veo a Luis y a ti.

5 Jerónimo y Alablanca tienen problemas entre ellos y con los pronombres. ¿Puedes ayudarlos a usarlos bien?

Alablanca: ➲ Jerónimo, ya no llevas a mí a las fiestas del poblado vecino.
Jerónimo: (1) Alablanca, ya no miras a mí como antes.
Alablanca: (2) Pasa algo a nosotros. (3) Antes besábamos a nosotros más.
Jerónimo: (4) Yo adoro a ti, mi bella luna llena.
Alablanca: (5) Y yo también quiero a ti mucho, más que al agua y al sol.
Jerónimo: (6) Pues si queremos tanto a nosotros, (7) ¿por qué no compramos a nosotros una pizza y vamos a ver el sol rojo detrás de las montañas?

➲ No me llevas a las fiestas...
1. ....
2. ....
3. ....
4. ....
5. ....
6. ....
7. ....

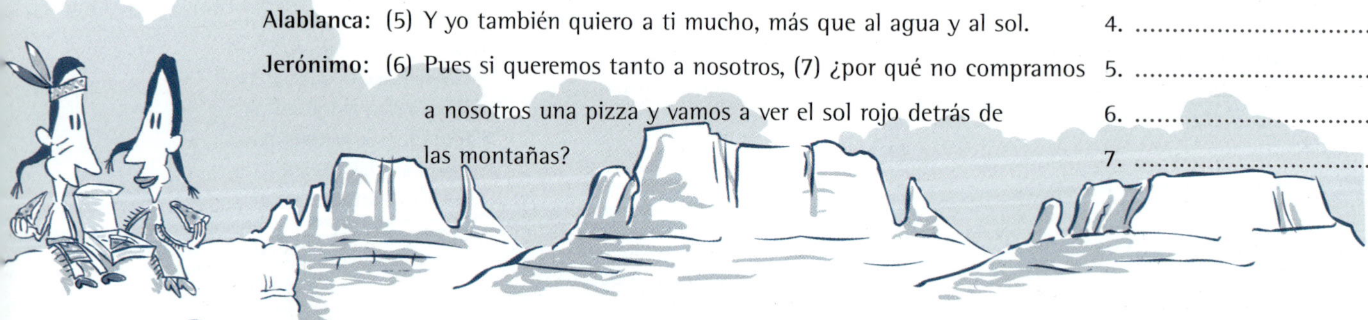

6 Señala a quién puede referirse el pronombre subrayado de cada frase.

➲ <u>Le</u> di la enhorabuena...	a. a Leticia ✓	b. a Felipe ✓	c. a ustedes	d. a usted ✓	e. a los Reyes
1. <u>Lo</u> felicitó por su victoria...	a. a él	b. a ella	c. a ustedes	d. a usted	e. a las animadoras
2. <u>Les</u> dieron el pésame...	a. a su madre	b. a sus hijos	c. a ellas	d. a usted	e. a ustedes
3. <u>La</u> quise mucho...	a. a mi novio	b. a Corina	c. a usted	d. a mis gatas	e. a mis canarios
4. <u>Se</u> la enseñó...	a. a ella	b. a su marido	c. a ustedes	d. a ellos	e. a sus amigas
5. <u>Los</u> he suspendido...	a. a ustedes	b. a ella	c. a ellos	d. a usted	e. a mi alumno
6. <u>Las</u> he aprobado...	a. a él	b. a ustedes	c. a ellos	d. a ellas	e. a mi alumna

18. Construcciones reflexivas y valorativas

A Construcciones reflexivas: *Me baño. Me lavo los dientes.*

■ En las construcciones reflexivas, **sujeto** y **complemento** (directo o indirecto) **coinciden**; es decir, se refieren a la misma persona o cosa. Cuando conjugamos un verbo en forma reflexiva, **los efectos de ese verbo se limitan al espacio del sujeto**:

Yo me afeito por las mañanas.

• *Poncio se lava las manos.*

■ Éstos son los **pronombres** que usamos en la conjugación reflexiva:

yo	***me** acuest**o***
tú	***te** acuest**as***
él/ella/usted	***se** acuest**a***
nosotros/-as	***nos** acost**amos***
vosotros/-as	***os** acost**áis***
ellos/ellas/ustedes	***se** acuest**an***

La **terminación** del verbo y el **pronombre** se refieren a la misma persona.

➲ 15. Pronombres complemento

1 **Señala qué verbos son reflexivos en estos enunciados. Fíjate en la concordancia del pronombre y el verbo.**

➲ Mañana me despierto a las diez.
1. ¿Me dejas cincuenta euros?
2. Te acuestas siempre tempranísimo.
3. Te he visto esta tarde en el centro comercial.
4. ¿Se ha puesto ya Laura el abrigo?
5. Le he comprado un gorro a Encarna.
6. Nos vestimos y salimos, ¿vale?
7. La gente nos mira de una forma rara.
8. Si salimos, os llamo.
9. Si os ponéis delante, no veo nada.
10. A mis padres no les gusta esta música.
11. Mis padres se levantan a eso de las 7.

2 **Relaciona como en el ejemplo.**

➲ a. Nos pintamos toda la cara de blanco.	a. Parecían fantasmas.
b. Les pintamos toda la cara de blanco.	b. Parecíamos fantasmas.
1. a. Se ahogó en la piscina del hotel.	a. Fue un accidente. Él mismo se entregó a la policía.
b. Lo ahogó en la piscina del hotel.	b. Fue un accidente. Tropezó y se dio un golpe en la cabeza.
2. a. Todas las noches se limpiaba los zapatos antes de acostarse.	a. Era un hombre muy metódico, obsesionado por su aseo personal.
b. Todas las noches le limpiaba los zapatos antes de acostarse.	b. Estaba siempre pendiente de él.
3. a. Le tiró una copa encima y le manchó el pantalón.	a. Era muy torpe. Siempre llevaba la ropa sucia.
b. Se tiró una copa encima y se manchó el pantalón.	b. Así fue como se conocieron.
4. a. Se quitaron la ropa.	a. Para meterse en la cama.
b. Les quitaron la ropa.	b. Les robaron todo.

B Usos: *Te has mojado. Te has mojado el pelo. Te has mojado la blusa.*

■ En español, con la conjugación reflexiva indicamos que el sujeto realiza la acción sobre sí mismo, sobre una parte de su cuerpo o sobre algo que lleva o tiene:

VERBOS	EL SUJETO SOBRE SÍ MISMO	EL SUJETO SOBRE UNA PARTE DE SU CUERPO	EL SUJETO SOBRE ALGO QUE LLEVA O TIENE
bañarse ***ducharse*** ***vestirse*** ***etc.***	• *Yo **me** bañ**o** todos los días, nunca **me** duch**o**.* • *Amalia **se** vist**e** siempre de negro.*		
afeitarse ***depilarse*** ***tatuarse*** ***etc.***	• *¿Todavía no **te** ha**s** afeitado?* • *Est**oy** harto de depilar**me**.*	• *Pepe **se** est**á** afeitando el bigote.* • *Ana **se** depil**ó** las piernas y las axilas.*	
cortarse ***lavarse*** ***mancharse*** ***mojarse*** ***pintarse*** ***ponerse*** ***quitarse*** ***secarse*** ***etc.***	• *¿Me esperas un momento mientras **me** lav**o**?* • *Vaya, ya **te** ha**s** manchado otra vez.* • *¿**Te** pone**s** al lado de Cati? Os voy a sacar una foto.* • *¿Por qué nunca **te** seca**s** al salir de la ducha?*	• *¿**Os** habé**is** lavado las manos?* • ***Nos** va**mos** a manchar las manos.* • ***Se** pus**o** la dentadura.* • *Pablo **se** sec**a** el pelo con secador.*	• *Joan **se** lav**a** la ropa a mano.* • ***Me** h**e** manchado el bolso con el café!* • *¿**Nos** pone**mos** el pijama?* • *¿**Te** ha**s** secado los zapatos antes de entrar?*

■ Con este tipo de construcciones podemos usar los pronombres de complemento directo *lo*, *la*, *los*, *las*:

- *¿Pepe **se** h**a** afeitado el bigote?, ¿en serio?*
  ○ *Sí, **se lo** afeit**ó** ayer.*
- *¿**Me** pint**o** las uñas o **me las** cort**o**?*

👁 En español usamos esta construcción para referirnos a acciones que en otros idiomas se expresan con el posesivo:

- *Me pongo la chaqueta.* ~~Pongo mi chaqueta.~~
- *Quitaos el abrigo.* ~~Quitad vuestros abrigos.~~
- *¿Te has cortado el pelo?* ~~¿Has cortado tu pelo.~~
- *Se rompió la nariz.* ~~Rompió su nariz.~~

➲ 7. Posesivos   ➲ 16. Posición y combinación

3 **Completa las construcciones reflexivas de esta canción infantil con el pronombre y/o la terminación del verbo adecuados.**

Me acuesto y me levanto

Mamá ➲ .Se.. lav.a... los dientes.
Papá (1) se duch..... cantando.
Mis hermanitos (2) se acuest.....
y (3) ..... duerm..... en su cuarto.
Todos en casa bien pronto
(4) ..... metemos en la cama,
pues siempre (5) ..... levanta.....
a las seis de la mañana.
En cuanto el sol (6) ..... despierta,
yo (7) ..... levant..... y (8) ..... vist..... ,
papá (9) ..... afeit..... la barba,
mamá (10) ..... bañ..... y ..... pein..... .
Y tú, ¿cómo (11) ..... levant..... ?

4 **Martita tiene una adolescencia difícil. Fíjate en las cosas que hace y completa con las palabras que faltan.**

➲ ...se... come ..las.. uñas.
1. No .... quita nunca .... gafas de sol.
2. No .... lava .... manos antes de cenar.
3. No .... corta .... pelo nunca.
4. .... pone .... vaqueros más viejos que tiene.
5. .... pinta .... labios de color naranja.
6. .... ha tatuado .... brazos.
7. .... ha teñido .... pelo de lila.

5 **¿Quién despierta a quién mañana por la mañana?**

➲ (Yo solo) — d	a. Los despierto.
1. (Yo a ti)	b. Os despierta.
2. (Tú a mí)	c. La despiertas.
3. (Yo a mis amigos)	d. Me despierto.
4. (Tú a tu hermana)	e. Os despertáis.
5. (Nosotros a ti)	f. Te despierto.
6. (Ella a vosotros)	g. Me despiertas.
7. (Vosotros solos)	h. Te despertamos.

¿Y quién le corta el pelo a quién en la peluquería de Pepe?

8. (Pepe a mí)	a. Le cortas el pelo.
9. (Pepe a sí mismo)	b. Te corta el pelo.
10. (Vosotros a vosotros mismos)	c. Me corta el pelo.
11. (Pepe a ti)	d. Se corta el pelo.
12. (Tú a Pepe)	e. Le corta el pelo.
13. (Laura y Pepe a sus hijos)	f. Les cortan el pelo.
14. (Laura a Pepe)	g. Les corta el pelo.
15. (Laura a unos clientes)	h. Os cortáis el pelo.

C La reciprocidad: *Nos conocemos. Nos queremos.*

■ Con la conjugación reflexiva podemos expresar que dos o más sujetos realizan una acción de manera recíproca, es decir, el uno al otro:

- *Pepe y su primo se pegan por todo.*
  [Pepe pega a su primo + Su primo pega a Pepe.]

- *Ana y tú os escribís, ¿no?*
  [Ana te escribe cartas a ti + Tú le escribes cartas a Ana.]

- *Isabel y Fernando se quieren.*
  [Isabel quiere a Fernando + Fernando quiere a Isabel.]

6 **Montse le cuenta a Elvira cosas de su relación con Ercan. Escribe el pronombre que corresponda.**

Elvira: ¿Dónde ➲ ..os...... conocisteis Ercan y tú?
Montse: (1) .... vimos por primera vez en un viaje a Turquía. Él era el guía.
Elvira: ¿Y (2) .... enamorasteis enseguida?
Montse: ¡No, qué va! A principio sólo (3) .... caímos bien, pero un día me invitó a cenar, dimos un paseo y...
Elvira: Y (4) .... besasteis.
Montse: No, no: ¡me llevó a ver a su madre! Desde ese día su madre y yo no (5) .... entendemos.

Elvira, después, le hace un resumen a Begoña.

Montse y Ercan ➲ ..se conocieron.. en un viaje a Estambul, pero no (6) .... enseguida, al principio sólo (7) .... bien. El primer día que salieron juntos no (8) .... ; él es muy tradicional y la llevó a conocer a su madre. Y desde ese día la madre de Ercan y Montse no (9) ....

D Construcciones valorativas: *Me gusta... Les da miedo... Nos parece bien...*

■ En este tipo de construcciones hay un elemento (el **sujeto**) que produce una emoción, una sensación, un sentimiento o una reacción... (expresados por el **verbo**) en alguien (el **complemento indirecto**):

SUJETO

COMPLEMENTO INDIRECTO

Gustar

A mí	***me***	*gusta*	*el fútbol / la comida japonesa / Nueva York / ...*
A ti	***te***		*salir y cenar fuera / dormir la siesta / ...*
A él/ella/usted	***le***	*gustan*	*las gafas de sol / los días de lluvia / los zapatos rojos / ...*
A nosotros/-as	***nos***		
A vosotros/-as	***os***		
A ellos/ellas/ustedes	***les***		

■ Además de *gustar*, funcionan así otros verbos como ***apetecer***, ***doler***, ***encantar***, ***fastidiar***, ***interesar***, ***molestar***, ***preocupar***, etc.:

- *Pues hoy no **nos** apetece nada **salir**.*
- ***A mi madre le** duelen **los huesos** cuando cambia el tiempo.*
- *¿**A usted le** interesan **las películas de ciencia ficción**?*
- *¿No **te** preocupa nada **el futuro**?*

➔ 16. Posición y combinación
➔ 17. Presencia y reduplicación

👁 En estas construcciones, cuando el sujeto es una combinación de varios infinitivos, o de infinitivo y sustantivo, el verbo va en singular. El verbo sólo va en plural si hay un sustantivo plural más cerca del verbo que el infinitivo:

- ***Me** gusta **ir** al cine y **leer** en la cama.*
- ***Me** gusta **el cine** y **leer** en la cama.*
- ***Me** gusta **ir** al cine y **las novelas de misterio**.*

  PERO: *Me gustan **las novelas de misterio** y **leer** en la cama.*

■ En algunas construcciones de este tipo, el efecto (emoción, reacción, sensación, etc.) que el sujeto provoca en alguien se expresa con el verbo más un adjetivo, un sustantivo o un adverbio:

Dar + *igual, miedo, pena, rabia, risa, vergüenza...*
Resultar/Parecer + *estupendo, increíble, raro...*
Caer + *bien, mal, regular...*

- ***Me** dan asco **las ratas**.*
- ***Les** parece fatal **ir a la cena sin un regalo**.*
- *¿**A ti te** cae bien **mi padre**?*

7 **Sofía va a hacer un intercambio con un chico francés, Pierre. Apunta en una lista lo que quiere contar de su familia y lo que quiere preguntar a Pierre de la suya.**

➲ A mi padre ENCANTAR cocinar y beber vino. ✓
1. A mi madre NO GUSTAR los chicos con el pelo largo.
2. A mis hermanas GUSTAR la ropa y salir por la noche.
3. A mí ENCANTAR sobre todo viajar y dormir.
4. A todos nosotros GUSTAR mucho el queso francés.
5. A todos nosotros DOLER a menudo la cabeza.

➲ ¿A ti GUSTAR las motos? ✓
6. ¿A tus padres MOLESTAR el tabaco?
7. ¿A tus hermanos INTERESAR la ecología?
8. ¿A vosotros GUSTAR la sangría y la paella?
9. ¿A vosotros MOLESTAR los gatos?
10. ¿A tu hermana GUSTAR esquiar?

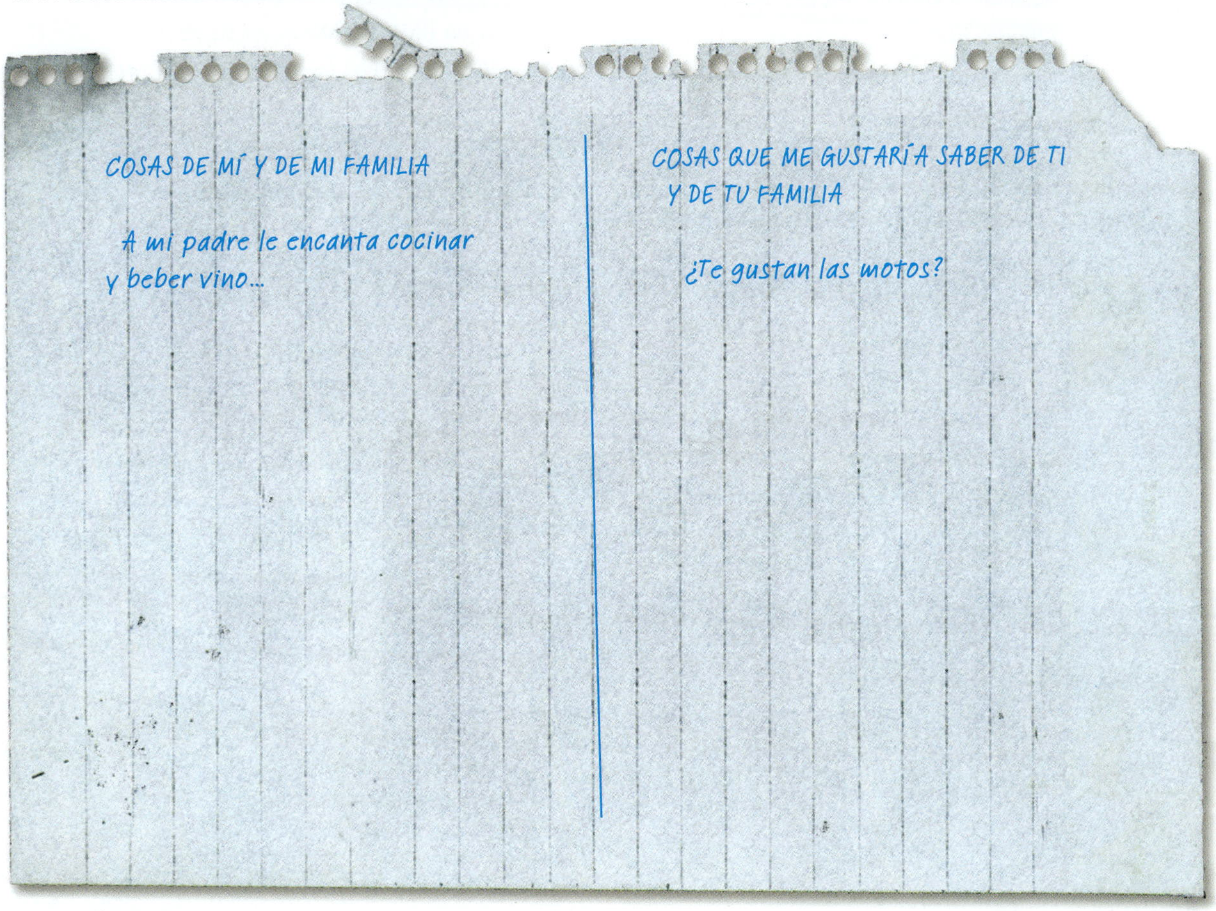

8 **Aquí tienes fragmentos de un debate sobre tópicos de hombres y mujeres. Completa con pronombres y con la forma del verbo adecuada. Después, relaciona cada enunciado con su continuación.**

Los hombres dicen:

➲ No es verdad. A nosotros sí (GUSTAR) ...nos gusta... la ropa.
1. ¡Qué tontería! A mí (ENCANTAR) .... ocuparme de las cosas de la casa. (GUSTAR) .... mucho ordenar los armarios.
2. ¿A vosotros (FASTIDIAR) .... hablar de vuestros sentimientos? ¿(DAR VERGÜENZA) .... compartir vuestros secretos?
3. No sé si a todos nosotros (MOLESTAR) .... cuidar a los niños.
4. ¿A ti no (GUSTAR) .... tomar algo con los amigos?

a. Yo creo que a nosotros no (MOLESTAR) .... contar nuestras cosas, pero somos más reservados.
b. A mí, por ejemplo, (ENCANTAR) ...me encanta... ir de tiendas.
c. No obstante, reconozco que a muchos amigos míos (MOLESTAR) .... Sobre todo, planchar.
d. Pues a mí (ENCANTAR) .... ir al bar y charlar un poco después del trabajo. Es la mejor terapia.
e. A mí, la verdad, (FASTIDIAR) .... tener que ver la misma película de dibujos veinte veces.

Las mujeres dicen:

➲ A nosotras (ENCANTAR) nos encanta....... ir a la peluquería.

6. A mí personalmente (FASTIDIAR) .... ir de compras.
7. ¿Has dicho que a ti (MOLESTAR) .... el desorden?
8. A mí (ENCANTAR) .... meterme en la cocina y preparar la comida. (RELAJAR) .... ensayar nuevos platos.
9. ¿En serio piensas que a todas nosotras (GUSTAR) .... los bebés?

f. ¿A ti no (GUSTAR) .te gusta......... cambiarte el color del pelo?
g. Porque a mí no (GUSTAR) .... mucho, la verdad; y eso que he tenido dos hijos.
h. A mí marido también, pero (MOLESTAR) .... mucho cómo deja el fregadero después.
i. A mí no (MOLESTAR) .... nada. Mi marido es igual. Nunca pongo nada en su sitio y a él no (IMPORTAR) ....
j. Pero a muchas amigas mías (ENCANTAR) .... comprar ropa.

9 **Jerónimo y Alablanca *chatean* con señales de humo. Aquí tienes varios de sus mensajes. Ayúdalos a traducir sus palabras a un español perfecto.**

➲ Encantar el pescado crudo y la danza del fuego. .Me encantan...

1. Dar rabia ir de caza en invierno y coser zapatillas. ....
2. Alegrar la luna llena sobre las montañas y tu sonrisa. ....
3. Caer fatal la nieta del jefe Pluma Roja. ....
4. Apasionar el olor a tierra mojada, pintarme la cara de colores y tu sonrisa. ....
5. Resultar espantoso lavar la ropa en el río y preparar tortas de maíz. ....
6. Dar alergia el humo de la pipa de la paz y los adornos de plumas. ....

Ahora Jerónimo le cuenta a Caballo Loco cómo es Alablanca.

Ahora Alablanca le cuenta a Rocío de la Mañana cómo es Jerónimo.

A Jerónimo le encantan el pescado crudo y la danza del fuego.

SECCIÓN 4

Verbos

19 Conjugación. Elementos básicos.
20 Formas no personales: *hablar, hablando, hablado.*
21 Presente de indicativo
22 Pretérito perfecto de indicativo
23 Pretérito indefinido
24 ¿Perfecto o Indefinido? *Ha salido / Salió*
25 Pretérito imperfecto de indicativo
26 ¿Imperfecto, Indefinido o Pretérito perfecto?
27 Pluscuamperfecto de indicativo
28 Futuro
29 Futuro perfecto
30 Condicional
31 Condicional compuesto
32 Formas del subjuntivo: *hablé, haya hablado...*
33 ¿Indicativo o subjuntivo?
34 Imperativo
35 *Ser* y *estar*
36 *Haber* y *estar*
37 Perífrasis verbales: *Va a salir. Está saliendo...*

19. Conjugación. Elementos básicos.

A Referirse a un verbo: el infinitivo.

- Cuando nos **referimos a un verbo**, usamos **infinitivo**. Ésa es la forma en la que los verbos están en los diccionarios. Es una forma no personal (no conjugada) del verbo.

➔ 20. Formas no personales

- El infinitivo en español tiene **tres terminaciones**, cada una con una vocal temática. Todos los verbos se clasifican según estas terminaciones:

TERMINADOS EN *-ar*	TERMINADOS EN *-er*	TERMINADOS EN *-ir*
Estudiar	*Aprender*	*Decidir*
Hablar	*Comer*	*Decir*
Jugar	*Correr*	*Escribir*
Pasear	*Leer*	*Salir*
Trabajar	*Ver*	*Pedir*

pasear. (De *paso*.) intr. Ir andando por distracción o por ejercicio. **2.** Ir c

ver. (Del lat. *videre*.) tr. Percibir por los ojos los objetos mediante

decir. (Del lat. *dicere*.) tr. Manifestar con palabras el pensamiento. **2.** Asegurar

Los verbos con forma reflexiva añaden el pronombre *-se* al infinitivo. Por ejemplo: *duchar<u>se</u>, mover<u>se</u>, vestir<u>se</u>.*

➔ 18. Construcciones reflexivas y valorativas

1 **La profesora Morfema trabaja en el gimnasio Grámex. Hoy ha preparado una tabla de ejercicios para perfeccionar la conjugación... Tabla 1: Aquí tienes una serie de infinitivos, ordénalos en el grupo correspondiente.**

salir escuchar ✓ poner ser conducir oír entrar llamar tener poder decir aprender reproducir haber partir

-ar	-er	-ir
escuchar	....	....
....	....	....
....	....	....
....	....	....
....	....	....
....	....	....
....	....	....
....	....	....

Ordena, en el mismo cuadro, éstos otros. Todos ellos son verbos con forma reflexiva.

levantarse irse ocuparse cortarse vestirse acostarse perderse ducharse ponerse

Busca algunos de estos verbos en tu diccionario. Fíjate en las abreviaturas que hay al lado.

2 **Este concurso es la segunda tabla que la profesora Morfema ha preparado para hoy. En tres minutos tienes que adivinar y escribir el infinitivo de estos verbos. Para saberlo, fíjate en la vocal que está en la terminación.**

estudiamos ✓	salís	cocina	aprenden	estás	escribimos	pedís	vemos	bebe
trabajan	traen	dormís	comemos	vivimos	sentamos	sentimos	cantas	lee

-ar		-er		-ir	
	estudiar		....		....
	....		....		....
	....		....		....
	....		....		....
	....		....		....
	....		....		....

B Conjugar un verbo

- En español, las **terminaciones** de los tiempos verbales son muy importantes porque informan del tiempo y de la persona a la que nos referimos. Por tanto, conjugar un verbo es usar la forma adecuada al tiempo y a la persona de la que hablamos.
  Para conjugar un **verbo regular**, cambiamos la terminación del infinitivo por las terminaciones de tiempo y persona. Por ejemplo:

*Estudi**ar*** *estudi* + TERMINACIÓN		*Aprend**er*** *aprend* + TERMINACIÓN		*Escrib**ir*** *escrib* + TERMINACIÓN	
*estudi**o***	[yo Presente]	*aprend**o***	[yo Presente]	*escrib**o***	[yo Presente]
*estudi**as***	[tú Presente]	*aprend**es***	[tú Presente]	*escrib**es***	[tú Presente]
*estudi**é***	[yo Indefinido]	*aprend**í***	[yo Indefinido]	*escrib**í***	[yo Indefinido]
*estudi**aste***	[tú Indefinido]	*aprend**iste***	[tú Indefinido]	*escrib**iste***	[tú Indefinido]

- Para conjugar un **verbo irregular**, además de cambiar las terminaciones, tenemos que saber qué tipo de irregularidad tiene. Esa irregularidad, generalmente, **afecta a la primera parte del verbo**, a la raíz. Por ejemplo:

> ***Jugar***, en Presente, en algunas personas, cambia la -***u***- por -***ue***-:
> *jugar* → [*jueg* + TERMINACIÓN DE TIEMPO Y PERSONA]
>
> ***Querer***, en Presente, en algunas personas, cambia la -***e*** por -***ie***-:
> *querer* → [*quie* + TERMINACIÓN DE TIEMPO Y PERSONA]
>
> ***Pedir***, en algunos tiempos, en algunas personas, cambia la -***e***- por -***i***-:
> *pedir* → [*pid* + TERMINACIÓN DE TIEMPO Y PERSONA]

3 **Ésta es la tabla 3. Para conjugar es muy importante saber separar los verbos. Aquí tienes algunos: separa la raíz de la terminación.**

cambiar	cambi + ar	poder	....	nacer	....
abrir	....	conducir	....	encantar	....
terminar	....	pedir	....	romper	....
escribir	....	recibir	....	prohibir	....
aprender	....	salir	....	soñar	....
comer	....	querer	....	dormir	....
desayunar	....	poner	....	pensar	....

C Concordar el verbo con el sujeto

■ En español, la conjugación del verbo tiene **seis terminaciones** diferentes para las seis personas que pueden ser el sujeto. El verbo siempre **concuerda con el sujeto**, con la persona a la que se refiere:

SINGULAR	1ª persona	***Yo***	*como*
	2ª persona	***Tú***	*com**es***
	3ª persona	***Él, ella, usted***	*com**e***
PLURAL	1ª persona	***Nosotros/-as***	*com**emos***
	2ª persona	***Vosotros/-as***	*com**éis***
	3ª persona	***Ellos, ellas, ustedes***	*com**en***

- *Tú sabes más de lo que dices.*
- *Lola y yo no sab**emos** nada de eso.*
- *¿Sab**en** ellos ya lo que pasó?*

■ **Algunas terminaciones de persona son siempre las mismas** y se repiten en todos los tiempos. Si te fijas en esas terminaciones, la conjugación es más fácil:

PERSONA VERBAL		MARCA VERBAL
yo	→	-*vocal**
tú	→	-*s***
él, ella, usted	→	-*vocal**
nosotros/-as	→	-***mos***
vosotros/-as	→	-***is***
ellos, ellas, ustedes	→	-***n***

* No hay una vocal específica. Cambia con el tiempo verbal.

** Excepto en el Pretérito indefinido y en el Imperativo.

4 **Y ésta es la última tabla de los ejercicios gimnásticos de hoy. Relaciona cada una de estas formas verbales con las personas correspondientes. Hay formas de muchos tiempos distintos. Fíjate en las marcas de persona exclusivamente.**

desayunas ✓	salimos	hacéis	tenemos	escribes	cantamos	envías	comunicáis	creo	
llamarán	sabe	sabemos	fueron	decían	saldremos	tradujeron	sabes	estaban	venís

Yo ....
Tú Desayunas ....
Él, ella, usted ....
Nosotros/as ....
Vosotros/as ....
Ellos, ellas, ustedes ....

5 **Esta noche hay una cena en casa de Mar. Sus amigos hablan de esa cena. Aquí tienes algunos fragmentos de lo que dicen. Completa los enunciados con los verbos y ten cuidado con la concordancia con el sujeto.**

vais ✓	pueden	iréis	podrás	cenan
llegaremos	sales	llevamos	agradecerán	

➲ ¿Vosotros a qué hora vais.......... a llegar?
1. Nosotros .... sobre las ocho.
2. ¿Tú .... llegar a esa hora?
   Como .... tan tarde del trabajo...
3. ¿Y Mar y su familia por qué .... tan pronto?
4. Bueno, ¿qué les ....?: ¿vino, postre, unas flores...?
5. Nada de chocolate, que los niños de Mar no .... comer.
6. Un buen vino siempre lo .... , ¿no?
7. ¿Vosotros .... en coche?

20. Formas no personales: *hablar, hablando, hablado.*

A Significado y forma del infinitivo: *hablar, comer, vivir.*

- El infinitivo es un sustantivo verbal. Es el **nombre** de un **proceso**.
- El infinitivo es la forma básica del verbo y, por eso, es la forma que se encuentra en el diccionario. En español, el infinitivo puede tener tres terminaciones diferentes:

1ª CONJUGACIÓN *-ar*	2ª CONJUGACIÓN *-er*	3ª CONJUGACIÓN *-ir*
*Cant**ar***	*Com**er***	*Sal**ir***
*Salt**ar***	*Sab**er***	*Dorm**ir***
*Vol**ar***	*Ten**er***	*Ven**ir***
*Soñ**ar***	*Volv**er***	*Eleg**ir***
*Compr**ar***	*Conoc**er***	*Abr**ir***

- ***Pintar** es hacer dibujos.*

19. Conjugación. Elementos básicos
37. Perífrasis verbales

1 **¿Puedes encontrar el infinitivo correspondiente a cada uno de estos sustantivos, como en el ejemplo?**

la canción	➔ *cantar*	la entrada	5.	la ida	10. ....
el salto	1.	la venida	6.	el amor	11. ....
el cuento	2.	la venta	7.	la carrera	12. ....
la rueda	3.	el hecho	8.	la vuelta	13. ....
la salida	4.	el sentimiento	9.	el sudor	14. ....

B El infinitivo como sustantivo

- Como sustantivo, el infinitivo se usa en funciones propias de un sustantivo:

Como SUJETO

- *La salida fue difícil.*
- ***Salir** fue difícil.*

- *El descanso ayuda mucho.*
- ***Descansar** ayuda mucho.*

- *Está prohibido el baño.*
- *Está prohibido **bañarse**.*

Como COMPLEMENTO DIRECTO

- *¿Quieres agua?*
- *¿Quieres **beber**?*

- *No sabe nada.*
- *No sabe **escribir**.*

- *Prefiero la soledad.*
- *Prefiero **estar** solo.*

Con PREPOSICIONES

- *No puedes salir sin paraguas.*
- *No puedes salir sin **llevar** paraguas.*

- *¿Vas a Madrid?*
- *¿Vas a **salir**?*

- *Es la hora de la comida.*
- *Es la hora de **comer**.*

- Con construcciones valorativas del tipo ***me gusta**, **me encanta**, **me pone nervioso**, **me da miedo**,* etc., la cosa que *gusta, encanta, pone nervioso* o *da miedo* es el **sujeto**. Por eso, en estos casos usamos sustantivos o ***infinitivos***:

- *Me gusta mucho la natación.*
- *Me gusta mucho **nadar**.*

- *A mí no me da miedo la oscuridad.*
- *A mí no me da miedo **salir** de noche.*

- *Me tranquilizan tus palabras.*
- *Me tranquiliza **saber** que estás bien.*

18. Construcciones reflexivas y valorativas

2 **Tacha la única opción que no es posible para responder a estas preguntas.**

➲ ¿Qué quieres ahora?	~~Comiendo un poco~~ / Comer un poco / Un poco de comida
1. ¿Qué te gusta más?	El coche rojo / Ver la tele / Conduciendo motos
2. ¿Qué es lo que te preocupa?	La carrera de mañana / Correr mañana / Corriendo mañana
3. ¿Qué haces?	Acabo de comer / Acabo de comiendo / Voy a comer
4. ¿Qué es lo que te da miedo?	Durmiendo sola / Estar contigo / Las moscas
5. ¿Qué es bueno para el resfriado?	Una infusión de menta / Durmiendo mucho / Llevar poca ropa

C El infinitivo como verbo

■ Como verbo, el infinitivo tiene **sujeto**. Normalmente, el contexto es suficiente para saber cuál es el sujeto del infinitivo. Sólo lo mencionamos explícitamente si pensamos que puede haber confusión:

No mencionamos el sujeto porque está claro por el contexto

- *Si quieres **comer**, tengo algo en el frigorífico.* [comer-tú]
- *No **le** gusta **esperar**.* [esperar-él/ella]
- *El sueño de **Javi** es **no trabajar**.* [no trabajar-Javi]
- *Los policías **nos** obligaron a **salir**.* [salir-nosotros]
- *¿Está prohibido **fumar**?* [fumar-en general]
- *Antes de **llegar**, la llamé.* [llegar-yo]

Mencionamos el sujeto para evitar confusión

- *Antes de **llegar** ellos, la llamé.* [si digo sólo *llegar*, pensaremos que hablo de 'llegar-yo']
- *Después de **llegar** yo, se fueron.* [si digo sólo *llegar*, no sabemos si hablo de 'yo' o de 'ellos']

■ Igualmente, el infinitivo puede tener cualquier otro complemento propio de un verbo:

COMPLEMENTO DIRECTO (CD):	• ***Decir** eso me parece maleducado.*
COMPLEMENTO INDIRECTO (CI):	• ***Decir**le eso a tu madre me parece maleducado.*
COMPLEMENTOS CIRCUNSTANCIALES:	• ***Decir**le eso a tu madre a las cuatro de la madrugada y en su propia casa me parece maleducado.*
ORACIONES SUBORDINADAS:	• ***Decir**le que nunca vas a volver a tu madre a las cuatro de la madrugada y en su propia casa me parece maleducado.*

3 **Escribe el significado de las siguientes señales. Las frases en el cuadro de la derecha pueden ayudarte para elegir el verbo.**

➲ no girar a la izquierda

1. ....

2. ....

3. ....

4. ....

5. ....

6. ....

7. ....

- No me **beses** aquí. No se puede.
- No pasa nada. Vamos un poco más lejos y **comemos** allí.
- No **gires** a la **izquierda**. Está prohibido. ✓
- ¿Te estás **haciendo pipí**? Pues espérate un poco a llegar a casa.
- Si te **duermes**, vamos a otro sitio.
- No es posible el **giro a la derecha**.
- ¿Por qué estás **tocando el claxon**?
- Si **adelantas**, nos multarán.

4 **Decide el sujeto de los siguientes Infinitivos.**

➲ **Trabajar** tanto no debe ser bueno. ....*En general*....

➲ Siéntense. ¿Les apetece **tomar** algo? ....*Ustedes*....

1. Me encanta **andar** por las montañas. ....
2. Yo dije que me iba antes de **salir** Cristina. ....
3. Yo dije que me iba antes de **salir**. ....
4. **Tener** hijos es una experiencia inolvidable. ....
5. Tus amigos saben **ser** muy amables con la gente. ....
6. ¿Os prohibió **pasar** la policía? ....
7. ¿Me permite **entrar**, Sra. López? ....
8. Mi profesor dice que es muy útil **hablar** varias lenguas. ....
9. No me obligues a **hacer** eso. ....
10. ¿No os ha invitado Pepe a **comer** en su casa, chicas? ....
11. ¡Antonio! ¡Luis! ¡Venid a **ayudarme**! ....
12. Ese trabajo es bueno. El problema es que te piden **tener** estudios superiores. ....

D Significado y forma del gerundio: *hablando, comiendo, viviendo*

- El gerundio es un adverbio verbal que expresa **un proceso en su desarrollo**:
- Su **forma regular** se hace cambiando la terminación del infinitivo por estas terminaciones:

• *Francisco se relaja **pintando** cuadros.*

-ar	***-ando***	*Hablar* → *habl**ando***
-er, -ir	***-iendo***	*Comer* → *com**iendo*** *Vivir* → *viv**iendo***
(vocal + *-iendo*) =	***-yendo***	*Caer* → *ca**yendo*** *Ir* → ***yendo***

- Los verbos en *-ir* con una *-e-* o una *-o-* en la última sílaba de la raíz (*e...ir, o...ir*) tienen una **forma irregular**: cierran estas vocales en *-i-* y *-u-* respectivamente:

-e- → *-i-*		*-o-* → *-u-*	
Decir	*diciendo* [~~deciendo~~]	*Morir*	*muriendo* [~~moriendo~~]
Reír	*riendo* [~~reiendo~~]	*Dormir*	*durmiendo* [~~dormiendo~~]

Son verbos como *pedir, repetir, seguir, sentir, mentir, competir, elegir, herir, medir, preferir, podrir*, o sus compuestos: *contra**decir**, son**reír**, im**pedir**, per**seguir**, pre**sentir***, etc.

5 **¿Qué ves en cada imagen? Elige de entre los siguientes verbos.**

nadar
hacer
hablar ✓
poner
morder

➲ Veo a un chico ....*hablando*.... con una chica.

1. Veo a un niño .... en la piscina.

2. Veo a una niña .... dibujitos.

3. Veo a un policía .... una multa.

4. Veo un perro .... un hueso.

6 **Todos estos verbos terminan en *-ir*. Identifica con un círculo los irregulares (*e...ir, o...ir*) y escribe en cada caso la forma correspondiente del gerundio.**

➲ vivir ...viviendo...	4. reír	8. ir	12. producir ....
1. (morir) ...muriendo...	5. sufrir	9. salir	13. mentir ....
2. repetir	6. oír	10. competir	14. compartir ....
3. dormir	7. decidir	11. seguir	15. sentir ....

E Usos del gerundio: *Está subiendo. Subiendo a la derecha.*

■ Con ***estar*** + GERUNDIO podemos hablar del **desarrollo** de una acción **en cualquier tiempo verbal**:

ACCIONES NO TERMINADAS	ACCIONES TERMINADAS
• *No hagas ruido. Los niños **están** durmiendo.*	• *El pobre está muy cansado. **Ha estado trabajando** todo el día.*
• ***Estábamos viendo** el partido tranquilamente y, de pronto, se fue.*	• ***Estuve hablando** dos horas con ella, pero no conseguí nada.*

7 **Transforma los verbos que están en negrita, como en el ejemplo.**

Acciones en sí mismas	Acciones consideradas en su desarrollo
• Mi primo **ha trabajado** tres años como camarero.	➲ ...Ha estado trabajando... tres años...
• Me encontré con Patricia cuando **entraba** al cine.	1. ... cuando ....
• Ilsa **estudia** español desde el mes pasado.	2. Ilsa .... español...
• Yo **salí** con una chica francesa dos años.	3. Yo .... con una chica francesa...
• Yo ya me **iba**, cuando de pronto ella me llamó.	4. Yo ya me .... cuando...
• **Trabajé** en esa empresa hasta que me casé.	5. .... en esa empresa...

■ También usamos el gerundio para expresar **la manera** de hacer algo o de llegar a un lugar:

8 **Relaciona cada pregunta con la respuesta más lógica.**

➲ ¿Cómo has solucionado el problema?
1. ¿Cómo puedo mejorar, doctor?
2. Aparicio, ¿dónde está mi maleta?
3. Eso está muy lejos. ¿Cómo voy a ir?
4. ¿Dónde hay una farmacia, por favor?
5. ¿Cómo has conseguido adelgazar tanto?

a. Cuidando su alimentación y durmiendo 8 horas al día.
b. Pues fácil, yendo al gimnasio tres veces por semana.
c. Cogiendo un taxi. Sólo así llegarás a tiempo.
d. Pues siga recto y, subiendo aquella calle, a la derecha.
e. Mira, entrando al comedor, a la derecha de la puerta.
f. Simplemente hablando con ella.

➲ ...f...
1. .....
2. .....
3. .....
4. .....
5. .....

■ No usamos el gerundio, usamos el **infinitivo**:

Como SUJETO:	• ***Pilotar*** *aviones es emocionante.*	[~~Pilotando~~ aviones es emocionante.]
Como CD:	• *Ella odia* ***llegar*** *tarde.*	[Ella odia ~~llegando~~ tarde.]
Con PREPOSICIONES:	• *Perdona por no* ***llamarte****.*	[Perdona por no ~~llamándote~~.]
	• *Lávate antes de* ***comer****.*	[Lávate antes de ~~comiendo~~.]

9 **Margaret estudia español y todavía tiene algunos problemas con el infinitivo y el gerundio. Corrige los que ha usado mal.**

A mí me gusta mucho (➲) ~~**haciendo**~~ deporte, porque (1) **haciendo** deporte estás mejor físicamente. Antes de (2) **viniendo** a España, yo jugaba en un equipo de baloncesto. (3) **Jugando** al baloncesto es muy divertido. Ahora estoy (4) **buscando** aquí gente para (5) **hacer** un equipo y poder jugar otra vez. Empecé a (6) **buscando** hace una semana, y ya somos seis. También me gusta (7) **estudiar** lenguas, claro, y (8) **hablando** con los españoles. Después de (9) **estando** en España dos meses, voy a ir a Argentina. (10) **Viajar** es muy interesante para mí.

➲ ......hacer......
1. ......✓......
2. ....
3. ....
4. ....
5. ....
6. ....
7. ....
8. ....
9. ....
10. ....

F Significado y forma del participio: *hablado, comido, vivido.*

■ El participio es un adjetivo verbal que expresa el **resultado de un proceso:**

• *Un cuadro* ***pintado****.*

[El resultado de la acción de pintar es un cuadro pintado]

■ Su **forma regular** se hace cambiando la terminación del infinitivo por estas terminaciones:

-ar	**-ado**	*Hablar* → ***hablado***
-er, -ir	**-ido**	*Comer* → ***comido*** *Vivir* → ***vivido***

■ Los principales **participios irregulares** son los siguientes:

Hacer → ***hecho***	*Romper* → ***roto***	*Morir* → ***muerto***
Satisfacer → ***satisfecho***	*Volver* → ***vuelto***	*Abrir* → ***abierto***
Decir → ***dicho***	*Poner* → ***puesto***	*Cubrir* → ***cubierto***
Ver → ***visto***	*Escribir* → ***escrito***	*Freír* → ***frito*** (o freído)
	Resolver → ***resuelto***	*Imprimir* → ***impreso*** (o imprimido)

👁 Todos sus compuestos tienen la misma irregularidad:
Deshacer → ***deshecho*** *Contradecir* → ***contradicho*** *Prever* → ***previsto***
Devolver → ***devuelto*** *Descubrir* → ***descubierto*** *Reabrir* → ***reabierto***

10 **Carmencita es todavía muy pequeña, y cree que todos los participios son regulares. Ayúdale, identificando y corrigiendo los 7 errores que ha hecho.**

➲ Esta mañana he ~~hacido~~ hecho un dibujo muy bonito, y la profesora me ha **dicho** ✓ que dibujo muy bien.

1. Mi perrito Güili se ha **escapado** .... y no ha **volvido** .... Nadie lo ha **visto** .... A lo mejor se ha **morido** .... , el pobre.
2. Mi mamá me ha **ponido** .... hoy pollo **frito** .... para comer, pero no me gusta, y no he **comido** .... nada.
3. Yo estaba jugando y he **rompido** .... una lámpara del comedor, pero mis papás han **ido** .... a comprar y todavía no lo han **descubrido** ....
4. He **encontrado** .... una carta en un sobre. Entonces he **abrido** .... la carta, pero todavía no sé leer y no sé quién la ha **escribido** ....

G Uso como adjetivo: *Una cosa terminada. Está terminada. La tengo terminada.*

■ Cuando se usa como adjetivo, el participio **siempre concuerda en género y número** con el sustantivo al que se refiere. Aquí tienes ejemplos de algunas construcciones con participio adjetivo:

Sustantivo + PARTICIPIO

- *Los archivos **protegidos** con contraseña no se pueden abrir fácilmente.*
- *En verano hay muchos perros **abandonados** en la carretera.*

Estar + PARTICIPIO

- *No puedes abrir los archivos de mi ordenador. Están **protegidos** con contraseña.*
- *Mira esa pobre perrita. Está **abandonada**.*

Tener + PARTICIPIO

- *No puedes abrir los archivos de mi ordenador. Los tengo **protegidos** con contraseña.*
- *Tienes **abandonadas** esas pobres plantas. Cuídalas un poco más, hombre, que son muy bonitas.*

11 **Si alguien hace una cosa, esta cosa está hecha. Completa la descripción de los resultados de los siguientes hechos con la forma adecuada del participio.**

• Alguien ha abierto una ventana.	➲ Hay una ventana abierta .
• Has puesto la comida en la mesa.	1. La comida está .... en la mesa.
• Ya has dicho todo lo que tenías que decir.	2. Todo está ya ....
• Alguien ha roto tres platos en tu cocina.	3. Hay tres platos .... en la cocina.
• Borja ha hecho todas las tareas de casa esta mañana.	4. Ya las tiene ....
• Has sorprendido a tus amigos con una visita inesperada.	5. Están ....
• Tu compañero te ha resuelto varias dudas sobre los pronombres.	6. Esas dudas ya están ....
• Ya has estudiado la mitad de los temas de Historia.	7. Ya tienes .... la mitad de los temas.

H Uso en las formas compuestas del verbo: *he salido, había salido, habré salido...*

■ Con el verbo auxiliar **haber** + PARTICIPIO construimos las formas compuestas del verbo:

Pretérito perfecto:	Presente de ***haber*** + PARTICIPIO	*He **comido**, has **comido**, ha **comido**...*
Pretérito pluscuamperfecto:	Imperfecto de ***haber*** + PARTICIPIO	*Había **sido**, Habías **sido**, había **sido**...*
Futuro perfecto:	Futuro de ***haber*** + PARTICIPIO	*Habré **ido**, Habrás **ido**, habrá **ido**...*

■ En estas formas, el participio **no se puede separar** del auxiliar ***haber***:

- ***Hemos hablado** mucho.* [~~Hemos mucho hablado.~~]
- ***Han llegado** recientemente.* [~~Han recientemente llegado.~~]

22. Pretérito perfecto
27. Pretérito pluscuamperfecto
29. Futuro perfecto

■ Y además, **es invariable**. Es decir, **no concuerda** con ningún otro elemento de la oración:

- *Nosotras hemos **salido** tarde.* [Nosotras hemos ~~salidas~~ tarde.]
- *A María la he **llamado** ya.* [A María la he ~~llamada~~ ya.]

12 **Formula enunciados con sentido ordenando las siguientes series de palabras. Debes poner el infinitivo en la forma adecuada del participio.**

- Retrasar / Os / mucho / habéis. ➔ Os habéis retrasado mucho.
- Resolver / han / bien / el / Los / problema / científicos 1. ....
- Convencer / Elena / me / había / explicación / no / con / su 2. ....
- Devolver / ¿no / Todavía / libros / has / los? 3. ....
- Asustar / habrá / la / Pedro / con / gritos / sus 4. ....
- Prever / Los / habían / economistas / crisis / una 5. ....

13 **Completa con la forma adecuada del participio del verbo correspondiente.**

publicar
➔ La editorial Infusión ha publicado muchos libros sobre comida dietética.
➔ Ése es un libro publicado en Infusión.
➔ Ese libro que tú dices está publicado en Infusión.
➔ Infusión tiene publicadas muchas obras sobre comida dietética.

romper
1. ¿Qué le habrá pasado? ¿Tendrá las dos piernas .... ?
2. ¿La pierna derecha también está ....?
3. Con las dos piernas .... no se puede ni mover, el pobre.
4. Pobre Javi. Yo creo que se ha .... las dos piernas.

abrir
5. Si tienes niños, una ventana .... es un peligro.
6. ¿Por qué has .... la ventana?
7. ¿Por qué tienes todas las ventanas .... ?
8. ¿La ventana del dormitorio está .... ?

resolver
9. Si tú quieres, el problema está ....
10. Todavía no tengo los dos problemas más importantes ....
11. Se lo he dicho claramente y ya está. Problema ....
12. ¿Has .... tus problemas ya?

21. Presente de indicativo

A Verbos regulares: *hablo, como, vivo...*

■ Para formar el Presente de indicativo sustituimos la terminación del infinitivo por las siguientes **terminaciones**:

	-ar	*-er*	*-ir*
Yo	*-o*	*-o*	*-o*
Tú	*-as*	*-es*	*-es*
Él, ella, usted	*-a*	*-e*	*-e*
Nosotros/-as	*-amos*	*-emos*	*-imos*
Vosotros/-as	*-áis*	*-éis*	*-ís*
Ellos, ellas, ustedes	*-an*	*-en*	*-en*

Hablar	*Comer*	*Vivir*
hablo	*como*	*vivo*
hablas	*comes*	*vives*
habla	*come*	*vive*
hablamos	*comemos*	*vivimos*
habláis	*coméis*	*vivís*
hablan	*comen*	*viven*

■ El **acento está** siempre en la raíz para *yo, tú, él, ellos,* y en la terminación para *nosotros* y *vosotros*, como muestra el subrayado en los ejemplos anteriores.

1 **¿De qué persona habla la forma del verbo? Elige el sujeto o sujetos posibles en cada caso y marca la terminación que indica esa persona.**

Tú	Lucía y Sole	Usted	Usted y su marido	Yo	El amigo de Hans	Elena y yo	Vosotros tres

➲ ¿Habl(a) español? (..Usted./El amigo de Hans........)

1. **Como** a las dos, más o menos, y **ceno** sobre las diez. (..)
2. No **puede** aprender español si no **estudia**, no **lee**, no **escribe**, no **practica**. (......................../........................)
3. Si **vives** en Móstoles, seguro que **comes** muchas empanadillas. (..)
4. Mira: **subes** hasta el segundo piso, **llamas** a la puerta C o **abres** con la llave, y **entras**. (.................................)
5. ¿Qué **miráis**? (...)
6. Si **cantan** (............................../..............................) , entonces **bailamos**. (.................................)
7. ¿Dónde **vivís**? (..)

2 **Completa con la terminación adecuada del verbo en Presente de indicativo. Puedes adivinar la persona por el contexto.**

➲ Mira, te present.o... a Sasha. Enseñ...a.. búlgaro en una escuela privada.

1. ● Perdona mis errores, es que todavía no toc...... la guitarra muy bien.
   ○ Es verdad que no toc...... muy bien. ¿Por qué no dej...... la música para más tarde?
2. ● ¿Qué signific...... madrugar?
   ○ Si un día tú te levant...... temprano, eso signific...... que madrug...... .
3. Por aquí pas...... un autobús cada cinco minutos.
4. ● Perdona, pero yo deb...... irme. Me esper...... mis padres arriba.
   ○ Bueno, pero antes nos beb...... una cerveza más, ¿vale?
5. Alberto, ¿por qué no me escuch......? ¿Es que yo no signific...... nada para ti?
6. ● Miroslaw y tú habl...... muy bien inglés.
   ○ Bueno, ni él ni yo habl...... tan bien, pero es verdad que practic...... mucho.
7. Mafalda y tú hacéis muy buena pareja. ¿Cuánto tiempo llev...... de novios? ¿Viv...... juntos?

B Verbos con alteraciones vocálicas: *quiero / puedo, juego...*

- En muchos verbos, **la última vocal de la raíz cambia cuando tiene el acento**, es decir, en todas las personas excepto *nosotros* y *vosotros*:

Entender		
~~*entendo*~~	→	*en<u>tien</u>do*
~~*entendes*~~	→	*en<u>tien</u>des*
~~*entende*~~	→	*en<u>tien</u>de*
enten<u>de</u>mos		
enten<u>déis</u>		
~~*entenden*~~	→	*en<u>tien</u>den*

- Unas veces, el cambio consiste en que las vocales ***e***, ***o***, ***u*** del final de la raíz **se abren** en un diptongo -***ie***-, -***ue***- cuando llevan el acento:

-e- → -ie-

Querer	*Querer*
Sentar	
Cerrar	*<u>quie</u>ro*
Pensar	*<u>quie</u>res*
Empezar	*<u>quie</u>re*
Comenzar	*que<u>re</u>mos*
Perder	*que<u>réis</u>*
Entender	*<u>quie</u>ren*
Sentir	
Preferir...	

-o- → -ue-

Poder	*Poder*
Doler	
Morir	*<u>pue</u>do*
Dormir	*<u>pue</u>des*
Volar	*<u>pue</u>de*
Recordar	*po<u>de</u>mos*
Encontrar	*po<u>déis</u>*
Costar	*<u>pue</u>den*
Volver...	

-u- → -ue-

Jugar	*Jugar*
	<u>jue</u>go
	<u>jue</u>gas
	<u>jue</u>ga
	ju<u>ga</u>mos
	ju<u>gáis</u>
	<u>jue</u>gan

3 ¿Cambia la vocal o no? Adivina el verbo, fíjate en las marcas de persona y decide.

-e- → -ie

➲ Qu.*ie*....ro comer temprano.
1. P.......rden el tiempo.
2. ¿Emp.......zo ya?
3. P.......nsamos que no.
4. Pref......ren salir mañana.
5. Después c.......rras la puerta.
6. No ent.......ndéis nada.
7. Lo s.......ntimos mucho.

-o-, -u- → -ue

8. Me d.........le la cabeza.
9. ¿Rec.........rdáis a Javi?
10. Sin agua, las plantas se m.....ren.
11. ¿J.......gamos al Trivial?
12. Me enc.......ntro cansado.
13. D.......rmes demasiado.
14. C.....sta mucho dinero.
15. ¿Cuándo v.......lves a Almería?
16. V.......lamos a 700 km/h.

C Verbos con alteraciones vocálicas: *pido, repito...*

- Otras veces, la vocal *-e-* del final de la raíz **se cierra** en *-i-* cuando lleva el acento:

-e- → -i- (Sólo verbos en ...***e***...***ir***)

Pedir	*Pedir*	*Repetir*	*Reír*
Impedir			
Seguir	*<u>pi</u>do*	*re<u>pi</u>to*	*<u>rí</u>o*
Perseguir	*<u>pi</u>des*	*re<u>pi</u>tes*	*<u>rí</u>es*
Repetir	*<u>pi</u>de*	*re<u>pi</u>te*	*<u>rí</u>e*
Competir	*pe<u>di</u>mos*	*repe<u>ti</u>mos*	*re<u>í</u>mos*
Reír	*pe<u>dís</u>*	*repe<u>tís</u>*	*re<u>ís</u>*
Sonreír...	*<u>pi</u>den*	*re<u>pi</u>ten*	*<u>rí</u>en*

Todos los verbos en ...***e***...***ir*** y ...***o***...***ir*** sufren una de las alteraciones descritas en los apartados B y C.

4 **Ayuda a "traducir" las siguientes opiniones de Jerónimo y Alablanca con la forma adecuada del verbo en Presente de indicativo.**

➲ *Rostro pálido serio y triste, no **sonreír**. Nosotros alegres, sonreír a estrellas en cielo.*
➲ El hombre blanco es serio y triste, no ...sonríe... . Nosotros somos alegres, ...sonreímos... a las estrellas en el cielo.

1. *Rostro pálido **reír** de nuestras costumbres. Nosotros no reír de costumbres de rostro pálido.*
1. El hombre blanco se .... de nuestras costumbres. Nosotros no nos .... de las suyas.

2. *Rostros pálidos **pedir** cosas imposibles a naturaleza. Nosotros sólo pedir alimento y vida.*
2. Los hombres blancos .... cosas imposibles a la naturaleza. Nosotros sólo le .... alimento y vida.

3. *Rostro pálido **perseguir** animales para matar. Nosotros perseguir para comer.*
3. El hombre blanco .... animales para matarlos. Nosotros los .... para comer.

4. *Rostros pálidos **repetir** errores mil veces. Nosotros no repetir cosas malas.*
4. Los hombres blancos .... sus errores mil veces. Nosotros no .... las cosas malas.

5. *Rostros pálidos **competir** entre ellos. Nosotros no competir, colaborar.*
5. Los hombres blancos .... entre ellos. Nosotros no .... , sino que colaboramos.

6. *Rostro pálido **medir** la tierra. Nosotros no medir: tierra infinita.*
6. El hombre blanco .... la tierra. Nosotros no la .... : la tierra es infinita.

D Primera persona irregular: *hago, pongo, salgo...*

■ Un grupo de verbos de uso muy frecuente tiene **sólo la primera persona irregular**:

Hacer	*hago, haces, hace...*
Poner	*pongo, pones, pone...*
Salir	*salgo, sales, sale...*
Valer	*valgo, vales, vale...*
Traer	*traigo, traes, trae...*
Caer	*caigo, caes, cae...*

Ver	*veo, ves, ve...*
Dar	*doy, das, da...*
Saber	***sé**, sabes, sabe...*
Caber	***quepo**, cabes, cabe...*

-ecer, -ocer, -ucir: ***-zco***

Parecer	*parezco, pareces...*
Agradecer	*agradezco, agradeces...*
Conocer	*conozco, conoces...*
Conducir	*conduzco, conduces...*
Introducir	*introduzco, introduces...*
Traducir	*traduzco, traduces...*
Producir	*produzco, produces...*

■ Cuando un verbo tiene esta irregularidad, también sus correspondientes **verbos compuestos** la tienen:

Deshacer → *deshago* *Rehacer* → *rehago* *Suponer* → *supongo* *Componer* → *compongo*
Atraer → *atraigo* *Distraer* → *distraigo* *Aparecer* → *aparezco* *Desaparecer* → *desaparezco*

5 **Joselito está aprendiendo a hablar. Ayúdalo, identificando y corrigiendo sus pequeños errores, cuando los hace (tienes que encontrar 5 más).**

➲ Ahora pono ..pongo.... el papel aquí. y escribo .....✓..... , ¿ves?
1. Yo **hablo** .... mejor que Hanna, porque **sabo** .... más.
2. Hanna se **parece** .... a su papá, y yo me **parezo** .... a mi mamá.
3. Yo no **conozo** .... Alemania.
4. Yo no **salo** .... a la calle solo porque me **caio** ....

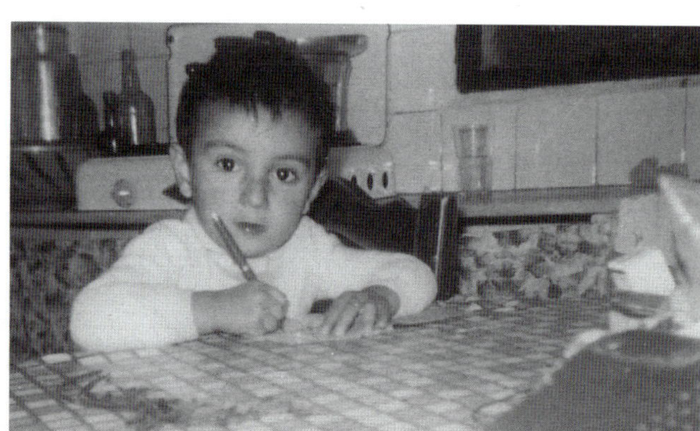

6 **Completa con la forma adecuada del verbo.**

¡Qué diferentes somos tú y yo!

➲ Tú siempre **haces** lo que quieres. Yo ...hago... lo que es necesario hacer.

1. Tú **ves** problemas en todo. Yo .... problemas sólo donde realmente los hay.
2. Tú nunca **das** sin recibir algo a cambio. Cuando yo .... algo, no espero nada.
3. Tú **traes** a casa a todo el mundo. Yo sólo .... a mis mejores amigos.
4. Tú no **sabes** reconocer tus defectos. Yo .... perfectamente cuándo hago algo mal.
5. Tú **conduces** pensando que no hay nadie más en la carretera. Yo .... con cuidado.
6. Tú **desapareces** de pronto sin decirme nada. Yo nunca .... Siempre estoy cuando me llamas.
7. Tú siempre **supones** que todo está bien. Yo no .... nada.
8. Tú eres muy egoísta, pero no lo **reconoces**. Yo, por lo menos, ... que soy una pesada.

E Primera persona irregular y otras alteraciones: *Tener*, *venir*, *decir*, *oír*, *estar*.

■ Algunos verbos tienen la **primera persona irregular** y, además, algún otro tipo de **alteración**. La sílaba que tiene el acento está subrayada:

	1ª pers. / *e* → *-ie-*		1ª pers. / *e* → *-i-*	1ª pers. / + *-y-*	1ª pers. / *acento*
	Tener	***Venir***	***Decir***	***Oír***	***Estar***
Yo	*tengo*	*vengo*	*digo*	*oigo*	*estoy*
Tú	*tienes*	*vienes*	*dices*	*oyes*	*estás*
Él, ella, usted	*tiene*	*viene*	*dice*	*oye*	*está*
Nosotros/-as	*tenemos*	*venimos*	*decimos*	*oímos*	*estamos*
Vosotros/-as	*tenéis*	*venís*	*decís*	*oís*	*estáis*
Ellos, ellas, ustedes	*tienen*	*vienen*	*dicen*	*oyen*	*están*
	1ª persona irregular y alteraciones vocálicas			1ª persona irregular y se añade *-y-*	1ª persona irregular y cambio de acento

7 **Elige el verbo más adecuado para cada caso y complétalo con la forma del Presente de indicativo.**

decir   oír   venir   estar   tener

➲ Yo ...vengo... aquí cada día sólo para verte. Tú ...vienes... para verme también. Tú y yo ...venimos... con la esperanza de vernos.

1. Cuando hablo de ti siempre .... cosas bonitas. Tú también .... cosas bonitas de mí. Tanto tú como yo .... cosas hermosas el uno del otro.
2. Yo .... bonitos recuerdos de ti, y tú .... bonitos recuerdos de mí. Es decir, que los dos .... bonitos recuerdos.
3. Yo me pongo nervioso cuando .... tu voz. Tú cierras los ojos cuando .... mi nombre. Nosotros dos sentimos algo cuando .... nuestras voces.
4. Creo que yo .... enamorado de ti y que tú también .... enamorada de mí. Está claro que tú y yo .... enamorados.
5. Si tú .... a mi casa, yo .... contento. Cuando yo te .... "te quiero", tú .... campanas en tu corazón. Cuando tú .... conmigo, yo no .... miedo.

F Verbos totalmente irregulares: *ir*, *ser*, *haber*.

	Ir	*Ser*	*Haber*
Yo	*voy*	*soy*	*he...*
Tú	*vas*	*eres*	*has...*
Él, ella, usted	*va*	*es*	*ha...* (hay)
Nosotros/-as	*vamos*	*somos*	*hemos...*
Vosotros/-as	*vais*	*sois*	*habéis...*
Ellos, ellas, ustedes	*van*	*son*	*han...*

Haber es un verbo auxiliar. Con el Presente de *haber* formamos el Pretérito perfecto: ***he** comido, **has** ido, **ha** dicho...*

Hay es una forma impersonal:
- *Aquí hay mucha gente.*

Ser no es un verbo auxiliar.

➲ 32. Haber y estar
➲ 31. Ser y estar

8 Completa con el verbo adecuado, en la persona correspondiente.

ir	ser	haber

➲ Hola, soy....... Ernesto. ¿Tú cómo te llamas?

1. • ¿Por qué me dices eso ahora? ¡Todas las mujeres .... iguales!
   ❍ Bueno, Antonio, tranquilo.
2. • ¿Podéis hacerlo solas o .... yo a ayudaros?
   ❍ No, gracias, ya .... terminado. Nos .... Adiós.
3. • Perdone, ¿ .... un banco cerca de aquí?
   ❍ Sí, ... dos al final de esta calle.
4. • ¡Hola, guapa! ¿ .... venido para felicitarme por mi cumpleaños?
   ❍ Pues no exactamente. Sólo .... venido a recoger mis cosas.
5. Carolina .... alemana, pero sus abuelos .... españoles.
6. Quiero comprarme una lámpara en Yanokea, pero no tengo coche. ¿Cuándo .... vosotros?

G Usos. Afirmar el presente: *Mi novio está en Madrid*.

■ Usamos el Presente para afirmar cosas del presente cronológico que presentamos como seguras y totalmente controladas. Declaramos así **lo que sabemos sobre el presente** o preguntamos lo que otros saben.

Cómo **es** el **PRESENTE**:

CUALIDADES DE LAS COSAS
- ***Es** una casa antigua y **tiene** un patio interior precioso.*
- *Me gusta más el otro coche. **Corre** más y **gasta** menos gasolina.*

SITUACIONES REGULARES
- *Yo **duermo** normalmente ocho o nueve horas al día.*
- *¿**Vives** todavía en aquella casa tan incómoda y fría?*

SITUACIONES MOMENTÁNEAS
- *Podemos vernos ahora. Mi novio **está** en Madrid.*
- *Manuela **tiene** fiebre y no **puede** ponerse al teléfono en este momento.*
- *¿**Está** todavía abierto el supermercado?*

■ Si queremos presentar la información como no totalmente controlada, usamos el **Futuro**:
- *No sé. **Será** un gato jugando.*

➲ 28. Futuro

■ Si afirmamos situaciones referidas a una escena pasada, usamos el **Pretérito imperfecto**:
- *Aquel gatito **era** Julio César.*

➲ 25. Pretérito imperfecto

9 ¿Qué sabemos seguro ahora?

➲ A Claudio le **encantaba** el Real Madrid.
1. Las llaves **están** en el bolso de Carmen.
2. Estuve en casa de Juan. **Tenía** un jardín precioso.
3. Rosa **es** una estupenda bailarina.
4. ¿Gerardo y Luisa? Hace mucho tiempo que se casaron. Ya **tendrán** hijos.
5. Ernestina **tiene** fiebre.

¿Es verdad ahora?	Es verdad	No lo sabemos
➲ Claudio **es** del Real Madrid.	....	....✓....
1. Carmen **tiene** las llaves.	....	....
2. Juan tiene un bonito jardín.	....	....
3. Rosa **baila** muy bien.	....	....
4. Gerardo y Luisa **son** padres.	....	....
5. Ernestina **está** enferma.	....	....

H Usos. Afirmar el futuro: *Mi novio vuelve mañana.*

■ También usamos el Presente para hablar del futuro cronológico (dejando claro que hablamos del futuro), cuando queremos **presentar la información como segura y totalmente controlada**. Hablamos de algo que conocemos y que no depende del tiempo para ser verdad. Declaramos así **lo que sabemos sobre el futuro** o preguntamos lo que otros saben.

Cómo **es** el **FUTURO**:

INFORMACIONES YA SEGURAS

- *Mi novio **vuelve** mañana. Si quieres, nos vemos esta tarde.*
- *El martes no **hay** clase, pero el jueves **tenemos** dos exámenes.*
- *El día 23 **es** el cumpleaños de Samuel. **Cumple** un año.*
- *Lola, ¿qué **haces** mañana por la tarde? ¿**Trabajas**?*

INSTRUCCIONES

- *Mira, **sales** por esa puerta, **giras** a la izquierda y **sigues** hasta el final...*
- *¿Primero **apago** la tele y luego le **doy** al botón o al contrario?*

■ Si queremos presentar la información como una predicción, usamos el **Futuro**:

- *A las cuatro **estaré** allí.*

➲ 28. Futuro

10 Completa con la forma adecuada del Presente. Toma los verbos de esta lista.

- ¿Cuándo tienes un par de días para terminar nuestro trabajo?
- Pues por ahora lo tengo difícil. A ver: el martes ...ceno... con Marta. El miércoles no .... nada, pero el jueves .... mis padres de Mallorca y tengo que ir a recogerlos al aeropuerto, y el viernes .... el cumpleaños de Mari. Luego, la semana siguiente, el lunes .... una reunión de trabajo muy importante. El día 11 .... el concierto de Rosa, y eso no me lo pierdo, y al día siguiente me .... a la playa al apartamento de Ramón, que está libre ese día. Pero el martes 9 y el miércoles 10 no .... ninguna obligación especial. ¿Trabajamos esos días?

cenar ✓
ir
tener
tener
tener
ser
ser
volver

I Usos. Afirmar en general: *Los hombres son así.*

■ Usamos el Presente para hacer o pedir declaraciones sobre cosas generales que presentamos como seguras y controladas. Decimos **lo que sabemos sobre las cosas en general.**

Cómo **son** las cosas **SIEMPRE**:

HECHOS COMPROBADOS
- *Los niños **son** niños.*
- *Un león nunca **ataca** a un elefante.*
- *¿Cuánto **es** 9 x 8?*

11 **Elige el verbo adecuado, completa el texto, y aprenderás algo sobre el gato bengalí. Usa el diccionario si es necesario.**

ser ✓ tener pesar poder poder ayudar medir

El Gato de Bengala ...es.......... un felino salvaje, natural de Asia, pero también .... vivir como gato doméstico. Las madres .... de 2 a 4 cachorros después de una gestación de unos 65 días. A veces, el padre .... a criar a los cachorros. .... vivir de 12 a 15 años. .... normalmente 60 cm, aunque algunos autores indican hasta un metro, más la cola que alcanza los 45 cm. .... entre 3 y 8 kg.

nadar mantener necesitar alimentar amar encantar

Se .... de mamíferos medianos y pequeños, aves, reptiles y peces. Es de hábitos nocturnos, se .... activo desde el atardecer hasta el amanecer. A pesar de ser un animal de origen salvaje, es de carácter noble, ... la vida familiar y .... cariño. Lo más curioso, quizá, es que le .... el agua y .... con gran agilidad.

12 **¿De qué momento hablamos con estas formas de Presente?**

Momento presente (P)	Momento futuro (F)	En general (G)

➔ Los triángulos **tienen** tres lados. (..G.......)
1. Recuerda que **estamos** en una iglesia. (.........)
2. No te **preocupes**. **Estoy** en tu casa a las seis en punto. (.........)
3. Ya **sé** que la comida se **está** quemando. Ahora mismo **voy**. (.........)
4. Me **duele** la cabeza. ¿**Tienes** una aspirina? (.........)
5. Los elefantes no **vuelan**, hijo. (.........)
6. **Vas**, le **das** un beso y te **vienes** corriendo otra vez, ¿vale? (.........)
7. Oye, si seguís con ese tema, me **levanto** y me **voy**. (.........)
8. La paciencia **es** la madre de la ciencia. (.........)
9. ¿A qué hora **empieza** el partido? (.........)

13 **Aquí tienes las definiciones de distintos tipos de personas. Complétalas con los verbos del recuadro y relaciónalas con la frase correspondiente.**

➔ Una persona muy metódica... — ➔ siempre ..hace....... las cosas de la misma manera.
1. Una persona egoísta...
2. Una persona sensible...
3. Una persona tacaña...
4. Una persona con sentido del humor...
5. Una persona pesimista...

a. .... las emociones con mucha intensidad.
b. .... de todo y también de sí misma.
c. .... mucho en sí misma y poco en los demás.
d. lo .... todo negro.
e. .... mucho y .... poco con los demás.

hacer ✓
gastar
ver
reírse
pensar
ahorrar
sentir

22. Pretérito perfecto de indicativo

A Significado y formas: *he hablado, he comido, he vivido...*

■ El Pretérito perfecto se forma con:

El **Presente de indicativo** del verbo auxiliar ***haber***. → ***he*** / ***has*** / ***ha*** / ***hemos*** / ***habéis*** / ***han*** + *hablado* / *comido* / *vivido* ← El **participio** correspondiente al hecho terminado.

➔ 20. Formas no personales

Con el Perfecto afirmamos hechos **terminados** en un **espacio actual** ('AQUÍ')

■ Si presentamos el hecho **en sí mismo** y **no en relación con un espacio actual**, usamos el Indefinido.

➔ 23. Pretérito indefinido

➔ 24. ¿Perfecto o Indefinido?

1 La fiesta sorpresa para el cumpleaños de Blas está lista. ¿Quién ha hecho cada cosa?

Yo	Todos nosotros ✓	Su novia	Sus hermanos	Tú	Alejandro y tú

➔ **Hemos** puesto dinero para comprar las cosas. (.*Todos nosotros*.......)
1. **He** colocado globos de colores por toda la casa. (............................)
2. **Han** llamado por teléfono a todos los invitados. (............................)
3. **Habéis** traído un montón de discos de flamenco. (.......................)
4. **Ha** hecho su comida preferida. (............................)
5. No **has** hecho nada porque nunca tienes tiempo. (..........................)

2 Completa con el verbo y la persona adecuados en Perfecto y relaciona cada enunciado con una imagen.

meter	salir	encender	tener	beber	llegar	hacer ✓	ganar

➔ ¿ *Habéis hecho*.......... las tareas para casa? (..*C*..)
1. .... la estufa porque tengo frío. (.....)
2. Rebeca, ¿te .... en el agua tú sola? (.....)
3. ¡Qué suerte .... esta chica! (.....)
4. Eres un egoísta. Te lo .... todo (.....)
5. ¡ ....! ¡Somos los mejores! (.....)
6. ¡Qué bien! ¡.......................... el sol! (.....)
7. Señoras y señores, ... al aeropuerto de Düsseldorf. (.....)

A

B

C

D

E

F

G

H

B El pasado del presente: *Ha llovido mucho. Este verano ha llovido mucho.*

■ Usamos el Perfecto cuando un hecho terminado no nos interesa en sí mismo, sino como **parte de la situación actual**:

- ● *¿Conoces Tasmania?*
- ○ *Sí, yo **he viajado** mucho.* [Conozco muchos países]

- ● *¿Tienes las llaves?*
- ○ *Pues no, las **he perdido**.* [No tengo las llaves]

- ● *¿Y cómo está Granada ahora?*
- ○ *Pues **ha cambiado** mucho.* [Está muy diferente]

3 Relaciona los siguientes enunciados para completar estos diálogos.

➲ Bueno, ya podemos irnos.
1. ¿Dónde **ha ido** Jesús?
2. ¿Por qué **has abierto** la ventana?
3. ¡Pepe, el niño se **ha caído**!
4. ¿Tu hija ya se **ha dormido**?
5. ¿**Has visto** mis gafas? No las encuentro.
6. ¿Ya estáis aquí?

a. Es que tengo mucho calor.
b. Sí, **hemos llegado** a las cuatro y cuarto, más o menos.
c. ¿Seguro? ¿**Has cerrado** bien la puerta? ¿**Has apagado** las luces?
d. Me parece que las **has puesto** al lado del teléfono.
e. No sé. Yo lo **he visto** antes en la cafetería.
f. Sí, se **ha levantado** muy temprano y estaba muy cansada.
g. Tranquila, no le **ha pasado** nada.

4 ¿Qué ha pasado? Completa como en el ejemplo.

Comer muchos dulces	Seguir un régimen ✓	Ganar el gordo de la lotería
Bailar toda la noche	Ir a la playa	Salir en televisión muchas veces

➲ Está mucho más delgado que antes. *Ha seguido un régimen.*
1. Están cansados. ....
2. A los niños les duele el estómago. ....
3. Lleva un coche carísimo. ....
4. Están muy morenos. ....
5. Ahora es muy famosa. ....

■ También usamos el Perfecto cuando queremos situar hechos terminados en **un espacio actual**:

Hoy
Esta mañana
Esta tarde
Esta noche

ESPACIO ACTUAL: **esta semana**

Este fin de semana
Esta semana
Esta Navidad
Este mes...

ESPACIO ACTUAL: **este año**

Este verano
Este año
Este curso...

ESPACIO ACTUAL: **hasta ahora**

Siempre, nunca, toda la vida, alguna vez, muchas veces, últimamente, en los últimos días/meses/años, desde el martes, hasta ahora...

5 **Pedro es un hombre afortunado. Ángel siempre tiene mala suerte. ¿Puedes decidir qué le ha pasado a cada uno?**

➲ Pedro *ha tenido muchos amores* .... en su vida. — a. Estar solo.
Ángel *ha estado solo* .... toda su vida. — b. Tener muchos amores.

1. Pedro siempre .... hasta ahora. — a. Conseguir buenos trabajos.
   Ángel .... muchas veces. — b. Tener trabajos difíciles.
2. Pedro .... en los últimos años. — a. Perder mucho dinero.
   Ángel .... últimamente. — b. Ganar mucho dinero.
3. Pedro .... este año. — a. Ponerse enfermo tres veces.
   Ángel .... en los últimos meses. — b. Tener muy buena salud.
4. Pedro .... esta semana. — a. Conocer a una chica fantástica.
   Ángel .... esta semana. — b. Separarse de su mujer.
5. Pedro .... esta mañana. — a. Encontrar una billetera.
   Ángel .... esta mañana. — b. Perder su billetera.

C El pasado del futuro: *A las cinco he terminado.*

■ También usamos el Perfecto para afirmar, de modo seguro y controlado, **sucesos futuros anteriores a otro momento futuro**. Hacemos esto cuando partimos explícitamente de un punto de referencia preciso en el futuro y queremos declarar lo que está terminado en ese punto:

- *¿Cómo va eso?*
- *Casi terminado. En dos horas lo **hemos pintado** todo.*

- *Oye, dejadme algún dulce, ¿vale?*
- *No te hagas ilusiones. Seguro que cuando vuelvas, la tarta **ha desaparecido**.*

- *¿Si salimos mañana a las siete está bien? ¿Estarás cansado para conducir?*
- *No, con seis horas **he dormido** suficiente, no te preocupes.*

■ Para hacer lo mismo sin marcar seguridad ni control, usamos el Futuro perfecto:

- *A las cinco habré llegado.*

➲ 29. Futuro perfecto

6 De qué tiempo hablan: ¿del pasado o del futuro?

➲ ¿Tú crees que para la cena **hemos llegado**? Es para avisar a mi madre... (.Futuro...)

➲ Si estás tan seguro de que **han llegado** ya, ¿por qué no te das más prisa? (Pasado...)

1. Yo **he hecho** todo lo que podía hacer. Ahora termina tú. (.............)
2. Si veis un restaurante pintado de verde, eso significa que ya **habéis llegado** al pueblo. (.............)
3. ¿**Has encendido** la calefacción? Aquí hace mucho frío... (.............)
4. Pepe, que **han llamado** a la puerta. ¿Por qué no abres? (.............)
5. Este tren es muy rápido. Antes de que nos demos cuenta, **hemos llegado** a Bilbao. (.............)
6. ¡Vaya, hombre! ¡Ya **he olvidado** decirle a Rosa que los frenos del coche no funcionan! (.............)
7. Venga, un poco de ánimo. Para las siete ya **hemos limpiado** toda la casa. (.............)
8. ¿Qué **has dicho** de las siete? ¡Tenemos que irnos ya! (.............)

7 Alguien hizo las predicciones que tienes a la izquierda. La realidad fue lo que tienes a la derecha. ¿Predijo correctamente o no?

➲ No te preocupes: a las siete lo **he terminado**, seguro.	**Terminó a las 6:30.**	(..Sí.....)
➲ Ahora no puedo, pero a las siete lo **termino**, no te preocupes.		(..No....)
1. Te digo que para Navidad ya **ha nacido** Luisito, ya verás.	**Nació en noviembre.**	(.........)
2. Te digo que Luisito **nace** en Navidad, ya verás.		(.........)
3. Su avión **aterriza** a las 11:15 en el aeropuerto de Jizro.	**Aterrizó a las 11:05**	(.........)
4. A las 11:15, seguro que el avión ya **ha aterrizado.**		(.........)
5. ● Evaristo, ¿recuerdas que mi madre viene a comer el domingo y que el horno no funciona? ○ Que sí, mujer, que para el domingo ya **he arreglado** el horno...	**Lo arregló el jueves.**	(.........)
6. El fin de semana, que tengo tiempo, **arreglo** el horno.		(.........)

23. Pretérito indefinido

A Significado y formas regulares: *hablé, comí, viví...*

■ El Pretérito indefinido representa un hecho **terminado** y **sin relación con el espacio actual**.

> Con el Indefinido contamos hechos **terminados** en el **espacio pasado** en que se produjeron ('ALLÍ').

■ Para formar el Indefinido **regular** sustituimos la terminación del infinitivo por las siguientes **terminaciones**:

	-ar	-er / -ir				
Yo	*-é*	*-í*				
Tú	*-aste*	*-iste*				
Él, ella, usted	*-ó*	*-ió*	→	*-yó*	*Caer → cayó* *Oír → oyó*	~~caió~~ ~~oió~~
Nosotros/-as	*-amos*	*-imos*				
Vosotros/-as	*-asteis*	*-isteis*				
Ellos, ellas, ustedes	*-aron*	*-ieron*	→	*-yeron*	*Caer → cayeron* *Oír → oyeron*	~~caieron~~ ~~oieron~~

Cuando la raíz termina en vocal, la *-i-* se transforma en *-y-* : *caer, construir, creer, huir, influir, leer, oír, sustituir ...*

En el Indefinido no hay *-s* final para la 2ª persona singular (***tú***).

■ Además, en el Indefinido regular **el acento está siempre en la terminación**, como muestra el subrayado en los ejemplos:

	Hablar	*Comer*	*Vivir*
Yo	*Hablé*	*Comí*	*Viví*
Tú	*Hablaste*	*Comiste*	*Viviste*
Él, ella, usted	*Habló*	*Comió*	*Vivió*
Nosotros/-as	*Hablamos**	*Comimos*	*Vivimos**
Vosotros/-as	*Hablasteis*	*Comisteis*	*Vivisteis*
Ellos, ellas, ustedes	*Hablaron*	*Comieron*	*Vivieron*

* Estas formas coinciden con las del Presente de indicativo.

Muchas veces, el acento es la única marca para diferenciar el Indefinido de otras formas verbales:

[yo Presente]		[él Indefinido]
Hablo	→	*Habló*
Entro	→	*Entró*
Bailo	→	*Bailó*

1 **Identifica primero todas las formas que son Indefinido. Luego, pon el resto en la forma correspondiente del Indefinido, como en el ejemplo.**

compraron	➲ ✓	he decidido	9. decidí	ha leído	19. leyó
llamo	➲ *llamé*	pasó	10. ✓	vimos	20. ✓
abres	1. abriste	invitabas	11. invitaste	encontrarás	21. encontraste
cerrábamos	2. cerramos	ha salido	12. salió	entraban	22. entraron
baila	3. bailó	comíamos	13. comimos	estudió	23. ✓
canto	4. cantó f	dejaste	14. ✓	han construido	24. construyeron f
acabasteis	5. ✓	terminarán	15. terminaron	saludé	25. ✓
oías	6. oíste f	vivíamos	16. vivimos	estudiabais	26. estudiásteis f
hablo	7. habló	cree	17. creyó	escondes	27. escondiste
han huido	8. huidieron f	habéis bebido	18. bebisteis f	decidiréis	28. decidisteis f

2 **¿Es Presente o es Indefinido la forma que está en negrita? Decídelo por el contexto.**

➲ Mi mujer y yo **dormimos** mucho. Si no dormimos, estamos siempre muy cansados. ➲ *Presente*

➲ Mi mujer y yo **dormimos** mucho. Ellos casi no dormían. Estaban haciendo turismo a todas horas. ➲ *Indefinido*

1. **Hablamos** de los problemas entre hombres y mujeres. ¿Te apetece participar? 1. ....
2. **Hablamos** de los problemas entre hombres y mujeres. Pero nadie dijo nada interesante. 2. ....
3. **Llegamos** a Madrid el martes y todavía no hemos visto el museo del Prado. 3. ....
4. **Llegamos** a Madrid el martes. ¿Nos vas a recoger en el aeropuerto? 4. ....
5. **Compramos** una botella de agua mineral y nos vamos, ¿vale? 5. ....
6. **Compramos** una botella de agua mineral que nos costó carísima. 6. ....
7. Le **escribimos** un e-mail y todavía no nos ha contestado. 7. ....
8. Le **escribimos** un e-mail y nos vamos, ¿de acuerdo? 8. ....

B Verbos con raíz irregular: *dijo*, *puso*, *estuvo*...

■ La mayor parte de los verbos irregulares en Indefinido tienen una **raíz irregular**:

			Verbos en *-ducir* → *-duj-*
Saber → ***sup-***	*Tener* → ***tuv-***	*Querer* → ***quis-***	*Conducir* → ***conduj-***
Poder → ***pud-***	*Estar* → ***estuv-***	*Venir* → ***vin-***	*Producir* → ***produj-***
Poner → ***pus-***	*Andar* → ***anduv-***	*Hacer* → ***hic- e***	*Traducir* → ***traduj-***
Haber → ***hub-***	*Decir* → ***dij-***	***hic- iste***	*Introducir* → ***introduj-***
Caber → ***cup-***	*Traer* → ***traj-***	***hiz- o***	*Reducir* → ***reduj-***

👁 Y sus correspondientes verbos compuestos: *con**tener***, *inter**venir***, *des**hacer***, *contra**decir***, *re**producir***, etc.

■ Todos estos verbos toman una única **terminación especial** en el Indefinido:

		Estar	*Hacer*	*Decir*
Yo	*-e*	*es__tu__ve*	*__hi__ce*	*__di__je*
Tú	*-iste*	*estu__vis__te*	*hi__cis__te*	*di__jis__te*
Él, ella, usted	*-o*	*es__tu__vo*	*__hi__zo*	*__di__jo*
Nosotros/-as	*-imos*	*estu__vi__mos*	*hi__ci__mos*	*di__ji__mos*
Vosotros/-as	*-isteis*	*estu__vis__teis*	*hi__cis__teis*	*di__jis__teis*
Ellos, ellas, ustedes	*-ieron* (*-eron**)	*estu__vie__ron*	*hi__cie__ron*	*di__je__ron*

* Si la raíz termina en *-j*.

■ Además, a diferencia de la conjugación regular, el acento está en la raíz en la 1ª y 3ª personas (*yo* y *él-ella-usted*), como muestra el subrayado en los ejemplos anteriores.

3 **Lourdes es todavía muy pequeña y cree que todos los Indefinidos son regulares. Ayúdala, identificando y corrigiendo los seis errores que ha hecho (además del ejemplo).**

➲ Ayer **estuvimos** ....✓.......... en casa de Susi y sus papás nos ~~**ponieron**~~ ....*pusieron*... una película de dibujos animados muy bonita.

1. ¿Por qué no **veniste** .... con nosotras a la playa? **Hacimos** .... un castillo de arena y nos **bañamos** ....
2. Montse **condució** .... el cochecito de Rosendo, y yo **quise** .... también conducirlo, pero no **podí** .... porque Rosendo me lo **quitó** ....
3. Papá me **dició** .... que me ibas a comprar un regalo. ¿Por qué no me lo **compraste** ....? ¿Es que no **teniste** .... tiempo?

4 **Elige el verbo adecuado y completa las frases con la forma correspondiente del Indefinido.**

venir/decir/querer
saber/poner ✓
producir/introducir
traducir/poder
haber/hacer
tener/conducir

➲ Cuando vi el fuego y el humo, me *puse*......... muy nervioso y no *supe*.......... qué hacer.

1. El otro día me pasó una cosa muy rara en el ordenador del trabajo: cuando .... la contraseña, se .... un fallo general en el servidor de la oficina.
2. Yo te .... que tú sí podías venir conmigo. Si no ...., es porque no ....
3. Lo pasamos muy bien y, además, ... un viaje muy bueno, porque .... Miguel, y él conduce muy bien.
4. Me dieron un montón de folios para traducir, pero tenía demasiado trabajo en aquel momento. Sólo .... cuatro páginas. No .... hacer más.
5. Mira, es que se puso muy nerviosa. No .... manera de calmarla. Yo .... todo lo que pude.

C Verbos con alteraciones vocálicas: *pidió*, *durmió*...

■ **Los verbos en *-ir* que tienen una *-e-* o una *-o-* en la última sílaba de la raíz** (*e...ir*, *o...ir*, también irregulares en Presente), cierran esta vocal en la tercera persona del singular y del plural:

e → i	*Pedir*	*o → u*	*Dormir*
	pedí		*dormí*
	pediste		*dormiste*
	pidió		***durmió***
	pedimos		*dormimos*
	pedisteis		*dormisteis*
	pidieron		***durmieron***

Son verbos como *repetir*, *sentir*, *seguir*, *mentir*, *competir*, *elegir*, *herir*, *medir*, *reír*, *preferir*, *morir*, o sus compuestos: *sonreír*, *impedir*, *perseguir*, *presentir*, etc. El verbo ***oír*** es regular (*oyó*, *oyeron*).

5 **Todos estos verbos son de la tercera conjugación (en *-ir*), pero hay seis regulares y once irregulares. Identifícalos y escribe en cada caso la forma de la tercera persona singular y plural.**

➲ morir *murió*..................
(irr.) *murieron*..........

➲ vivir *vivió*..................
(r.) *vivieron*..........

1. repetir ....
2. herir ....
3. discutir ....
4. oír ....
5. impedir ....
6. medir ....
7. salir ....
8. repartir ....
9. mentir ....
10. decidir ....
11. preferir ....
12. perseguir ....
13. reír ....
14. presentir ....
15. competir ....

D *Dar*, *ir*, *ser*

Dar	*Ir / Ser*
di	***fui***
diste	***fuiste***
dio	***fue***
dimos	***fuimos***
disteis	***fuisteis***
dieron	***fueron***

Ir y *ser* tienen **la misma forma** en el Indefinido.

- *La manifestación **fue** un éxito: **fue** mucha gente.*

6 **Completa con el Indefinido del verbo adecuado en cada caso.**

ser	ir	dar

➲ Lo pasé muy bien, de verdad. ....Fue......... una fiesta de cumpleaños estupenda.

1. ● ¿Os ha dado Alberto algo para mí?
   ○ Pues no. .... los dos con él al cine ayer, pero no nos .... nada.

2. ● ¿Qué tal ayer con Celia?
   ○ Muy mal. Marta y yo .... a su casa para hablar tranquilamente. .... muy amables y muy educados, pero ella empezó a insultarnos y nos ....

3. Nosotros le .... una pastilla, pero ella empezó a temblar y se puso roja, roja... .... horrible.

E Usos: *El viernes pasado los vi. Cuando entraba, los vi.*

■ Usamos el Indefinido **para situar hechos completos y terminados 'ALLÍ'** donde se produjeron. Por eso, el Indefinido se opone al Perfecto, que sitúa los hechos en un espacio actual ('**AQUÍ**'):

- *Aquel día me **asusté** mucho. He tenido pesadillas desde entonces.*
- *El verano pasado **vi** dos o tres veces a Valeria, pero este verano no la he visto.*
- *Lo que te ha dicho hoy no me ha sorprendido. Lo que te **dijo** el otro día sí me **sorprendió**.*

➲ 22. Pretérito perfecto
➲ 24. ¿Perfecto o Indefinido?

7 **Cambia la perspectiva de presente por una perspectiva de pasado, utilizando la misma persona gramatical.**

Pensando en un espacio actual	Pensando en un espacio pasado
➲ **Hemos comido** demasiado, ¿no crees?	➲ Ayer .....comí..... demasiado.
1. Oye, **he oído** que te vas. ¿Es verdad?	1. El otro día .... que Lola se iba, ¿es verdad?
2. Esta mañana no **he tomado** café. ¿Me invitas?	2. Aquella mañana no .... café. No tenía dinero.
3. ¡Mirad, es Juan! ¡Por fin **ha llegado**!	3. Juan no aparecía, pero a las doce por fin ....
4. ¿**Has llamado** al médico?	4. ¿.............. al médico el lunes?

■ También usamos el Indefinido para **contar hechos completos y terminados** en el pasado. Entendemos siempre que el hecho empezó, se desarrolló y terminó en el punto de la historia donde estamos. Por eso, el Indefinido se opone al Imperfecto, que describe hechos no terminados en ese punto:

- *Cuando ya estaba llegando al trabajo, me **acordé** de Luis y **volví** a su casa a recogerlo.*
- *Antes me llamaba todos los fines de semana, pero el fin de semana pasado no me **llamó**.*
- *No tenía las llaves. Por eso **entré** por la ventana y **abrí** desde dentro.*

➲ 25. Pretérito imperfecto
➲ 26. ¿Imperfecto, Indefinido o Pretérito perfecto?

8 **Cambia la perspectiva de describir por una perspectiva de contar en el pasado, utilizando la misma persona gramatical.**

Describiendo (Procesos no terminados)	Contando (Hechos completos)
➲ Mientras ella se **duchaba**, yo limpié el cuarto.	➲ Cuando se .....duchó..... , nos fuimos.
1. Antes **hablabas** francés peor que ahora.	1. ¿.............. francés en tu viaje a Marsella?
2. En Galicia, todos los días **comíamos** marisco.	2. Ayer .... marisco en el restaurante de Luis.
3. En aquel tiempo esas cosas **influían** mucho sobre mí.	3. Esas cosas .... mucho en mi decisión.
4. Yo os estaba llamando, pero no me **oíais**.	4. ¿.............. las voces de Javi?
5. Nosotros **bebíamos** y **bebíamos**, y ellas nos miraban.	5. Al final, nos lo .... todo.

24. ¿Perfecto o Indefinido? *Ha salido / Salió*

- Con el Pretérito perfecto y el Indefinido podemos afirmar la misma realidad (hechos pasados y **terminados**) desde dos perspectivas diferentes:

Cuando usamos el Indefinido, estamos pensando en el **hecho en sí mismo** y en el espacio pasado en que ese hecho se produjo (**terminado 'ALLÍ'**).

Cuando usamos el Perfecto, estamos pensando en ese **hecho en relación con el presente** y en un espacio actual más grande que incluye el espacio donde estamos (**terminado 'AQUÍ'**).

- Si presentamos el hecho como no terminado, usamos el **Imperfecto**.

➲ 25. Pretérito imperfecto

➲ 22. Pretérito perfecto

➲ 23. Pretérito indefinido

➲ 26. ¿Imperfecto, Indefinido o Pretérito perfecto?

A Espacios actuales y no actuales: *Este año ha sido horrible / El año pasado fue horrible*

- Algunos de los marcadores temporales que usamos o que tenemos en mente cuando hablamos de hechos del pasado, se pueden identificar fácilmente con uno de los dos espacios ('AQUÍ'= el espacio donde estamos y 'ALLÍ'= un espacio pasado):

CUANDO HABLAMOS DE...	***Hoy**, **Esta** tarde, **Esta** semana, **Este** mes, **Este** año, **Este** siglo, **Esta** Navidad, **Este** verano, **Esta** vez, **Hasta** ahora, **Últimamente**, **Todavía** no...*	USAMOS **PERFECTO** PORQUE HABLAMOS DE **'AQUÍ'**: El día, la semana, el mes, la Navidad, el verano, el año, el siglo... **donde estamos.**
CUANDO HABLAMOS DE...	***Ayer**, El **jueves**, La semana **pasada**, El mes **pasado**, **En febrero**, **El 7 de abril**, **El otro día**, **Ese/Aquel** día/mes/año..., En **ese/aquel** momento, **Esa/aquella** vez, **La última** vez, **En 1987**, **Hace** dos años, **Cuando vivía** en Madrid...*	USAMOS **INDEFINIDO** PORQUE HABLAMOS DE **'ALLÍ'**: Un día, una semana, un mes, un verano, una navidad, un año... **en el pasado.**

1 **¿De qué están hablando? Subraya la opción más probable.**

➲ ¿Has visto mis gafas de sol?
   a. La semana pasada.
   b. Hoy.

1. Alguien **ha matado** a Julio César.
   a. Julio César es el Emperador romano.
   b. Julio César es su gato.
2. Nadie **bailó**.
   a. En la fiesta del fin de semana pasado.
   b. En esta fiesta donde estamos.
3. **He conocido** a un chico maravilloso.
   a. El lunes pasado.
   b. Este verano.
4. Nos **compramos** un Mercedes.
   a. En 1999.
   b. Esta misma mañana.
5. **Fue** muy importante para la humanidad.
   a. El descubrimiento del fuego.
   b. La era de la informática.
6. No **ha dicho** ni una sola palabra.
   a. El día de su último cumpleaños.
   b. Desde esta mañana hasta ahora.
7. ¿Comprasteis toda la comida vosotros?
   a. Para la cena de hoy.
   b. Para la cena del otro día.

2 **Subraya la forma más adecuada en cada contexto.**

➲ • ¿Sabes si va a venir Julia al cine?
   ○ Esta tarde no la **he visto/vi**, pero ayer **he hablado/hablé** con ella y me **ha dicho/dijo** que sí.

1. • Estamos ya a viernes. ¿Todavía no **has arreglado/arreglaste** el grifo?
   ○ Es que esta semana no **he tenido/tuve** tiempo.
2. • Este fin de semana lo **hemos pasado/pasamos** muy bien con mis hermanas, ¿verdad?
   ○ Yo creo que el fin de semana pasado **ha sido/fue** mejor, sin tus hermanas.
3. • Montserrat, ¿y tú? ¿No **has ido/fuiste** este año a ningún concierto?
   ○ Pues sí, en febrero **he ido/fui** a uno de Plácido Carreras, y este mes **he estado/estuve** en otro de José Domingo.
4. • ¿Qué **has hecho/hiciste** hoy?
   ○ Nada interesante. Pero ayer **he salido/salí** con Rebeca a cenar, para celebrar nuestro aniversario. Nos **hemos casado/casamos** un 11 de julio, ¿no te acuerdas?

B Espacios ambiguos: *Nunca ha pasado nada / Nunca pasó nada*

■ Con otros marcadores de significado más amplio e indeterminado podemos referirnos a períodos actuales o no actuales, dependiendo del contexto. En estos casos podemos usar el Perfecto o el Indefinido para indicar claramente de qué espacio estamos hablando ('aquí'= hasta ahora /'allí'= en un espacio pasado):

CUANDO HABLAMOS DE...	*Siempre, Nunca, En la vida, Alguna vez, Varias veces, En los últimos días / meses / años, Al final...*	■ USAMOS **PERFECTO** SI HABLAMOS DE **AQUÍ**.	■ USAMOS **INDEFINIDO** SI HABLAMOS DE **ALLÍ**.
		Hasta ahora.	En un **espacio pasado.**

3 ¿Hablamos de 'AQUÍ' o de 'ALLÍ'?

➲ Dos veces la semana pasada... (...ALLÍ...)
1. Dos veces este año... (..............)
2. Ahora mismo... (..............)
3. Un día, hace 5 años... (..............)
4. Nunca en mi vida... (..............)
5. Alguna vez hasta ahora... (..............)
6. Cuando terminé el curso, al final... (..............)
7. Cervantes, durante toda su vida... (..............)
8. Nunca en mi antigua relación con Susana... (..............)
9. Ese verano, ninguna vez... (..............)
10. De pequeño, yo nunca... (..............)
11. Con aquel amigo de la escuela primaria, siempre... (..............)
12. Esta semana, al final... (..............)
13. En aquellos tres últimos días... (..............)
14. El primer coche que tuve... (..............)
15. La política social del actual presidente... (..............)

4 Completa con la forma correspondiente del Indefinido o el Perfecto, eligiendo el verbo apropiado.

estar / ir / ir

➲ ● ¿Tú ...has ido... alguna vez a Disneylandia?
❍ Yo sí, cuando era pequeño .fui......... tres veces.
● Pues yo no he estado... nunca.

dar / funcionar

1. ● ¿Qué tal va tu ordenador nuevo?
❍ Fatal, siempre está dando problemas.
● A mí el mío me .... muy bien hasta ahora.
❍ Pues me alegro por ti. Yo echo de menos el que tenía antes. Aquel nunca me .... ningún problema.

decir / decir / decir

2. ● Te .... mil veces que está muy feo meterse el dedo en la nariz.
❍ Mil veces no. Hoy me lo .... una vez, y ayer me lo .... dos veces. Total, tres. ¡Prffrrrrffrrff!

pasar / pasar / casarse

3. Mi bisabuelo, y también sus padres, ... la mayor parte de su vida en Argentina. Pero mi madre .... hace muchos años con un español. Por eso yo nací aquí en España y .... toda mi vida en Madrid.

estar / decir / tener

4. ● ¿Cómo va la cosa con Julieta?
❍ Mal. En este último mes .... muchos problemas. La última vez que nos vimos .... discutiendo todo el día, y el otro día, me .... que me dejaba.

cambiar / enfadarse

5. ● ¿Por qué .... la familia cuando murió?
❍ Es que, antes de morir, Aureliano .... su testamento a favor de su amante.

5 Escribe los resultados de Villatripas de Arriba en sus competiciones con Villatripas de Abajo. Usa los verbos *ganar*, *perder* y *empatar* en Perfecto o Indefinido.

	Cuándo	Qué
Competiciones ganadas	➲ Siempre.	El concurso anual de baile.
	1. En los años 90, siete veces.	El campeonato de fútbol.
	2. En los últimos diez años, dos veces.	El concurso de levantar piedras.
Competiciones perdidas	3. En las fiestas del verano pasado.	La carrera de sacos.
	4. Casi siempre en los últimos años.	El concurso de belleza masculina.
	5. Siempre hasta ahora.	El tiro al plato de espaldas.
Competiciones empatadas	6. En el año 2004.	En el concurso de paellas de marisco.
	7. Últimamente, muchas veces.	En el concurso de bandas de música.

➲ Siempre hemos ganado el concurso anual de baile.
1. ....
2. ....
3. ....
4. ....
5. ....
6. ....
7. ....

C Espacios inmediatos: *Ya he terminado / Ya terminé*

■ Para hablar de un suceso muy cercano al momento actual podemos usar **el Pretérito perfecto**, pero también el **Indefinido**. Sólo hay una pequeña diferencia de perspectiva.

Con el **Perfecto** presentamos ese suceso como **parte de la situación actual**:

- *¿Dónde está Pedro?*
- ○ *No sé. Se* ***ha ido*** *hace un par de minutos.*

Con el **Indefinido** presentamos el suceso **en sí mismo**:

- *¿Dónde está Pedro?*
- ○ *No sé. Se* ***fue*** *hace un par de minutos.*

CUANDO HABLAMOS DE...	*Ya...* *A las diez y media* (de 'hoy')... *Hace un rato...* *Hace un momento...*	■ PODEMOS USAR **Perfecto** o **Indefinido**

- ¡*Vaya*! ¡*Se* ***ha ido*** / ***fue*** *la luz*! ['ahora mismo']
- ¿**Has apagado** / ***Apagaste*** *el horno*? ['ya']
- ¡*Por fin*! ¡*Ya* ***ha funcionado*** / ***funcionó***!
- *Ya están aquí tus padres.* ***Han llegado*** / ***Llegaron*** *a las diez.*
- *¿Luis? Pues, mira, hace sólo un momento que se* ***ha ido*** / ***fue***.

6 **Cuando habla de un suceso inmediato, Jerónimo siempre lo piensa como algo que tiene que ver con el momento actual, y Alablanca siempre lo piensa como un suceso en sí mismo. Ellos sólo pueden pensarlo, porque no conocen el Perfecto y el Indefinido, pero tú sí puedes expresarlo. Completa con la forma adecuada del verbo, como en los ejemplos.**

Jerónimo: ¡Dios mío, ya **empezar** (➲) (ha empezado) a llover!

Alablanca: Sí, ya **empezar** (➲) (empezó) a llover. ¿Y qué?

Jerónimo: Pues que nosotros no **traer** (1) (................................) paraguas.

Alablanca: Pues en la casa yo **recordár**telo (2) (te lo................................) .

Jerónimo: Sí, pero yo **olvidar**lo (3) (lo................................) .

Alablanca: Hace un momento yo **ver** (4) (................................) una casa para refugiarnos de la lluvia.

Jerónimo: ¿Dónde, allí? ¡Rápido! **Empezar** (5) (................................) a llover más fuerte. ¡Menos mal! ¡Vamos dentro! ¿**Mojar**te (6) (¿Te................................?) mucho?

Alablanca: No, **tapar**me (7) (Me................................) la cabeza con el sombrero.

Jerónimo: ¿Tú **cerrar** (8) (................................) la puerta?

Alablanca: Sí, **cerrar** (9) (................................) al entrar.

Jerónimo: ¡Uf! ¡Nosotros **tener** (10) (................................) suerte!

Alablanca: Sí. ¡Menos mal que yo **encontrar** (11) (................................) el refugio!

25. Pretérito imperfecto de indicativo

A Significado del Imperfecto

El Presente representa hechos **no terminados en el momento actual**:

- *Sí, **hace** frío porque esta casa **es** un poco vieja y, además, por las noches no **funciona** la calefacción.*

■ El Imperfecto traslada esa perspectiva a **un momento del pasado**:

- *Sí, en aquella casa **hacía** frío porque **era** un poco vieja y, además, por las noches no **funcionaba** la calefacción.*

Con el Imperfecto describimos hechos NO TERMINADOS en un momento del pasado.

1 **José Luis se casó y ha cambiado mucho. Descubre los cambios colocando estas informaciones en la columna correspondiente.**

➲ Nunca leía novelas. ✓
a. No le gustaba ir a los restaurantes.
b. Llevaba una ropa muy clásica.
c. Nunca come en casa.
d. Tiene tres perros.
e. Sale todas las noches con sus amigos.
f. No tenía amigos.
g. Le encanta leer. ✓
h. Viste muy moderno.
i. Quería tener muchos hijos.

José Luis **antes** de casarse:	José Luis **ahora:**
➲ *Nunca leía novelas*	*Le encanta leer*
1.	....
2.	....
3.	....
4.	....

B Formas regulares: *hablaba, comía, vivía...*

■ Para formar el Imperfecto regular sustituimos la terminación del Infinitivo por las siguientes **terminaciones**:

	-ar	*-er / -ir*	*Hablar*	*Comer*	*Vivir*
Yo	***-aba***	***-ía***	*hablaba*	*comía*	*vivía*
Tú	***-abas***	***-ías***	*hablabas*	*comías*	*vivías*
Él, ella, usted	***-aba***	***-ía***	*hablaba*	*comía*	*vivía*
Nosotros/-as	***-ábamos***	***-íamos***	*hablábamos*	*comíamos*	*vivíamos*
Vosotros/-as	***-abais***	***-íais***	*hablabais*	*comíais*	*vivías*
Ellos, ellas, ustedes	***-aban***	***-ían***	*hablaban*	*comían*	*vivían*

La 1ª y la 3ª personas del singular tienen la misma forma.

Además, **el acento está siempre en la terminación**, como muestra el subrayado en los ejemplos.

2 **En la fiesta de Blas, todo ha cambiado en dos minutos: sus padres han llamado a la puerta. Describe la primera escena recordando estas informaciones.**

Son las 5:45 pm

Blas y Silvia **están** bailando muy pegados. Casimiro, el novio de Silvia, no **para** de mirar a Blas. **Hay** varias botellas de cerveza en la mesa y el cenicero **está** lleno de colillas. La música **está** muy alta y todo el mundo se **ríe** sin parar. La hermana de Silvia y el hermano de Blas **duermen** en el sofá, cogidos de la mano. La foto de los padres de Blas **tiene** tres chicles pegados. En la cocina, cuatro chicos **están** tirándose aceitunas unos a otros.

Son las 5:47 pm
¿Qué estaba pasando a las 5:45?

Cuando los padres de Blas llamaron a la puerta, él y Silvia ...estaban... bailando muy pegados. Casimiro, el novio de Silvia, no .... de mirar a Blas. .... varias botellas de cerveza en la mesa y el cenicero .... lleno de colillas. La música .... muy alta y todo el mundo se .... sin parar. La hermana de Silvia y el hermano de Blas .... en el sofá, cogidos de la mano. La foto de los padres de Blas .... tres chicles pegados. En la cocina, cuatro chicos .... tirándose aceitunas unos a otros.

3 **¿De quién hablan con el verbo marcado en negrita? Descúbrelo por el contexto.**

Yo	Usted	Ella	Él

➲ ¿No lo **sabía**, Sra. Elgorriaga? (...usted...)
1. ¿No **sabía** que teníamos una fiesta? Qué despistada es, ¿no crees? (.............)
2. Buenas tardes. ¿Qué **quería**? (.............)
3. ● ¿Qué **quería**? (.............)
   ○ No sé. Se ha quedado callado y se ha ido.
4. La admiraban porque **jugaba** al tenis muy bien, ¿recuerdas? (.............)
5. ● ¿Juegas al tenis los fines de semana?
   ○ **Jugaba**. Ya no. (.............)
6. En realidad, no me **quería**. Sólo se quería a sí mismo. (.............)
7. Nos separamos un año después de conocernos. No la **quería** de verdad. (.............)
8. **Tenía** una perrita preciosa, pero se la regaló a su novio. (.............)
9. **Tenía** un gato, pero donde vivo ahora no puedo tener animales. (.............)

C Verbos totalmente irregulares: *ir*, *ser*, *ver*.

	Ir	*Ser*	*Ver*
Yo	*iba*	*era*	*veía*
Tú	*ibas*	*eras*	*veías*
Él, ella, usted	*iba*	*era*	*veía*
Nosotros/-as	*íbamos*	*éramos*	*veíamos*
Vosotros/-as	*ibais*	*erais*	*veíais*
Ellos, ellas, ustedes	*iban*	*eran*	*veían*

- *Juan **era** un poco raro: **iba** al cementerio los días de luna llena y sólo **veía** películas de zombis.*

Ir y ***Ser*** tienen el acento en la raíz.

4 **Completa con la forma adecuada del Imperfecto.**

➲ Ya no vemos mucho a nuestra hija. Antes sí la *veíamos* .

1. Ya no voy a la playa en verano. Antes sí ....
2. Ya no soy tan optimista. Antes sí lo ....
3. Sois muy antipáticos conmigo. Antes .... más simpáticos.
4. No veo nada con esta luz. Con la que has puesto antes .... mejor.
5. Mis padres ya no son tan estrictos conmigo. Antes .... mucho más estrictos.
6. ¿Veis mucho a Roberta ahora? Antes la .... todos los días, ¿no?
7. Ya somos mayores. Cuando .... jóvenes, era diferente.
8. ¿Ya no vais a Madrid en Navidades? Antes .... siempre.

■ Cuando usamos el Presente estamos dentro de una escena actual, describiendo lo que pasa en este momento. Con el Imperfecto trasladamos este punto de vista al pasado: nos situamos **dentro de una escena pasada** y **describimos** lo que pasaba **en aquel momento**. Por eso, los usos del Imperfecto son los mismos que los usos del Presente, pero trasladados a un momento del pasado.

➲ 23. Presente de indicativo

D Usos del Imperfecto. Describir cualidades: *Era una chica muy guapa*.

Usamos el Presente para describir cómo son actualmente las personas o las cosas:

■ Usamos el Imperfecto para hacer eso mismo recordando **personas o cosas del pasado**:

5 **Luisa recuerda las siguientes personas y cosas y describe cómo eran. Completa su descripción usando los verbos que se indican.**

1. La CASA donde vivía de pequeña.

ser estar
haber tener

..Estaba... en las afueras de la ciudad. .... unas vistas preciosas. .... un parque muy cerca. .... muy fresca en verano.

2. Un CHICO que conoció en una fiesta de disfraces.

parecerse ir
llevar ser

Manuel .... el hermano de mi mejor amiga, pero no .... en nada a ella. En aquella fiesta .... disfrazado de pollo y .... zapatos de tacón.

3. Su primer JEFE.

tener gustar
saber llamarse

.... Casimiro. .... una mirada un poco extraña. Le .... mucho mandar y .... que todos le teníamos mucho miedo.

4. El COCHE que tenía su jefe.

llegar gastar
costar ser

.... un deportivo rojo precioso. .... 25.000 euros, ... hasta 200 Km/h, y sólo .... 6,5 litros de gasolina cada 100 Km.

E Usos del Imperfecto. Describir situaciones regulares: *Antes dormía mucho*.

Usamos el Presente para describir situaciones y hechos que se desarrollan habitual o regularmente en la actualidad:

Me **encanta** el agua. Mi madre me **lleva** todas las semanas a la piscina. Algunas veces **vamos** con mis amigos. Mi mamá **está** casi siempre conmigo, pero a veces me **baño** yo sola con mi flotador.

■ Usamos el Imperfecto para hacer eso mismo recordando hechos que presentamos como habituales o regulares **en una situación pasada**:

Cuando era pequeña me **encantaba** el agua. Mi madre me **llevaba** todas las semanas a la piscina. Algunas veces **íbamos** con mis amigos. Mi madre **estaba** casi siempre conmigo, pero muchas veces me **bañaba** yo sola con mi flotador.

6 **Jerónimo y Alablanca tienen casa nueva y están muy contentos. "Traduce" sus palabras.**

➲ Antes **tener** que ir al río para buscar agua. Ahora **tener** agua dentro de casa.
1. Antes **cocinar** con fuego, y **ser** muy difícil. Ahora **tener** horno eléctrico y microondas.
2. Ahora **poder** ver el mundo entero en una televisión. Antes siempre **ver** el mismo paisaje.
3. Antes **buscar** comida en las montañas. Ahora **comprar** en tienda muy cerca.
4. Ahora **estar** calientes todo el invierno. Antes **pasar** frío si no **hacer** fuego todos los días.

➲ Antes ..teníamos.. que ir al río para buscar agua. Ahora ..tenemos.. agua dentro de casa.
1. Antes .... con fuego, y .... muy difícil. Ahora .... horno eléctrico y microondas.
2. Ahora .... ver el mundo entero en una televisión. Antes siempre .... el mismo paisaje.
3. Antes .... comida en las montañas. Ahora .... en una tienda que está muy cerca.
4. Ahora .... calientes todo el invierno. Antes .... frío si no .... fuego todos los días.

F Usos del Imperfecto. Describir situaciones momentáneas: *A las dos estaba durmiendo.*

Usamos el Presente para describir lo que está pasando en un momento concreto del presente:

Mira, creo que no **voy** a ir a la fiesta. **Estoy** cansada, **tengo** un montón de trabajo, y además **hace** mucho frío y **está** lloviendo.

■ Usamos el Imperfecto para hacer eso mismo recordando lo que estaba pasando en **un momento concreto del pasado**:

Me llamó Guada a las cinco porque no **iba** a venir a mi fiesta. **Estaba** cansada, **tenía** un montón de trabajo y además **hacía** mucho frío y **estaba** lloviendo.

➲ 37. Perífrasis verbales

7 **Ayer hubo cinco crímenes en la ciudad. ¿Dónde estabas tú en esos momentos? Completa este pequeño informe para la policía.**

8:40	11:05	14:20	16:00	21:45
En el Bar Ranco, desayunando con dos amigos.	En la oficina, hablando con el jefe.	En casa, comiendo solo.	En unos grandes almacenes, comprando ropa.	En el coche, besando a una chica.

	¿Dónde estaba usted?	¿Qué hacía en ese momento?
➲	A las 8:40 *Estaba en el Bar Ranco.*	*Estaba desayunando con dos amigos.*
1.	A las 11:05	....
2.	A las 14:20	....
3.	A las 16:00	....
4.	A las 21:45	....

8 **Lidia recuerda el momento en que conoció a los dos grandes amores de su vida. Completa sus recuerdos con el verbo adecuado en Imperfecto.**

Ser	Estar
Ser	Mirar
Haber	Correr
Hacer	Cantar
Estar ✓	Pasear

Yo ➲ *estaba* sentada en un banco del parque. (1) .... las cinco de la tarde. (2) .... primavera. (3) .... un sol espléndido. En el parque (4) .... un olor maravilloso a hierba fresca y a flores. En los árboles, los pajaritos (5) .... La gente (6) ...., los niños (7) .... de un lado a otro, jugando. Ella (8) .... leyendo un libro en un banco enfrente de mí, y de vez en cuando me (9) .... Entonces llegó un hombre con un bebé y le dio un beso en la mejilla.

Conocer	Poder
Bailar	Gustar
Parecer	Querer
Ser	Estar
Mirar	Ser

Aquella noche yo estaba con unos amigos en una discoteca. Ella (10) .... amiga del amigo de una amiga, y yo no la (11) .... , pero me (12) .... una chica muy atractiva. Mientras yo (13) .... , ella me (14) .... , y yo no (15) .... dejar de mirarla a ella tampoco. (16) .... ya muy tarde, y yo (17) .... cansada y (18) .... irme a casa, pero me (19) .... aquel juego de miradas. De pronto, ella sacó unas gafas de miope de su bolso, se las puso y se fue corriendo.

26. ¿Imperfecto, Indefinido o Pretérito perfecto?

- **Imperfecto** para **describir** el pasado:

Con el **Imperfecto** nos situamos '**DENTRO**' de un hecho pasado y describimos un proceso no terminado '**ALLÍ**'.

- **Indefinido** para **contar** el pasado:

Con el **Indefinido** nos situamos '**DESPUÉS**' de un hecho pasado y contamos un acto o un proceso terminado '**ALLÍ**'.

A Describir situaciones momentáneas (Imperfecto) o contar hechos completos (Indefinido)

- Con el Imperfecto presentamos un hecho como **no terminado todavía** en un <u>momento específico</u> del pasado.
Describimos una **situación momentánea**:

  - *Ayer, <u>a las cinco</u>, todavía* ***estaba*** *estudiando.*

  - *Cuando* ***bajaba*** *las escaleras,* [bajando] *me encontré una maleta.*

- Con el Indefinido presentamos ese proceso como **ya terminado** en <u>aquel momento</u>.
Contamos un **hecho completo**:

  - *Ayer* ***estuve*** *estudiando <u>hasta las siete</u>.*

➔ 37. Perífrasis verbales

  - *Cuando* ***bajé*** *las escaleras,* [completamente] *me encontré una maleta.*

1 **Decide qué forma verbal se corresponde con cada interpretación, como en el ejemplo.**

Cuando **cruzaba** la calle, escuché una voz que me llamaba...

Cuando **crucé** la calle, escuché una voz que me llamaba.

	Forma verbal:	Interpretación:
➲ Ayer iba a la farmacia, y cuando **cruzaba/crucé** la calle, escuché una voz que me llamaba...	a. (crucé)	Ya estaba al otro lado de la calle.
	b. (cruzaba)	No había terminado de cruzar.
1. Cuando **volvíamos/volvimos** a casa nos encontramos un maletín lleno de joyas...	a. (................)	El maletín estaba en su casa.
	b. (................)	El maletín estaba en la calle.
2. Cuando la **llevábamos/llevamos** al hospital, dijo que ya se sentía bien y volvimos a casa...	a. (................)	Llegaron al hospital.
	b. (................)	No llegaron al hospital.
3. La pobre María estaba muy triste y yo muy nervioso. No **sabía/supe** qué decirle...	a. (................)	No le dijo nada.
	b. (................)	No sabemos si le dijo algo o no.
4. El otro día fui a ver "Continuator III". La película me **parecía/pareció** muy interesante...	a. (................)	Finalmente le gustó la película.
	b. (................)	No sabemos si finalmente le gustó.
5. Cuando los atracadores **escondían/escondieron** el dinero, apareció la policía...	a. (................)	La policía vio dónde lo escondieron.
	b. (................)	La policía no vio el dinero.

B Procesos completos (Indefinido) y partes de un proceso (Imperfecto)

■ Podemos hablar de procesos breves (*comerse un bocadillo*) o más largos (*estudiar Medicina durante cinco años*). La duración no importa:

PROCESOS BREVES | PROCESOS LARGOS

PROCESO COMPLETO: nos situamos '**DESPUÉS**' de ese proceso y usamos **Indefinido**.

*Me **comí** el bocadillo **en tres minutos**.*

*Juan José **estuvo** estudiando Medicina **cinco años**.*

·····1:06·····1:07·····1:08·····

···1995······1996·····1997·····1998······1999···

PARTE DE UN PROCESO: nos situamos '**DENTRO**' de ese proceso y usamos **Imperfecto**.

*A la 1:07 **estaba** comiéndome un bocadillo.*

*En 1998 **estaba** estudiando Medicina.*

👁 Por esta razón, cuando nos referimos a la **duración total** de un proceso (*en una hora, durante tres años, toda la tarde, dos días, hasta las 7, tres veces, mucho tiempo, etc.*), usamos **Indefinido**, y no **Imperfecto**:

- *Ayer **trabajé** todo el día.* [Ayer ~~trabajaba~~ todo el día.]
- *Anoche **estuvimos** jugando hasta muy tarde.* [Anoche ~~estábamos~~ jugando hasta muy tarde.]
- ***Estuvo** en el hospital tres meses* [~~Estaba~~ en el hospital tres meses.]

2 **¿Hablamos de una parte de un proceso o de un proceso completo?**
Fíjate en el ejemplo y formula enunciados con el verbo *estar* en Imperfecto o Indefinido.

➔ **Cuando nos llamaste** al móvil, Daniela y yo ...*estábamos*... esperando a Marta en la parada del autobús. ...*Estuvimos*... esperándola **más de media hora**, hasta que, al final, nos cansamos y nos fuimos.

1. Estoy cansado, sí. Es que ayer .... trabajando **desde** las 8 **hasta** casi las 11. Vamos, que **a las diez y media** de la noche todavía .... revisando papeles allí solo, en la oficina, como un idiota.
2. Mi jefe .... de viaje en Canadá **tres meses** el año pasado. Cuando tuvimos el accidente en la empresa nos llamó desde Toronto, porque **en aquel momento** .... allí visitando a una hermana suya.
3. ● **Cuando nació Carmen**, nosotros .... viviendo en París.
   ❍ Ah, ¿sí? ¿Y **cuánto tiempo** .... allí?
   ● Pues .... viviendo allí **hasta** que Carmen cumplió dos años, y entonces volvimos a Almería.
4. ● Oye, te llamé el domingo **a las nueve** y no .... en casa.
   ❍ Sí, es que **a esa hora** .... durmiendo. .... en la cama **toda la mañana**.
5. **El día de mi último cumpleaños** yo .... haciendo un curso de español de dos semanas en Granada. Pero sólo .... allí **diez días**.
6. Mira **esta foto**: aquí .... todos celebrando la boda de Bea. .... bailando y contando chistes **toda la noche**. Fue una noche magnífica.

C Cualidades estáticas (Imperfecto) y cualidades dinámicas (Indefinido)

■ Cuando nos referimos a las cualidades o características estáticas de un objeto, recuperamos del pasado **una imagen y describimos cómo era** ese objeto:

CUALIDADES ESTÁTICAS: **objetos**

***Una chica* preciosa**

- *La chica que conocí ayer **era** preciosa.*

[*La chica que conocí ayer ~~fue~~ preciosa.*]

■ Cuando nos referimos a las cualidades o características dinámicas de un proceso, recuperamos del pasado **una secuencia de imágenes** de principio a fin y **contamos cómo fue** ese proceso:

CUALIDADES DINÁMICAS: **procesos**

***Una fiesta* preciosa**

- *La fiesta del sábado **fue** preciosa.*

[*La fiesta del sábado ~~era~~ preciosa.*]

3 **¿Cómo preguntas por las cualidades de estas cosas? Decide entre ¿*Cómo era*? o ¿*Cómo fue*?, como en los ejemplos.**

➲ La fiesta de cumpleaños	• ¿Cómo fue la fiesta de cumpleaños?	○ Estupenda. Lo pasamos muy bien.
➲ Tu profesora de español	• ¿Cómo era tu profesora?	○ Un poco seria, pero muy buena profesional.
1. Tu primera casa	•	○ Enorme. Teníamos cinco dormitorios.
2. El partido de fútbol	•	○ Aburridísimo. No metieron ningún gol.
3. El perrito que tenías	•	○ Pequeñito, con mucho pelo y un poco tonto.
4. La falda que llevaba Elena	•	○ Roja, creo, y muy cortita.
5. Tu primer día de trabajo	•	○ Un poco duro, porque no conocía a nadie.
6. Tu hermana de pequeña	•	○ Muy alegre y muy cariñosa.
7. El ladrón	•	○ Rubio, alto, con los ojos azules.
8. La conferencia	•	○ Horrible. No había nadie, y ahora lo comprendo.
9. El hotel donde dormiste	•	○ De tres estrellas, bastante nuevo.
10. El viaje	•	○ Muy tranquilo. Un poco largo, pero tranquilo.
11. El curso de alemán	•	○ Fue muy difícil. y el profesor era horrible.
12. El reloj que te regalaron	•	○ Bonito, pero muy malo: sólo funcionó dos días.

Si nos referimos a la **duración total** de una cualidad (*una hora, durante dos semanas, todo el día, mucho tiempo...*), entonces hablamos de un proceso completo y **el Indefinido es la única opción**:

- *Yo antes **tenía** el pelo largo.*
- ***Tuve** el pelo largo dos o tres años, pero luego me cansé.*
  [~~Tenía~~ el pelo largo dos o tres años.]

4 **¿Imperfecto o Indefinido? Completa con el verbo de la izquierda, como en el ejemplo.**

llevar
➲ Recuerdo perfectamente que en aquella fiesta ..llevabas....... puesto tu abrigo negro.
➲ ..Llevó........... puesto su abrigo negro toda la noche.

ser
1. Cuando yo la conocí, Elisa .... una buena estudiante. Luego cambió mucho.
2. .... una buena estudiante durante un par de años. Luego cambió mucho.

estar
3. Gonzalo .... muy gordo una temporada, pero se puso a régimen y adelgazó.
4. Gonzalo .... muy gordo, por eso se puso a régimen, para adelgazar.

ser
5. Cuando se construyó, el edificio del Ayuntamiento .... azul.
6. El edificio del Ayuntamiento .... azul durante varios siglos, pero ahora es blanco.

llamarse
7. Este pueblo .... Guarromán mucho tiempo, pero le cambiaron el nombre por Limpiadillo.
8. Antes, este pueblo .... Guarromán, pero ahora se llama Limpiadillo.

D Describir situaciones regulares (Imperfecto)

■ Cuando hablamos de hechos que queremos presentar como regulares en una época del pasado, nos situamos **'DENTRO'** de aquella época y describimos cómo era la situación **'ALLÍ'**:

- *Yo, de pequeño, **era** muy buen estudiante. **Escribía** y **leía** todas las tardes...*

■ Por esta razón **usamos Imperfecto** para indicar regularidad (*antes, habitualmente, normalmente, frecuentemente, siempre, nunca, cada día, a veces, dos veces al día, una vez por semana...*):

- *En aquella empresa **trabajaba** normalmente todo el día.* [*En aquella empresa ~~trabajé~~ normalmente todo el día.*]
- *Cuando éramos pequeños siempre **estábamos** jugando hasta muy tarde.* [*Cuando éramos pequeños siempre ~~estuvimos~~ jugando hasta muy tarde.*]
- *Antes **íbamos** al cine todos los fines de semana.* [*Antes ~~fuimos~~ al cine todos los fines de semana.*]

5 **¿Identifica de qué hablamos en cada enunciado y marca con un círculo la forma adecuada del verbo en cada caso.**

Imperfecto →	Situación regular
Indefinido →	Hecho completo

➲ a. Antes (**iba**)/**fui** mucho al cine Ideal. (*situación regular*)
➲ b. Ayer **iba**/(**fui**) al cine Ideal. (*hecho completo*)

1. a. Cuando era pequeño sólo **iba/fui** a un parque de atracciones una vez. (.............................)
   b. Cuando era pequeño, cada fin de semana **iba/fui** a los parques de atracciones. (.............................)
2. a. El verano pasado **estábamos/estuvimos** 15 días en la playa y 15 días en la sierra, pero este año no hemos salido de casa. (.............................)
   b. Cuando Carmen era pequeña, todos los veranos **estábamos/estuvimos** 15 días en la playa y 15 días en la sierra, pero ahora no quiere viajar con nosotros y nos quedamos en casa. (.............................)
3. a. Los padres no sabían qué nombre ponerle, pero al final la **llamaban/llamaron** Nicasia. (.............................)
   b. Se llamaba Nicasia, pero sus amigos la **llamaban/llamaron** normalmente "Casi". (.............................)
4. a. Estaba loco con su gato. Lo **llevaba/llevó** al veterinario dos veces al mes. (.............................)
   b. No cuidaba nada a su gato. Lo **llevaba/llevó** dos veces al veterinario en toda su vida. (.............................)
5. a. Aquel primer concierto de Broos Printing **era/fue** genial. (.............................)
   b. Cuando era más joven, sus conciertos **eran/fueron** geniales, pero ya no es lo mismo. (.............................)

E Contar historias

■ Con el **Imperfecto detenemos el tiempo** de una historia para describir una situación momentánea; con el **Indefinido** indicamos que algo pasó completamente y **hacemos avanzar el tiempo** hasta una nueva situación:

EL OTRO DÍA **salíamos** del cine [en este punto de la historia, ellos están saliendo] cuando, de pronto, un señor con un aspecto muy raro **se acercó** a nosotros [en este punto de la historia, el señor está junto a ellos] y **empezó** a cantarnos una canción [en este punto de la historia, el señor ya está cantando] en una lengua muy extraña. Nosotros no **entendíamos** nada y no **sabíamos** qué hacer [en este punto de la historia, ellos están sorpendidos y desconcertados]. **Estuvo** cantando así dos o tres minutos [en este punto de la historia, el señor ya ha terminado de cantar], y cuando ya se iba [en este punto de la historia, el hombre ya se va] **llegó** una ambulancia [en este punto de la historia, la ambulancia ya está con ellos] y se lo **llevó** [en este punto de la historia, el señor ya está dentro de la ambulancia y la ambulancia se ha ido]...

6 **Jerónimo está contando una cosa increíble que le pasó ayer. ¿Puedes "traducir" su pequeña historia? Tendrás que escoger, para cada verbo, la forma de Imperfecto o Indefinido adecuada.**

Ayer, yo **caminar** tranquilamente por el bosque, porque **ir** a casa de Alablanca para llevarle pasteles y, de pronto, en el camino, un lobo muy malo **salir** de los árboles y **ponerse** enfrente de mí, con la boca abierta. Yo **estar** muerto de miedo, pero **salir** corriendo y, al final, **conseguir** escapar de él. **Poder** hacer dos cosas: o **volver** a mi casa o **intentar** llegar a casa de Alablanca, a pesar de todo. **Decidir** seguir andando para visitarla. Cuando **entrar** en la casa, ella **estar** acostada en la cama, pero **tener** una cara muy extraña con muchos pelos. Por eso yo, rápidamente, **dejar** la comida al lado de su cama y **volver** a mi casa corriendo. Yo ser Jerónimo, no ser Brus Güilis.

Ayer, yo caminaba tranquilamente por el bosque.....

....

....

....

....

....

....

F ¿Imperfecto o Pretérito perfecto? *Salía / Ha salido*

■ Decidimos entre Imperfecto o Perfecto exactamente con las mismas reglas que usamos para decidir entre Imperfecto o Indefinido:

DESCRIBIR **SITUACIONES MOMENTÁNEAS**	CONTAR **HECHOS COMPLETOS**

- ***Hoy**, <u>a las cinco</u>, todavía **estaba** estudiando.*
- ***Hoy** **he estado** estudiando <u>hasta las siete</u>.*

7 **Decide qué forma verbal se corresponde con cada interpretación, como en el ejemplo.**

➲ Pues iba yo a la farmacia, y cuando **cruzaba/he cruzado** la calle, he escuchado una voz que me llamaba...
a. (*cruzaba*.....) Ha escuchado la voz cruzando la calle.
b. (*he cruzado*..) Ya estaba al otro lado de la calle cuando ha escuchado la voz.

1. Cuando la **llevábamos/hemos** llevado al hospital, ha dicho que ya se sentía bien y hemos vuelto...
a. (..................) No han llegado al hospital.
b. (..................) Sí han estado en el hospital.

2. La pobre María estaba muy triste, y yo muy nervioso. No **sabía/he sabido** qué decirle...
a. (..................) No sabemos si le ha dicho algo o no.
b. (..................) Sabemos que no le ha dicho nada.

3. La última novela de Agapito Tristán me **parecía/ha parecido** muy mala...
a. (..................) Ha leído la novela completa.
b. (..................) No sabemos si ha terminado de leerla.

8 **¿Hablamos de una parte de un proceso o de un proceso completo?**
Fíjate en el ejemplo y formula enunciados con el verbo *estar* en Imperfecto o en Perfecto.

➲ **Cuando nos has llamado** al móvil, Daniela y yo estábamos..... esperando a Marta en la plaza Nueva. Hemos estado....... esperándola **más de media hora**, hasta que, al final, nos hemos cansado y nos hemos ido.

1. Mi jefe .... en Canadá **tres meses** este año. Precisamente el día del accidente .... en Toronto.
2. ● **¿Cuánto tiempo** .... encerrados Rosa y tú en la casa?
   ❍ **¡Toda la tarde** .... encerrados! **Cuando Jenaro ha llegado** con la llave todos .... ya desesperados.
3. ● Oye, te he llamado esta mañana **a las nueve** y no .... en casa.
   ❍ Sí, lo que pasa es que **a esa hora** .... durmiendo. .... en la cama hasta las diez y media, más o menos.

G Historias actuales y no actuales

■ Si el hecho todavía no está terminado en el punto de la historia donde estamos, usamos el **Imperfecto**:

Cualidades de las cosas
Hechos regulares
Situaciones momentáneas

■ Si el hecho está ya terminado y completo en el punto de la historia donde estamos, usamos el Indefinido o el Perfecto:

Perfecto para situar la historia en un espacio actual:

Hechos terminados 'AQUÍ'
(Hoy, esta mañana, este mes, este año...)

Indefinido para situar la historia en un espacio pasado:

Hechos terminados 'ALLÍ'
(Ayer, aquel día, el lunes pasado, el mes pasado...)

HABLANDO DE UN ESPACIO ACTUAL

Hoy...

Para:
CC:
Asunto:

Querido Evaristo:
No **he podido** ir con vosotros porque **he estado** toda la noche con Elena. Sí, aquella profesora de español que **era** tan guapa y que me **gustaba** tanto. Ya sabes que desde que la conocí **hemos salido** algunas veces a tomar café, que ella siempre me **hablaba** de sus alumnos y que yo muchas veces **intentaba** sacar el tema de los novios sin resultado. Pues esta tarde **hemos ido** al cine y la **he invitado** a cenar después en mi casa. Lo **tenía** todo preparado: una comida perfecta, velas, música romántica... Pero Elena **ha llegado** a casa con un chico. Yo no **sabía** qué hacer ni qué decir, pero ella **ha aclarado** inmediatamente la situación: **era** su novio. Al final **ha sido** una cena un poco accidentada, como ves.

HABLANDO DE UN ESPACIO PASADO

Cuando estaba en Berlín...

Conocí a Elena en Berlín. Yo **estaba** en una oficina de la embajada y ella **trabajaba** como profesora de español en una universidad. Elena **tenía** entonces unos 25 años. **Era** un poco más joven que yo. Ella **estaba** muy contenta con su trabajo allí, y muchas tardes **salíamos** a tomar un café para hablar de sus alumnos. Me **gustaba** mucho aquella chica. Un día **salimos** para ir al cine y la **invité** a cenar a mi casa. Lo **tenía** todo preparado: una comida perfecta, velas, música romántica... Pero ella **llegó** a casa con un chico. Yo no **sabía** qué hacer ni qué decir. Entonces ella **aclaró** la situación: **era** su novio. Al final **fue** una cena estupenda. La comida, quiero decir.

9 ¿Imperfecto o Perfecto? Decide en cada caso.

Para:

CC:

Asunto:

Hola, Carolina. Te escribo este mail para contarte por qué no ➔ he podido ir a tu fiesta. Es que esta tarde (1) .... al cine con Mario. Sí, ese chico que (2) .... tan feo, ¿recuerdas? Te lo presenté el otro día en el café y, después, te (3) .... varias veces de él. Bueno, pues resulta que, después del cine, Mario me (4) .... a cenar en su casa. Yo no (5) .... , pero, al final, (6) .... a cenar a su casa con Hans. Mario no lo (7) .... , así que le (8) .... que Hans (9) .... mi novio, y el pobre se lo (10) .... Al final, la cena (11) .... realmente horrible. El pollo (12) .... quemado y la Coca-Cola (13) .... light sin cafeína y, además de todo, (14) .... que escuchar durante toda la cena un disco de grandes éxitos de Julio Iglesias. Creo que (15) .... mi peor noche en los últimos seis meses. Bueno, nos vemos mañana y te cuento más.

➔ poder ✓	1. ir	2. ser	3. hablar	4. invitar	5. querer	6. ir	7. conocer
8. decir	9. ser	10. creer	11. ser	12. estar	13. ser	14. tener	15. ser

10 ¿Imperfecto o Indefinido? Decide en cada caso.

➔ Conocí a Mario en Berlín. Yo (1) .... como camarera en una cervecería y él (2) .... empleado en una oficina de la embajada. En aquel tiempo, yo (3) .... 32 años, y él 28. Un día me (4) .... mi edad y le (5) .... Yo no (6) .... contenta con mi trabajo, incluso me daba un poco de vergüenza decírselo, así que le (7) .... que (8) .... profesora de español. Él (9) .... muy enamorado de mí, pero yo no. (10) .... demasiado feo para mi gusto, y no (11) .... una mente demasiado brillante tampoco. Pero él siempre me (12) .... a tomar café, y yo cada vez le (13) .... mentiras y más mentiras. Un día (14) .... al cine y después él me (15) .... a su casa para cenar. Yo no (16) .... qué hacer para no decirle directamente que él no me (17) .... Así que (18) .... a un amigo alemán y (19) .... los dos juntos a su casa. Le (20) .... que (21) .... mi novio. El pobre Mario se (22) .... muy triste. Al final, la cena (23) .... un desastre. Sobre todo la comida.

➔ conocer ✓	8. ser	16. saber
1. trabajar	9. estar	17. gustar
2. ser	10. ser	18. llamar
3. tener	11. tener	19. ir
4. preguntar	12. invitar	20. decir
5. mentir	13. contar	21. ser
6. estar	14. ir	22. poner
7. decir	15. invitar	23. ser

27. Pluscuamperfecto de indicativo

A Significado y formas: *había hablado, había comido, había vivido...*

■ El Pretérito pluscuamperfecto se forma con:

➲ 20. Formas no personales

El **Pretérito imperfecto** del verbo auxiliar ***haber***. → ***había / habías / había / habíamos / habíais / habían*** + *hablado / comido / vivido* ← El **participio** correspondiente al hecho <u>terminado</u>.

Con el Pluscuamperfecto afirmamos hechos terminados en un **momento anterior** a otro momento en el pasado.

Antes de aquel momento: *Había llovido.*

En aquel momento: *Estaba todo mojado.*

1 **Completa con la forma del Pluscuamperfecto en la persona correspondiente y relaciona cada verbo con su imagen.**

- ¿Sabes que Toby se escapó ayer por la tarde? No me lo explico.
- Pues es fácil. Cuando se escapó, **tú** ➲ ...*habías salido (c)*... con Antonio a dar una vuelta. Toby pudo salir perfectamente por la puerta principal, porque, cuando yo volví, me di cuenta de que **Antonio y tú** os (1) ....*dejado*... la puerta abierta al salir. **Yo**, por mi parte, (2) ...*ido*... a comprar al supermercado porque necesitábamos comida para la noche. También **las ventanas** se (3) ...*quedado*... abiertas porque también las encontré abiertas al volver. Y **Marisa** se (4) ...*quedado*... dormida después de la comida y ella, cuando duerme, duerme. Si, además de todo esto, recuerdas que **Toby** ya (5) ...*visto*... por la ventana a Mopa, la nueva perrita de la vecina, está ya todo explicado, ¿o no?

B Uso: el pasado del pasado.

- Desde el presente, podemos afirmar sucesos pasados y terminados con el **Perfecto** o el **Indefinido**. Pero, cuando nos situamos en un punto concreto del pasado, utilizamos el **Pluscuamperfecto** para referirnos a hechos que ya estaban terminados **antes de ese punto del pasado**:

2 **Traslada a una escena pasada estos sucesos contados con Perfecto, cambiando la forma del verbo al tiempo y la persona adecuados.**

Antes de ahora	Antes de aquel momento
• "Oye, son las seis y todavía no **ha llegado** nadie".	➲ A las seis todavía no ...había llegado... nadie.
• "¡Ya estoy aquí! ¡Qué bien, lo **habéis arreglado** ya todo!"	1. Cuando llegué, lo .... ya todo.
• "**He preparado** unas tapas. ¿Os apetecen?"	2. .... unas tapas, pero no comieron nada.
• "Sí, ella siempre **ha sido** muy buena conmigo."	3. Le mentí diciéndole que .... muy buena conmigo.
• "Si tienes buenas notas es porque **has estudiado** mucho."	4. Tenía muy buenas notas. Es lógico: .... mucho.
• "Nos **hemos dejado** las llaves dentro. ¿Cómo entramos ahora?"	5. No pudimos entrar porque nos .... las llaves dentro.
• "Horror. Nuestro tren ya se **ha ido**. ¡Menudo lío! ¿Qué hacemos ahora?"	6. Llegaron a la hora exacta a la estación, pero pero el tren se ....

3 Traslada a una escena pasada estos sucesos contados con Indefinido, cambiando la forma del verbo.

En un momento pasado	Antes de aquel momento
➲ Lo siento. Patricia no está. **Salió** hace un rato.	➲ Corrí todo lo que pude, pero Patricia ya ...había salido... cuando llegué a su casa.
1. Tenemos que ir a casa de Ángela. Se **compraron** un coche ayer y quieren enseñárnoslo.	1. Fuimos a casa de Ángela. Se .... un coche nuevo y querían enseñárnoslo.
2. Tranquila, se lo **conté** todo a Paco ayer.	2. Me aseguró que ya se lo .... todo a Paco.
3. • ¿Entiendes lo que dice en este papel? ○ Más o menos. Yo **estudié** dos años ruso.	3. Casimiro pudo entender lo que decía aquel papel porque .... ruso dos años.
4. La semana pasada **hice** mi primera donación de sangre.	4. Estaba muy orgulloso porque la semana anterior .... su primera donación de sangre.
5. **Estuvimos** en la playa de Mónsul el año pasado y el anterior.	5. Ellos conocían muy bien el camino porque ya .... allí dos veces.

■ Sólo podemos usar el Pluscuamperfecto si presentamos un hecho como **anterior a un punto muy concreto** en el pasado:

Antes de llegar	• ***Cuando llegué, ya*** *se* ***habían comido*** *toda la tarta.*
Antes de decírmelo	• *El otro día me encontré a Paco.* ***Me dijo*** *que* ***había estado*** *enfermo.*
Antes de llamarla	• ***A las seis*** *la volví a llamar, pero se* ***había ido****.*

■ Si ese punto de referencia en el pasado no está claro, no usamos el Pluscuamperfecto, sino el Indefinido:

• *Ayer* ***fui*** *al cine.*
○ *¿Ah, sí? ¿Y qué película* ***fuiste*** *a ver?*

4 Interpreta y decide: ¿tiene sentido el enunciado o necesitamos un Indefinido?

➲ La sopa no estaba buena porque le **había echado** mucha sal. (.......✓.........)
➲ El sábado ~~habíamos ido~~ a un restaurante muy bueno, pero este restaurante es horrible. (...fuimos.......)
1. Estábamos ya en la puerta, pero no pudimos entrar al concierto porque Jorge se **había dejado** las entradas en casa. (.....................)
2. En marzo **había viajado** por primera vez a Madrid y, después, visité Valencia y Barcelona. (.....................)
3. Le puso la dirección y el sello a la carta y la **había echado** en el buzón. (.....................)
4. Héctor nació muy flaco, pero cuando lo vi por segunda vez, ya **había engordado** un montón. (.....................)
5. Nosotros **habíamos comido** cuando llegamos. (.....................)
6. El fin de semana pasado mi novio **había venido** a verme. (.....................)
7. El programa no te funcionó porque no lo **habías instalado** correctamente. (.....................)

28. Futuro

A Significado

- Al igual que el Presente, el Futuro habla de una realidad presente o futura. Pero, a diferencia del Presente, con el Futuro sólo **predecimos o suponemos cómo puede ser** una realidad de la que todavía no tenemos experiencia completa.

Afirmando sobre el presente o el futuro:

- *Ahora **tiene** mucho trabajo.*
  [Afirmación sobre algo presente.]
- *Mañana **acaba** el trabajo.*
  [Afirmación sobre algo futuro.]

Haciendo una suposición sobre el presente o una predicción sobre el futuro:

- *Ahora **tendrá** mucho trabajo.*
  [Suposición sobre algo presente.]
- *Mañana **acabará** el trabajo.*
  [Predicción sobre algo futuro.]

1 ¿De qué momento hablamos con estas formas de Futuro?

Momento presente (P) | Momento futuro (F)

➲ Al mundo **vendrán** trece millones de naves. **Vendrá** una confederación intergaláctica de Ganímedes, de la constelación Orión, de Raticulín, de Alfa y de Beta. (..F..)

1. ● ¿El hijo pequeño de Alfredo es rubio?
   ○ Pues no sé, pero si todos sus hijos son rubios, éste también **será** rubio. (......)
2. Si tú se lo pides, no **dirá** nada. (......)
3. ● ¿Y tus amigos? No los veo.
   ○ **Estarán** en el banco. Tenían que sacar dinero. (......)
4. ● No nos queda dinero.
   ○ **Iré** al banco, no te preocupes. (......)
5. Mi hijo se **llamará** Nemesio. Me encanta ese nombre. (......)
6. ● ¿Cómo se llama el hijo de Inma?
   ○ Pues no sé, pero se **llamará** Nemesio. A ella le encanta ese nombre. (......)

B Formas regulares: *hablaré, comeré, viviré...*

- Para formar el Futuro regular usamos el **infinitivo** más las **terminaciones** del Presente de *haber*:

	Presente de *haber*		-ar/-er/-ir	*Hablar*	*Comer*	*Vivir*
Yo	*he*	*Hablar* *Comer* *Vivir*	*-é*	*hablaré*	*comeré*	*viviré*
Tú	*has*		*-ás*	*hablarás*	*comerás*	*vivirás*
Él, ella, usted	*ha*		*-á*	*hablará*	*comerá*	*vivirá*
Nosotros/-as	*hemos*		*-emos*	*hablaremos*	*comeremos*	*viviremos*
Vosotros/-as	*habéis*		*-éis*	*hablaréis*	*comeréis*	*viviréis*
Ellos, ellas, ustedes	*han*		*-án*	*hablarán*	*comerán*	*vivirán*

- Además, **el acento está siempre en la terminación**, como muestra el subrayado en los ejemplos anteriores.

2 **Convierte las siguientes afirmaciones en predicciones o suposiciones con la forma correspondiente del Futuro.**

Afirmaciones	Predicciones o suposiciones
➲ Si no estudias, no **llegas** a ninguna parte.	➲ Si no estudias, nunca ..*llegarás*..... a ninguna parte.
María Elena **vuelve** a las cinco.	1. María Elena .... a las cinco, más o menos.
Nunca **cambio** de opinión.	2. Nunca .... de opinión, nunca.
No hay problema. Si llueve, **comemos** dentro.	3. Mejor fuera, pero, si llueve, ... dentro.
No puede correr mucho. Le **duele** la rodilla.	4. Le .... la rodilla y, por eso, no corre mucho.
¿Me **invitas** a cenar esta noche?	5. ¿Me .... a cenar algún día?
Si no quieres hablar tú, **hablo** yo.	6. Si no quieres hablar tú, ... yo.
¿Puedo ir a veros mañana? ¿**Estáis** en casa?	7. ¿Puedo ir a veros mañana? ¿ .... en casa?
No se hablan. Están enfadados.	8. No sé. Si no se hablan, es que .... enfadados.

C Verbos irregulares: *diré*, *querré*, *tendré*...

- Las irregularidades en el Futuro afectan siempre a la primera parte del verbo, a la raíz. Las **raíces irregulares** más frecuentes son las de estos verbos:

Decir → ***dir-***	*Querer* → ***querr-***	*Tener* → ***tendr-***
Hacer → ***har-***	*Haber* → ***habr-***	*Poner* → ***pondr-***
	Poder → ***podr-***	*Venir* → ***vendr-***
	Saber → ***sabr-***	*Salir* → ***saldr-***
	Caber → ***cabr-***	*Valer* → ***valdr-***

- La **terminación** siempre es regular:

Decir	*Querer*	*Tener*
***dir**é*	***querr**é*	***tendr**é*
***dir**ás*	***querr**ás*	***tendr**ás*
***dir**á*	***querr**á*	***tendr**á*
***dir**emos*	***querr**emos*	***tendr**emos*
***dir**éis*	***querr**éis*	***tendr**éis*
***dir**án*	***querr**án*	***tendr**án*

👁 Los verbos compuestos correspondientes tienen la misma irregularidad:

*Des**hacer*** → *des**haré*** *Re**hacer*** → *re**haré***
*Man**tener*** → *man**tendré*** *Su**poner*** → *su**pondré***, etc.

3 **El pequeño Samuel José cree que todos los Futuros son regulares. Ayúdale a aprender, identificando y corrigiendo sus pequeños errores, cuando los hace (hay ocho errores más).**

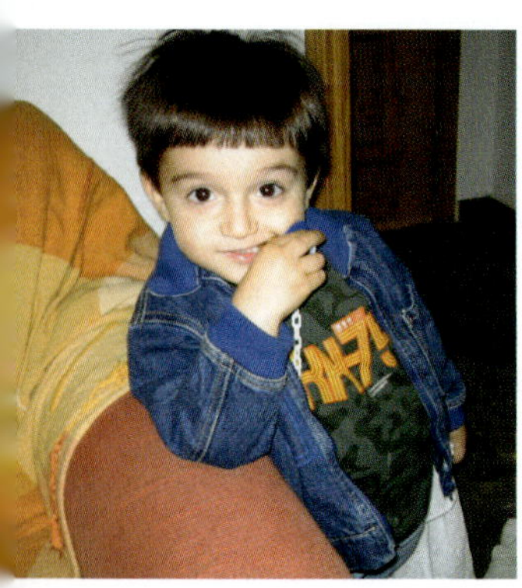

➲ Yo **teneré** .*tendré*..... una moto como mi papá, y **seré** .....✓........ muy fuerte, como mi papá.

1. Si me quitas mi libro de animales, se lo **deciré** .... a mi tito José, y **venirá** .... y te lo **quitará** .... y me **dará** .... muchos besos.
2. Mi mamá **volverá** .... pronto y me **ponerá** .... la tele para ver los dibujos animados.
3. Después de comer **saliré** .... a la calle y **jugaré** .... con mis amigos.
4. El año que viene **iré** .... a la escuela y así **saberé** .... leer cuentos y **poderé** .... escribir cartas a los Reyes Magos.
5. Los Reyes Magos me **traerán** .... juguetes, y los **poneré** .... en el suelo para jugar y luego los **recogeré** .... Y mi mamá me **quererá** .... mucho.

4 Completa con la forma adecuada.

➲ Si tú no me **quieres**, alguien me ..querrá.... .
1. Si el amor no **cabe** en tu corazón, en otro corazón ....
2. Si no **tienes** paciencia conmigo, otros la ....
3. Si tú no me **dices** cosas románticas, alguien me las ....
4. Si no **vienes** a buscarme cuando estoy triste, alguien ....
5. Si no **sales** al balcón para recibirme, otros ....
6. Si tú no **haces** lo que yo quiero, alguien lo ....
7. Si tú no **sabes** cómo tratarme, estoy segura de que alguien ....
8. Si tú no **vales** para ser un buen marido, alguien ....
9. Si contigo no **puedo** ser feliz, con otros .... serlo.
10. Si contigo no **hay** esperanza, con otros la ....

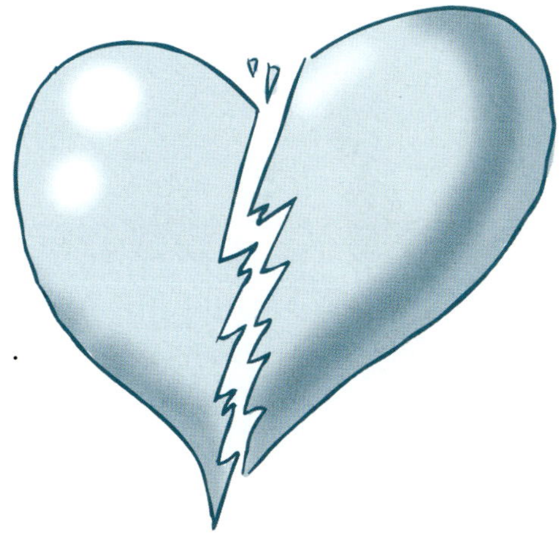

D Usos. Predecir el futuro: *Mi novio volverá mañana.*

■ Cuando usamos el Futuro para hablar del futuro cronológico estamos prediciendo el futuro. Hacemos esto para indicar que hablamos de hechos que dependen del paso del tiempo para confirmarse. Estamos **prediciendo** cómo va a ser el futuro o pidiendo predicciones a otros:

CÓMO PUEDE SER EL FUTURO	Predicciones	• *No debes preocuparte.* ***Volverá*** *mañana.* • *El martes* ***tendremos*** *sol en la mitad sur y* ***habrá*** *nubes en el norte.* • *Al final no se* ***casará*** *con ella, ya* ***verás****.* • *A las cuatro y media* ***estaré*** *esperándote en el aeropuerto.* • *¿Voy contigo o* ***sabrás*** *hacerlo tú solo?*

■ Si queremos presentar la información más objetivamente, usamos el **Presente** o ***Ir a*** + INFINITIVO:

- *A las cuatro* ***estoy*** *allí.*
- *A las cuatro* ***voy a estar*** *allí.*

➲ 21. Presente de indicativo
➲ 37. Perífrasis verbales

5 Relaciona los enunciados de la izquierda con los de la derecha.

➲ Ven a tu concesionario Aupel y prueba nuestros coches.	(..G...)	a. A tu novio le encantará.
1. Estás muy guapa con ese vestido.	(.......)	b. Otro día me lo dirás.
2. Préstame el libro de cocina.	(.......)	c. ¡No irás a ninguna parte con el dinero del banco!
3. ¿Tendrás tiempo mañana para ayudarme?	(.......)	d. Ella me necesita.
4. Este niño será médico.	(.......)	e. Te lo devolveré mañana.
5. Bueno, si no quieres hablar ahora, vale.	(.......)	f. Dentro de media hora te sentirás mejor.
6. Tómate estas pastillas.	(.......)	g. Vivirás experiencias inolvidables. ✓
7. ¡Alto, Flanagan! ¡Deja el revólver!	(.......)	h. Yo no puedo mover estos muebles solo.
8. Tarde o temprano, volverá.	(.......)	i. Se pasa todo el día examinando a su prima.

6 **Completa las predicciones de esta vidente con el verbo y la forma adecuadas.**

Quedar ✓
Sentir
Cambiar
Conocer

➲ Pronto te ..*quedarás*..... calvo.
1. Antes de un mes .... a una mujer guapísima y te .... muy enamorado de ella.
2. En ese momento tu vida .... completamente.

Morir
Tener
Querer
Ganar
Abandonar

3. Tu mujer te ....
4. .... 100.000 euros en un concurso de televisión.
5. Tu mujer .... volver contigo.
6. .... siete hijos y cuatro perros.
7. Y si no me pagas, ... joven.

7 **El matrimonio Rocamora-Holehole no va bien. Esto es lo que les pasa... Pero, ¿cómo terminará? Escoge la consecuencia adecuada en cada caso.**

Romperse la comunicación ✓
La próxima Navidad no estar juntos
Arruinarse
Salir con otra
Separarse
Conocer a otra persona más interesante que él

➲ Casi no se hablan. *Se romperá la comunicación.*
1. Él sale mucho y conoce a mucha gente nueva. ....
2. Ella esquía y navega con nuevos amigos. ....
3. Los dos gastan demasiado. ....
4. Nunca están juntos en las fiestas importantes. ....
5. Cada vez tienen menos cosas en común. ....

E Usos. Suponer el presente: *Mi novio estará en Madrid ahora.*

■ Usamos el Futuro para hablar del presente cronológico cuando hablamos de una realidad que no controlamos totalmente, que no consideramos segura. Estamos solamente **suponiendo** cómo puede ser el presente o preguntando lo que otros suponen:

Estará *en Madrid* *ahora.* = ***Supongo que está*** *en Madrid* *ahora.*

CÓMO PUEDE SER EL PRESENTE	Suposiciones	
		• *No debes preocuparte por el niño.* ***Estará*** *con su hermano mayor.*
		• ***Será*** *una casa antigua, porque le ha costado muy poco dinero.*
		• *Este coche no está mal, pero ¿no crees que el Peyó* ***correrá*** *más?*
		• *Yo duermo ocho horas diarias, pero Rosa* ***dormirá*** *más.*
		• *¿****Vivirá*** *Claudio todavía en aquella casa tan incómoda y fría?*
		• *Manuela se encuentra mal.* ***Tendrá*** *fiebre.*
		• *¿****Estará*** *todavía abierto el supermercado? ¿Tú qué crees?*

REALIDAD NO CONOCIDA COMPLETAMENTE

■ Si hablamos de hechos actuales, pero de modo objetivo y seguro, usamos el **Presente**:

• *Es un gato buscando comida.*

➲ 21. Presente de indicativo

8 **Sé económico. Sustituye la parte destacada por el Futuro correspondiente.**

➲ **Me da la impresión de que no le gusta** estar con nosotros.	➲ No le ....gustará..... estar con nosotros.
1. **Me imagino que tiene** cosas más interesantes que hacer.	1. .... cosas más interesantes que hacer.
2. **Yo pienso que no sabe** dónde estamos.	2. No .... dónde estamos.
3. **Posiblemente tiene** demasiado trabajo.	3. .... demasiado trabajo.
4. **Supongo que no le gustan** las fiestas.	4. No le .... las fiestas.
5. **Seguro que viene** más tarde.	5. .... más tarde.
6. **Quizá está** enfermo, ¿no?	6. .... enfermo.
7. **A mí me parece que no quiere** encontrarse con Rosa.	7. No .... encontrarse con Rosa.
8. **Probablemente no sabe** nada sobre la fiesta.	8. No .... nada sobre la fiesta.
9. **A lo mejor tiene** que cuidar a su hermanito.	9. .... que cuidar a su hermanito.

9 **Relaciona lo que dice Pepe (a la izquierda) con la situación más probable en cada caso (a la derecha).**

➲ Es mejor no molestar a Luis ahora. **Estará** cenando.	a. Pepe sabe qué está haciendo Luis ahora. b. Pepe imagina qué puede estar haciendo Luis.
1. ● ¿Quién llama a la puerta? ❍ **Será** el cartero.	a. Pepe está mirando por la ventana. b. Pepe está duchándose.
2. ● ¿De quién es este bolígrafo? ❍ **Será** mío. Déjalo ahí.	a. Pepe reconoce perfectamente su bolígrafo. b. Pepe no recuerda exactamente si ese boli es suyo.
3. ● Pepe, ¿quién sabe que somos novios? ❍ Tranquilo, sólo lo **sabe** Emilio.	a. Sin duda, Emilio conoce su relación. b. Posiblemente, Emilio conoce su relación.
4. ● Barti no ha comido nada. ❍ No le **gustará** el pescado.	a. Barti es el gato de Pepe. b. Barti es el gato del amigo de Pepe.
5. Oye, Claudia, ¿cuántos años **tendrá** Alonso?	a. Alonso es el hijo de Claudia. b. Alonso es el vecino del cuarto piso.
6. ● ¿Tiene sal la carne, Pepe? ❍ **Tendrá** un poco.	a. Pepe ha probado ya la carne. b. Pepe no ha probado todavía la carne, pero conoce los gustos del cocinero.
7. ● A Rosita le duele mucho la cabeza. ❍ Es que **está** con gripe. **Tendrá** fiebre.	a. Pepe conoce la enfermedad de Rosita, pero no tiene termómetro. b. Pepe no sabe qué le pasa a Rosita, pero ha comprobado su temperatura con un termómetro.

10 **Vas a una fiesta con un amigo tuyo. En la fiesta te gusta mucho una persona que ninguno de los dos conocéis. Puedes hablar con ella directamente o hablar de ella con tu amigo. Pon los verbos en la forma correcta.**

Si hablas con ella:	**Si hablas con tu amigo:**
➲ ¿Cómo te .llamas..?	➲. ¿Cómo se .llamará...?
1. ¿Cuántos años ....?	1. ¿Cuántos años ....?
2. ¿De dónde ....?	2. ¿De dónde ....?
3. ¿A quién .... en esta fiesta?	3. ¿A quién .... en esta fiesta?
4. ¿Te .... bailar?	4. ¿Le .... bailar?
5. ¿Qué perfume ....?	5. ¿Qué perfume ....?
6. ¿............ con alguien?	6. ¿................. con alguien?
7. ¿............ salir a tomar algo fuera de aquí?	7. ¿ .... salir a tomar algo fuera de aquí?
8. ¿Me .... tu número de móvil?	8. ¿Me .... su número de móvil?
9. ¿Te .... que te llame?	9. ¿Le .... que la llame?

querer
salir
ser
tener
importar
conocer
gustar
dar
llamar ✓
usar

29. Futuro perfecto

A Significado y formas: *habré hablado, habré comido, habré vivido...*

■ El Futuro perfecto se forma con:

➲ 20. Formas no personales

El **Futuro** del verbo auxiliar ***haber***. → ***habré, habrás, habrá, habremos, habréis, habrán*** + *hablado, comido, vivido* ← El **participio** correspondiente al hecho <u>terminado</u>.

haber	participio
habré *habrás* *habrá* *habremos* *habréis* *habrán*	*hablado* *comido* *vivido*

Con el Futuro perfecto **predecimos** o **suponemos** sucesos TERMINADOS antes de ahora o antes de un momento futuro.

1 **Transforma las siguientes afirmaciones en suposiciones con la forma correspondiente del verbo en Futuro perfecto.**

Si lo afirmamos...	Si sólo lo suponemos...
➲ Esto no funciona. **Hemos hecho** algo mal.	➲ Esto no funciona. ...Habremos hecho... algo mal.
1. **Has trabajado** mucho, pero no veo el resultado.	1. .... mucho, pero no veo el resultado.
2. La perra está ladrando. ¿La **habéis asustado**?	2. La perra está ladrando. ¿No la ....?
3. Creo que **hemos tomado** la carretera equivocada.	3. .... la carretera equivocada, no sé.
4. Ya no me llama. Me **ha olvidado**.	4. Ya no me llama. Me ....
5. Tus amigos no van a llegar. Se **han perdido**.	5. Si no llegan, es que se ....
6. María **ha salido** un momento a comprar pan.	6. ¿María? No sé. .... un momento.

B Usos. Suponer el pasado del presente: *Habrá dormido poco, supongo.*

■ Usamos el Futuro Perfecto **en los mismos casos en que usamos el Pretérito Perfecto**, pero con una **diferencia**:

➲ 22. Pretérito perfecto

Pretérito Perfecto: Hablamos de una realidad pasada que controlamos: afirmamos esa realidad.

Futuro Perfecto: Hablamos de una realidad pasada que no controlamos totalmente: sólo **suponemos** esa realidad.

Habrá salido = ***Supongo que*** *ha salido*

Afirmando el hecho: **controlamos** la información.	**Suponiendo** el hecho: **no controlamos** totalmente la información.
• *¿Por qué estás tan cansado?* ○ *Es que esta noche <u>he dormido</u> poco.*	• *¿Por qué está Luisa tan cansada?* ○ ***Habrá dormido*** *poco.*
• *¿Dónde están las llaves?* ○ *Las <u>he puesto</u> encima del televisor.*	• *¿Dónde están las llaves?* ○ *Las **habré puesto** encima del televisor.*
• *Ayer no vinieron para arreglar el grifo.* ○ *No, pero <u>han venido</u> esta mañana.*	• *Ayer no vinieron para arreglar el grifo.* ○ *No, pero **habrán venido** esta mañana.*

2 **Lee detenidamente lo que cuenta Ana sobre su novio y demuestra que la entiendes bien: ¿qué cosas sabe Ana y qué cosas está sólo imaginando?**

Para:
CC:
Asunto:

Hola, Andrea.
Te escribo porque estoy desesperada. Esteban está últimamente muy raro conmigo. No ha salido con sus amigos en las últimas semanas y, sin embargo, siempre está fuera y dice que no tiene tiempo de nada. Se habrá creído que soy tonta y que no me doy cuenta de nada. Tampoco me ha regalado nada para mi cumpleaños. Dice que es culpa de su mala memoria. Seguramente se le habrá olvidado, pero es que son tantas cosas...
Habrá conocido a alguna chica y se habrá enamorado, seguro. Esta semana ha estado todas las tardes con una compañera de trabajo que no me gusta nada. Ella le ha ayudado mucho siempre, pero ya es demasiado tiempo juntos, ¿no crees? Dime qué piensas.
Besos, Ana.

- Su novio no sale últimamente con sus amigos. (Lo sabe........)
- Su novio cree que es tonta. (.Lo imagina...)

1. Su novio no le ha hecho ningún regalo de cumpleaños. (..................)
2. Su novio ha olvidado hacerle el regalo. (..................)
3. Su novio ha conocido a otra chica. (..................)
4. Su novio se ha enamorado de otra persona. (..................)
5. Su novio ha estado esta semana muchas veces con una compañera de trabajo. (..................)
6. La compañera de su novio le ha ayudado muchas veces. (..................)

C Usos. Predecir el pasado del futuro: *Mañana habré terminado.*

■ Usamos el Futuro perfecto para declarar **sucesos futuros anteriores a otro momento futuro**. Hacemos esto cuando nos situamos explícitamente en **un punto de referencia preciso** en el futuro y queremos declarar que lo que predecimos estará terminado en ese punto:

- *¿Cómo va eso?*
- *Ya queda poco. <u>En dos horas</u> lo **habremos pintado** todo.*

- *Oye, dejadme algo de tarta, ¿vale?*
- *No sé. Me temo que <u>cuando vuelvas</u> la tarta **habrá desaparecido**.*

- *¿Si salimos <u>mañana a las siete</u> está bien? ¿Estarás cansado para conducir?*
- *No, con seis horas **habré dormido** suficiente.*

■ Para hacer lo mismo con mayor seguridad, usamos el Pretérito Perfecto:

- *A las cinco he llegado.* ➲ 22. Pretérito perfecto

3 **Alguien hizo las predicciones que tienes a la izquierda. La realidad fue lo que tienes a la derecha. ¿Predijo correctamente o no?**

➲ A las siete **habré terminado**.	**Terminó a las 6:30.**	(..Sí.....)
➲ **Terminaré** a las 7.		(.No....)
1. En marzo ya **habrá nacido** Luisito.	**Nació en febrero.**	(.........)
2. En marzo **nacerá** Luisito.		(.........)
3. Cuando venga tu madre el domingo **arreglaré** el horno.	**Lo arregló el jueves.**	(.........)
4. Cuando venga tu madre el domingo, ya **habré arreglado** el horno.		(.........)
5. El avión **aterrizará** a las 11:15 en el aeropuerto de Jizro.	**Aterrizó a las 11:05**	(.........)
6. A las 11:15, el avión ya **habrá aterrizado** en Jizro.		(.........)

30. Condicional

A Formas regulares e irregulares: *hablaría, comería, viviría, querría...*

■ Para formar el Condicional simple regular usamos el **infinitivo** más las **terminaciones** del Imperfecto de *haber*:

	Imperfecto de *haber*		*-ar/-er/-ir*	*Hablar*	*Comer*	*Vivir*
Yo	***había***	*Hablar*	***-ía***	*hablaría*	*comería*	*viviría*
Tú	***habías***	*Comer*	***-ías***	*hablarías*	*comerías*	*vivirías*
Él, ella, usted	***había***	*Vivir*	***-ía***	*hablaría*	*comería*	*viviría*
Nosotros/-as	***habíamos***		***-íamos***	*hablaríamos*	*comeríamos*	*viviríamos*
Vosotros/-as	***habíais***		***-íais***	*hablaríais*	*comeríais*	*viviríais*
Ellos, ellas, ustedes	***habían***		***-ían***	*hablarían*	*comerían*	*vivirían*

■ Además, **el acento está siempre en la terminación**, como muestra el subrayado en los ejemplos anteriores.

- *Después de vuestra experiencia allí, ¿**volveríais** a vivir en un pueblecito?*
- *Pues **dependería** de las circunstancias.*

➔ 28. Futuro

■ Los **verbos irregulares** en Condicional simple son exactamente los mismos que los irregulares en Futuro:

Decir → ***diría***	*Querer* → ***querría***	*Tener* → ***tendría***
Hacer → ***haría***	*Haber* → ***habría***	*Poner* → ***pondría***

- *¿Tú qué **harías**? ¿**Saldrías** con ella y le **dirías** algo?*
- *Yo tampoco **sabría** qué hacer, la verdad.*

- *¿Dónde **pondrías** el sofá? ¿Al lado de la ventana o en esa pared?*

1 **El pequeño Pablito cree que todos los Condicionales son regulares. Ayúdale a aprender, identificando y corrigiendo sus pequeños errores, cuando los hace, como en el ejemplo (tienes que encontrar nueve errores más).**

➔ Si yo fuera grande, ~~tenería~~ ...tendría... muchos libros muy gordos, y **leería** .... mucho todos los días.

1. Y así **sabería** .... mucho de gramática y **podría** .... hablar perfectamente.
2. Y también **salería** .... yo solo a la calle, porque ahora no me dejan mis papás, y **pasearía** .... por toda la ciudad, y **hacería** .... todo lo que me gusta, y tú **venirías** .... conmigo.
3. Si yo fuera ya mayor, **sería** .... un profesor muy inteligente y **daría** .... conferencias y **deciría** .... cosas muy interesantes.
4. Yo **quereria** .... escribir una gramática, pero no sé escribir todavía. En esa gramática **ponería** .... cosas muy interesantes, y no **habería** .... ninguna gramática mejor que ésa, y me **haría** .... rico.
5. Yo, en tu lugar, no me **reiría** .... tanto de mí y de mi hermano. **Poderías** .... tener problemas si se lo decimos a nuestra mamá.

B Hacer suposiciones sobre el pasado: *Serían las cinco, más o menos.*

Con el Futuro hacemos o pedimos suposiciones sobre cosas del presente de las que no estamos seguros:

■ Con el Condicional simple **suponemos una realidad pasada** o pedimos una suposición sobre ese tiempo pasado:

Saldría	=	***Supongo que*** *salía/salió*

Afirmando el pasado:

- *<u>Eran</u> las cinco, más o menos.*
- *Estaba muy caliente. ¿<u>Tenía</u> fiebre?*
- *Llegamos tarde porque <u>perdimos</u> el autobús.*

Suponiendo el pasado:

- *En aquel momento **serían** las cinco, más o menos.*
- *Estaba muy caliente. ¿**Tendría** fiebre?*
- ***Perderían** el autobús y, por eso, llegaron tarde.*

2 **Cambia la forma del verbo para marcar que están suponiendo sobre algo pasado.**

Fiesta del domingo

➲ Pues no sé, **estará** enfermo...
o no **sabrá** la dirección...
o **estará** enfadado con nosotros...
o **tendrá** cosas más interesantes que hacer...
o no le **apetecerá**... Quién sabe...

Un día después

➲ Pues no sé, ..estaría... enfermo...
1. o no .... la dirección...
2. o .... enfadado con nosotros...
3. o .... cosas más interesantes que hacer...
4. o no le .... Quién sabe...

3 La gente dice que Jorge estaba ayer besando escandalosamente a alguien en la plaza del pueblo. ¿Cómo cambia la forma del verbo si las personas que hablan saben qué pasaba o sólo lo suponen?

Si lo saben, dicen...	Si sólo lo suponen, dicen...
No ➲ ...era... Jorge. ➲ ...Era... otro chico.	No ➲ ...sería... Jorge. ➲ ...Sería... otro chico.
(1) .... su novia y (2) .... despidiéndose.	**Sería** su novia, y **estarían** despidiéndose.
Es que no la **veía** desde hacía mucho tiempo.	No la (3) .... desde hacía mucho tiempo.
(4) .... un poco bebidos.	**Estarían** un poco bebidos.
No (5) .... besando a una chica.	No **estaría** besando a una chica.
(6) .... a un chico.	**Sería** a un chico.
Querían escandalizar a la gente.	(7) .... escandalizar a la gente.

C Hacer declaraciones hipotéticas sobre el presente y el futuro: *Yo no diría nada...*

■ Cuando utilizamos un Condicional simple para referirnos a algo presente o futuro, estamos declarando una **realidad hipotética** o preguntando por ella:

Declaramos (o preguntamos) hipotéticamente:

- *Yo, en tu lugar, **iría** al médico.* [Pero yo no soy tú y no puedo ir por ti.]
- *Te **ayudaría** con mucho gusto, pero es que tengo que irme.* [Y no puedo ayudarte.]
- *Eres muy alta. **Serías** muy buena como jugadora de baloncesto.* [Pero no eres jugadora de baloncesto.]
- *Si tuvieras tiempo, ¿**harías** más deporte?* [Porque no haces mucho deporte.]

■ Gracias a este sentido hipotético, podemos usar el Condicional simple también para hacer **más indirecta o cortés** una petición o una sugerencia:

- *¿Puedes ayudarme a cambiar este mueble?*
- *¿Tienes un boli rojo, por casualidad?*
- *¿Le importa si abro un poco la ventana?*
- *Yo creo que lo mejor es no decir nada.*

Sugerimos más cortésmente:

- *¿**Podrías** ayudarme a cambiar este mueble?*
- *¿**Tendrías** un boli rojo, por casualidad?*
- *¿Le **importaría** si abro un poco la ventana?*
- *Yo creo que lo mejor **sería** no decir nada.*

4 Decide si las dos opciones son posibles o no. Si hay una que no es posible, táchala.

➲ ¿Tienes/Tendrías unas monedas para prestarme?
➲ ¿~~Tienes~~/Tendrías muchos hijos si fueras rico?
1. Me **gusta/Me gustaría** mucho tu camisa. ¿Dónde la has comprado?
2. Si fueras un animal, ¿qué animal **serás/serías**?
3. ¿Qué tres cosas os **llevaréis/llevaríais** a una isla desierta?
4. Mi mujer ideal es la actriz Charo Nestón. Me **casaré/casaría** ahora mismo con ella.
5. Si yo pudiera, no lo **contrataré/contrataría**.
6. ¿Cómo **será/sería** tu mundo ideal?
7. Me **gusta/gustaría** ser muy guapa y atractiva, y quedarme embarazada, pero soy un hombre.
8. ¿Os **importa/importaría** hablar más alto?
9. ¿**Puedes/Podrías** venir conmigo mañana al banco?
10. Ha sido muy amable con nosotros. Yo creo que **debemos/deberíamos** regalarle algo.
11. **Me encantaría/Me encanta** ser rubia y alta. Pero soy japonesa.
12. Han estado muy antipáticos durante todo el día. **Podríamos/Podemos** hablar con ellos para aclarar las cosas.

31. Condicional compuesto

A Formas: *habría hablado, habría comido, habría vivido...*

■ El Condicional compuesto se forma con:

el **Condicional** del verbo auxiliar ***haber***.

habría	
habrías	*hablado*
habría	*comido*
habríamos	*vivido*
habríais	
habrían	

El **participio** correspondiente al hecho terminado.

➲ 20. Formas no personales

1 **Completa la forma del Condicional compuesto en la persona adecuada.**

- ¿Recuerdas cuando el león se enfadó y casi se sale de la jaula? Qué miedo, ¿no? ¿Te imaginas que se hubiera escapado? ¿Qué habría pasado?
- Bueno, todos los que estábamos allí ➲ *habríamos* salido corriendo, supongo. En concreto, yo me (1) .... metido inmediatamente en el coche, y creo que Rosa también. Y tú también te (2) .... asustado. No digas que no. Rosa y tú os (3) .... asustado tanto como yo.
- Es posible. Pero estoy seguro de que Lou no (4) .... tenido tanto miedo.
- No, ella no se asusta fácilmente, es verdad. ¿Y Alex y Jenaro?
- Pues seguro que le (5) .... explicado al león que no está bien comer personas. Ellos son así...

B Hacer suposiciones sobre el pasado del pasado: *Habría salido, porque no abría.*

Con el Futuro perfecto hacemos o pedimos suposiciones sobre el pasado del presente:

■ Con el Condicional compuesto suponemos una realidad anterior a una escena pasada, o pedimos una suposición sobre este tiempo:

Habría salido = ***Supongo que** había salido*

Afirmando el pasado del pasado:

- *Ya lo sabía, porque se lo había dicho Rosario.*
- *Ayer tenías mala cara. ¿Es que habías dormido mal?*
- *No pudo llamar: le habías dado el número equivocado.*

Suponiendo el pasado del pasado:

- *¿Ya lo sabía? Se lo **habría dicho** Rosario, seguro.*
- *Tenía mala cara, el pobre. ¿**Habría dormido** mal?*
- *Le **habrías dado** el número equivocado y no pudo llamar.*

2 **Cambia la forma del verbo para marcar que están suponiendo sobre una realidad anterior a una escena pasada.**

Fiesta del domingo

- ¿Por qué no ha venido Jorge a la fiesta?
- Pues no sé, **habrá tenido** algún problema...
  o no le **habrán avisado** a tiempo...
  o se **habrá puesto** enfermo...
  o **habrá tenido** que ir a otro sitio...
  o **habrá olvidado** que era hoy... Quién sabe...

Un día después

- ¿Por qué no vendría Jorge a la fiesta del domingo?
- Pues no sé, ..habría tenido... algún problema...
  1. o no le .... a tiempo...
  2. o se .... enfermo...
  3. o .... que ir a otro sitio...
  4. o .... que era ayer... Quién sabe...

C Hacer declaraciones hipotéticas sobre el pasado del presente: *Yo no habría dicho nada...*

■ Cuando utilizamos un Condicional compuesto para referirnos al pasado del presente, estamos declarando o preguntando por una **realidad hipotética** que ya no puede ser verdad, porque la verdad fue otra:

➲ 42. Unir frases

Declaramos (o preguntamos) hipotéticamente:

- *Yo, en tu lugar, **habría ido** al médico hace ya meses.* [Pero yo no soy tú y no he ido.]
- *Te **habría ayudado** con mucho gusto, pero es que tenía mucha prisa.* [Y no pude ayudarte.]
- *Eres muy alta. **Habrías sido** muy buena como jugadora de baloncesto.* [Pero no has sido jugadora de baloncesto.]
- *Si hubieras tenido tiempo, ¿**habrías hecho** más deporte?* [Porque nunca has hecho mucho deporte.]

3 **Jerónimo y Alablanca tienen un amor platónico. Anoche estuvieron juntos tres horas y sólo se miraron a los ojos. ¿Qué habría hecho Alablanca si Jerónimo se hubiera comportado de otra manera? Completa lo que habría pasado traduciendo sus pensamientos a un español perfecto.**

➲ Si Jerónimo le hubiera propuesto casarse, ..no habría aceptado, porque es joven todavía....
1. Si le hubiera recitado un poema, ...
2. Si se hubiera enfadado con ella, ...
3. Si le hubiera dicho que amaba a otra, ...
4. Si le hubiera dado un beso, ...
5. Si hubiera llorado, ...
6. Si le hubiera confesado que es gay, ...
7. Si le hubiera hecho proposiciones deshonestas, ...
8. Si le hubiera prometido amor eterno, ...

Yo darle otro a él	Yo consolarlo a él	Yo también enfadarme con él
Yo escuchar con mucho gusto	Yo sentirme ofendida y rechazarlas	Yo no aceptar, porque ser joven todavía ✓
Yo sorprenderme mucho, pero comprender	Yo jurar también quererlo siempre	Yo preguntarle a quién

32. Formas de subjuntivo: *hable, haya hablado...*

A Formas regulares del Presente de subjuntivo: *hable, coma, viva...*

- Formamos el Presente de subjuntivo cambiando las vocales temáticas del Presente de indicativo de la siguiente manera:

Presente de indicativo	-ar	-er	*Hablar*	*Comer*	*Vivir*
Yo	*-o*	*-o*	*hablo*	*como*	*vivo*
Tú	*-**a**s*	*-**e**s*	*hablas*	*comes*	*vives*
Él, ella, usted	*-**a***	*-**e***	*habla*	*come*	*vive*
Nosotros/-as	*-**a**mos*	*-**e**mos*	*hablamos*	*comemos*	*vivimos*
Vosotros/-as	*-**á**is*	*-**é**is*	*habláis*	*coméis*	*vivís*
Ellos, ellas, ustedes	*-**a**n*	*-**e**n*	*hablan*	*comen*	*viven*

Presente de subjuntivo	-ar	-er/-ir	*-ar → **e***	*-er/-ir → **a***	
Yo	*-**e***	*-**a***	*habl**e***	*com**a***	*viv**a***
Tú	*-**e**s*	*-**a**s*	*habl**e**s*	*com**a**s*	*viv**a**s*
Él, ella, usted	*-**e***	*-**a***	*habl**e***	*com**a***	*viv**a***
Nosotros/-as	*-**e**mos*	*-**a**mos*	*habl**e**mos*	*com**a**mos*	*viv**a**mos*
Vosotros/-as	*-**é**is*	*-**á**is*	*habl**é**is*	*com**á**is*	*viv**á**is*
Ellos, ellas, ustedes	*-**e**n*	*-**a**n*	*habl**e**n*	*com**a**n*	*viv**a**n*

- **El acento** está también en la misma posición que en el Presente de indicativo: en las personas *yo, tú, él* y *ellos*, en la raíz; en las personas *nosotros* y *vosotros*, en la terminación, como muestra el subrayado en los ejemplos anteriores.

- Si necesitamos usar el subjuntivo, utilizamos el Presente para hablar del **presente** y del **futuro** según la siguiente correspondencia:

Si en **indicativo** decimos...		En **subjuntivo** decimos...
Está *en Berlín.* / ***Estará*** *en Berlín.*	→	*No creo que **está** allí.*

➔ 33. ¿Indicativo o subjuntivo?

1 **¿Presente de indicativo o Presente de subjuntivo? Identifica el modo del verbo en cada caso y completa la otra casilla con la forma correspondiente a la misma persona.**

		Indicativo	Subjuntivo
cantan	➔	✓	canten
hablemos	➔	hablamos	✓
bebes	1.	....	....
camina	2.	....	....
perdona	3.	....	....
rompo	4.	....	....
vivís	5.	....	....
miráis	6.	....	....
limpies	7.	....	....
cocina	8.	....	....
cuide	9.	....	....

		Indicativo	Subjuntivo
camines	10.	....	....
corras	11.	....	....
rompáis	12.	....	....
limpiamos	13.	....	....
mires	14.	....	....
perdone	15.	....	....
partimos	16.	....	....
beban	17.	....	....
corro	18.	....	....
mejoran	19.	....	....
saludemos	20.	....	....

B Verbos con alteraciones vocálicas: *pedir, sentir, dormir...*

Los verbos que tienen alteraciones vocálicas en el Presente de indicativo tienen también alteraciones en el Presente de subjuntivo. Casi todos los cambios son iguales, pero con algunos verbos hay alguna alteración más.

➲ 21. Presente de indicativo

- Si en Presente de indicativo la vocal *-e-* del final de la raíz **se cierra** en *-i-* en *yo, tú, él* y *ellos*, en Presente de subjuntivo la vocal se cierra en todas las personas:

Pedir
Impedir
Seguir
Perseguir
Repetir
Competir
Reír
Sonreír
Medir...

	Presente de indicativo	*Pedir* **Presente de subjuntivo**
Yo	*pido*	*pida*
Tú	*pides*	*pidas*
Él, ella, usted	*pide*	*pida*
Nosotros/-as	*pedimos*	*pidamos*
Vosotros/-as	*pedís*	*pidáis*
Ellos, ellas, ustedes	*piden*	*pidan*

- Otros verbos en *...e...ir* y *...o...ir*, que no cierran esta vocal en las personas *nosotros* y *vosotros*, si la cierran en Presente de subjuntivo:

	e → ***i***			*o* → ***u***	
	Mentir	*Sentir*	*Preferir*	*Dormir*	*Morir*
Nosotros/-as	*mintamos*	*sintamos*	*prefiramos*	*durmamos*	*muramos*
Vosotros/-as	*mintáis*	*sintáis*	*prefiráis*	*durmáis*	*muráis*

2 **Jerónimo y Alablanca discuten con sus vecinos Jed y Amy. Completa los verbos que faltan en la persona adecuada.**

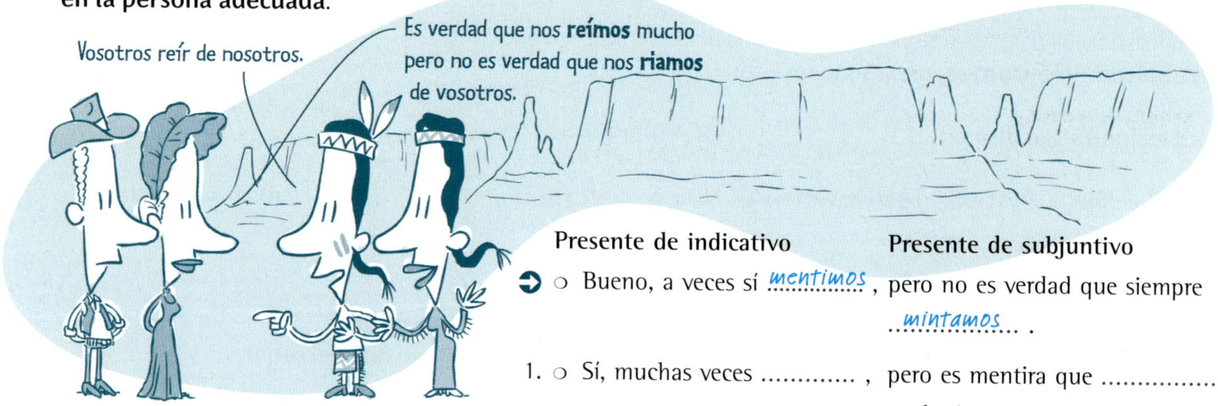

➲ • Vosotros **mentir** siempre.
1. • Nosotros **sonreír** por cualquier cosa.
2. • Nosotros **amar** naturaleza y **sentir** gran respeto por animales.
3. • Nosotros ser solidarios y vosotros **competir** continuamente entre vosotros.
4. • Nosotros ser ecológicos: **preferir** flor a televisor y montaña a carretera.
5. • Nosotros **dormir** sólo con estrellas en cielo, y todos vosotros dormir con pastillas químicas.

	Presente de indicativo	Presente de subjuntivo
➲	○ Bueno, a veces sí *mentimos*,	pero no es verdad que siempre *mintamos*.
1.	○ Sí, muchas veces .... ,	pero es mentira que .... por cualquier cosa.
2.	○ Sí, es verdad que vosotros .... la naturaleza,	pero es falso que .... tanto respeto por los animales: ayer os comisteis dos pollos...
3.	○ Vale, nosotros .... muchas veces,	pero no creemos que .... continuamente.
4.	○ Sí, es evidente que vosotros .... las flores,	pero no vemos que .... la montaña a la carretera. ¿Por qué tenéis un coche deportivo?
5.	○ Es cierto que nosotros, a veces, ... con pastillas,	pero no es cierto que todos nosotros .... con pastillas.

C Verbos con raíz irregular: *salga, diga, ponga...*

➲ 21. Presente de indicativo

- Cuando un verbo tiene la raíz de la primera persona irregular en el Presente de indicativo, formamos **todo el Presente de subjuntivo** con esa raíz irregular:

Hacer	Presente de indicativo		**Presente de subjuntivo**
Yo	***hago***	→	***haga***
Tú	*haces*		***hagas***
Él, ella, usted	*hace*		***haga***
Nosotros/-as	*hacemos*		***hagamos***
Vosotros/-as	*hacéis*		***hagáis***
Ellos, ellas, ustedes	*hacen*		***hagan***

- Son verbos como:

Decir → ***dig-***	*Venir* → ***veng-***	*Conocer* → ***conozc-***
Traer → ***traig-***	*Caer* → ***caig-***	*Parecer* → ***parezc-***
Poner → ***pong-***	*Tener* → ***teng-***	*Agradecer* → ***agradezc-***
Salir → ***salg-***	*Oír* → ***oig-***	*Conducir* → ***conduzc-***

Y sus compuestos:

*Contra**decir***	→ *contra**dig-***
Suponer	→ *su**pong-***
*Desa**parecer***	→ *desa**parezc-***
...	

3 **Las pequeñas Lucía y Ángela se equivocan a veces con algunos subjuntivos irregulares. ¿Puedes corregir sus errores cuando los hacen? Hay 5, además del ejemplo.**

➲ ● Mira a papá, Ángela. ¿No ves cómo te pareces a él?

➲ ○ Es extraño que **digas** ....✓....... eso. Yo no veo que me ~~pareza~~ ..*parezca*.. a papá en nada.

1. ● ¿Quieres que **ponamos** .... el vídeo de dibujos animados?
   ○ Sí, está en el cajón. Espera que lo **traiga** .... y lo ponemos.
2. ● ¿Quieres que **salamos** .... a jugar al parque con papá?
   ○ Vale, pero no creo que papá **tena** .... tiempo. Está siempre jugando con el ordenador.
   ● Voy a decirle que **vena** .... con nosotras, a ver qué dice...
3. ● Papá conduce mucho mejor que mamá.
   ○ Yo no creo que **conduza** .... mejor. Si no sabe ni aparcar...
   ● ¡Calla! Es mejor que no te **oiga** .... decir eso...

D Verbos totalmente irregulares: *ser, estar, ver, ir, haber, saber.*

	Ser	***Estar***	***Ver***	***Ir***	***Haber***	***Saber***
Yo	***se**a*	*es**té***	***ve**a*	***vay**a*	***hay**a...*	***sep**a*
Tú	***se**as*	*es**tés***	***ve**as*	***vay**a*	***hay**as...*	***sep**as*
Él, ella, usted	***se**a*	*es**té***	***ve**a*	***vay**a*	***hay**a...*	***sep**a*
Nosotros/-as	***se**amos*	*es**te**mos*	***ve**amos*	***vay**amos*	***hay**amos...*	***sep**amos*
Vosotros/-as	***se**áis*	*es**téis***	***ve**áis*	***vay**áis*	***hay**áis...*	***sep**áis*
Ellos, ellas, ustedes	***se**an*	*es**tén***	***ve**an*	***vay**an*	***hay**an...*	***sep**an*

El verbo ***estar*** es irregular sólo en el acento: siempre está en la terminación.

Haber es un verbo auxiliar. Con el Presente de subjuntivo de *haber* formamos el Pretérito perfecto de subjuntivo: ***haya** comido*, ***hayas** ido...*

Haya corresponde tanto a la forma personal (*ha*) como a la forma impersonal (*hay*) del Presente de indicativo.

4 **María ha recibido una extraña declaración de amor. Completa su indignada respuesta con el Presente de subjuntivo en la persona adecuada.**

Quiero **saber** si me amas,
quiero **verte** cada día.
Quiero **estar** en tu pijama,
quiero **ir** contigo, María.
Quiero **ser** el que te llama,
pues sin ti no **hay** luz del día.

Corazón de Melón

Querido Corazón de Melón:

Comprendo tus deseos, y haré lo posible para no satisfacerlos. Te diré que me pareces ridículo y quiero que ➲ ...sepas... que no te amo. Me iré a otra ciudad para que no me (1) .... cada día. Quemaré toda mi ropa, si es necesario, para que no (2) .... nunca en mi pijama. Llamaré a la policía para que no (3) .... conmigo a ninguna parte. Te taparé la boca para que no (4) .... el que me llama. Y te regalaré una buena lámpara para que por fin (5) .... luz suficiente en tu vida y no vuelvas a escribirme nunca más.

María

E Formas del Pretérito imperfecto de subjuntivo: *hablara(-se)*, *comiera(-se)*, *viviera(-se)*...

- Para formar el Pretérito imperfecto de subjuntivo podemos seguir una regla simple y totalmente regular: tomamos la **3ª persona del plural** (*ellos*) del **Indefinido** (regular o irregular) del verbo que queremos conjugar, y cambiamos el final *-ron* por las siguientes terminaciones:

Hablar **hablaron**	Imperfecto de subjuntivo	*Ser* **fueron**	Imperfecto de subjuntivo	*Salir* **salieron**	Imperfecto de subjuntivo
→	**hablara**	→	**fuera**	→	**saliera**
	hablaras		**fueras**		**salieras**
	hablara		**fuera**		**saliera**
	habláramos		**fuéramos**		**saliéramos**
	hablarais		**fuerais**		**salierais**
	hablaran		**fueran**		**salieran**

- Además, **el acento** en el Imperfecto de subjuntivo está siempre en la misma posición que en el Indefinido, como muestra el subrayado en los ejemplos anteriores.

- Si necesitamos usar el subjuntivo, utilizamos el Imperfecto para hablar del **pasado** o de un **presente o futuro hipotéticos** según la siguiente correspondencia:

Si en **indicativo** decimos...		En **subjuntivo** decimos...
Estuvo/Estaba *en Berlín.*	***Estaría*** *en Berlín ayer.* [Supongo.] ***Estaría*** *en Berlín ahora.* [Pero ha perdido el avión.] ***Estaría*** *en Berlín mañana.* [Cogiendo el avión a tiempo.]	*Es posible que* ***estuviera*** *allí.*

➲ 33. ¿Indicativo o subjuntivo?

5 **Escribe en Indefinido y en la persona *ellos* los verbos en negrita de la izquierda. Después, a partir de esa forma, completa en Imperfecto de subjuntivo las respuestas de la derecha.**

	Indefinido (ellos)	Imperfecto de subjuntivo
➲ • ¿Pudiste ver si **estaban** ya preparados?	estuvie-ron	➲ ○ No, no parecía que estuvieran todavía preparados.
1. • Mi perro **vivió** 20 años.	....	1. ○ No es posible que .... tanto...
2. • ¿De verdad **probasteis** los gusanos fritos?	....	2. ○ Sí, pero sólo dos o tres. Ellos querían que .... la comida típica de allí.
3. • Yo, en tu lugar, le **mentiría**.	....	3. ○ No. Sería muy injusto que le ....
4. • Antes **veníamos** mucho aquí.	....	4. ○ Sí, y a tu madre no le gustaba que nosotros ....
5. • ¿**Elegisteis** vosotros el color para pintar la casa?	....	5. ○ ¡Qué va! No nos dejaron que lo ....
6. • Y cuando se lo dije, se **rió** de mí.	....	6. ○ ¡No puedo creer que se .... de ti!
7. • ¿Tú crees que yo **podría** conseguir ese trabajo si hablara búlgaro?	....	7. ○ No, la verdad es que no creo que .... conseguirlo.
8. • ¿Recuerdas el viaje a Lisboa? ¡Qué mal **conducía** Ana!	....	8. ○ Sí, fue horrible. Nadie quería que .... ella, pero condujo...
9. • Me propuso ir a su casa, pero yo no **quería**.	....	9. ○ Pues me parece muy raro que tú no .... , la verdad.
10. • No sé qué pasó con Toby. Supongo que se **escaparía**.	....	10. ○ Sí, es muy posible que se .... No le dabas casi nada de comer...

■ Además de la forma en *-ra*, el Imperfecto de subjuntivo tiene también otra forma equivalente en *-se*. Hacemos esta forma cambiando la terminación *-ron* del Indefinido en la persona *ellos* por las siguientes terminaciones:

Hablar	Imperfecto de subjuntivo	*Ser*	Imperfecto de subjuntivo	*Salir*	Imperfecto de subjuntivo
habla~~ron~~	***hablase***	***fue~~ron~~***	***fuese***	***salie~~ron~~***	***saliese***
	hablases		***fueses***		***salieses***
	hablase		***fuese***		***saliese***
	hablásemos		***fuésemos***		***saliésemos***
	hablaseis		***fueseis***		***salieseis***
	hablasen		***fuesen***		***saliesen***

6 **¿Cuál es diferente?**

➲ aceptara	estuviese	tenga	(salimos)	Es la única forma que no es subjuntivo
1. hubiera	dijéramos	supiesen	tuvisteis	....
2. vieron	fuese	oyéramos	agradecieseis	....
3. trajeras	trajeses	conduzca	viniéramos	....
4. cayese	caería	caíamos	caigo	....
5. oyes	oís	oiremos	oyera	....

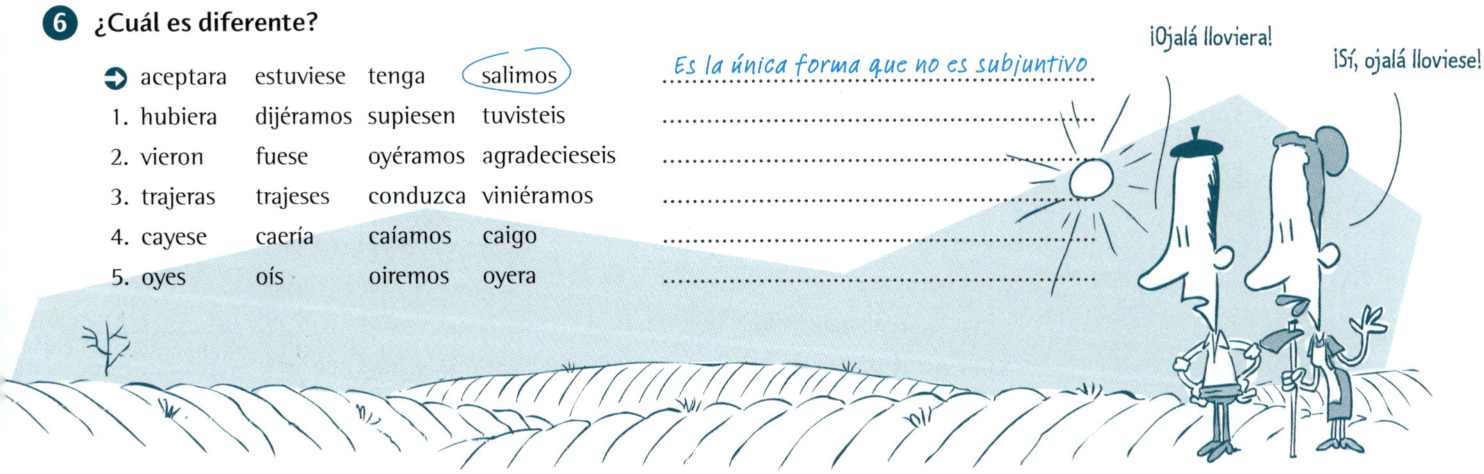

F Formas del Pretérito perfecto de subjuntivo: *haya hablado/comido/vivido...*

- El Pretérito perfecto de subjuntivo se forma con:

El **Presente de subjuntivo** del verbo auxiliar ***haber***. → ***haya*** / ***hayas*** / ***haya*** / ***hayamos*** / ***hayáis*** / ***hayan*** + *habl**ado*** / *com**ido*** / *viv**ido*** ← El **participio** correspondiente al hecho terminado.

➲ 20. Formas no personales

- Si necesitamos usar el subjuntivo, utilizamos el Perfecto para hablar del **pasado del presente** o del **pasado del futuro**, según la siguiente correspondencia:

➲ 33. ¿Indicativo o subjuntivo?

Si en **indicativo** decimos...	En **subjuntivo** decimos...
Ha estado *en Berlín.* / ***Habrá estado*** *en Berlín.*	*No creo que* ***haya estado*** *allí.*

7 **Transforma los verbos en negrita de los siguientes diálogos en la forma correspondiente de subjuntivo.**

➲ • Dicen que **han estado** un año viviendo en Oslo.
○ No creo que hayan estado tanto tiempo allí.

1. • ¡Ya **hemos encontrado** la película de Jarri Sonfor!
○ ¡Es imposible que la .... tan pronto!

2. • ¿**Ha llegado** ya el paquete de la tía Remedios?
○ No recuerdo que .... ningún paquete...

3. • No te preocupes: a las dos lo **he terminado** todo.
○ Dudo mucho que para esa hora lo ....

4. • No sé dónde están las llaves. Las **habrás perdido**.
○ Es imposible que yo las ....

5. • **Habéis acertado** totalmente con el regalo. Gracias.
○ ¡Pues qué bien que .... !

G Formas del Pluscuamperfecto de subjuntivo: *hubiera(-se) hablado/comido/vivido...*

- El Pretérito pluscuamperfecto de subjuntivo se forma con:

El **Imperfecto de subjuntivo** del verbo auxiliar ***haber***. → ***hubiera*** (***-se***) / ***hubieras*** (***-ses***) / ***hubiera*** (***-se***) / ***hubiéramos*** (***-semos***) / ***hubiérais*** (***-seis***) / ***hubieran*** (***-sen***) + *habl**ado*** / *com**ido*** / *viv**ido*** ← El **participio** correspondiente al hecho terminado.

➲ 20. Formas no personales

- Si necesitamos subjuntivo, usamos el Pluscuamperfecto **para hablar del pasado del pasado**, según la siguiente correspondencia:

➲ 33. ¿Indicativo o subjuntivo?

Si en **indicativo** decimos...	En **subjuntivo** decimos...
Había estado *en Berlín.* / ***Habría estado*** *en Berlín.*	*No creo que* ***hubiera estado*** *allí.*

8 **José Rodríguez tenía que preparar la comida pero no lo hizo. Su mujer piensa que todo lo que dice son excusas. ¿Puedes completar sus respuestas con la forma correspondiente del subjuntivo?**

¿Por qué no hiciste la comida?

➲ Es que las sartenes se **habían** perdido...
1. Es que me **había cortado** un dedo con el cuchillo...
2. Es que la luz se **había ido**...
3. Es que pensé que quizá **habrías cambiado** de opinión...
4. Es que **habíamos decidido** comer fuera...

➲ No es verdad que las sartenes se hubieran perdido ...
1. No es verdad que te .... un dedo con el cuchillo...
2. No es verdad que la luz se ....
3. No es verdad que yo .... de opinión...
4. No es verdad que .... eso.

33. ¿Indicativo o subjuntivo?

A Declarar (indicativo) o no declarar (subjuntivo)

- Usamos un verbo en **indicativo** cuando **queremos declarar** el contenido de ese verbo: queremos expresar lo que alguien sabe (una afirmación) o piensa (una suposición) sobre una determinada realidad.
  Podemos declarar informaciones directamente (en una oración independiente) o después de una MATRIZ que anuncia una declaración (en una oración subordinada):

	ORACIÓN INDEPENDIENTE **DECLARAMOS (INDICATIVO)**	MATRIZ		ORACIÓN SUBORDINADA **DECLARAMOS (INDICATIVO)**
Afirmamos Suponemos	*Susana* ***tiene*** / ***tendrá*** *novio.*	*Está claro* *Yo creo* *Él piensa* *Supongo*	*que*	*Susana* ***tiene*** / ***tendrá*** *novio.*

- Usamos un verbo en **subjuntivo** (o infinitivo) cuando **no queremos declarar** el contenido de ese verbo, porque no queremos expresar con él ni una afirmación ni una suposición: es sólo **una idea virtual**.
  Un verbo en subjuntivo siempre depende de una MATRIZ con la que expresamos deseos, rechazo, posibilidad o valoraciones:

MATRIZ		ORACIÓN SUBORDINADA **NO DECLARAMOS (SUBJUNTIVO)**
Queremos *No creo* *Es posible* *Es mentira*	*que*	*Susana* ***tenga*** *novio.*

Nunca usamos subjuntivo para expresar una opinión directamente (en una oración independiente):

1 **El famoso inspector Cherlog Jol interroga a uno de los detenidos por un importante robo. ¿Son exactas las notas que ha tomado el secretario durante la declaración?**

Lo que ha dicho el detenido:	Lo que ha escrito el secretario:	Sí/No
➲ Me **llamo** Mario Roldán..	➲ Ha declarado que se **llama** Mario Roldán	*Sí*
1. **Tenga** paciencia conmigo, inspector.	1. Ha declarado que el inspector **tiene** paciencia con él.	....
2. Sé que Pablo Margi **tiene** una parte del dinero.	2. Ha declarado que Pablo **tiene** una parte del dinero.	....
3. Creo que Alejandro Cascas se **llevó** las joyas.	3. Ha declarado que, en su opinón, Alejandro se **llevó** las joyas.	....
4. Supongo que Jenaro Orol **estará** ya en otro país.	4. Ha declarado que, en su opinión, Jenaro **está** ya en otro país.	....
5. Es posible que Lourdes Milo **esté** todavía en España.	5. Ha declarado que Lourdes todavía **está** en España.	....
6. La verdad es que yo necesitaba **conseguir** dinero.	6. Ha declarado que **consiguió** dinero.	....
7. Me alegro de que me **haga** esa pregunta.	7. Ha declarado que el inspector le **hace** esa pregunta.	....
8. No creo que Rosa Alora **esté** implicada en el robo.	8. Ha declarado que Rosa **está** implicada en el robo.	....
9. Quiero que **venga** mi abogado inmediatamente.	9. Ha declarado que su abogado **viene** inmediatamente.	....
10. Es muy triste **ir** a la cárcel.	10. Ha declarado que **va** a la cárcel.	....

B Expresar deseos y objetivos: *Quiero que venga*.

■ Cuando hablamos de querer algo, ese algo **no es nunca una declaración**. Es sólo una **idea virtual** sobre algo que puede pasar o no, y que planteamos sólo como un objetivo eventual:

- ***Quiero** que me **ayudes**.*
  [No puedo declarar que "me ayudas". Es sólo un deseo.]

[**No es** una declaración.
Es **sólo una idea virtual**.]

Quiero...
Deseo...
Necesito...

*que te **cases** ~~casas~~ conmigo / **casar**me contigo.*

■ Por eso, utilizamos siempre el subjuntivo (o el infinitivo) con los verbos subordinados a MATRICES que expresan deseos u objetivos:

(No) Quiero...
(No) Desea...
(No) Esperan...
Él (no) prefiere...
(No) Me apetece...
(No) Tiene ganas de...
...

[Lo que voy a decir **no es una declaración**: es sólo **algo que se desea o que no se desea.**]

*que te **cases** conmigo.*

(No) Te pido...
(No) Te ha prohibido...
(No) Permite...
(No) Te aconsejo...
(No) Es importante...
(No) Es necesario...
...para...
...

[Lo que voy a decir **no es una declaración**: es **algo que debe** o **no debe pasar.**]

2 **Distribuye las matrices en el lugar correspondiente de la tabla, según su significado.**

No le exijo que... ✓	Está claro que... ✓	Ellos creen que... ✓	¿Le han propuesto que...? ✓
¿Me permite que...?	¿Me recomiendas que...?	Estamos seguros de que...	Sé que...
Es fundamental que...	Me parece que...	No me puedes pedir que...	Me han contado que...
¿No preferís que...?	¿Necesitas que...?	Todos imaginan que...	Pensamos que...

Introducimos una afirmación o suposición		Introducimos un deseo o un objetivo	
Está claro que...		No le exijo que...	
Ellos creen que...		¿Le han propuesto que...?	
....		....	
....	...**habla** con ella.	....	...**hable** con ella.
....	(INDICATIVO)	....	(SUBJUNTIVO)
....		....	
....		....	
....		....	

■ Cuando expresamos deseos u objetivos, podemos usar para el verbo subordinado una forma personal en **subjuntivo** (introducida por ***que***), o solamente **infinitivo**:

	Usamos el **infinitivo**	Usamos el **subjuntivo**
Con MATRICES como éstas...	Si el sujeto del verbo principal y el del verbo subordinado son el mismo:	Si el sujeto del verbo principal y el del verbo subordinado son diferentes:
Querer..., Desear..., Necesitar, Pedir..., Preferir..., Tener ganas de..., Intentar..., Conseguir..., Tratar de...,	*Quiero **salir**.* (yo) = **(yo)**	*Quiero **que salgas** / **salgan**...* (yo) ⟷ **(tú)** **(ellos)**
Con MATRICES como éstas...	Para generalizar:	Para concretar la persona:
Es importante/necesario/mejor... Hay que intentar/conseguir...	*¿Es necesario **pasar** por ahí?* (en general) = **(tú, yo, nosotros...)**	*¿Es necesario **que pasemos** por ahí?* (en general) ⟷ **(nosotros, en concreto)**

3 **¿Puedes identificar el sujeto de los verbos que están en negrita?**

- ¡No te vayas, Mariana, que Elena quiere que le **cortes** el pelo! → Mariana
- Vamos a esperar. Es mejor **tomar**se las cosas con calma. → En general

1. Se ha puesto muy nerviosa. Vamos a intentar **tranquilizar**la. 1. ....
2. Trata de **tranquilizar**te, Pitita. Tu marido vendrá pronto... 2. ....
3. Para aprender español es necesario **estudiar** con una buena gramática. 3. ....
4. Creo que ella debe saberlo. Es mejor que se lo **digas** ya. 4. ....
5. Si conseguimos **aprobar** el examen, vamos a hacer una fiesta. 5. ....
6. Tengo unas ganas locas de que **vengáis** a visitarme. 6. ....
7. ¿Te apetece **descansar** un poco antes de seguir? 7. ....
8. No te rindas (rendir), mujer. ¿Por qué no intentas **hablar** con ella otra vez? 8. ....
9. No me gusta nada la idea de comer en Mcdonuts. Prefiero que **comamos** aquí. 9. ....

4 **Aladetrés es la mejor amiga de Alablanca. Quiere escribirle una carta, pero no tiene claro cómo formular los verbos que están en negrita: ¿en infinitivo, simplemente, o es necesario *que* + subjuntivo? ¿Puedes ayudarle?**

- Necesito yo **escribir** mi tristeza. → Necesito escribir mi tristeza.
- Deseo tú **saber** mis sentimientos. → Deseo que sepas mis sentimientos.

1. Estoy enamorada de Toro Cansado, y yo tengo ganas de yo **ver** a Toro Cansado. → 1. Tengo ganas de .... a Toro Cansado.
2. Pero él no me permite yo **hablar** por teléfono con él. → 2. Pero él no me permite .... por teléfono con él.
3. Mi hermana tampoco quiere yo **hablar** por teléfono con él. → 3. No quiere .... por teléfono con él.
4. Ella prefiere yo **no pensar** más en él. → 4. Prefiere .... más en él.
5. Me prohíbe yo **llamar** a su casa. → 5. Me prohíbe .... a su casa.
6. Pero yo espero él **llamar** a mi casa. → 6. Espero .... a mi casa.
7. Tenemos que intentar él **pensar** en mí. → 7. Tenemos que intentar .... en mí.
8. Tienes que ayudarme para él y yo **poder** ser novios. → 8. Tienes que ayudarme para .... ser novios.
9. ¿Me recomiendas yo **confesar** mi amor? → 9. ¿Me recomiendas .... mi amor?
10. ¿Crees que es mejor yo **esperar** un poco? → 10. ¿O crees que es mejor .... un poco?
11. Es muy importante yo **saber** tu opinión. → 11. Es muy importante .... tu opinión.

5 **Alablanca ha recibido ya la carta de Aladetrés, y éstas son las recomendaciones que quiere hacerle. Ayúdale también, decidiendo para cada caso entre infinitivo, indicativo o subjuntivo.**

Querida Aladetrés:

En mi opinión, está claro Toro Cansado **no estar** enamorado de ti. Pero tenemos que hacer algo, porque yo quiero tú **ser** feliz. Creo que lo mejor será **actuar** con tranquilidad. En primer lugar, si él no quiere él **hablar** por teléfono contigo, te recomiendo tú **no insistir** en llamarlo y tú **buscar** otra forma de comunicar con él. En segundo lugar, tienes que intentar tu hermana **cambiar** de actitud y ella **no estar** siempre diciéndote qué tienes que hacer. Finalmente, no te aconsejo tú **confesar** tu amor todavía. Es mejor tú **esperar** unos meses, porque yo creo él **no estar** preparado todavía para comprender este amor. Pero puedes estar tranquila: tú sabes yo siempre intento tú **estar** bien y yo **ayudar** a ti en lo posible. Tu amiga,

Alablanca

Querida Aladetrés:

En mi opinión, está claro que Toro Cansado ...no está... enamorado de ti. Pero tenemos que hacer algo, porque yo quiero que ...seas... feliz. Creo que lo mejor es ...actuar... con tranquilidad. En primer lugar, si él no quiere .... (1) por teléfono contigo, te recomiendo que .... (2) en llamarlo y que .... (3) otra forma de comunicar con él. En segundo lugar, tienes que intentar que tu hermana .... (4) de actitud y que .... (5) siempre diciéndote qué tienes que hacer. Finalmente, no te aconsejo que .... (6) tu amor todavía. Es mejor que .... (7) unos meses, porque creo que él .... (8) preparado todavía para comprender este amor. Pero puedes estar tranquila: tú sabes que yo siempre intento que .... (9) bien y .... (10) en lo posible.

Tu amiga,

Alablanca.

■ Con la fórmula ***Que* + Presente de subjuntivo** podemos expresar deseos rituales en ciertas situaciones de comunicación estereotipadas, y también advertencias:

Buenos deseos

- ¡*Que* ***aproveche***!
  ['Deseo que disfrutes de la comida': cuando alguien va a comer.]
- ¡*Que te lo* ***pases*** *bien*!
  ['Pásalo bien', 'diviértete': cuando alguien va a una fiesta, por ejemplo.]

Advertencias (Warnungen)

- ¡*Que* ***tengas*** *cuidado*!
  ['Debes tener cuidado': cuando alguien va a hacer algo peligroso.]
- ¡*Que no* ***corráis***!
  ['No debéis correr': cuando alguien va de viaje con el coche.]

6 **Aladetrés está siempre atenta a todo lo que hace su hermano Jerónimo, y siempre le ofrece sus mejores deseos. "Traduce" a un buen español sus expresiones y, después, adivina en qué circunstancia se lo dice.**

➲ ¡Tú **mejorarte**!	¡Que te ...mejores...!	...e...
1. ¡Tú **cumplir** muchos más!	¡Que .... muchos más!	....
2. ¡Tú **tener** suerte!	¡Que .... suerte!	....
3. ¡Tú **divertirte**!	¡Que te ....!	....
4. ¡Tú **descansar**!	¡Que ....!	....
5. ¡Tú **tener** buen viaje!	¡Que ....buen viaje!	....
6. ¡Vosotros **ser** felices!	¡Que ....felices!	....

a) Jerónimo se va a una fiesta.
b) Va a hacer un examen.
c) Ha dicho "buenas noches": se va a la cama.
d) Jerónimo se ha casado con Alablanca.
e) Está enfermo y Aladetrés se despide de él. ✓
f) Aladetrés despide a Jerónimo en el aeropuerto.
g) Es el día del cumpleaños de Jerónimo.

7 **La pequeña Camilita va de excursión con sus compañeros de colegio, y su mamá le hace cinco advertencias. Adivina cuáles pueden ser y formúlalas después con *Que* + Presente de subjuntivo, como en el ejemplo.**

- Tienes que comer muchos caramelos.
- Tienes que ser buena. ✓
- No debes pelearte con nadie.
- Debes comerte tu bocadillo entero.
- Tienes que decir muchas palabras feas.
- Tienes que ir siempre cerca de la maestra.
- No debes obedecer a tu maestra.
- No quiero que te ensucies la ropa.

➲ Que seas buena.....................................
1. ....
2. ....
3. ....
4. ....

C Declarar o cuestionar informaciones: *Creo que viene / No creo que venga*

- Usamos un verbo subordinado en **indicativo** cuando **queremos declarar** la información que ese verbo expresa:

Todos saben
Está claro
Yo creo
Es verdad
...

verbo subordinado

*que **tienes** novio.*

[Esto es una **declaración.** Es la opinión del sujeto.]

- Usamos un verbo subordinado en **subjuntivo** cuando **no queremos declarar** la información que ese verbo expresa:

Puede ser
Dudo
No creo
Es mentira
...

verbo subordinado

*que **tengas** novio.*

~~tienes~~

[Esto **no** es una **declaración.** No es la opinión del sujeto. Es **sólo una idea.**]

- Por eso, usamos indicativo después de MATRICES **que introducen opiniones** (más o menos seguras), pero usamos subjuntivo con MATRICES **que expresan que el sujeto pone en cuestión** en alguna medida la información subordinada:

MATRICES QUE INTRODUCEN UNA INFORMACIÓN

INDICATIVO

(**Afirmando**)

Yo sé que...
Me han contado que...
Está claro que...
¿Es verdad que...?
No hay duda de que...

***es** la Tierra.*

[**Declaramos.** La información introducida es la **opinión** del sujeto.]

(**Suponiendo**)

Ellos creen que...
¿Piensas que...?
Nos parece que...
Supongo que...
Me imagino que...

***es/será** la Tierra.*

MATRICES QUE CUESTIONAN UNA INFORMACIÓN

SUBJUNTIVO

(Considerando sólo la **posibilidad**)

Es posible que...
¿Es probable que...?
Puede ser que...
Dudo que...

sea ~~*es*~~ *la Tierra.*

[**No declaramos.** La información introducida **no es la opinión** del sujeto.]

(**Rechazando**)

Es mentira que...
No es verdad que...
No creemos que...
No está segura de que...
No está claro que...
No me imagino que...

sea ~~*es*~~ *la Tierra.*

8 **Completa la tabla con las siguientes matrices según su significado.**

Es indudable que... ✓	No es verdad que... ✓	¿Puede ser que...? ✓	Pensamos que... ✓
Suponen que...	A ellas les parece que...	Es falso que...	Es posible que...
No es cierto que...	Me parece probable que...	Te aseguro que...	
Es evidente que...	Sospecho que...	Es bastante posible que...	

Introducimos una afirmación *Es indudable que...*	...**es** la Tierra. (INDICATIVO)	**Rechazamos una idea** *No es verdad que...*	...**sea** la Tierra. (SUBJUNTIVO)
Introducimos una suposición *Pensamos que...*		**Consideramos una posibilidad** *¿Puede ser que...?*	

9 **La doctora Ginés Labella ha dado una conferencia sobre la igualdad de sexos. Después de la conferencia, seis de los asistentes comentan sus declaraciones más polémicas. ¿Puedes completar sus opiniones con la forma adecuada (Presente de indicativo / Presente de subjuntivo) de los tres verbos en negrita?**

... y, como iba diciendo, hay que reconocer que las mujeres son claramente superiores a los hombres, al menos en tres aspectos: en primer lugar, **aprenden** lenguas con mucha más facilidad; en segundo lugar, **son** más hábiles para resolver problemas de lógica; y, por último, está demostrado que **tienen** más sentido estético...

1. Para mí, **está claro que** las mujeres ..aprenden.. lenguas más fácilmente. También **es verdad que** .... más hábiles en la lógica, y **no hay duda de que** .... más sentido estético.

2. Pues yo **dudo mucho que** aprendan. lenguas más fácilmente. Además, **no está demostrado que** .... más hábiles en la lógica, y **tampoco creo que** .... más sentido estético.

3. **Yo también creo que** las mujeres .... una lengua más rápido, y **me parece que** sí, que también .... más hábiles con la lógica. Del sentido estético no sé qué pensar, pero sí, **supongo que** .... más que los hombres.

4. Hombre, sí, **puede ser que** .... las lenguas más fácilmente, y también admito **la posibilidad de que** .... más hábiles en la lógica. Pero **no me parece nada probable que** .... un sentido estético especial, la verdad...

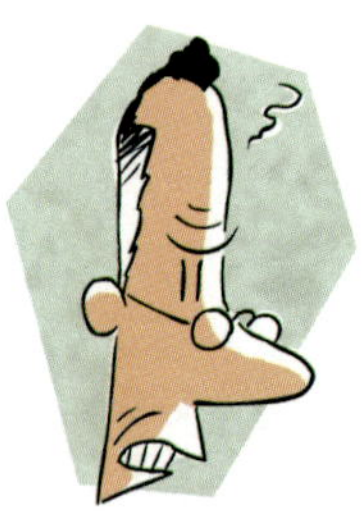

5. ¡Mentira, mentira y mentira! No **es verdad que** .... lenguas mejor, **no es cierto que** .... mejores con la lógica, y también **es falso que** .... más sentido estético.

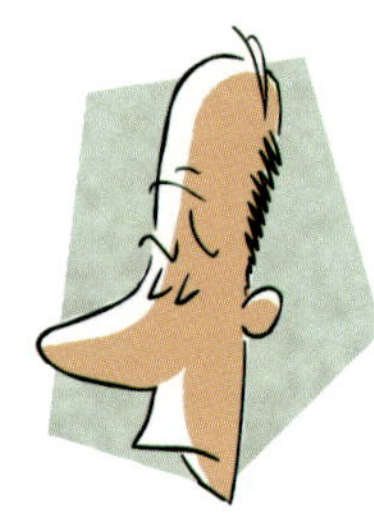

6. Bueno, vamos a ver: **es indudable que** .... mucho mejor las lenguas, y **es perfectamente posible que** .... más hábiles con la lógica, pero **no es en absoluto verdad que** .... más sentido estético: los grandes artistas siempre han sido hombres...

10 **El marido de la doctora Ginés Labella aprovecha el descanso de la conferencia para hablar un poco de su tema preferido: los caracoles. Pero no todo lo que dice es verdad. Descubre tres verdades y tres mentiras en su discurso, además de las del ejemplo.**

Pues yo creo que los caracoles son unos mamíferos apasionantes. Llevan su casa en la espalda, tienen dos antenas preciosas que sacan y esconden a voluntad, y pueden ver la comida a varios kilómetros de distancia. Parecen tontos, pero, en realidad, tienen una inteligencia muy parecida a la humana. Por ejemplo, aunque son muy lentos, a veces se suben encima de la cabeza de las palomas para viajar más rápido. Y, además, estos animalitos son muy pacíficos. Y, bueno, les dejo ya de nuevo con la conferencia de mi esposa. Yo tengo que terminar de cocinar unos caracoles para la cena. Muchas gracias por su atención.

➲ Es verdad que los caracoles tienen dos antenas.

1. Todo el mundo sabe que ....
2. Está claro que ....
3. A mí también me parece que ....

➲ No es verdad que sean mamíferos.

4. Es mentira que ....
5. No creo que ....
6. Yo no pienso que ....

D Declarar o pedir: *Dice que viene / Dice que venga*

■ Con muchos verbos como ***decir*** podemos introducir declaraciones o peticiones. Cuando *decir* significa **'declarar'**, usamos el indicativo; cuando *decir* significa **'pedir'**, usamos el subjuntivo:

	La información subordinada es una **declaración**	La información subordinada es una **petición**.
Decir	*Me han dicho que **viene**s a la fiesta, ¿es verdad?*	*Me han dicho que **vengas** a la fiesta. ¿Te apetece?*
Repetir	*Te repito que no **tengo** ganas de salir.*	*Te repito que te **vayas** tú solo.*
Insistir en	*Insisto en que este puente **es** muy peligroso.*	*Insisto en que **crucemos** el río por allí.*

11 **¿Qué te están diciendo estas personas? Tendrás que pensar muy bien si son informaciones que te dan (indicativo) o acciones que te piden (subjuntivo).**

➲ "Las llaves **están** en el dormitorio."
Dice que las llaves ....están.... en el dormitorio.

➲ "**Compra** papel higiénico, por favor."
Dice que ..compre.. papel higiénico.

1. "**Baila** conmigo. **Bailo** muy bien."
Dice que .... con él, que .... muy bien.
2. "Yo **no quiero** ir contigo."
Dice que .... ir conmigo.
3. "¡Que **no quiero** ir contigo!"
Me ha repetido que .... ir conmigo.
4. "**Ten** más cuidado con ese jarrón."
Dice que .... más cuidado con el jarrón.
5. "**No digas** más tonterías."
Dice que .... más tonterías.
6. "**Deja** de decir tonterías."
Insiste en que .... de decir tonterías.
7. "**Pareces** una persona inteligente."
Dice que .... una persona inteligente.
8. "**Eres** muy egoísta, ¿no crees?"
Dice que .... muy egoísta.
9. "**Sé** un poco menos egoísta, ¿quieres?"
Dice que .... un poco menos egoísta.
10. "**Puedo** ayudarte si quieres"
Dice que .... ayudarme si quiero.
11. "**Vas** muy rápido. **Ve** más despacio."
Dice que .... muy rápido, que .... más despacio.
12. "**Come** un poco más. **Comes** muy poco."
Dice que .... un poco más, que .... muy poco.

E Valorar informaciones: *Es estupendo que venga.*

■ Recuerda: cuando queremos **declarar** el contenido de un verbo subordinado, usamos el indicativo. Cuando queremos **cuestionarlo**, usamos subjuntivo:

Declaramos la información subordinada	*Yo sé que Leo **habla** inglés.* *Supongo que **hablará** inglés.*	[Queremos declarar que Leo **habla** inglés.]
Cuestionamos la información subordinada	*Es posible que **hable** inglés.* *No creo que **hable** inglés.*	[No queremos declarar que Leo "**habla** inglés".]

■ Pero cuando esa información **está ya aceptada** como verdadera o posible, y sólo queremos hacer **un comentario o una valoración personal sobre ella**, usamos siempre **subjuntivo** (o infinitivo):

Sólo valoramos la información subordinada

A mí no me gusta
Me parece bien
Es lógico
No es normal
Me da igual

→ *que **hable** **inglés**.*

[No queremos declarar que "habla inglés": sólo queremos expresar lo que sabemos o pensamos sobre el hecho (real o posible) de "**hablar** él inglés".]

Declara → • *¿Sabes qué? Me han dicho que Paula **está** embarazada, y que **es** una niña.*

Cuestiona → • *¿En serio? No puedo creer que **esté** embarazada.*

Declara → • *Que sí, mujer, que sí. **Ha ido** al médico, y le ha confirmado que **está** embarazada.*

Sólo comentan
- *Pues me parece muy extraño...*
- *¿Qué te parece extraño: **que esté** embarazada o **que sea** una niña?*
- *No, lo que me parece extraño es **que haya ido** al médico. Ella odia **ir** al médico...*

12 **Distribuye las matrices en el lugar correspondiente de la tabla, según su significado.**

Es evidente que... ✓	¿Te parece mal que...? ✓	Sospechamos que... ✓	Me parece lógico que... ✓
Me imagino que...	Es verdaderamente extraño que...	He oído que...	Odio que...
No me importa que...	Su marido piensa que...	Es difícil que...	Yo he visto que...
Es estupendo que...	¿Crees que es importante que...?	¿Ana te ha contado que...?	Me parece que...

Introducimos una afirmación o suposición		Valoramos una idea	
Es evidente que...	...**está** embarazada. (INDICATIVO)	Me parece lógico que...	...**esté** embarazada. (SUBJUNTIVO)
Sospechamos que...		¿Te parece mal que...?	
....		....	
....		....	
....		....	
....		....	
....		....	
....		....	

13 **¿Qué opinas tú? Usa las matrices del cuadro (o cualquier otra que exprese tu valoración) y formula opiniones comentando algunas de estas noticias, como en el ejemplo. Usa la forma de subjuntivo apropiada a la persona y al tiempo en cada caso.**

➲ Una anciana de 80 años **sobrevive** después de caer desde un sexto piso. ✓

1. Groenlandia **suspende** su festival de nieve por una ola de calor.
2. Dos ex ladrones **presentan** un programa de televisión sobre robos.
3. Más de la mitad de los ministros del gobierno español **son** mujeres.
4. Los japoneses ya **pueden** pagar en los supermercados con la huella dactilar.
5. Una conocida marca de helados **investiga** en la fabricación de un helado para perros.
6. Un juez **manda** a prisión a un hombre por hacer chistes sexistas.
7. Un perro **espera** diez días en la puerta de la comisaría hasta que liberan a su amo.
8. El gobierno **paga** 500 euros mensuales por cada hijo menor de tres años.

Es increíble que una anciana sobreviva después de caer de un sexto piso (➲)
....
....
....
....
....
....
....
....
....
....
....

Me alegra mucho...
Me parece muy triste...
Es increíble...
Es normal...
Me parece muy cómico...
Es curioso...
Me parece muy justo...
Es una tontería...
Está muy bien...
Me parece muy mal...
Me parece ridículo...
Me parece exagerado...
A mí me da igual...
Yo pienso que es lógico...
Me parece preocupante...
...

- Cuando valoramos informaciones, podemos usar para el verbo subordinado una forma personal en **subjuntivo** (introducida por ***que***) o solamente **infinitivo**:

	Usamos el **infinitivo**	Usamos el **subjuntivo**
Con MATRICES como éstas...	Si el sujeto del verbo subordinado es la misma persona señalada en la MATRIZ:	Si el sujeto del verbo subordinado es una persona diferente a la señalada en la MATRIZ:
Me gusta..., Nos encanta..., Me da igual..., Les alegra..., (No) me importa...	*Le encanta **jugar** al fútbol.* (a él) = (**él**)	*Le encanta **que juguemos** al fútbol.* (a él) ⟷ (**nosotros**)
Con MATRICES como éstas...	Para generalizar:	Para concretar la persona:
Es estupendo / extraño / bueno... Está bien / mal... No me parece bien / mal / lógico...	*Es maravilloso **estar** enamorado.* (en general) = (**tú, yo, nosotros...**)	*Es maravilloso **que estés** enamorada.* (en general) ⟷ (**concretamente tú**)

14 **¿Puedes identificar el sujeto de los verbos que están en negrita?**

➲ A Lucas no le gusta nada **conducir** de noche. ....*Lucas*....

➲ Tienes razón, Florentino: es un privilegio **tener** amigos como vosotros. ....*En general*....

1. Te agradezco mucho que me **digas** eso. ....
2. Les ha parecido muy emocionante **asistir** a la boda. ....
3. Perdone, señora. ¿Le importa que me **siente** a su lado? ....
4. Perdone, señora. ¿Le molestaría **sentarse** en otra parte? La mesa está reservada. ....
5. Pasen ustedes primero. A mí no me importa **esperar**. ....
6. Me alegro de que por fin se **acuesten**. ¡Qué pesados estaban hoy los niños! ....
7. Ya he hecho yo la compra. ¿No te alegras de no **tener** que ir a comprar? ....
8. Es de muy mal gusto **hacer** esperar a la gente. A ver si otro día llegas antes. ....
9. No es lógico **pasar** toda la vida esperando un sueño que nunca va a llegar. ....

F Identificar o no identificar entidades: *La chica que viene / La chica que venga*

- Podemos dar una información sobre las características de personas, cosas o lugares con un **adjetivo**, pero también con una **frase**:

➲ 42. Unir frases

	Con un adjetivo:	Con una frase:
UNA PERSONA:	• una chica **mala**...	...es una chica **que hace cosas malas.**
UNA COSA:	• una película muy **divertida**...	...es una película **que da mucha risa.**
UN LUGAR:	• un sitio **tranquilo**...	...es un sitio **donde te puedes relajar.**

- Cuando usamos una frase de este tipo, usamos el indicativo para señalar que la entidad de la que hablamos (persona, cosa o lugar) **está identificada**, y usamos subjuntivo para señalar que **no está identificada** todavía:

• *He conocido a una chica que* ***vive*** *en Móstoles.*	[Una chica en particular: Lorena.]
• *¿Conoces a alguna chica que* ***viva*** *en Móstoles?*	[No importa qué chica en particular.]
• *Hoy vamos a hacer la comida que más te* ***gusta****.*	[Una comida en particular: pescado.]
• *Hoy vamos a hacer la comida que más te* ***guste****.*	[Cualquier comida que tú elijas.]
• *Hemos estado en una playa donde todo el mundo* ***iba*** *desnudo.*	[Una playa en particular: Cantarriján.]
• *¿Tú has visto una playa donde* ***podamos*** *ir desnudos?*	[No importa qué playa en particular.]

INDICATIVO	SUBJUNTIVO
Entidades **ya identificadas**	Entidades **no identificadas todavía**
• Hablamos de una persona, cosa o lugar **particular** con esa característica.	• Hablamos de **cualquier** persona, cosa o lugar con esa característica.

15 **Relaciona cada una de las cosas que dice Jenny con la interpretación más probable.**

➲ Hola. Estoy buscando una gramática que **tiene** dibujos en color. ..b....
- a. ~~Jenny busca cualquier gramática con dibujos en color.~~
- b. A Jenny le han hablado antes de esa gramática.

1. Bueno, una lengua que **sea** fácil de aprender, por supuesto. ....
   - a. Jenny habla del español.
   - b. Jenny quiere aprender otra lengua y todavía no ha decidido cuál.
2. ¿Nos llevamos el microondas que **tiene** más potencia o el que **sea** más barato? ....
   - a. Han visto varios microondas, pero no saben cuál será más barato.
   - b. Están buscando el microondas más potente.
3. Pon esta bandeja en la cocina, donde **estén** los platos. ....
   - a. Jenny ha llevado los platos a la cocina antes.
   - b. Otra persona ha llevado los platos a la cocina antes.
4. La opinión que Ana **tenga** sí me importa, pero lo que **dice** Jorge me da igual. ....
   - a. Jenny ha hablado con Jorge, pero no con Ana.
   - b. Jenny ha hablado con Ana, pero no con Jorge.
5. ¿Por qué no comemos en el sitio donde **comimos** la otra vez, en una mesa que **esté** un poco apartada? ....
   - a. Jenny se refiere a la segunda mesa a la izquierda.
   - b. Jenny se refiere al restaurante "Bona Petí".

16 Decide cuál de las siguientes continuaciones no es posible en cada caso.

➲ ¿Tienes un cuchillo que... (a......)
a. ~~...**corta** bien? Éste es malísimo.~~
b. ...**corte** bien? Éste es malísimo.
c. ...**corta** bien? ¿Y por qué no me lo has dicho antes?

1. Yo voy a casarme con un hombre que... (.......)
a. ...**sabe** cómo tratar a una mujer como yo. Si no lo encuentro, no me caso.
b. ...**sabe** cómo tratar a una mujer como yo. Tengo suerte, ¿no?
c. ...**sepa** cómo tratar a una mujer como yo. Eso lo tengo claro.

2. Yo quiero comprar un apartamento que... (.......)
a. ...**tiene** unas vistas al mar preciosas. Lo vimos el otro día en Motril, pero es muy caro.
b. ...**tenga** vistas al mar, pero no encuentro ninguno.
c. ...**tiene** vistas al mar. ¿Sabes tú de alguno no muy caro?

3. Mira, voy a poner la lámpara donde... (.......)
a. ...tú **has dicho**. Me parece lo mejor.
b. ...tú **digas**. Así que, por favor, decídete.
c. ...tú **dices**. ¿Dónde la pongo?

4. ¿Preparados? El estudiante que... (.......)
a. ...me **diga** antes la respuesta gana un chupa-chups.
b. ...me **dice** antes la respuesta es siempre Adam. ¿No hay otro que **quiera** un chupa-chups?
c. ...me **dice** antes la respuesta ganará un chupa chups.

■ Igualmente, podemos referirnos a las características de otras entidades, como el **modo de hacer algo**, con un adjetivo o con una frase:

➲ 42. Unir frases

	Con un adjetivo:	Con una frase:
UN MODO:	• Hazlo de la manera **correcta.**	• Hazlo (de la manera en que) *como* **tú sabes hacerlo**.

■ Cuando usamos una frase de este tipo, con el verbo en indicativo nos referimos a un modo **identificado** de hacer algo. Con el subjuntivo hablamos de un modo que **no podemos o no queremos identificar**:

- Vale, haré la sopa *como tú **dices.*** [Del modo concreto en que tú dices: con carne y verduras.]
- Vale, haré la sopa *como tú **digas**.* [De cualquier modo que tú puedas decir, no importa cómo.]

17 Decide cuál de las dos opciones es la más adecuada, como en el ejemplo.

➲ • ¿Cómo quieres que haga el arroz? ¿Con pollo o con pescado?
○ Como tú ~~quieres~~ / **quieras**. A mí me da exactamente igual.

1. Perdona, pero así, de la manera en que lo **estás** / **estés** haciendo, no va a funcionar.
2. Como **dice** / **diga** un amigo mío, un problema deja de ser un problema si no tiene solución.
3. Lo mejor es hacerlo como **dice** / **diga** Elena. Pregúntale y lo terminamos ahora.
4. Yo no tengo la culpa de que el ordenador no funcione. Yo lo monté como **dice** / **diga** el libro de instrucciones. Si el libro está equivocado, no es problema mío.
5. • ¿Adónde vamos a ir de vacaciones este año, cariño?
○ Adonde tú **quieres** / **quieras**, amor mío. ¿Adónde te gustaría más ir?
6. • ¡Lo siento! ¡No puedo controlar el avión!
○ ¡Aterrice como **puede** / **pueda**, comandante, pero aterrice ya!
7. No, hijo, no. Tienes que coger la cuchara así, como te **dice** / **diga** mamá.
8. Agustina es una chica simpatiquísima. Habla con ella. Es la que **lleva** / **lleve** la minifalda roja.
9. Este verano quiero trabajar en un bar para ganar todo el dinero que **puedo** / **pueda** y poder viajar un poco.

G Relacionar temporalmente dos hechos

42. Unir frases

- Para relacionar temporalmente dos hechos usamos formas como ***cuando...***, ***hasta que...***, ***en cuanto...***, ***mientras...*** o ***siempre que...***

- Usamos **indicativo** en la frase introducida por estas formas cuando nos referimos al **pasado** o a un **presente habitual**. Usamos **subjuntivo** cuando nos referimos a un momento **futuro**:

  Pasado: *Cuando **salí** del trabajo, me fui a casa.*
  Habitual: *Cuando **salgo** del trabajo, voy directo a casa.*
  Futuro: *Cuando **salga** del trabajo, me iré a casa.*

No usamos subjuntivo en las preguntas sobre el futuro introducidas por la forma interrogativa ***cuándo***:

*¿Cuándo **vuelve** Ricardo?* ~~*¿Cuándo vuelva Ricardo?*~~
*¿Sabes cuándo **terminaremos**?* ~~*¿Sabes cuándo terminemos?*~~

18 **Todas estas personas responden a la pregunta del periodista. Interpreta: ¿hablan del pasado (P), de algo habitual (H), o del futuro (F)?**

- ➲ Yo, siempre que tengo tiempo. ...H...
- ➲ Bueno, cuando estaba en la escuela, sí. ...P...
- ➲ En cuanto me compre la bici, seguro. ...F...
1. No, sólo hasta que me casé. ....
2. Sí, cuando me siento muy estresado. ....
3. Un poco, hasta que me canso. ....
4. Sí, mientras espero el autobús hago flexiones. ....
5. Mientras pueda, sí. ....
6. Claro que sí: en cuanto salgo del trabajo. ....
7. Cuando sea un poco mayor, quizá. ....

19 **¿Pasado (P), habitual (H), o futuro (F)? Decídelo primero y escribe después la forma correcta del verbo en cada frase.**

	Poder
	Tomar
	Hacer

- ➲ ..F.. Te llamaré cuando ....pueda.... , mañana antes de las 10 si es posible.
1. ..... Cuando .... cocino yo, pero normalmente no tengo tiempo.
2. ..... Antes iba a la playa siempre que .... , pero ahora ya no voy nunca.
3. ..... Cuando .... una cerveza, tengo que ir al baño inmediatamente.
4. ..... Vi a Marta mientras .... unas cervezas con Lourdes y Javier.
5. ..... Voy a ir a verles en cuanto .... una decisión definitiva, no te preocupes.
6. ..... Clara y yo nos conocimos cuando .... la carrera: estudiamos juntos.
7. ..... Lo siento, pero tendrás que esperar hasta que .... ese examen.
8. ..... Me duele muchísimo la cabeza cuando .... aerobic.

H Correspondencias temporales

■ La forma del subjuntivo que debemos utilizar para referirnos a tiempos diferentes se corresponde con las siguientes formas de indicativo:

Si en **indicativo** decimos...	En **subjuntivo** decimos...
Está* / *Estará *en Berlín.* →	*Es posible que* ***esté*** *allí.*
Ha estado* / *Habrá estado *en Berlín.* →	*Es posible que* ***haya estado*** *allí.*
Estaba* / *Estuvo* / *Estaría *en Berlín.* →	*Es posible que* ***estuviera*** *allí.*
Había estado* / *Habría estado *en Berlín.* →	*Es posible que* ***hubiera estado*** *allí.*

20 **Completa las respuestas poniendo los verbos en negrita en la forma adecuada del subjuntivo.**

Si declaramos:	**Si no declaramos:**
• La niña **lloraba** cuando veía a Emilio.	➲ ○ A mí no me extraña que la niña ...llorara... .
• Yo, en tu lugar, creo que me **callaría**.	1. ○ Pues si yo fuera tú, no creo que me ....
• Alguien nos **encontrará**. No te preocupes.	2. ○ No, no creo que nadie nos .... Preocúpate.
• Aquí hay dos personas que **tienen** más de 30 años.	3. ○ ¿Hay alguien aquí que .... más de 30 años?
• Laila me **visitó** el verano pasado.	4. ○ Yo le pedí que me ....
• Sólo tomamos un café. Ya **habíamos comido**.	5. ○ Sí, y les sorprendió mucho que ya ....
• No ha dicho nada porque no **ha querido** molestar.	6. ○ Es lógico que no .... molestar.
• Me imagino que **habrán previsto** esa posibilidad.	7. ○ Sí, puede ser que .... esa posibilidad.
• Ya sabes que me **voy** mañana.	8. ○ ¡Pero yo no quiero que te .... !
• No te contestó porque se **habría quedado** dormido.	9. ○ Sí, es probable que se .... dormido.
• Yo antes **pensaba** que el subjuntivo significaba duda.	10. ○ ¿En serio? ¡No me puedo creer que .... eso!

21 **Nemesio Contreras sigue cuestionando todo lo que dice la doctora Ginés Labella. Completa las notas que ha tomado durante la conferencia con la forma del subjuntivo que corresponda a los verbos en negrita.**

➲ "La mujer **ha sido** siempre poco valorada."
1. "La mujer **es**, en realidad, la base de la historia del hombre."
2. "La historia **ha ocultado** grandes verdades sobre la mujer."
3. "Algunos documentos históricos aseguran que Cristóbal Colón **era** una mujer."
4. "Diversas fuentes sugieren que la rueda la **inventó** una mujer."
5. "Nunca un hombre **podrá** quedarse embarazado."
6. "Mi marido siempre **ha estado** de acuerdo con mis ideas."
7. "Y esto es todo, lo siento. No sé quién me ha robado la última página de la conferencia. **Habrá sido** mi marido."

➲ No es del todo cierto que la mujer ...haya sido... siempre poco valorada.
1. Yo no pienso que la mujer .... la base de la historia.
2. No es cierto que la historia .... nada sobre la mujer.
3. ¡Es mentira que Colón .... una mujer!
4. La verdad, no puedo imaginarme que una mujer .... la rueda.
5. Dudo mucho que un hombre no .... quedarse embarazado.
6. Francamente, no me creo que su marido siempre .... de acuerdo con ella.
7. No es verdad que .... su marido, porque he sido yo.

34. Imperativo

A Usos

■ Usamos el imperativo para **pedir directamente** acciones a otros. Pedir directamente puede tener muchos efectos distintos:

Dar instrucciones	• ***Seguid*** *todo recto unos 100 metros y, luego,* ***girad*** *a la derecha.*
Rogar	• ***Ayúdame****, por favor,* ***dime*** *qué te ha dicho.*
Mandar, ordenar	• *¡****Sal*** *de ahí ahora mismo!*
Aconsejar	• *Tienes mala cara.* ***Descansa*** *un poco y luego seguimos.*
Invitar	• ***Venid*** *a mi casa mañana. Hago una fiesta.*
Dar permiso	• *¿Puedo pasar?* ○ ***Pasa, pasa.***

1 **En todos estos enunciados, alguien pide algo a otra persona. ¿Qué clase de petición crees que está haciendo exactamente? Usa el diccionario, si lo necesitas.**

➲ ¡**Dejad** de molestar a Samuel, que es muy pequeño! orden

1. **Hazlo** tú, por favor. Yo no puedo. ....
2. ¡**Bajad** de ese árbol ahora mismo! ....
3. **Ve** a la ventana de "Herramientas", **pulsa** "Opciones" y ahí está. ....
4. • ¿Puedo probar tu postre?
   ○ Claro, **pruébalo**, está buenísimo. ....
5. **Entrad** y **poneos** cómodos. Estáis en vuestra casa. ....
6. • ¿Y qué puedo hacer yo, si no estoy enamorada de él?
   ○ **Dile** que eres todavía muy joven para casarte. A lo mejor así te deja tranquila. ....

Ruego
Orden ✓
Invitación
Dar permiso
Orden
Instrucción
Consejo

B Imperativo de *tú*: *come*...

■ La **forma regular** del imperativo para la persona *tú* es igual que la tercera persona del Presente de indicativo, en todas las conjugaciones:

Yo	*como*	
Tú	*comes*	
Él, ella, usted	***come***	*¡****Come****!*
Nosotros/-as	*comemos*	
Vosotros/-as	*coméis*	
Ellos, ellas, ustedes	*comen*	

• *Maribel no habla.* ***Habla*** *tú, por favor.*
• *Si él no come nada,* ***come*** *tú algo al menos.*
• *Todo el mundo vive su vida.* ***Vive*** *tú la tuya.*

■ Sólo hay ocho formas **irregulares**:

Ir →	***Ve***	*Poner* →	***Pon***
Salir →	***Sal***	*Decir* →	***Di***
Venir →	***Ven***	*Tener* →	***Ten***
Hacer →	***Haz***	*Ser* →	***Sé***

Los verbos compuestos correspondientes tienen la misma irregularidad:

Proponer →	*pro****pón***	*Man****tener*** →	*man****tén***
Sostener →	*sos****tén***	*Entre****tener*** →	*entre****tén***
Suponer →	*su****pón***	*Des****hacer*** →	*des****haz*** etc.

2 **El robot AC-69 sabe hacer 69 cosas diferentes. ¡Pídele una demostración!**

➲ AC-69 **habla** en ruso:
¡ ...Habla........ en ruso, 69!

1. AC-69 **enciende** las luces de la casa a distancia:
¡ .... la luz ahora!
2. AC-69 **llora** como un niño:
¡ .... un poco, 69!
3. AC-69 **sube** y **baja** escaleras:
¡ .... y .... esas escaleras!
4. AC-69 **bebe** whisky con Coca-cola:
¡ .... un poco de whisky!
5. AC-69 **baila** sevillanas:
¡ .... unas sevillanas!
6. AC-69 es educado con la gente cuando quiere:
¡ .... **educado** conmigo, 69!
7. AC-69 **viene** volando hasta donde estás tú:
¡ .... aquí volando, robotito!
8. AC-69 **va** volando a todas partes:
¡ .... a la cocina volando, 69!
9. AC-69 **pone** los pies en la cabeza:
¡ .... el pie izquierdo en la cabeza!
10. AC-69 **dice** "chiripitifláutico" muy rápido:
¡ .... "chiripitifláutico" rápido!
11. AC-69 **sale** de cualquier sitio en 1,5 segundos:
¡ .... de la habitación!
12. AC-69 **hace** paella de marisco:
¡ .... una paella para mí!
13. AC-69 **propone** planes:
¡ .... algo para el fin de semana!

C Imperativo de *vosotros*: *comed*...

■ La forma del imperativo para la persona *vosotros* se obtiene sustituyendo la ***-r*** del final del infinitivo por una ***-d***. No hay irregulares. En el lenguaje informal se usa también la misma forma del infinitivo:

INFINITIVO
Comer → ¡*Come**d***! / ¡*Come**r***!

- *Si queréis **hacer** algo, **haced**/hacer la ensalada.*
- *Yo no voy a ir a la fiesta. **Id**/Ir vosotros.*
- *¡Hay que **salir** rápido! ¡**Salid**/Salir ya!*

■ Con frecuencia, en la lengua hablada, estas ***-d*** o ***-r*** finales no se pronuncian claramente. Por eso, es muy importante **identificar bien la sílaba acentuada** para diferenciar el imperativo de *tú* y de *vosotros* en muchas formas regulares:

Pedimos algo a una persona (*tú*)			Pedimos algo a varias personas (*vosotros*)		
¡*B**a**ila*!	¡*C**o**me*!	¡*L**e**e*!	¡*Bail**ad***!	¡*Com**ed***!	¡*Le**ed***!
			¡*Bail**ar***!	¡*Com**er***!	¡*Le**er***!

3 **¿Qué cambia si mamá tiene dos niños?**

➲ **Escucha** lo que voy a decirte.
...Escuchad..... lo que voy a deciros.

1. **Ve** a casa de la abuela.
.... a casa de la abuela.
2. **Toma** el camino del río.
.... el camino del río.
3. **Sigue** ese camino sin entrar en el bosque.
.... ese camino sin entrar en el bosque.
4. **Ten** cuidado de no ensuciarte la ropa.
.... cuidado de no ensuciaros la ropa.
5. **Habla** con ella un poco. A ella le gusta oírte.
.... con ella un poco. A ella le gusta oíros.
6. **Haz** tus deberes con ella. Necesita compañía.
.... vuestros deberes con ella. Necesita compañía.
7. **Sé** bueno con ella. Es muy viejecita.
.... buenos con ella. Es muy viejecita.
8. Y **ven** pronto: antes del anochecer.
Y .... pronto: antes del anochecer.
9. **Vuelve** antes de las siete.
.... antes de las siete.

D Imperativo de *usted* y *ustedes*: *coma, coman...*

■ Para hacer una petición directa en situaciones formales, usamos **la tercera persona singular o plural del Presente de subjuntivo**:

- *Bueno, vamos a ver.* ***Díga****me dónde le duele.*
- *Pasajeros del vuelo HL-323,* ***diríjan****se a la puerta B-5.*
- ***Oiga****, ¿puede decirme la hora?*
- ***Perdone****, ¿para ir a la calle Pallá?*
- ***Miren*** *a su derecha y verán el palacio del sultán.*

➲ 32. Formas del subjuntivo

4 **¿Cómo cambia la forma de estas peticiones si hablas en una situación formal?**

➲ **Ve** al médico. No tienes buena cara.
...Vaya...... al médico. No tiene buena cara.

1. ¡Ahora, rápido, **sal**!
¡Ahora, rápido, ... !
2. ¿Puedes hacerme un favor? **Traduce** esto.
Martínez, ... esto, por favor.
3. ¿Qué os ha pasado? **Hablad** sin miedo.
¿Qué les ha pasado? .... sin miedo.
4. **Perdona**. No sabía que estabas aquí.
.... No sabía que estaba usted aquí.
5. **Ten**. Este dinero es tuyo.
.... Este dinero es suyo. Gracias.
6. **Oye**, Julio, ¿me puedo ir ya o me necesitas?
.... , señor Carreras, ¿me puedo ir un poco antes?
7. **Haced** el favor de callaros un poco, ¿vale?
.... el favor de callarse. Estamos en un hospital.
8. **Pon** aquí tu nombre y dirección, y te lo mando.
.... aquí su nombre y dirección, y se lo mando.
9. **Venid** mañana, que hoy estoy muy ocupado.
La doctora ha tenido que salir. .... mañana.

E Imperativo negativo: *no comas, no comáis, no coma, no coman...*

■ Para hacer peticiones negativas directas usamos **siempre** el **Presente de subjuntivo**, en todas las personas:

➲ 32. Formas del subjuntivo

	IMPERATIVO POSITIVO	IMPERATIVO NEGATIVO
Tú	*Come*	*No **comas***
Vosotros/-as	*Comed*	*No **comáis***
Usted	***Coma***	*No **coma***
Ustedes	***Coman***	*No **coman***

👁 Podemos hacer peticiones negativas con ***no*** o con cualquier forma de significado negativo:

- ***No*** *beba,* ***ni*** *fume.* ***Tampoco*** *coma grasas.*
- ***Jamás*** *me mientas.*
- ***Nunca*** *vuelvas a hacer eso.*

5 **Esteban tiene muchos problemas. Aconséjale, como en el ejemplo.**

➲ • **Como** demasiado.
❍ Pues no ...comas......... tanto, hombre.

1. • **Fumo** demasiado.
❍ Pues no .... tanto.
2. • **Salgo** todas las noches hasta muy tarde.
❍ Pues no ....
3. • **Bebo** mucho, y después conduzco.
❍ Hombre, si conduces, no ....
4. • **Conduzco** muy rápido.
❍ Pues ten cuidado y no .... tan rápido.
5. • Siempre **pienso** negativamente.
❍ Pues de ahora en adelante no .... así.
6. • **Tengo** miedo de hablar con la gente.
❍ Pues no .... miedo. Nadie te va hacer nada.
7. • **Creo** que nadie me quiere.
❍ No .... eso. Mucha gente te quiere.

6 ¿Y qué cambia si los problemas son de Esteban y de su hermano gemelo Sebastián?

➲ ● Comemos demasiado.
 ❍ Pues no ...comáis... tanto.
1. ● **Fumamos** demasiado.
 ❍ Pues no .... tanto.
2. ● **Salimos** todas las noches hasta muy tarde.
 ❍ Pues no ....
3. ● **Bebemos** mucho y después conducimos.
 ❍ Hombre, si conducís, no ....
4. ● **Conducimos** muy rápido.
 ❍ Pues tened cuidado y no .... tan rápido.
5. ● Siempre **pensamos** negativamente.
 ❍ Pues de ahora en adelante no .... así.
6. ● **Tenemos** miedo de hablar con la gente.
 ❍ Pues no .... miedo. Nadie os va a hacer nada.
7. ● **Creemos** que nadie nos quiere.
 ❍ No .... eso. Mucha gente os quiere.

F Imperativo con pronombres: *Dímelo* / *No me lo digas*

■ Con el imperativo positivo, los pronombres se colocan después del verbo y formando una sola palabra. Con el imperativo negativo los pronombres se colocan según el orden normal: antes del verbo y separados.

➲ 16. Posición y combinación
➲ 44. Acentuación

Orden normal	IMPERATIVO POSITIVO	IMPERATIVO NEGATIVO
• *Ella **me lo** <u>cuenta</u> todo.*	• *<u>Cuénta</u>**melo** todo.*	• *No **me lo** <u>cuentes</u> todo.*
• *Pepa **nos** <u>ayuda</u> mucho.*	• *<u>Ayúda**nos**</u>, ¿quieres?*	• *No **nos** <u>ayudes</u>. No es necesario.*
• *Su tía **le** <u>regala</u> siempre juguetes.*	• *<u>Regalad**le**</u> ese juguete.*	• *No **le** <u>regaléis</u> ese juguete.*
• ***Se los** <u>regala</u> porque lo quiere.*	• *<u>Regála**selos**</u> usted.*	• *No **se los** <u>regale</u>.*

7 Dale consejos a José.

➲ Alejandro habla con cariño a Claudia. ...Háblale... tú también así.
1. Alejandro le escribe poesías y se las lee. .... tú poesías y ....
2. Alejandro la llama por teléfono cada día. .... tú también.
3. Alejandro la quiere y se lo dice a todas horas. .... tú también.
4. Alejandro la acompaña cuando va de compras porque no le gusta ir sola. .... tú también.
5. A Alejandro no le molestan sus caprichos y se los perdona. .... tú también.
6. A ella no le gusta hacer la comida y Alejandro se la hace muchas veces. .... tú también.
7. Alejandro se ducha todos los días y se pone guapo cuando va a verla. .... y .... guapo tú también, hombre.

8 Completa la tabla con la formas que faltan, según el ejemplo. ¡Y cuidado con la posición de los pronombres!

Tú	Dímelo. No me lo digas.	Dáselas. No se las des.	.... No	.... No	Tráenoslo. No ....
Vosotros	Decídmelo. No me lo digáis.	Dádselas No	Pensadlo. No	.... No os sentéis.	.... No ....
Usted	Dígamelo. No me lo diga.	Déselas. No	.... No lo piense.	.... No	.... No ....
Ustedes	Díganmelo. No me lo digan.	Dénselas. No	.... No lo piensen.	Siéntense. No	.... No ....

35. Ser y estar

A *Ser: Julio César es un gato.*

■ Usamos el verbo ***ser*** para:

Definir palabras o conceptos

- *Un planeta **es** un astro sin luz que puede tener satélites.*
- *Un gato **es** un felino doméstico.*

Expresar las características propias de un objeto

- *La Tierra **es** redonda.*
- *Julio César **es** blanco y marrón.*

Definir o clasificar un objeto

- *La Tierra **es** un planeta.*
- *Julio César **es** un gato.*

Identificar el objeto al que nos referimos

- *La Tierra **es** el tercer planeta del sistema solar.*
- *Julio César **es** el gato de Ainhoa.*

➲ 4. Adjetivo

Por tanto, podemos usar el verbo ***ser*** para hablar, por ejemplo, de:

Identidad:
- *Ésa **es** <u>María</u>.*

Carácter:
- *Manuel **es** <u>muy tímido</u>.*

Características:
- *¡Oh! **Es** <u>muy bonito</u>. Gracias.*
- *El examen **ha sido** <u>fácil</u>.*

Clase:
- *Esto **es** <u>un abanico</u>.*
- *Los perros **son** <u>mamíferos</u>.*

Procedencia:
- *Rodolfo **es** <u>cubano</u>.*

Material:
- *¿Este anillo **será** <u>de oro</u>?*

Profesión:
- ***Era** <u>médico</u>. Bueno, **era** <u>radiólogo</u>.*

Forma:
- *Mi dormitorio **es** <u>rectangular</u>.*

Marca:
- *Mi móvil **es** <u>Mokia</u>.*

Color:
- *No, mi coche **era** <u>verde</u>.*

Relaciones personales:
- ***Es** <u>mi sobrino</u>.*
- *Antonio **fue** <u>mi novio</u>.*

Fechas, horas...
- *El lunes **es** <u>Navidad</u>.*
- *¿Ya **son** <u>las cinco</u>?*

👁 En español no hablamos de la edad con el verbo ***ser***. Usamos el verbo ***tener***:
- ***Tengo** veinte años.* [~~Soy veinte~~ años.]

1 **En la oficina de Objetos perdidos la Señora Olvido Pertinaz describe todo lo que ha perdido. Relaciona los elementos de cada columna.**

Mi bolso		negro.		de piel.		bastante grande.
Mis guantes	**es**	de lana.	**Es**	Ricsson.	**Es**	pequeñísimos.
Mis gafas	**eon**	de sol.	**Son**	rojos.	**Son**	cuadradas.
Mi móvil		rojo.		muy oscuras.		un poco antiguo.

B *Estar: Julio César está dormido.*

■ Usamos el verbo ***estar*** para hablar de la **situación** de un objeto. "Situación" puede ser **localización** en el espacio (**dónde se encuentra** un objeto) y también **estado** (**cómo se encuentra** un objeto):

➲ 4. Adjetivo

Localizar objetos en el espacio

Está debajo de la mesa. | Está en el árbol. | Está lejos. | Está cerca.

- *¿<u>Dónde</u> **está** el banco?*
- ○ ***Está** <u>muy cerca de aquí</u>.*
- ▲ ***Está** <u>a unos cien metros</u>.*

- *Madrid **está** <u>en el centro de España</u>.*

- *¿Dónde dejaste las llaves?*
- ○ ***Estaban** <u>en la mesa del recibidor</u>.*

- *¿Y Martín?*
- ○ ***Está** <u>en la ducha</u>.*

➲ 36. *Haber y estar*

Estado en que se encuentra un objeto

Está tumbado. | Está sentado. | Está asustado. | Está dormido.

- *¿Qué tal Paloma?*
- ○ *Bueno, **está** <u>bien</u>. La verdad es que **está** <u>más animada</u>, pero aún **está** <u>un poco triste</u> a veces.*

- *Oye, la puerta **está** <u>abierta</u>.*
- ○ *Sí, es que **está** <u>rota</u>.*

Estar bien/mal...	*Estar de buen humor/ de mal humor...*
Estar solo/acompañado...	*Estar harto/aburrido...*
Estar roto/arreglado...	*Estar vivo/muerto...*
Estar vacío/lleno...	*Estar enfermo/sano/ loco...*
Estar abierto/cerrado...	*Estar cansado/agotado...*
Estar de pie/sentado/ tumbado...	*Estar dormido/ despierto...*
Estar alegre/triste/ contento/animado...	

2 **Ernestina es una persona muy despistada y no encuentra nada. Su compañero le ha dejado un mensaje escrito en varias notas para decirle dónde está lo que ha perdido. Complétalo.**

Nena:
¿Dónde tienes la cabeza?

El anillo ➲ está encima de la mesilla de noche.

Las llaves (1) .... dentro del cajón de la mesa del estudio.

Los regalos para tus sobrinos (2) .... dentro del armario de tu habitación.

Tu bolso (3) .... en la percha de la entrada.

Y yo, yo (4) .... en Las Bahamas. (5) .... cansado de buscar todas tus cosas.

Volveré. Sólo necesito un DESCANSO.

Ah, los billetes de tren para ir a casa de tu madre no (6) .... en casa,

(7) .... en la agencia de viajes.

¿Te acuerdas de en qué calle (8) .... la agencia?

Eso espero. Un beso,
TONY

3 **Completa con *ser* o *estar* en la respuesta correcta y tacha la incorrecta.**

➲ Dos más dos...
a. ..son.... cuatro.
b. ~~..........~~ seis.

1. El Sol...
a. .... a 180.000 km. de la Tierra.
b. .... a un año luz de la Tierra.

2. La Luna...
a. .... un satélite.
b. .... un planeta.

3. La capital de Perú...
a. .... Montevideo.
b. .... Lima.

4. Los Pirineos...
a. .... unas montañas que separan España de Francia.
b. .... unas islas.

5. La bandera española...
a. .... roja.
b. .... roja y amarilla.

6. Sevilla...
a. .... en Galicia.
b. .... en Andalucía.

7. Las islas Baleares...
a. .... en el mar Cantábrico.
b. .... en el mar Mediterráneo.

8. Una persona agotada es una persona que...
a. .... cansada.
b. .... dormida.

9. El Atlántico...
a. .... un océano.
b. .... un mar.

10. La Tierra...
a. .... más lejos del Sol que Marte.
b. .... más cerca del Sol que Marte.

11. El régimen político español...
a. .... una monarquía.
b. .... una república.

4 **Describe a Pedro y a Juan con frases como las del ejemplo. Elige *ser* o *estar* y las palabras adecuadas del recuadro.**

Contento
Un chico
Joven
Rubio
Sentado
Deportista
Moreno
Un hombre ✓
Mayor
Triste
Bajo
Tumbado ✓
Alto
Oficinista

Juan es un hombre.
....
....
....
....
....
....
....

Pedro está tumbado.
....
....
....
....
....
....
....

5 **Pedro le enseña una foto a su amiga Rocío. Señala la forma correcta.**

Mira, ésta ➲ (es) / está mi familia. (1) **Éramos** / **Estábamos** en un restaurante. Ese día (2) **estaba** / **era** el cumpleaños de mi madre. (3) Éste **soy** / **estoy** yo. (4) **Tenía** / **Era** 10 años. (5) Ese día **era** / **estaba** muy enfadado porque no me gustaban los zapatos que llevaba. El del bigote (6) **es** / **está** mi padre, y el chico que (7) **es** / **está** a su lado (8) **es** / **está** mi hermano mayor, Andrés. Ésas que (9) **están** / **son** sentadas (10) **están** / **son** mis primas. (11) **Son** / **Están** gemelas. Ése del fondo (12) **es** / **está** mi tío Raúl. (13) **Estaba** / **Era** jugador de fútbol pero ahora (14) **está** / **es** retirado. La que (15) **es** / **está** detrás (16) **es** / **está** mi madre. El bebé que tiene en brazos (17) **es** / **está** Clara, mi hermana pequeña. (18) **Estaba** / **Era** dormida. ¿La ves?

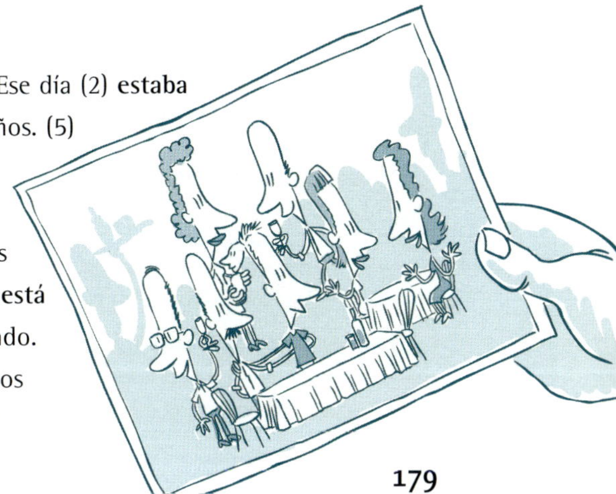

36. *Haber* y *estar*

A Formas de *haber*: *hay, había, habrá...*

■ El verbo ***haber*** tiene dos formas, la personal y la impersonal.

Con la **forma personal** se construyen los tiempos compuestos. Por ejemplo:

PRETÉRITO PERFECTO

Presente de ***haber***

he / has / ha / hemos / habéis / han + PARTICIPIO

- *Eugenia no **ha** venido a trabajar, ¿sabes?*
- *¿**Has** ido al concierto de los Repanocha?*

➲ 22. Pretérito perfecto

PRET. PLUSCUAMPERFECTO

Imperfecto de ***haber***

había / habías / había / habíamos / habíais / habían + PARTICIPIO

- *En esa época yo ya **había** terminado la universidad.*
- *Cuando llegó la policía, los ladrones **habían** huido.*

➲ 23. Pret. pluscuamperfecto

FUTURO PERFECTO

Futuro de ***haber***

habré / habrás / habrá / habremos / habréis / habrán + PARTICIPIO

- *Tómese estas pastillas. Dentro de una hora el dolor **habrá** desaparecido.*
- *Las lentejas ya se **habrán** enfriado un poco. Ya te las puedes comer.*

➲ 29. Futuro perfecto

La **forma impersonal** se construye con la **tercera persona del singular** del verbo ***haber*** en cualquiera de los tiempos, excepto para el Presente de indicativo, que tiene una forma propia. Por ejemplo:

PRESENTE	PRET. PERFECTO	INDEFINIDO	IMPERFECTO	FUTURO	F. PERFECTO
hay	*ha habido*	*hubo*	*había*	*habrá*	*habrá habido*

- *En España **hay** más de cuarenta millones de habitantes.*
- *Esta mañana **ha habido** un problema y no hemos podido llegar a tiempo.*
- *Al final **hubo** un problema y no pudimos llegar a tiempo.*
- ***Habrá habido** algún problema, porque no han llegado a tiempo.*
- *Dentro de unos años ya no **habrá** ordenadores grandes. Sólo **habrá** de bolsillo.*
- *Hace unos años en este pueblecito no **había** coches. **Había** gallinas, cabras, vacas... pero no **había** coches.*

👁 Las formas impersonales son invariables:

[En mi escuela ~~habían~~ muchos estudiantes extranjeros.]
había

[Este verano ~~han habido~~ bastantes tormentas.]
ha habido

1 Escoge la forma del presente del verbo *haber* que corresponda y busca la continuación del diálogo.

➲ ● Perdone, ¿sabe si ..*hay*.. un banco por aquí cerca? — a.
1. ● Lo siento, pero no .... gazpacho. Se .... terminado.
2. ● Pepón no .... aprobado casi nada. Tiene que repetir curso.
3. ● ¿En el Cabo de Gata .... playas tranquilas?
4. ● ¿........ llamado los Hernández?
5. ● ¿Y vosotros? ¿........ tenido unas buenas vacaciones?
6. ● En este pueblo .... gente muy amable. Ya verás.
7. ● Chicos, no .... berberechos. ¿Queréis patatas fritas?
8. ● Esta mañana mi padre y yo .... ido a ver a la abuela al hospital.

a. ○ Sí, aquí en la esquina hay uno. El Mangal.
b. ○ Sí, y todos son muy agradables con los turistas.
c. ○ No, todavía no. Llamarán más tarde, imagino.
d. ○ Es que ha estudiado poquísimo.
e. ○ Buenas, pero cortas. Muy cortas.
f. ○ ¿Ya está mejor?
g. ○ Sí, y muy bonitas, además.
h. ○ No, que engordan muchísimo.
i. ○ ¿Y tienen alguna otra sopa fría?

2 Guiri Forastérez no sabe mucho español. En su libreta ha escrito unas frases sobre la ciudad de Granalona, pero, en algunas, usa mal el verbo *haber*. ¿Puedes corregírselas?

➲ El verano pasado en esta ciudad ~~habían~~ muchos turistas. ..*había*..........
➲ Antes había muchos niños por las calles y plazas. Ahora casi no hay niños. ....✓....
1. Hace años no habían coches ni motos, pero hubieron muchos cambios y ahora hay muchos coches. ....
2. Antes había mucho silencio. No habían ruidos. ....
3. Pero antes no había ordenadores ni cibercafés. ....
4. Este año han habido unas fiestas maravillosas. ....
5. En las fiestas del año próximo habrán más petardos que este año. ....
6. Ha habido más gente en el mes de agosto que en todo el año. ....

B Usos de *haber* en forma impersonal: *¿Hay un hospital por aquí cerca?*

■ Usamos las formas impersonales del verbo ***haber*** para hablar de la **existencia de algo**. Las usamos cuando imaginamos o sabemos que nuestro interlocutor no tiene esa información:

● *Perdone, ¿**hay** una farmacia por aquí?* [La persona que habla no sabe si existe una farmacia.]
○ *Sí, **hay** una a unos cien metros.* [La persona que habla informa de la existencia de una farmacia. Sabe que la persona que escucha no tiene esa información.]

● *En mi barrio **hay** varias galerías de arte contemporáneo.* [La persona que habla imagina que la persona que escucha no sabe que en su barrio existen esas galerías.]

● *¿Ves ese edificio? Pues antes ahí **había** unos árboles centenarios preciosos.* [La persona que habla imagina que la persona que escucha no sabe que antes existían unos árboles en ese lugar.]

3 Casimiro, con la ayuda del telescopio Ojubber, ha conseguido localizar dos nuevos planetas: Vepiturno y Marsatón. Ahora está escribiendo un informe de lo que hay en uno y otro planeta. Pero tiene que hablar de los siguientes temas. Ayúdale a escribirlo.

➲ Animales (vacas, caballos): En Vepiturno hay vacas. En Marsatón no hay vacas, pero hay caballos.

1. Vegetación (plantas, árboles): ....
2. Geografía (ríos, montañas, mares): ....
3. Vivienda (casas, rascacielos): ....
4. Habitantes (muchos, pocos, niños, personas mayores): ....

C Haber/Estar: Hay varios hospitales, pero el Hospital General está en la esquina.

■ El verbo ***haber*** se combina con elementos que sirven para hablar de **objetos no identificables por el oyente**:

- *¿En tu país **hay** olivos?*
- *Sí, **hay** muchísimos. Producimos mucho aceite.*

- *En esta zona **habrá** diez o doce monumentos famosos.*

- *Uf, vamos a otro restaurante. Aquí no **hay** nadie. Seguro que no es bueno.*

- *¿**Hay** un mercado por aquí?*
- *Sí, **hay** dos. El Central y el de Santa María.*

- *Creo que en esa avenida **había** algunas tiendas bastante baratas.*

- *¿**Hay** algo que tengas que decirme?*
- *No, nada.*

■ El verbo ***estar*** sirve para localizar elementos **identificables por el oyente**:

➲ 35. *Ser y estar*

- *Perdone, ¿**hay** <u>una farmacia</u> por aquí?* [Aquí las dos personas hablan de la existencia de la *farmacia*: uno pregunta y otro informa.]
- ○ *Sí, **hay** una a unos cien metros.*
- *¿Y dónde **está**?* [Ahora la *farmacia* ya está identificada, ya saben que existe. Se trata de localizar esa *farmacia* ya identificada, de situarla.]
- *Oiga, ¿sabe dónde **está** <u>El Corting Less</u>?* [La persona que pregunta imagina que el otro conoce la existencia de El Corting Less.]
- *¿<u>Madrid</u> **está** cerca de Salamanca o no?* [Habla de algo que supone perfectamente identificado: la ciudad de Madrid.]
- *¡Socorro!, ¿dónde **están** <u>mi cartera y mis llaves</u>?* [Habla de algo perfectamente identificado.]

👁 Cuando usamos ***haber*** en forma impersonal (*hay, había...*), los sustantivos pueden ir sin determinante o acompañados de determinantes indefinidos, cardinales y cuantificadores. Cuando usamos ***estar***, los sustantivos pueden ir acompañados de artículos definidos, demostrativos y posesivos:

- *¿<u>Hay</u> **algún** médico en la sala?*
- *¿<u>**Está**</u> **el** médico de guardia en la sala?* [¿Hay el ~~médico de guardia en la sala?~~]

- *<u>Hay</u> **tres** informes que no encuentro por ninguna parte.*
- *Aquí <u>están</u> **aquellos** informes que buscabas.* [~~Aquí hay aquellos informes que buscabas.~~]

4 **Casimiro le va contando a su amiga Ada Mir lo que ve en Vepiturno. Completa el diálogo con el verbo *estar* o con *hay*.**

Casi: ➲ ...Hay... bastantes vacas, pero las vacas tienen más de cuatro patas.

Ada: ¿En serio (1) .... vacas? ¿Y dónde (2) ....?

Casi: En el polo norte, al lado de unos árboles.

Ada: ¡Ah!, pero ¿ (3) .... árboles?

Casi: Sí, (4) .... todos en el Norte. En el Sur sólo (5) .... nieve, mucha nieve.

Ada: ¿Y no (6) .... gente?

Casi: Bueno, (7) .... uno o dos pueblos. Parecen pueblos porque (8) .... unas casitas que (9) .... todas juntas...

Ada: ¿Y (10) .... coches?

Casi: No, no (11) .... ninguno. Pero (12) .... algo que parece un pájaro verde muy grande. ¿Puede ser un avión?

Ada: ¿Dónde (13) .... ? ¿En el campo?

Casi: No, no, (14) .... cerca del pueblo. Sí, seguramente es un avión o una nave espacial... ¿Sabes qué (15) .... al lado del poblado?

Ada: No, ¿qué?

Casi: Es terrible, Ada. (16) .... un anuncio de Cocacuela y un edificio de Yanoquea. Estamos perdidos.

5 **Anita está muy preocupada porque no sabe si los Reyes Magos encontrarán su nueva casa para dejarle los juguetes la noche del 5 de enero y les escribe esta carta. Ayúdala a escoger el verbo adecuado.**

Queridos Reyes Magos:

Este año hemos cambiado de casa y quiero explicaros dónde hay/está la nueva. En Barcelona hay/está una calle que se llama Vía Layetana. En esta calle no hay/está mi casa. Es una calle muy larga que va al mar. En esta calle hay/están muchos edificios bastante altos. A mitad de la calle, hay/está un trozo de las murallas romanas. Enfrente de las murallas romanas hay/está una callecita muy estrecha y en la esquina hay/está "La Colmena", que es una pastelería muy buena. Bueno, pues al lado de esa pastelería hay/está un portal muy grande, de madera. Ésa es la puerta de mi casa. Cuando entras, hay/está una puerta de hierro muy grande. Es la puerta del ascensor. Tenéis que subir al quinto piso. Al salir hay/están dos puertas, una, a la derecha, y otra, a la izquierda. La de la derecha es la de mi casa. En mi casa hay/están cuatro dormitorios. Mucho cuidado, mi dormitorio hay/está al final del pasillo. En la puerta hay/está un cartel que pone "Anita". Yo soy Anita. Traedme muchos regalos, que he sido muy buena este año.

Un beso para los tres,

Anita

Dibujos de Ángela Castañeda González

37. Perífrasis verbales: *Va a salir. Está saliendo...*

A *Ir a* + INFINITIVO: *voy a comer, iba a comer...*

■ Con el **Presente de *Ir a*** + INFINITIVO presentamos un hecho futuro como el resultado lógico de lo que sabemos en el presente. Por eso, usamos esta perífrasis para predecir o preguntar por un futuro que consideramos ya **evidente**:

- *El tren tiene un problema mecánico. **Va a salir** con retraso.* [Es evidente.]
- *No comas tanto. **Vas a ponerte** enfermo.* [Es lógico.]

voy *vas* *va* *vamos* *vais* *van*	a	INFINITIVO

1 **¿Qué va a pasar? Está bastante claro, ¿no? Utiliza los siguientes verbos.**

saltar	suspender	caerse ✓

entrar	explotar	nevar

Una niña pequeña está jugando encima de una mesa.

➲ .....*Se va a caer*.....

Juanito no ha estudiado nada para este examen.

1. ....

Unos señores se dirigen a un restaurante.

2. ....

Hace mucho frío y el cielo está gris.

3. ....

Una bomba está activada.

4. ....

Un deportista corre hacia una valla.

5. ....

■ Igualmente, usamos esta perífrasis para informar de **decisiones** o **planes**, o para preguntar por las intenciones, decisiones o planes de otros:

- *Livio **va a ir** a la fiesta de Bea. Me lo ha dicho hoy.* [Es su intención o su plan.]
- *El año que viene **voy a estudiar** más.* [Es su decisión o su plan.]
- *¿Qué **vas a hacer** este fin de semana?* [Preguntamos por sus planes.]
- *Bueno, ¿**vas a ayudarme** o no?* [Esperamos una decisión.]

➲ 16. Posición y combinación

2 **Todos tus amigos tienen planes. Pregúntales cuáles tienen con *Ir a* + INFINITIVO.**

➲ Rosa quiere **hacer** muchas cosas el próximo verano. — ➲ ¿Qué .....*vas a hacer*..... el verano que viene?

1. Pedro y Ángel quieren **estudiar** algún idioma. — 1. ¿Qué idioma .... ?
2. Alberto quiere **comer** y está preparando algo en la cocina. — 2. ¿Qué .... ?
3. Xavi está en Francia y piensa **volver** pronto a España. — 3. ¿Cuándo .... ?
4. Patricio tiene la intención de **comprar**se un coche nuevo. — 4. ¿Qué coche te .... ?
5. Jaume y Carme piensan **ir** a algún país de América. — 5. ¿A qué país .... ?

■ Con el **Pretérito imperfecto** de ***Ir a*** + INFINITIVO hacemos lo mismo, pero refiriéndonos a una escena pasada:

- *El tren tenía un problema mecánico.* ***Iba a salir*** *con retraso, pero lo repararon muy rápido y, al final, salió a la hora prevista.*
- *Era evidente que, si comía tanto,* ***iba a ponerse*** *enfermo. No me hizo caso y, claro, se puso enfermo.*

iba
ibas
iba
íbamos
ibais
iban
→ a → INFINITIVO

3 **¿Recuerdas las situaciones del ejercicio 1? Cuenta ahora qué pasó al final completando lo que falta, como en el ejemplo.**

➲ Parecía que se *se iba a caer*.......................... , pero su madre la salvó.

1. No había estudiado nada, y todo el mundo me decía que .... Y tenían razón: al final suspendí.

2. Cuando ya .... en el restaurante, vimos que estaba cerrado, y volvimos a casa.

3. La mañana era muy fría y el cielo estaba muy gris. Todos pensábamos que .... , pero luego salió el sol.

4. Pues sí, yo salí corriendo porque estaba claro que la bomba ....

5. Yo iba el primero, pero, cuando .... la última valla, tropecé.

B *Tener que / Haber que* + INFINITIVO: *Tienes que comer / Hay que comer*

■ Usamos ***tener que / haber que*** + INFINITIVO para expresar **necesidad** u **obligación**, de dos maneras diferentes:

Indicando quién tiene la necesidad o la obligación	**Sin indicar quién** tiene la necesidad o la obligación
tengo / tienes / tiene / tenemos / tenéis / tienen → **que** → INFINITIVO	***hay*** → **que** → INFINITIVO
• ***Tienes que comer*** *más frutas y verduras. Te lo ha dicho el médico.* [Es necesario para ti.]	• ***Hay que comer*** *muchas frutas y verduras para tener buena salud.* [Es necesario, en general.]

■ Usamos estas perífrasis en cualquier tiempo verbal:

➲ 16. Posición y combinación

• *Yo **tenía que hacer** la comida, pero al final la hizo Francisca, por suerte.* [Era mi obligación.]

• *¿Habéis solucionado el problema con el ordenador o **habéis tenido que llevarlo** a arreglar?* [¿Ha sido necesario para vosotros?]

• ***Había que hacer*** *la comida y Francisca se ofreció inmediatamente para hacerla.* [Era necesario para alguien.]

• *¿**Ha habido que llevar** el ordenador a arreglar o está ya todo solucionado?* [¿Ha sido necesario para alguien?]

4 **¿Son posibles las dos opciones ? Si una no es adecuada, táchala.**

➲ ~~Tienes que~~ / Hay que ✓ ir a comprar azúcar. ¿Vas tú o voy yo?

➲ Estuvo toda la tarde sintiéndose muy mal. Al final, **tuvimos que** ✓/ **hubo que** ✓ llevarla al médico.

1. Por favor, **tienes que** / **hay que** decirme qué te ha dicho. Me muero de curiosidad.
2. ● Había mucha nieve en la carretera. Casi tuve un accidente con el coche...
   ❍ Claro, es que en invierno **tienes que** / **hay que** tener mucho cuidado.
3. ● ¿Cómo hago el gazpacho?
   ❍ Para hacer bien el gazpacho, **tienes que** / **hay que** pelar los tomates.
4. El otro día vi a Rosa con un hombre que no era su marido y llamé a Jesús: **tenía que** / **había que** saberlo.
5. Mi vecino del segundo se ha encontrado la casa llena de agua y **ha tenido que** / **ha habido que** llamar al fontanero. Le ha costado carísimo.
6. Verónica vendrá conmigo, así que tú no **tienes que** / **no hay que** acompañarme.
7. Cuando estabais en la calle, ha empezado a salir humo de vuestra casa. **Habéis tenido que** / **Ha habido que** llamar a los bomberos. Habíais olvidado apagar el tostador.

C *Estar* + GERUNDIO: *Está durmiendo* / *Duerme*

■ Con los verbos sin perífrasis representamos **estados** (situaciones que se mantienen en el tiempo) o **acciones** (procesos que producen cambios de estado):

Estados

- *Está de pie.*
- *Está cansado.*
- *Está solo.*

- *Sabe mucho.*
- *Es listo.*
- *Tiene sueño.*

Acciones

- *Lleva los regalos del cumpleaños al coche.*
  [Los regalos han cambiado de sitio.]

■ Con la perífrasis ***Estar*** + GERUNDIO presentamos el **estado intermedio de una acción**. Vemos una acción en su desarrollo, después de su inicio y antes de su término, como una situación que puede mantenerse en el tiempo:

- *Está llevando los regalos del cumpleaños al coche.*

5 **¿Qué está haciendo esta gente? Completa con los verbos del recuadro usando *Estar* + GERUNDIO. Relaciona cada frase con el dibujo correspondiente.**

comprar ✓ aparcar dormir sonreír planchar

➔ ● ¿Y Javier?
  ○ Está comprando....... en el súper. Pronto volverá.

1. Llegamos en cinco minutos. ....
2. Dicen que Loreto es muy seria, pero en esta foto ....
3. No hagas ruido. El niño ....
4. ● ¿Y mi camiseta?
   ○ La ....

a. ➔.......

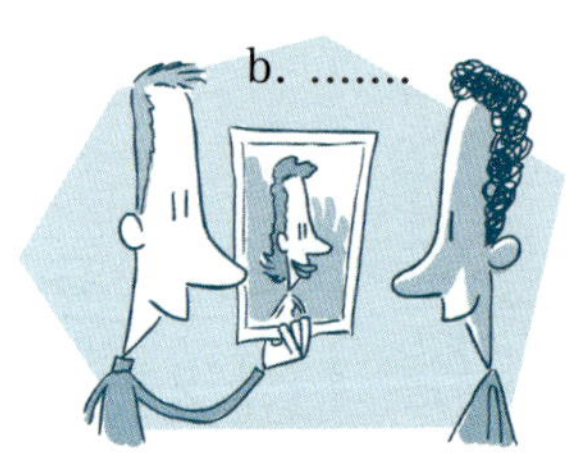

b. ....

c. ....

d. ....

e. ....

■ Siempre que nos referimos a **un momento muy concreto del progreso** de una acción, preferimos usar ***Estar*** + GERUNDIO en lugar del verbo sin perífrasis:

En general	Situaciones momentáneas	
• *Los gatos no **beben** cerveza.*	• *¡Corre, Jenaro, mira! ¡Tu gata se **está bebiendo** mi cerveza!*	**Ahora mismo**
• *Antes siempre me **escribías** poesías, y ahora, nada. ¿Qué ha pasado con tu amor?*	• *No te contesté al teléfono porque **estaba escribiendo** una poesía para Dionisia y no quería desconcentrarme.*	**En aquel momento del pasado**

6 Relaciona y señala la forma, con perífrasis o sin perífrasis, más adecuada.

➔ Estaba solo en casa cuando me llamaron de la tele.
1. Los planetas no **dan** / **están dando** luz propia.
2. El agua **hierve** / **está hirviendo** a 100 grados centígrados.
3. El agua **está hirviendo** / **hierve**.
4. **Estamos dando** / **Damos** vueltas al mismo sitio todo el rato.
5. No me puedo subir en los columpios que **dan** / **están dando** vueltas.
6. Cuando llamó la policía, me puse nerviosísimo.
7. Antes no **íbamos** / **estábamos yendo** a los bancos.

a. Ya puedes poner el té.
b. Marisa **trabajaba** / **estaba trabajando** en ese momento.
c. **Estaba guardando** / **Guardaba** el dinero del robo.
d. La **reciben** / **están recibiendo** de las estrellas.
e. ¿Por qué no paras y preguntas?
f. A esa temperatura se convierte en vapor.
g. Me **mareo** / **estoy mareando** con mucha facilidad.
h. **Guardábamos** / **Estábamos** guardando el dinero en casa.

■ Usamos ***Estar*** + GERUNDIO para hablar de **situaciones momentáneas** sólo cuando el verbo significa acción o actividad, pero no cuando el verbo se refiere a un estado o a una cualidad:

SITUACIONES MOMENTÁNEAS

	Estar + GERUNDIO (Cuando el verbo significa 'acción')	VERBO SIN PERÍFRASIS (Cuando el verbo significa 'estado')
Hablando del presente	• *El bebé **está llorando**.* • ***Están estudiando.*** • *Tu hermana **está leyendo**.*	***Tiene** hambre y **parece** cansado.* *No **pueden** venir.* *Está **sentada** en la terraza.* [~~*Está sentando en la terraza.*~~]
Hablando del pasado	• *El bebé **estaba llorando**.* • ***Estaban estudiando.*** • *Tu hermana **estaba leyendo**.*	***Tenía** hambre y **parecía** cansado.* *No **podían** venir.* ***Estaba** sentada en la terraza.*

Algunos verbos significan 'acción en desarrollo' cuando se usan con ***Estar*** + GERUNDIO y significan 'estado' cuando se usan sin perífrasis:

• ***Estoy viendo** la tele.* [Mi actividad es ver la tele.]
• *Desde aquí no **veo** la tele.* [No puedo verla.] [~~*Desde aquí no estoy viéndola.*~~]

• ***Está llevando** los sombreros al almacén.*
• ***Lleva** un sombrero muy bonito.* [~~*Está llevando un sombrero.*~~]

7 Completa con *Estar* + GERUNDIO para los verbos que significan "acción o actividad" y con el verbo sin perífrasis para los verbos que significan "estado".

Hablando del presente

[entrar ✓ / parecer]
1. Mira, mi novio es ése que *está entrando* ahora. ¿Te .... guapo?

[hacer (vosotros) / tener (él)]
2. .... mucho ruido. El niño .... sueño y así no se va a dormir.

[ver (nosotros) / ser]
3. Espera un poco Es que .... el final de una película. .... muy interesante.

Hablando del pasado

[ver (tú) ✓ / estar]
4. • ¿Y *veías* ..... algo?
○ Casi nada, ese día .... todo muy oscuro.

[cortar / estar / llevar]
5. • Mira esta foto. ¡Qué gracia! Aquí Pedro .... la tarta. .... muy guapo vestido de novio.
○ Pero .... el pelo muy largo, ¿no?

[querer (tú) / hacer (yo) / saber (yo)]
6. • ¿Llamaste tú? ¿Qué ....?
○ Nada, una tontería. Es que .... un crucigrama y no .... una palabra.

D *Estar* + gerundio con hechos terminados: *Estuvo comiendo / Comió...*

- Cuando usamos tiempos que expresan hechos terminados (Indefinido, Pretérito perfecto, Pluscuamperfecto, etc.), con **el verbo sin perífrasis** hablamos de acciones terminadas y realizadas completamente:

• ***Ha llevado*** *los paquetes. Ya no tiene que hacer nada más.*	**Pasado del presente**
• ***Llevó*** *los paquetes. Ya no tenía que hacer nada más.*	**Pasado**
• ***Había llevado*** *los paquetes. Ya no tenía que hacer nada más.*	**Pasado del pasado**

➲ 23. Indefinido
➲ 22. Pretérito perfecto
➲ 27. Pluscuamperfecto

- Con la perífrasis ***Estar*** + gerundio hablamos del **desarrollo de una acción durante un período de tiempo terminado** (*durante dos días, toda la mañana, hasta las 7, mucho tiempo, dos horas...*):

• ***Ha estado llevando*** *paquetes dos horas.*	**Pasado del presente**
• ***Estuvo llevando*** *paquetes dos horas.*	**Pasado**
• ***Había estado llevando*** *paquetes dos horas.*	**Pasado del pasado**

- Con ***Estar*** + gerundio no nos interesa si la acción se ha realizado completamente o no. Podemos hablar de acciones realizadas completamente que vemos durante todo su desarrollo:

  • ***Estuvimos comiendo*** *en ese bar tan famoso.*
  • *Esta tarde* ***he estado comprando*** *la tele.*

  O podemos hablar de acciones desarrolladas durante un determinado período de tiempo, pero no realizadas completamente:

  • ***He estado fregando*** *el suelo de la casa toda la mañana, pero no he podido fregar el salón.*
  • ***Estuvo escribiendo*** *una novela durante tres años y, al final, la dejó sin terminar.*

  Pero:
  • ***He fregado*** *el suelo de la casa. Tú puedes fregar los platos y poner la lavadora.*
  • ***Escribió*** *una novela en tres años. Es mucho tiempo, pero ahora se ha hecho rico con las ventas.*

8 **Si alguien dice estas frases:** **¿...podemos sacar estas conclusiones?**

Si alguien dice estas frases:	¿...podemos sacar estas conclusiones?	
➲ Aquella tarde estuve visitando a mis padres.	➲ Visitó a sus padres.	(...sí...)
1. Ha estado corrigiendo los exámenes.	Ha corregido todos los exámenes.	(..........)
2. Habíamos estado planchando la ropa.	No quedaba ropa sin planchar.	(..........)
3. Habían estado dándole la noticia a Isabel.	Cuando llegué, Isabel ya lo sabía.	(..........)
4. Estuvo leyendo el libro.	Acabó el libro.	(..........)

9 **¿Hablamos del desarrollo de una acción o de su realización completa? Señala la opción más adecuada.**

➲ **He estado pintando** / **He pintado** el cuadro esta mañana, pero no he podido terminarlo.
1. **Hicieron** / **Estuvieron haciendo** el camino de Santiago en cuatro días. Un tiempo récord.
2. Mi madre **estuvo naciendo** / **nació** antes que mi padre. Es mayor que él.
3. **He estado leyendo** / **He leído** el informe toda la tarde, pero no he podido acabarlo.
4. Estaba muy triste: ese día **había estado perdiendo** / **había perdido** un juicio muy importante.
5. **Estuve escribiendo** / **Escribí** la carta más de una hora. Pero no sabía cómo despedirme.
6. **Estuvimos chocando** / **Chocamos** sin darnos cuenta con una farola y le rompimos un faro al coche.

SECCIÓN 5

Preposiciones

38 Preposiciones (I): *de, a, desde, hasta, en, entre, por...*
39 Preposiciones (II): *encima (de), debajo (de)...*

38. Preposiciones (1): *de, a, desde, hasta, en, entre, por...*

Las preposiciones se usan para localizar unas cosas en relación con otras: en el espacio, en el tiempo o en el espacio abstracto de las ideas y los conceptos.

A *De, a*

■ ***De*** indica punto de partida u origen:

- *Ese chico es **de** Segovia.*

- *¿**De** dónde venís?*
- ○ ***De** Rabat.*

■ La preposición ***de*** señala una cosa que sirve para caracterizar, reconocer, especificar o identificar a otra. Con ***de*** indicamos:

Materia, sustancia o contenido de algo

*Traje **de** algodón, novela **de** amor, estatua **de** mármol, bocadillo **de** jamón, camión **de** fruta, gota **de** aceite, hoja **de** papel, metro **de** tela, hablar **de** alguien o **de** algo, etc.*

Parentesco, posesión

*El padre **de** Amina, el trabajo **de** Laura, la escuela **de** Ana, la libreta **de** Juan, etc.*

Tipo de objeto

*Casa **de** campo, cuchara **de** postre, billete **de** ida y vuelta, cuarto **de** baño, ropa **de** abrigo, libro **de** bolsillo, etc.*

Punto de referencia para localizar otra cosa

- *El cementerio está enfrente **de** la Catedral.*
- *Esa chica trabaja cerca **de** mi oficina.*
- *A la derecha **de** la gasolinera está mi casa.*
- *Te dejo las llaves encima **de** la mesa, ¿vale?*
- *Llegamos a las diez **de** la mañana.*
- *Seguro que cuestan más **de** veinte euros.*

👁 ***De*** y ***a*** son las dos únicas preposiciones que siempre forman una sola palabra con el artículo ***el***:

de + el = **del**	a + el = **al**
*Vengo **del** trabajo.*	*Voy **al** trabajo.*

➲ 5. Artículos

👁 Se dice: *Vive **en** Palo Alto.* [~~*Vive a Palo Alto.*~~]

■ ***A*** indica punto de llegada o destino:

- *¿Hoy no vas **a** la escuela?*

- *¿Adónde te han enviado?*
- ○ ***A** la base de la Antártida.*

■ La preposición ***a*** señala un punto de referencia al que se dirige, se orienta o se asocia algo. Con ***a*** indicamos:

Orientación hacia una parte o un lado de una cosa

***A** la derecha, **a** la izquierda, **a** la entrada, **al** frente, **al** principio, **al** final, **al** fondo, **a** las diez de la mañana, **a** la una en punto, **al** norte, **al** sol, **al** viento, **a** la espalda, etc.*

👁
- *Francia está **al** norte de España.* [Más cerca del Polo Norte que España.]
- *Zaragoza está **al** norte de España.* [Encontramos Zaragoza en España orientándonos hacia su parte norte.]
- *Zaragoza está **en** el Norte de España.* [Dentro de la zona Norte de España.]

Punto de referencia

*Junto **a** la escuela, frente **a** la playa, etc.*

Complemento directo de persona y complemento indirecto

- *¿Has llamado **al** médico?*
- *Dale eso **a** mi madre.*
- ***A** mí no me gusta.*

➲ 12. Pronombres

Modo como se hacen o funcionan algunas cosas

***A** gritos, **a** pie, **a** caballo, **a** mano, **a** máquina, **a** la fuerza, etc.*

1 **La empresa Jabúlez se dedica a la importación y exportación de jamón serrano. Para saber cómo funciona, completa con *a, de* o *en*. (Cuidado: *a + el = al; de + el = del*).**

GRACIAS CERDOS

Jabúlez es una empresa familiar dedicada a la elaboración ➲...de... jamones. Su sede central es un edificio (1) .... tres plantas situado (2) .... el sur de España, (3) .... un pueblecito (4).......... Extremadura. Los jamones se secan (5) .... el viento dentro (6) .... grandes locales cuidadosamente ventilados. Mientras se secan, los jamones son observados, día a día, durante más de dos años y, al final, se empaquetan (7) .... mano. Más (8) .... cien camiones salen cada día (9) .... la empresa para ir (10) .... todas las ciudades (11) .... España y, desde hace algún tiempo, también (12) .... varios países europeos.

Un hombre entre jamones

Jacinto Jabúlez es el hijo (13) .... el fundador y lleva más (14) .... doce años (15) .... el frente (16) .... la empresa familiar. Su trabajo es el (17) .... supervisar toda la actividad (18) .... la empresa y, además, invitar (19) .... diferentes firmas extranjeras (20) .... visitar sus instalaciones. (21) .... Jacinto le apasiona su trabajo. Vive (22) .... un magnífico chalé, (23) .... una urbanización que está muy cerca (24) .... su empresa. Todos los días llega (25) .... la empresa (26).................. pie (27) .... las seis en punto (28) .... la mañana.

Sus jamones son tan famosos que la prensa internacional ha hablado muchas veces (29) .... él e, incluso, en Estados Unidos y Japón se ha publicado su famoso libro (30) .... cocina: *No hay vida sin jamón.*

2 **El conde Lorénsez ha aparecido muerto en Arábiga. La policía ha interrogado a ocho personas, pero los principales sospechosos son los cuatro que no hablan muy bien español. ¿Puedes identificarlos? Señala los números correspondientes y corrige los errores.**

1. Esta pistola es de un amigo mío que es policía. (.........)
2. Tengo un billete a avión con ida y vuelta. (.........)
3. Vivo en una zona muy apartada de aquí, en Dunas Bajas. (.........)
4. Yo ya he llamado a un amigo mío que es abogado. (.........)
5. ¿Por qué estamos aquí? Me han traído de la fuerza. (.........)
6. ¿Han venido en Arábiga sólo a interrogarnos? (.........)
7. Exijo una hoja de papel para poder escribir una declaración. (.........)
8. Perdone, inspector, ¿hay un teléfono cerca a aquí? Tengo que hablar con mi mujer. (.........)

B *Desde, hasta*

- ***Desde*** indica el principio de un recorrido, el **límite inicial** del espacio o tiempo en el que se sitúa u ocurre algo:

- ***Hasta*** indica el final de un recorrido, el **límite final** del espacio o tiempo en el que se sitúa u ocurre algo:

- *La Gran Via va **desde** la Plaza de Colón... ...**hasta** la Plaza Mayor.*
- *Corrió descalzo **desde** la salida... ...**hasta** la meta.*
- *No he tomado nada **desde** anoche... ...y no puedo tomar nada **hasta** esta tarde.*
- *Ha curado **desde** elefantes... ...**hasta** personas.*
- ***Desde** estos asientos se ve mucho mejor.*
- ***Desde** ese punto de vista, sí lo entiendo.*
- ***Hasta** mañana.* [No nos veremos hasta mañana.]
- ***Hasta** ahí estamos de acuerdo.*

Hasta se usa también con el significado de ***incluso***:

- *Lo ha felicitado **hasta*** [incluso] *el Rey.*

■ Podemos indicar el principio y el final de un recorrido, un espacio o un tiempo usando ***de***... ***a*** o ***desde***... ***hasta***:

- *Fueron **de/desde** Madrid **a/hasta** Bombay en avión.*
- *Hay 60 kilómetros **de/desde** una ciudad **a/hasta** la otra.*
- *Tenemos vacaciones **de/desde** julio **a/hasta** septiembre.*

👁 Para indicar el límite espacial o temporal de algo, ***desde*** y ***hasta*** se pueden utilizar solas. En cambio, ***de*** y ***a*** no se pueden usar solas:

- *Tuvimos un viaje muy malo, estuvo lloviendo **desde** Madrid.* [Hasta un lugar no especificado.]
  [*Estuvo lloviendo ~~de~~ Madrid.*]
- *Tenemos vacaciones **hasta** el tres de septiembre.* [Desde un momento no especificado.]
  [*Tenemos vacaciones ~~al~~ tres de septiembre.*]

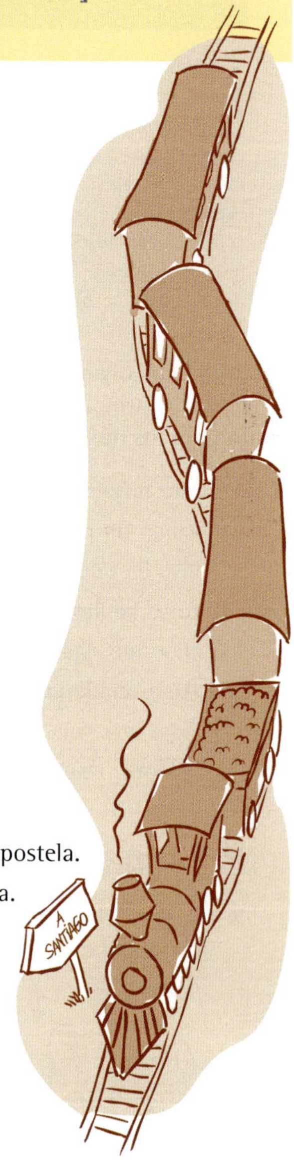

3 Relaciona cada enunciado de la izquierda con la interpretación más adecuada.

➲	a. Un viaje **desde** Sevilla.	a. Dirección: Sevilla.
	b. Un viaje **a** Sevilla.	b. Dirección: otra ciudad.
1.	a. Un taxi ocupado **del** aeropuerto.	a. El cliente ha llegado en avión.
	b. Un taxi ocupado **al** aeropuerto.	b. El cliente va a coger un avión.
2.	a. Subir **a** la planta segunda.	a. El objetivo es llegar a esa planta.
	b. Subir **de** la planta segunda.	b. El objetivo es llegar a otra planta.
3.	a. **Hasta** su abuelo cantó.	a. En homenaje a su abuelo.
	b. Cantó **a** su abuelo.	b. Incluso su abuelo.
4.	a. Un novio **desde** los 30 años.	a. Cuando tenía 30 años.
	b. Un novio **a** los 30 años.	b. De los 30 años en adelante.
5.	a. Un piso **desde** 350.000 euros.	a. Que vale esa cantidad o más.
	b. Un piso **de** 350.000 euros.	b. Que vale esa cantidad.
6.	a. Espérame **hasta** las seis.	a. Las seis es la hora de la cita.
	b. Espérame **a** las seis.	b. Las seis es el límite de la espera.
7.	a. Una carta **de** Granada.	a. Quiere enviar una carta.
	b. Una carta **a** Granada.	b. Ha recibido una carta.
8.	a. Un tren **hasta** Santiago de Compostela.	a. Su destino final es Santiago de Compostela.
	b. Un tren **de** Santiago de Compostela.	b. Su origen es Santiago de Compostela.

4 Busca la terminación adecuada para estas frases.

➲	El pobrecito Pepe ha estado estudiando...	a. de agosto. b. desde agosto.
1.	Al final, a su mujer la ha aceptado...	a. desde la suegra. b. hasta la suegra.
2.	Mi abuela murió...	a. hasta los noventa y tres años. b. a los noventa y tres años.
3.	Mi abuelo vivió...	a. a los noventa y tres años. b. hasta los noventa y tres años.
4.	El hijo de Carmina es un pesado. Estuvo llorando...	a. desde Cádiz. b. de Cádiz.
5.	Para reservar el hotel tienen tiempo...	a. hasta la segunda quincena de mayo. b. a la segunda quincena de mayo.
6.	El crucero va de Barcelona...	a. en Egipto. b. a Egipto.

C *En, entre*

- La preposición ***en*** indica que algo está dentro del espacio definido o delimitado por otra cosa (un lugar, un objeto, una superficie, un conjunto, un período de tiempo, un proceso, una idea, etc.):

*Irene está **en** el trabajo, **en** su mesa, pero ¿qué hay **en** su mente?*

EN

*Las flores están **en** el florero.*
*El florero, **en** la mesa.*
*La mesa, **en** el centro de la habitación.*
*El sillón, **en** el rincón.*
*El cuadro, **en** la pared.*
*La lámpara, **en** el techo.*
*Los muebles, **en** la habitación.*
*La habitación, **en** la mente de Irene.*

Por tanto, con la preposición ***en*** podemos situar algo en un espacio más concreto o más abstracto:
***En** casa, **en** Málaga, **en** coche, **en** el cajón, **en** el pasillo, **en** la cola, **en** vacaciones, **en** el trabajo, **en** la conversación, **en** ese sentido,* etc.

- Con la preposición ***en*** indicamos:

El medio de transporte

***En** autobús, **en** coche,*
***en** metro, **en** tren, **en** barco,*
***en** avión, **en** taxi,*
***en** burro, **en** camello, etc.*

Pero: ***a** caballo, **a** pie...*
[~~en~~ *caballo,* ~~en~~ *pie*]

El modo como hacemos algunas cosas

***En** general, **en** particular,*
***en** serio, **en** broma,*
***en** público, **en** privado,*
***en** resumen, **en** secreto,*
***en** conjunto, etc.*

El interior de un período de tiempo

***En** septiembre, **en** 2009,*
***en** Navidad, **en** verano,*
***en** ese momento, etc.*

El tiempo que tardamos en terminar de hacer algo

***En** tres horas, **en** cinco minutos:*
- *Escribió el informe **en** tres horas.* [Tardó tres horas.]
- *Llegaremos **en** cinco minutos.* [No más tarde de cinco minutos después.]

No se usa ***en*** cuando hablamos del lugar de destino. Usamos ***a***:
- ***En** Italia he ido **a** muchos sitios.* [He ido a muchos sitios dentro de Italia.] [*He ido muchas veces* ~~en~~ *a Italia.*]

- ***Entre*** indica los límites del espacio en el que se encuentra u ocurre algo:
  - *Málaga está **entre** Granada y Cádiz.*
  - ***Entre** abril y mayo aquí llueve mucho.*
  - *La B está **entre** la A y la C.*

ENTRE

- Los límites señalados por ***entre*** pueden ser dos o más de dos:
  - *Hay una heladería **entre** el quiosco y el bar.*
  - *Esto tiene que terminarlo **entre** hoy y mañana.*
  - *Tengo que decidirme **entre** dos o tres ofertas.*
  - *Las llaves están **entre** esos papeles.*

- Con ***entre*** también expresamos que varios sujetos colaboran para hacer algo:
  - *Lo hacemos **entre** Iñaqui, tú y yo, ¿no?*
  - ***Entre** todos podéis arreglar ese problema.*

5 **Nacho y Carolina son muy activos y hacen muchas cosas. Completa el texto con las preposiciones *en* o *a*.**

1. Carolina nunca va ..en... autobús ni .... metro. Siempre va .... pie a todas partes.
2. Sin embargo, Nacho va mucho .... moto, pero los fines de semana, por las mañanas, monta .... caballo.
3. Pero Carolina prefiere pasar todo el fin de semana paseando .... bicicleta.
4. .... verano van .... barco y nadan muchísimo.
5. .... invierno esquían. Van .... los Pirineos .... coche.
6. Y .... Semana Santa hacen senderismo. Recorren unos 150 kilómetros .... pie.
7. Sólo se están quietos .... Navidad para estar con toda su familia.

Va a Barcelona con avión.

Va a Barcelona en avión.

6 **En la familia Ortiz todos son muy desordenados. Completa con las preposiciones *en* o *entre* y relaciona.**

➔ Mis botas estaban ..en... el armario de la entrada y ya no están. ¿Alguien sabe dónde están?
1. ¿Y mi vestido de fiesta de Capriche? Ya no está .... mi armario.
2. ¿Alguien ha visto unos guantes negros que me compré el otro día y que dejé .... mi mesilla de noche?
3. Dios mío, ¿y mi blusa nueva? No está .... ningún cajón de esta casa.
4. ¿Qué es esto que está aquí, ... mis dos bolsos Blandik?
5. No encuentro mi crema superhidratante. Ayer la dejé .... el estante del armario del baño.
6. ¿Y mi anillo de prometida? No lo veo .... el joyero.

➔ Sí, las cogió Cuca ayer por la noche y las puso ..en.. la terraza porque estaban mojadas.

a. Yo los vi ayer .... la entrada.
b. Está .... la lavadora. Estaba muy sucia y decidí lavarla.
c. Sí que está allí. Búscalo bien. Está .... el de Cuchi y el de Ermani.
d. Seguro que está .... tu mesa del estudio, ... todos tus papeles. Y como es pequeño...
e. La tiene mamá. Ayer se puso un poco y la dejó .... la nevera.
f. A ver... Ah, es un peluche de Pitita. Déjalo .... su dormitorio.

7 **¿Dónde y cómo encontró la policía el cadáver del conde Lorénsez? Para saberlo, señala las tres frases correctas.**

1. A un bosque que está bastante cerca de su residencia en Arábiga.
2. Entre seis palmeras del oasis más cercano a su residencia.
3. Al interior de una de las tiendas.
4. Al centro de unas dunas.
5. Entre una palmera muy alta y frondosa.
6. En un agujero junto a una charca de agua.
7. Envuelto a una alfombra.
8. Enterrado en la arena del desierto.

D *Para, por*

- ***Para*** indica el objetivo final al que se dirige algo:
- ***Por*** indica el espacio que se recorre para llegar de un sitio a otro:

*Vamos **para** Alicante **por** la carretera de la costa.*

- Con ***para*** indicamos:

Finalidad o propósito

- *Vamos a Madrid **para** ver a Les Luthiers.*
- *Las toallas sirven **para** secarse.*

Destinatario

- *No es una película **para** niños.*
- *¿**Para** quién es este pastel?*

Dirección a un destino

- *Vamos **para** casa.*

Plazo temporal

- *La publicación es **para** otoño.*

No es necesario usar preposiciones para hablar de la duración de una situación. Es suficiente la expresión de tiempo:
- *Estuve **dos meses** en Alemania.*
- *Voy a estar en Praga **dos semanas**.*

- Con ***por*** indicamos:

Localización indeterminada

En el espacio
- *Me he dado una vuelta **por** el Retiro.* [Recorriendo el Retiro o cerca del Retiro.]
- *La panadería está **por** aquí.* [En algún punto de este lugar o próximo a este lugar.]

En el tiempo
***Por** la mañana/tarde/noche, **por** mayo, **por** vacaciones, **por** Semana Santa, etc.*
- *Vendremos por Navidad.* [Pueden ser los días de Navidad o próximos a Navidad.]

Causa

- *Nos fuimos de la playa **por** el viento.*
- *¿Y **por** qué has invitado a Lidia?*
- *Muchas gracias **por** el regalo.*

Distribución

- *He repartido dos globos **por** niño.*

Medio

- *Hemos hablado **por** teléfono.*
- *Le ha enviado las fotos **por** e-mail.*
- *Me he enterado **por** mi hermano.*

Intercambio

- *Te cambio a tu novio **por** el mío.*
- *Lo compramos sólo **por** 20 euros.*

8 Completa con *por* o *para*.

➔ Voy a Matalascañas ..*para*.. ver a mi novia.
1. Nos perdimos .... un bosque y tardamos cuatro horas en encontrar el camino.
2. Bueno, aquí están las galletas. Nos tocan cuatro .... persona.
3. Encontrar este piso fue una suerte. Lo compramos .... la mitad de lo que vale ahora.
4. Rafael dice que ha dejado la carrera .... su novia, pero yo creo que lo ha hecho .... él, sólo .... él.
5. ¿ .... quién son estos regalos?
6. Queremos hablar con la directora .... ver qué nos dice.
7. Oye, no iremos a la playa .... aquella carretera que tiene tantas curvas, ¿verdad?
8. Vale, perfecto, ¿por qué no me lo envías .... fax?
9. ¿Puedes firmar tú .... mí? Es que me duele muchísimo la mano y no puedo escribir.
10. El libro va a tardar un poquito, pero llegará a tiempo .... ese día.
11. ¿Quedamos mañana .... la mañana?
12. Señoras, señores: les estoy muy agradecida .... este homenaje. Gracias, de verdad.

9 **Relaciona cada fragmento de la izquierda con la interpretación más adecuada.**

➲ a. Vamos en taxi **para** el aeropuerto de Barajas... — a. Dando vueltas en Barajas.
b. Vamos en taxi **por** el aeropuerto de Barajas... — b. Con dirección al aeropuerto.

1. a. Hemos visto unas flores **por** la ventana... — a. Han visto las flores al otro lado de la ventana.
   b. Hemos visto unas flores **para** la ventana... — b. Han visto las flores en la tienda.
2. a. Buscamos un documento **para** Internet... — a. Lo vamos a poner en Internet.
   b. Buscamos un documento **por** Internet... — b. Lo buscamos en Internet.
3. a. Han sacado una alfombra **para** la puerta... — a. La alfombra decorará la entrada.
   b. Han sacado una alfombra **por** la puerta... — b. La alfombra ha pasado a través de la puerta.
4. a. Compuso una canción **para** Elisa... — a. Elisa ha sido la causa de esta canción.
   b. Compuso una canción **por** Elisa... — b. Dedicada a Elisa. Elisa recibirá este regalo.

10 **La policía ya ha detenido a los cuatro sospechosos del asesinato del conde Lorénsez. Pero dos son inocentes. El asesino y su cómplice no siempre saben usar *por* y *para*. Busca los errores, corrígelos y sabrás quiénes son.**

1. Mire, inspector, yo vine a Arábiga para ➲..✓.. trabajar en una empresa. Vine para (1)...... pasar tres meses pero, por (2)...... problemas de papeles, tuve que quedarme un mes más. Vivo en un hotelito que está por (3)...... la salida del oasis de Chilab. Ayer tenía que volver a mi país pero, por (4)...... culpa de este asesinato, me he tenido que quedar aquí. Espero estar libre para (5)...... poder volver cuanto antes.

3. No sé por (15)...... qué estoy aquí. Yo no he hecho nada, absolutamente nada. Estaba paseando tranquilamente por (16)...... el palmeral y, de repente, me entero por (17)...... unos amigos de que el conde Lorénsez ha muerto. Asesinado, el pobre. Voy para (18)...... casa y allí me encuentro a la policía y me traen aquí para (19)...... interrogarme. ¿Pero por (20)...... qué a mí? Yo creo que la policía no sabe nada... Y si la policía detiene a inocentes, ¿para (21)...... qué sirve? Y ahora, por (22)...... este horrible asunto, voy a tener que dormir en la cárcel.

2. Yo me vine aquí por (6)...... mi hermano, que ya trabajaba aquí. Cuando llegué, me propuso cambiar su negocio para (7)...... el mío. Me quedé a vivir en su casa. Se la compré para (8)...... 400.000 euros. Estoy muy a gusto. Mi trabajo es como un juego por (9)...... mí. Es muy fácil. Por (10)...... la mañana, envío paquetes para (11)...... correo y para (12)...... la tarde los recojo. Me enteré de la muerte del conde Lorénsez para (13)......mi hermano, que me llamó por (14)...... el móvil. Yo no conocía de nada al conde. Sólo le había entregado un paquete.

4. Ayer por (23)...... la tarde yo estaba por (24)...... el bazar, comprando una alfombra por (25)...... mi mujer. Una alfombra muy bonita, realmente, que, al final, compré para (26)...... 280 dólares. Cuando salía de la tienda para (27)...... llevar la alfombra al coche, la policía me detuvo como sospechoso de un crimen. ¿Pero cuándo fue ese crimen? Hasta ayer para (28)...... la mañana yo estuve en la habitación de mi hotel para (29)...... la gripe. Salí para (30) ...... comprar la alfombra y dicen que yo soy el culpable. Esto es una locura. Es una broma, ¿no?

11 **Tu ayuda con los ejercicios de preposiciones ha sido muy útil. Ahora la policía ya sabe quiénes son los culpables... Tacha la opción incorrecta.**

➲ La policía ya sabe quién es el asesino **por/~~para~~** tu ayuda.

1. Todo lo ha descubierto **por/para** los problemas con las preposiciones.
2. Los inocentes ya pueden volver **por/para** sus casas.
3. Pero los culpables tienen que ir a la cárcel **por/para** ser juzgados.
4. El juicio está previsto **por/para** dentro de un mes.
5. La policía está muy agradecida **por/para** tu trabajo y te van a nombrar policía de honor del reino de Chilab.

E *Con, sin*

■ ***Con*** indica asociación. Sirve para decir que una cosa acompaña a otra, o que es un componente o instrumento de otra. También indica la manera en que se hace algo:

- *Está **con** el novio.*

■ ***Sin*** es la negación de ***con***:

- *Está **sin** el novio.*

CON

SIN

A los dos les gusta:

- *El gazpacho **con** ajo...* *...y el café **sin** azúcar.*
- *Dormir **con** pijama...* *...y **sin** calcetines.*
- *Comer **con** palillos...* *...y cenar **sin** mantel.*
- *Viajar **con** amigos...* *...y pasear **sin** prisa.*
- *Las ciudades **con** mar...* *...pero las playas **sin** gente.*

*No pueden vivir el uno **sin** el otro.*

👁 También usamos el gerundio (*cantando, comiendo, viviendo, etc.*) para hablar del modo de hacer algo. En ese caso, la negación se hace con ***sin*** + INFINITIVO:

- *Sí, vale, ha corrido diez kilómetros pero **descansando** y **bebiendo** agua.*
- *¡Ha corrido diez kilómetros **sin** descansar y **sin** beber nada!*

[~~sin~~ bebiendo, ~~sin~~ descansando]

➲ 20. Formas no personales

12 **Todos tenemos ideas muy claras sobre algunas cosas. Completa con *con* o *sin* y subraya cómo te gustan las cosas a ti.**

➲ El café, ¿..con... azúcar o ..sin..... azúcar?
1. La cerveza, ¿ .... espuma o .... espuma?
2. Las mujeres, ¿......... falda o .... pantalones?
3. Los hombres, ¿......... corbata o .... corbata?
   ¿......... bigote, ... bigote o .... barba?
4. Los paseos por la ciudad, ¿comprando o .... comprar?
5. Un piso para vivir, ¿......... mucha luz o .... mucha luz?
6. Los macarrones, ¿......... o .... pan?
7. La ensalada, ¿......... vinagre o .... vinagre?
8. Las películas, ¿......... subtítulos o traducidas?
9. El café, ¿......... cafeína o normal?
10. Conducir tu propio coche, ¿en silencio o .... música?
11. La pasta italiana, ¿......... queso o .... tomate?
12. Las fotos, ¿sonriendo o .... sonreír?
13. Ir al cine, ¿......... amigos o solo?

F *Contra, hacia*

■ ***Contra*** sirve para indicar que un elemento se opone a otro, que ofrece cierta resistencia:

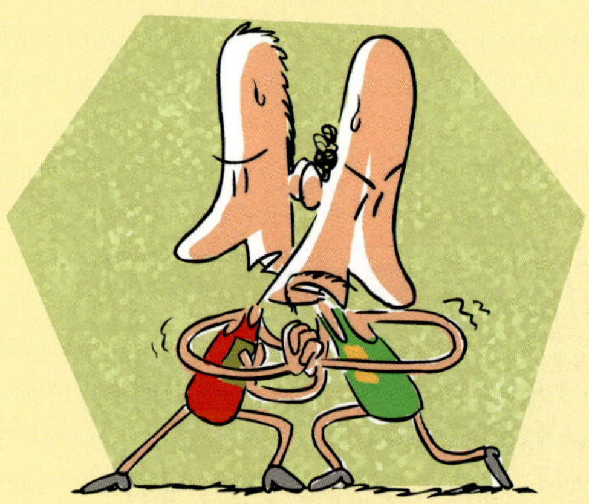

CONTRA

- *Chocamos **contra** el escaparate.*
- *Votarán **contra** nuestra propuesta.*
- *¿**Contra** quién juega su equipo?*
- *Corre **contra** el viento.*

■ ***Hacia*** indica el punto, espacial o temporal, al que se orienta algo:

HACIA

- *El meteorito se dirige **hacia** aquí.*
- *¿**Hacia** dónde apunta una brújula?*
- *Han ido **hacia** allí pero no han llegado.*
- *Mira **hacia** la derecha y dime qué ves.*
- *Empezamos a comer **hacia** las tres.*
  [A las tres aproximadamente.]

13 **Joseba es ecologista y está componiendo una canción de protesta. Escoge *contra* o *hacia* según el significado.**

➲ ..Contra... el consumo,
..hacia.... la libertad,
juntos iremos
con este cantar.

1. Juntos iremos
con este cantar,
.... los colorantes,
.... lo natural.

2. .... la contaminación,
.... la purificación,
todos lograremos
mejor vegetación.

3. ¿........... dónde vamos?,
te preguntarás.
.... el arco iris,
.... la verdad.

4. .... un verde futuro,
.... una mejor vida,
.... un aire puro,
.... una utopía.

5. .... las marcas,
.... lo auténtico,
todos viviremos
un mejor momento.

39. Preposiciones (II): *encima (de)*, *debajo (de)*...

A *Encima (de)*, *debajo (de)*, *delante (de)*, *detrás (de)*...

■ Para indicar la posición de un objeto en relación con otro usamos estas frases preposicionales: ***encima*** (***de***), ***debajo*** (***de***), ***detrás*** (***de***), ***delante*** (***de***), ***enfrente*** (***de***), ***al lado*** (***de***), ***cerca*** (***de***), ***lejos*** (***de***), ***a la derecha*** (***de***), ***a la izquierda*** (***de***), ***alrededor*** (***de***):

[La flecha azul va hacia la derecha si la mira Colón pero va a la izquierda si la mira el señor o la miras tú.]

👁 El significado de ***a la derecha*** (***de***) y ***a la izquierda*** (***de***) depende del punto de vista que adoptamos: el del objeto que sirve de referencia o el de la persona que observa.

■ Cuando usamos estas expresiones, **podemos mencionar el punto de referencia** (en ese caso usamos la preposición ***de***) **o no mencionarlo** si ya está claro por el contexto:

● *Creo que te has dejado las gafas* ***encima de*** *la mesa del despacho.* ○ *¿En <u>la mesa</u>? No las veo...* ● *Sí,* ***encima****.*	[Tenemos que mencionar el punto de referencia.] [No mencionamos el punto de referencia. Ya está claro: *la mesa del despacho*.]
● *Ahí está <u>el coche</u>, pero ¿qué es eso que hay* ***debajo****?*	[No necesitamos mencionar *el coche* otra vez.]
● *<u>Los ladrones</u> salieron corriendo y el joyero* ***detrás****.*	[Detrás de *los ladrones*.]

1 **Ambrosio y Luisa llevan casados treinta años. Nunca están de acuerdo: siempre dicen lo contrario de lo que dice el otro.**

➔ A.: Cariño, siéntate ahí **a la izquierda.**
L.: No, mejor me voy a sentar ..a la derecha.. .

1. A.: Aparca el coche **detrás del** autobús.
L.: Ahí no cabe, mejor aparco ....

2. L.: ¿Ponemos el retrato de mi madre **delante de** los libros?
A.: Yo prefiero ....

3. L.: Pon las toallas **encima de** las sábanas, haz el favor.
A.: Mejor voy a ponerlas ....

4. A.: La tele está demasiado **cerca de** la mesa.
L.: Pues yo creo que está demasiado ....

5. A.: Coloca las latas **debajo de** los cartones de leche.
L.: No, las voy a poner ....

2 **Un terremoto ha cambiado de sitio las cosas del metódico Rigoberto Severo. Completa lo que falta fijándote en los dibujos (a veces hay más de una posibilidad; recuerda que: *de* + *el*= *del*).**

Aquella noche, como todas las noches, Rigoberto comprobó que todo estaba en su sitio. La cama estaba justo ➔ ..enfrente del / delante del.. ~~el~~ espejo, por supuesto, y la silla (1) .... Los zapatos estaban (2) .... la cama; el despertador estaba preparado: (3) .... la mesita de noche y a las seis en punto, como siempre. La ropa para el día siguiente estaba en orden: la camisa planchada y los calcetines limpios estaban (4) .... la silla, con los pantalones, bien estirados. Había puesto su reloj de pulsera (5) .... el despertador y ya le había dado un beso a la foto de su mujer. Comprobó que la linterna que había (6) .... la estantería tenía pilas. Por último, miró por la ventana. "Es probable que mañana llueva", pensó. Y se acostó.

De pronto, sintió un fuerte temblor y unos ruidos extraños. Le parecía que la habitación daba vueltas (7) .... su cabeza. Cuando se levantó, vio que los zapatos ya no estaban (8) .... la cama sino (9) .... la mesita de noche. (10) .... la cama había libros y, milagrosamente intacta, la foto de su mujer. No había nada (11) .... la mesita de noche. La camisa estaba tirada en el suelo; los dos relojes estaban ahora (12) .... la camisa. Además había un calcetín (13) .... la lámpara y los pantalones estaban (14) .... la puerta. Rigoberto se puso (15) .... el espejo para comprobar si seguia vivo.

B ¿*Delante* (*de*) o *detrás* (*de*) o *enfrente* (*de*)?

- Usamos ***delante*** (***de***) para localizar algo en el lado frontal de un objeto. Usamos ***detrás*** (***de***) para localizar algo en el espacio posterior de un objeto:
  - *El coche azul está* ***delante del*** *amarillo. El de color amarillo está* ***detrás del*** *azul y* ***delante del*** *verde. El verde está* ***detrás de*** *todos. El coche azul está* ***delante*** *y el verde* ***detrás***.

- También usamos ***delante*** (***de***) o ***detrás*** (***de***) para situar objetos en una posición anterior (***delante de***) o posterior (***detrás de***) en nuestra línea de observación:
  - *Los coches están* ***delante del*** *autobús. El autobús está* ***detrás de*** *los coches.*

■ Usamos ***enfrente*** (***de***) cuando los objetos que localizamos se encuentran "cara a cara":

- *El coche rojo está **enfrente del** camión azul, el coche naranja está **enfrente del** coche de color lila y el camión está **enfrente del** coche rojo.*

Usamos la preposición ***de*** sólo cuando tenemos que mencionar el punto de referencia:

- *El coche lila no está **al lado del** naranja, está **enfrente**.*

3 Ejercicio de lógica. Completa lo que falta. Cuidado con *al* y *del*.

➲ Si Iván está enfrente de María, María *está enfrente de Iván* .

1. Pero si Iván está delante de María, María está ....
2. Si el Banco Capital está enfrente del Banco Fortis, el Banco Fortis está ....
3. Si la vecina rubia vive enfrente de mi casa, yo vivo ....
4. Si tenéis un coche rojo delante del vuestro, vosotros estáis ....
5. Si una moto está a la derecha de un árbol, el árbol está ....
6. Si en el cine estás sentado detrás de una persona muy alta, tienes una persona muy alta .... ti.
7. Si miras la cara de la estatua de Colón, estás ....
8. No puedo ver bien la tele porque Marisa se ha puesto .... mí.
9. Si en el teatro María está a mi derecha y Felipe detrás de mí, yo estoy .... de María y .... Felipe.
10. Si las gafas están encima de los libros, los libros están .... las gafas.

C *Al principio* (*de*), *al final* (*de*), *dentro* (*de*), *después* (*de*)...

■ Otras frases preposicionales que sirven para localizar son ***al principio*** (***de***), ***al final*** (***de***), ***en el centro*** (***de***), ***en medio*** (***de***), ***al otro lado*** (***de***), ***al fondo*** (***de***), ***dentro*** (***de***), ***fuera*** (***de***), ***antes*** (***de***), ***después*** (***de***):

*Un hotel **al final de** la calle.*

*Una estatua **en el centro de**/**en medio de** la plaza.*

*Un museo **antes de** la plaza.* [Si nos movemos hacia la plaza , primero nos encontramos el museo y luego la plaza.]

*Una escuela **después del** paso de peatones.* [Si nos movemos hacia la plaza, primero encontramos el paso de peatones y luego la escuela.]

*Unos árboles **al fondo del** parque.*

*Un parque **al otro lado de** la plaza.*

*Un pato **dentro del** estanque y otro **fuera**.*

*Un paso de peatones **al principio de** la calle.*

- Con estas frases preposicionales sólo usamos la preposición ***de*** cuando mencionamos **el punto de referencia**:
  - *Hay una zapatería **dentro de** ese centro comercial.*
    [El punto de referencia es el centro comercial. Tenemos que mencionarlo.]
  - *Siga recto. Allí verá una plaza. Pues justo **antes**, está Correos.*
    [Antes de la plaza. No necesitamos mencionarlo.]
  - *¿Ve esa calle? Pues el Banco Estragox está **al final**.*
    [Al final de la calle.]

4 **Los famosos arqueólogos Jones e Indiana saben que hay un tesoro en el centro de una conocida ciudad española. Para encontrarlo tienen que seguir estas instrucciones, pero no están claras. Si miras el mapa, puedes completarlas con las expresiones del recuadro.** (Cuidado: ***de + el= del***).

al final (de)
al final (de)
al fondo (de)
al otro lado (de)
al principio (de) ✓
antes (de)
dentro (de)
dentro (de)
dentro (de)
dentro (de)
después (de)
después (de)
en el centro (de)
en medio (de)
fuera (de)

A ver... Tenéis que ir ➔ ...al principio... de la Gran Vía, al número 1. Seguid por esa calle hasta la tercera a la derecha. Coged esa calle y allí, (1) .... , hay una plaza. Entrad en ella y, (2) .... , en una esquina, veréis una estatua. Cruzad la plaza hacia la estatua, pero (3) .... llegar a la estatua, tomad la calle que hay a la derecha y enseguida veréis una plaza pequeña con una fuente (4) .... Inmediatamente (5) .... la fuente, a la izquierda, hay una calle. Coged esa calle y, (6) .... , hay un parque. Entrad. (7) .... encontraréis árboles y bancos para sentarse. (8) .... hay un lago y un pequeño templo. Pues bien, el tesoro está (9) .... el templo. Llegaréis a él (10) .... atravesar un largo pasillo. Pero eso no es todo: el tesoro está (11) .... un cofre. Para abrir el cofre, necesitáis una llave que está escondida (12) .... el templo. Salid de allí cuanto antes y entrad en el laberinto. (13) .... el laberinto hay una estatua. La llave está (14) .... el ojo izquierdo de la estatua. Ah, y una cosa fundamental: quiero la mitad del valor del tesoro...

SECCIÓN 6

Oraciones

40 Preguntar y exclamar

41 Comparar

42 Unir frases: *y, o, pero, sino, porque, cuando, si, que...*

40. Preguntar y exclamar

A Preguntas sí/no: *¿Vienes con nosotros?*

- En español, las preguntas que pueden responderse con *sí/no* no tienen una estructura especial. Para distinguirlas de las frases afirmativas, la entonación es ascendente al final:

Tenemos vacaciones en agosto. *Bailamos.*

¿Tenemos vacaciones en agosto? *¿Bailamos?*

Cuando escribimos, ponemos signos de interrogación al principio y al final (**¿...?**).

- Podemos hacer preguntas para confirmar una posibilidad entre varias:

  - *¿Vienes o te quedas?*
  - *La verdad es que no sé qué hacer.*

  - *¿Seguimos andando o descansamos un poco?*
  - *Yo prefiero descansar. Estoy agotado.*

- Con las preguntas *¿**no**?* y *¿**verdad**?* pedimos confirmación a algo que decimos antes:

  - *Tienes amigos en Alemania, ¿**no**?*
  - *Sí, en Baden Baden, porque voy mucho en verano.*

  - *Cervantes nació en Alcalá de Henares, ¿**verdad**?*
  - *Creo que sí.*

1 **Pon signos de interrogación a esta transcripción de un interrogatorio policial.**

P: Policía; J: Javier Rosales

P: Usted se llama Javier Rosales, ¿verdad?
J: Sí, efectivamente.
P: Trabaja en la universidad de verano de Laponia, no.
J: Sí, así es.
P: Es evidente que usted conocía a la difunta Mercedes Clarín. Eran amigos o algo más.
J: Éramos simplemente amigos.
P: Sabía que Mercedes Clarín salía con otro hombre.
J: No tenía ni idea. Tampoco me importa.
P: Estuvo en casa de Mercedes el viernes 28 de enero alrededor de las 22.30.
J: Tengo que contestar a eso. Es mi vida privada.
P: Es mejor colaborar. Créame.
J: De acuerdo, estaba en el bingo. Canté línea. Aquí tiene el cartón. Puedo irme ya, verdad.

B Lugar, tiempo y modo: *¿Dónde...? ¿Cuándo...? ¿Cómo...?*

■ Usamos ***dónde***, ***cuándo*** y ***cómo*** para preguntar por LUGAR, TIEMPO y MODO:

el LUGAR →	*dónde*	• *¿**Dónde** vive Julián ahora?*
el TIEMPO →	*cuándo*	• *¿**Cuándo** nos presentará Rita a su novio?*
el MODO →	*cómo*	• *¿**Cómo** vamos a Madrid? ¿En tren o en coche?*

👁 Estos interrogativos van al principio de la pregunta. Las otras partes de la oración van después del verbo, excepto los pronombres complemento.

¿Cómo te llamas?
¿Dónde vives?
¿Cuándo quedamos?

■ Podemos usar ***qué tal***, en lugar de *cómo*, cuando pedimos una valoración general sobre alguien o algo:

• *¿**Qué tal** se vive en Barcelona?* [¿Cómo se vive en Barcelona?]
○ *Muy bien, aunque es una ciudad un poco cara.*

• *¿**Qué tal** está tu madre?* [¿Cómo está tu madre?]
○ *Bien, está muy bien ahora.*

■ Los interrogativos pueden usarse solos si está claro de qué hablamos:

• *Hemos hablado con Rafael.*
○ ***¿Cuándo?*** [¿Cuándo habéis hablado?]

• Ya he arreglado el grifo.
○ ***¿Cómo?*** [¿Cómo lo has arreglado?]
• *He llamado al fontanero.*

• *¿Nos vemos el sábado por la tarde?*
○ *Vale. **¿Dónde?***
[¿Dónde nos vemos el sábado por la tarde?]

• *Hola, **¿qué tal?*** [¿Cómo estás?]
○ *Muy bien, ¿y tú?*

👁 ***Qué tal*** puede usarse sin verbo cuando está claro de qué hablamos:

• *¿**Qué tal** la película?*
[¿Cómo es/Qué te ha parecido la película?]
[~~¿Cómo la película?~~]

• *¿**Qué tal** anoche?*
[¿Cómo fue/Cómo lo pasasteis anoche?]
[~~¿Cómo anoche?~~]

2 **Completa con *dónde*, *cuándo*, *cómo* las preguntas del siguiente test sobre España y relaciona, después, cada pregunta con su respuesta.**

➲ ¿...*Cómo*...... se llama el río que pasa por Valladolid? — c
1. ¿................. fue la Guerra Civil española?
2. ¿................. está El Teide?
3. ¿................. se llama el baile típico de Aragón?
4. ¿................. es el día de la Constitución?
5. ¿................. nació Picasso?

a. En Málaga.
b. La jota.
c. Pisuerga.
d. Entre 1936 y 1939.
e. En Tenerife. En las Canarias.
f. El 6 de diciembre.

3 **Completa con *qué tal* o *cómo* en el lugar más adecuado. A veces las dos formas son posibles.**

➲ ¿..*Cómo*..................... te has hecho esa herida? ¡Qué barbaridad!
1. ¿.............................. te encuentras? ¿Mejor?
2. ¿.............................. funciona el microondas? No sé a qué botón hay que darle para abrir la puerta.
3. ¿.............................. tus padres? Hace mucho que no los veo.
4. ¿.............................. han podido entrar? Yo creía que no tenían llave.
5. ¿.............................. te ha salido el examen? ¿Era difícil?
6. ¿.............................. el viaje? ¿Habéis esperado mucho rato en el aeropuerto?
7. ¿.............................. la clase de aerobic? ¿Se suda mucho?

C Cantidad: ¿*Cuánto*...?

■ Para preguntar por la **cantidad**, usamos:

Cuánto (invariable) + VERBO

- ¿***Cuánto*** *cuestan estos abrigos?*
- ¿***Cuánto*** *dura el viaje en coche hasta Cuenca?*

Cuánto/-a (singular) + SUSTANTIVO NO CONTABLE

- ¿***Cuánto*** *dinero sacamos del banco?*
- ¿***Cuánta*** *gasolina le ha echado Pablo al coche?*

Cuántos/-as (plural) + SUSTANTIVO CONTABLE

- ¿***Cuántos*** *años tienes?*
- ¿***Cuántas*** *entradas te ha regalado Andrés?*

👁 ***Cuánto/-a/-os/-as*** y la palabra a la que se refieren (verbo o sustantivo) van al principio de la oración. Las otras partes de la oración van después del verbo, excepto los pronombres complemento.

■ ***Cuánto/-a*** y ***cuántos/-as*** pueden usarse sin sustantivo cuando está claro de qué estamos hablando:

- *Hay que ir al banco: no tenemos dinero en casa.*
- ○ *Vale, ¿y **cuánto** sacamos?*

- *He comprado pasteles esta tarde y ya no quedan.*
- ○ *¿Ah sí? ¿**Cuántos** nos hemos comido?*

4 **Completa con *cuánto/-a/-os/-as* estas otras preguntas del mismo test y relaciona con las respuestas.**

➲ ¿...Cuántos... habitantes tiene Madrid?	a. 36 años.
1. ¿................ dura el viaje en avión de Madrid a Barcelona?	b. Cuatro.
2. ¿................ lenguas se hablan en España?	c. Más de un millón y medio.
3. ¿................ gente habla español en el mundo?	d. 3. 718 m.
4. ¿................ tiempo duró la dictadura de Franco?	e. Unos cuatro millones.
5. ¿................ mide El Teide, la montaña más alta de España?	f. 50 minutos.
6. ¿................ gente vive en Barcelona?	g. Seis millones, aproximadamente.
7. ¿................ personas hablan catalán?	h. Unos quinientos millones.

5 **Completa las siguientes preguntas con *cuánto/-a/-os/-as*.**

➲ ● ¿...Cuántos... pisos tiene tu casa?
○ Tres: el sótano, la planta principal y un ático.

1. ● ¿................ se tarda hasta Zaragoza?
○ No sé... Unas dos o tres horas en coche.

2. ● ¿................ sal le pongo a la ensalada?
○ Poca, poca, que Ramón casi no toma sal.

3. ● ¿Tiene plátanos?
○ Sí, ¿................ le pongo?

4. ● ¿................ abono le echo a las plantas?
○ Bastante, que están muy tristes.

5. ● ¿........... horas necesitas para acabar el trabajo?
○ En tres horas he terminado.

6. ● ¿........... te falta para terminar eso?
○ Media hora o así.

7. ● ¿Tenéis folios?
○ Sí, ¿........... necesitas?

D Causa: ¿*Por qué...*?

■ Para preguntar por la **causa** de algo, usamos ***por qué***:

- *¿**Por qué** no ha venido Alberto?*
- *No lo sé, pero creo que ha tenido un problema con el coche.*

A diferencia de la explicación de la causa, que se escribe con una palabra y sin tilde (*porque*), la pregunta sobre la causa se escribe en dos palabras y con tilde (*por qué*):

- *¿**Por qué** hay tantos coches parados?*
- ***Porque** ha habido un accidente.*

42. Unir frases

Preguntar por qué no se hace una actividad (***¿Por qué no...?***) puede servir para **proponer** esa actividad a alguien:

- *¿**Por qué** no vamos a cenar esta noche a una pizzería?*
- *¿Y **por qué** no cenamos en casa y salimos después?*

6 Completa con *por qué*, *porque* o *por qué no*.

➲ ● ¿..Por qué..... has cerrado la ventana? Hace mucho calor.
○ ..Porque..... hay muchísimo ruido y así no se puede trabajar.

1. ● ¿................ me ayudas y hacemos la cama?
○ ¿Y .... la dejamos sin hacer y nos echamos una siesta?
2. ● ¿................ te comes el yogur?
○ .... soy alérgica a los lácteos. Si me lo como, me tienes que llevar al hospital.
3. ● ¿................ me miras así? ¿Tengo algo en la cara?
○ No, mujer. Te miro .... me gusta mirarte.
4. ● ¿................ te has peleado otra vez con tu hermana? ¿Me lo puedes explicar?
○ Pues .... ella siempre me quita las cosas y no me deja jugar.
5. ● ¿................ habrá venido a la cena? ¿Estará mala?
○ Seguro, ... ella no se pierde nunca una cena con nosotros.
6. ● Estoy completamente agotada. No puedo más.
○ ¿................ descansas un rato? Túmbate en el sofá.

7 Completa con *¿dónde?*, *¿cómo?*, *¿cuánto?*, *¿cuándo?*, *¿por qué?* o *¿por qué no?* A veces son posibles dos soluciones

➲ ● No va a venir la tía Lola a cenar.
○ ..¿Por qué?..........
● No sé, creo que está muy cansada.

1. ● El concierto de esta noche es a las ocho.
○ ....
● En el Teatro Calderón, como siempre.
2. ● Nos vamos a Madrid esta noche.
○ Ah, ¿sí? ....
● En autobús, en tren era imposible.
3. ● ¿Sabes que María y Luis se casan?
○ ....
● Este domingo.
4. ● ¿.......................... vas a tardar?
○ En diez o quince minutos estoy ahí.
5. ● ¿Me puedes dejar algo de dinero?
○ Sí, claro, ...
● 20 euros es suficiente.
6. ● ¿Sabes? Este año no voy de vacaciones.
○ ....
● Tengo que terminar un trabajo la primera semana de septiembre.
7. ● Yo, a la fiesta de Toni, no pienso ir.
○ ¿ ....? ¿Ya no sois amigos?
● Estamos pasando una mala época.
8. ● ¿Sabes que Carlos se ha roto un brazo y una pierna?
○ ¿De verdad? ¿ ....?
● Pues escalando el Monte Perdido.

E Cosas: *¿Qué compramos? ¿Qué disco compramos? ¿Cuál compramos?*

- Usamos ***qué*** cuando preguntamos por cosas:

- Usamos ***qué*** + SUSTANTIVO cuando queremos mencionar **la clase de cosa** por la que preguntamos:

- Usamos ***cuál/-es*** cuando preguntamos por una cosa (o varias) de un **conjunto ya identificado** porque lo hemos mencionado antes o está claro en el contexto:

Podemos usar ***qué*** junto a un sustantivo (*¿Qué vestido...?, ¿Qué película...?*), pero no podemos usar ***cuál*** junto a un sustantivo:

¿~~Cuál vestido~~...? ¿~~Cuál película~~...?

Cuál es singular y ***cuáles***, plural:

- *Te regalo uno de estos cuadros. ¿**Cuál** te gusta?*
- *Te regalo dos de estos cuadros. ¿**Cuáles** te gusta**n**?*

8 Completa con *qué*, *cuál* o *cuáles*.

1. ● ¿..Qué...... te apetece cenar?
   ○ No sé. ¿.................. hay en la nevera?
   ● Nada.
   ○ Vale. ¿A .... restaurante vamos?
   ● A uno cerca, estoy muy cansada.
   ○ Ya, pero ¿a ....?
2. ● ¿Me prestas unos pantalones?
   ○ Depende, ¿.................. quieres?
   ● Los vaqueros.
3. ● ¿Me dejas un momento ese disco?
   ○ ¿.................. disco?
   ● El que está ahí encima.
   ○ Hay tres. ¿.................. quieres?
4. ● ¿Sabes que he aprobado el examen?
   ○ ¿.................. examen?
   ● El de conducir.
5. ● Ese radiador no funciona.
   ○ ¿.................. radiador? ¿El de debajo de la ventana?
6. ● Y a tu padre, ¿.................. le compramos?
   ○ Un vino de reserva está bien.
   ● Sí, vale, pero ¿..................? Hay muchísimos.
   ○ ¿.................. te gusta más a ti?
7. ● Pásame los libros.
   ○ ¿..................? ¿Éstos?
   ● Sí, sí, ésos.

F Personas: ¿Quién? ¿Qué niño? ¿Cuál?

■ Usamos ***quién/quiénes*** cuando preguntamos por personas:

■ Usamos ***qué*** + SUSTANTIVO cuando queremos mencionar **la clase** de persona por la que preguntamos:

■ También usamos ***quién/-es*** o ***cuál/-es*** cuando preguntamos por una persona o varias de un **conjunto ya identificado** porque lo hemos mencionado antes o está claro en el contexto:

👁 Podemos usar ***qué*** junto a un sustantivo (*¿Qué médico...?*, *¿Qué chica...?*) pero no podemos usar ***cuál*** junto a un sustantivo:

~~¿Cuál médico~~...,? ~~¿Cuál chica~~...?

👁 ***Quién*** y ***cuál*** son singular; ***quiénes*** y ***cuáles***, plural:

- *¿**Quién** tiene la llave?*
- *¿**Quiénes** tienen la llave?*
- *Necesito un masajista. ¿**Cuál** es el mejor?*
- *Necesito dos masajistas. ¿**Cuáles** son los mejores?*

9 Completa con *quién, quiénes, qué, cuál* o *cuáles*. A veces son posibles dos soluciones.

➲ ● Ha venido Ana.
 ○ ¿Ana? ¿...Qué.... Ana?
 ● ¡Ah! No sé, tú sabrás.

1. ● ¿............ ciclista español ganó ocho veces el Tour?
 ○ Ninguno.
2. ● De tus tres hijos, ¿........... es el más estudioso?
 ○ El pequeño. Es el que más se parece a mí.
3. ● ¿Qué? ¡Pero, Juan, por Dios, eso era un secreto...! ¿A .... se lo has dicho?
4. ● Espejito, espejito: ¿........... es la más bella del reino?
 ○ Blancanieves, mi señora.
5. ● ¿........... son Melchor, Gaspar y Baltasar?
 ○ Los Reyes Magos.
6. ● A ver, niños. ¿........... ha escrito eso en la pizarra?
 ○ Ha sido Álvaro, señorita. Yo lo he visto.
7. ● De todos tus amigos, ¿........... viven más o menos cerca?
 ○ ¿Por qué?
 ● Para ponernos de acuerdo para ir al trabajo.
8. ● Oiga, por favor, ¿........... atiende en esta ventanilla?
 ○ El señor de las gafas, pero ahora está ocupado. Espere en la cola.
 ● Perdone, pero hay dos señores con gafas. ¿A .... se refiere?
9. ● ¿........... es el hombre más rico del mundo?
 ○ Vil Gueits, creo.

10 Completa cada enunciado con las palabras del recuadro y relaciónalo con su continuación.

qué ✓
quién
qué
quiénes
qué
cuál
cuáles
qué

➲ ¿...Qué......... es eso? — d
1. ¿............... os vais de viaje?
2. ¿............... comes?
3. ¿............... es?
4. ¿............... música pongo?
5. No acabo de decidirme. ¿............... de los dos me recomienda usted?
6. Al final, de las diez películas, ¿............... van al festival de Venecia?
7. ¿............... equipo ha ganado la Liga?

a. Todos: Edu, Ana, Lucía y Merche.
b. Soy yo, Nuria. Abre la puerta.
c. Ensalada de apio. ¿Quieres?
d. No sé. Parece un regalo para alguien.
e. El Betis.
f. Bluf, Anaconda II y Noches ardientes.
g. El rape está más fresco que el atún.
h. Algo tranquilo, si no te importa.

11 Escribe las preguntas que un periodista le hace a Francisco Zapatero sobre un suceso extraordinario.

➲ ● ¿..Cuándo..... la encontró usted?
 ○ Ayer por la noche, después de cenar.

1. ● ¿Y .... la encontró?
 ○ Pues en un armario. Yo me acabo de mudar a esta casa y nunca había entrado en esa habitación.
2. ● Bueno, ¿y .... es exactamente?
 ○ Una momia, una momia en perfecto estado.
3. ● Increíble. ¿............... es? ¿Lo sabe usted?
 ○ Sí, sí, por supuesto. Es la tatarabuela de mi prima Casilda.
4. ● Ajá. ¿Y .... años calcula que tiene?
 ○ Tendrá unos doscientos años, más o menos.
5. ● ¿............... estaba vestida? ¿Llevaba alguna ropa?
 ○ No, no. Estaba envuelta en vendas: igual que las egipcias, igual.
6. ● ¿............... piensa usted que la guardaron en el armario?
 ○ No tengo ni idea. Quizá porque fue una mujer muy querida por la familia. Era muy buena.
7. ● ¿Y usted .... se encuentra?
 ○ Un poco sorprendido, la verdad.
8. ● ¿Y .... va a hacer con la momia?
 ○ Pues creo que voy a llevarla al Museo Arqueológico de la ciudad. Es una joya.

G ¿Cuál es la capital de Perú? / ¿Qué es Tegucigalpa?

■ Para pedir la **identificación** de algo o alguien podemos usar ***¿Cuál/-es*** + ***ser*** + SUSTANTIVO DEFINIDO**?**:

Si nos referimos a personas, también se puede usar ***¿Quién/-es...?***

Cosas	Personas
• *¿**Cuáles** son sus peores defectos?* [Entre sus defectos, identifica los peores.]	• *¿**Cuál** es el profesor?* [Entre ese grupo, identifica al profesor.]
• *¿**Cuál** es el horóscopo de Maite?* [Entre los signos del Zodiaco, identifica el de Maite.]	• *¿**Quién** es tu hermana?* [Entre estas personas, identifica a tu hermana.]
• *¿**Cuál** es la oferta más barata?* [Entre las ofertas de hoy, identifica la más barata.]	• *¿**Quiénes** eran tus cantantes preferidos?* [Entre los cantantes, identifica a tus preferidos.]

■ Para preguntar por la **definición** o la **clasificación** de algo o alguien, usamos ***¿Qué*** + ***ser*** + SUSTANTIVO**?**:

• *¿**Qué** es Lima?*
○ *Una ciudad. La capital de Perú.*

• *¿**Qué** es un neurólogo?*
○ *Un médico especialista en el sistema nervioso.*

12 Si completas este test, descubrirás algunas cosas, verdaderas o inventadas, sobre el cosmos.

➲ (I) ¿Qué es una galaxia? — a. Un inmenso conjunto de estrellas, gas y polvo.
(II) ¿Cuál es la galaxia más cercana a la Vía Láctea? — b. Andrómeda.

1. (I) ¿Quién es Marte?
   (II) ¿Qué es Marte?
2. (I) ¿Quién fue Laika?
   (II) ¿Qué era Laika?
3. (I) ¿Qué son los satélites?
   (II) ¿Cuáles son los satélites más grandes de Júpiter?
4. (I) ¿Qué es un robot?
   (II) ¿Quiénes son los robots que acompañan a Luke Skywalker en sus aventuras?
5. (I) ¿Quiénes fueron Amstrong, Aldrin y Collins?
   (II) ¿Qué eran Amstrong, Aldrin y Collins?
6. (I) ¿Cuál es el planeta más grande del sistema solar?
   (II) ¿Quién es Júpiter?
7. (I) ¿Qué era Darth Vader?
   (II) ¿Quién era Darth Vader?

c. Uno de los planetas del sistema solar.
d. El dios de la guerra.
e. El primer animal que se lanzó al espacio en 1957 en un satélite artificial ruso.
f. Una perrita.
g. Ío, Europa y Calisto.
h. Astros sin luz propia que giran alrededor de un planeta.
i. C-3PO y R2-D2.
j. Una máquina que hace cosas automáticamente.
k. Astronautas.
l. Los primeros seres humanos que viajaron a la luna.
m. Júpiter.
n. El rey del Universo, el soberano de todos los dioses.
o. El padre de Luke Skywalker.
p. Un caballero Jedi convertido al lado oscuro de la Fuerza.

13 **¿Serías compatible con esta persona? Completa las preguntas y responde al cuestionario.**

➲ ¿..Cuál.. es tu comida preferida? El pescado crudo.
1. ¿............ prefieres? ¿El frío o el calor? El frío.
2. ¿............ es tu pintor preferido? Miquel Barceló.
3. ¿............ te gusta más? ¿El día o la noche? El día.
4. ¿............ es tu color preferido? El negro.
5. ¿En .... ciudad te gustaría vivir? En Londres.
6. ¿.......... prefieres? ¿Dormir desnudo o en pijama? Desnudo.
7. ¿......... son tus manías? El orden y la puntualidad.
8. ¿......... tipo de música prefieres? El jazz.

H ¿De dónde...? ¿Hasta cuándo...? ¿Por cuánto...? ¿Para qué ...?

■ ***Cuándo, dónde, cuánto/-a/-os/-as, qué, quién, cuál*** se usan con una **preposición delante** si el elemento por el que preguntamos va introducido por preposición:

- *Trabajo en Desfalcosa desde XCVZ.*
- *¿**Desde cuándo**?*

- *¿**De dónde** es tu mujer?*
- *De Ávila, pero sus padres son de Burgos.*

- *¿**A cuántos** kilómetros está Málaga de aquí?*
- *A doscientos cincuenta, más o menos.*

- *¿**Con quién** has quedado esta tarde?*
- *No puedo decírtelo. Es un secreto.*

- *Creo que los ladrones se fueron por KHJHKK.*
- *¿**Por dónde**?*

- *¿**Con cuántos** chicos has salido?*
- *Uf, con muchos, pero en serio sólo con dos.*

- *¿**Para qué** has sacado la caja de herramientas?*
- *Para arreglar la puerta.*

- *Estamos en un hotel.*
- *¿**En cuál**?*

👁 Para preguntar ¿a qué lugar? podemos usar la forma ***adónde*** (preposición ***a*** + ***dónde***) o simplemente ***dónde***:

- *¿**Adónde** vais?* [¿Dónde vais?]
- *Al cine. La película empieza dentro de cinco minutos.*

14 **A Natalia le han sacado cuatro muelas y no puede hablar muy bien. Pregunta por los elementos que no se entienden.**

➲ He visto a KKKK en la sauna. — ¿..A quién.. has visto?
1. Me acuerdo mucho de mis WWW. Viven tan lejos... — ¿.............. te acuerdas?
2. El coche ha chocado contra un KKJKJH y está destrozado. — ¿.............. ha chocado?
3. Después de ver muchos pisos, al final me he decidido por el ÑLÑL. — ¿.............. te has decidido?
4. Las películas de dibujos animados son de mis HTYFRJJJ. — ¿.............. son las películas de dibujos?
5. Abrieron la puerta con una KJHKYYG. — ¿.............. la abrieron?
6. Pienso en KKJJH y en su forma de hablar constantemente. — ¿.............. piensas?
7. Al final se casó con IIKKKJHHJ. — ¿.............. se casó?

15 **En las siguientes noticias de última hora faltan algunos datos. ¿Qué preguntas habría que hacer para obtenerlos?**

EFE. A las 19:30 de hoy, un avión de la compañía Zigzagair que se dirigía hacia (➲) ***** con (1) ***** pasajeros a bordo, ha desaparecido en pleno vuelo.

REUTERS. El tenor español Agapito Vozarrón permanecerá en nuestra ciudad hasta (2) *****. Ese mismo día se trasladará a (3) *****, donde tiene programado un recital.

AGENCIAS. El Banco de Argentina ha comprado la empresa InterGas por (4) ***** millones de dólares. InterGas pertenece al empresario Carlos Etéreo desde (5) *****.

➲ *¿Hacia dónde se dirigía el avión?*
1. ....
2. ....
3. ....
4. ....
5. ....

Preguntas indirectas: *No sé si te conozco. No sé cómo te llamas.*

- Las oraciones con ***qué, quién/-es, cuál/-es, dónde, cuándo, cuánto/-a/-os/-as, cómo, por qué***, pueden usarse **dentro de otras oraciones** cuando nos referimos indirectamente a una pregunta o a su contenido:
  - *Iñaqui no sabe **quién** ha ganado el premio.*
  - *Los niños preguntan **dónde** estás.*
  - *No he oído **cuándo** les va a enviar Alberto el paquete.*
  - *¿Tú has comprendido **cómo** funciona la lavadora?*
  - *Los padres quieren averiguar **cuánto** tiempo estarán los niños en la escuela.*

👁 Los interrogativos van al principio de la pregunta indirecta, y las otras partes de la oración, después del verbo, excepto los pronombres complemento.

- Para referirnos indirectamente a preguntas que no tienen interrogativo, usamos ***si***:
  - *Cristina quiere saber **si** la lavadora funciona bien.*
  - *No sé **si** Alberto va a enviar los paquetes.*
  - *Los padres no han averiguado **si** los niños tendrán clase mañana.*
  - *Mari Paz ha preguntado **si** tus amigos van a ir a la fiesta.*

👁 En las preguntas indirectas introducidas por ***si*** el orden de palabras no cambia.

16 **Julie y Enrique tienen una cita a ciegas. Completa sus pensamientos como en el ejemplo.**

No sé...

➲ *cómo* tiene las manos.
1. en .... trabaja.
2. .... dinero gana.
3. .... vive.
4. .... tiene hermanos.
5. .... será su familia.
6. .... es su actriz favorita.
7. .... películas le gustan.
8. .... es su comida preferida.
9. .... lleva camiseta interior o no.
10. .... vive con sus padres.

No sé...

11. .... años tiene.
12. .... tiene los ojos.
13. .... besa.
14. .... tiene coche.
15. .... perfume usa.
16. .... es su deporte preferido.
17. .... vive en mi barrio.
18. .... le ha dado mi teléfono.
19. .... son sus medidas.
20. .... ha tenido muchos novios.

cómo ✓	cómo	si	si	cuál	si
cuánto	dónde	cuál	qué	qué	

si	cómo	si	cuáles	cuántos
si	qué	cómo	cuál	quién

J Exclamar: *¡Ha nevado esta noche! ¡Qué raro!*

- Cualquier enunciado puede ser exclamativo. Para distinguirlo, la **entonación** es muy ascendente al principio y cae de forma brusca al final:

  - *¡Ha llegado Carlos!*
  - *¡No vengas!*
  - *¡Luis tiene novia!*

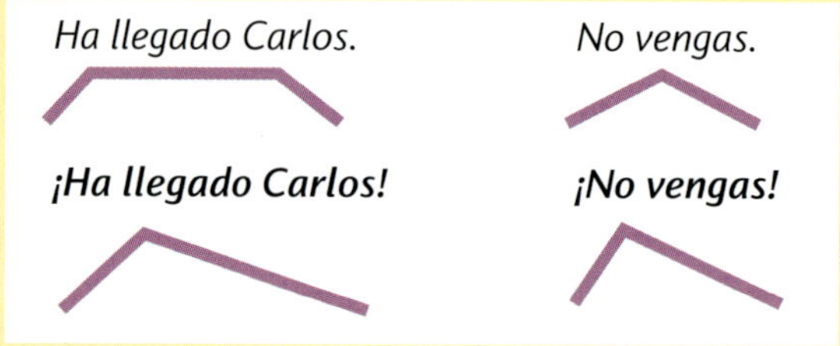

  - *¡Está lloviendo!*
  - *¡Sal de aquí!*
  - *¡No!*

Cuando escribimos, ponemos signos de admiración al principio y al final (¡....!).

- Para exclamar sobre la **intensidad**, la **cantidad** o el **modo** usamos ***qué***, ***cuánto***, y ***cómo***:

la INTENSIDAD →	***Qué***
la CANTIDAD →	***Cuánto/-a, -os, -as***
el MODO →	***Cómo***

  - ¡***Qué*** *feo*!
  - ¡***Cuánta*** *agua lleva el río*!
  - ¡***Cómo*** *canta Carla*!

- ***Qué*** puede referirse a un **adjetivo**, un **adverbio** o un **sustantivo**:

  - *¡Qué simpática es la novia de Carlos!* [Es muy simpática.]
  - *¡Qué rápido pasa el tiempo!* [Pasa muy rápido.]
  - *¡Qué ojos tiene Ana!* [Sus ojos son muy bonitos.]

- En este tipo de construcciones el elemento exclamativo (***qué***, ***cuánto***, ***cómo***) va **al principio**:

  - *¡Qué inteligente es tu hija!*
  - *¡Cómo grita el entrenador!*

  Y el **sujeto** de la frase, cuando es necesario mencionarlo, **al final**.

- Cuando sabemos de qué estamos hablando, no es necesario mencionarlo:

  - *¡Qué bonito!* [es el jersey]
  - *¡Cómo duerme!* [el bebé]
  - *¡Cuánto sabe!* [el conferenciante]

17 **¿De qué está hablando Claudia? Relaciona cada exclamación con el tema.**

➲ ¡Qué vieja! —	a. Una casa
1. ¡Qué bonitos!	b. Un bocadillo de calamares
2. ¡Cómo cocina!	c. El chef de un restaurante
3. ¡Qué rico!	d. Unos zapatos nuevos
4. ¡Cuántos libros!	e. Su novio
5. ¡Cuánta gente!	f. Un concierto de rock
6. ¡Cuánto lo quiero!	g. El perro del vecino
7. ¡Cómo ladra!	h. La biblioteca de un amigo
8. ¡Qué rápido!	i. La casa de la vecina
9. ¡Qué vestido!	j. Una modelo
10. ¡Qué saladas!	k. Un coche de carreras
11. ¡Qué jardín!	l. Las patatas fritas

■ Usamos ***cuánto*** para destacar la **cantidad** referida a un **verbo**:

- ¡***Cuánto*** *fuma Luisa*! [Luisa fuma mucho.]
- ¡***Cuánto*** *come tu hijo*! [Tu hijo come mucho.]

■ Usamos ***cuánto/ -a*** (con sustantivos no contables), ***cuántos/-as*** (con sustantivos contables) para destacar la **cantidad** referida a un **sustantivo**:

- ¡***Cuánta*** *gente hay en la cola*! [Hay mucha gente en la cola.]
- ¡***Cuántos*** *libros tienes en casa*! [Tienes muchos libros en casa.]
- ¡***Cuántas*** *novias ha tenido Plácido*! [Plácido ha tenido muchas novias.]

El sustantivo concuerda con ***cuánto/-a/-os/-as*** en género y número.

■ Para expresar la idea contraria, usamos ***qué poco*** (con verbos), ***qué poco/-a*** (con sustantivos no contables), ***qué pocos/-as*** (con sustantivos contables):

- ¡***Qué poco*** *fuma Luisa*!
- ¡***Qué poca*** *agua lleva el río*!
- ¡***Qué pocos*** *libros tienes en casa*!

¡Cómo besa! ¡Y qué guapo es!...
¡Y **cuánto** dinero tiene!

18 **Lee el siguiente texto sobre Romualdo Vargas y formula después las exclamaciones que hacen los vecinos. Tienes que usar *cuánto/-a/-os/-as* o *qué poco/-a/-os/-as*. Fíjate en los elementos destacados.**

Romualdo (➲) **se ha casado siete veces** y tiene (1) **14 hijos**. Antes **pesaba 132 Kg.** y **fumaba** muchísimo: más de dos paquetes al día, pero ahora está a régimen y (2) **come** muy poco (sólo ensaladas y zumos) y (3) **fuma** también muy poco: un cigarrillo por semana. A Romualdo (4) **le gusta** mucho la música y también el cine: tiene una discoteca enorme con más de mil (5) **discos**, y lo (6) **sabe** todo sobre actores, directores y películas. Pero ahora casi nunca (7) **va al cine**: sólo una vez al mes.

➲ ¡Cuántas veces se ha casado!
1. ....
2. ....
3. ....
4. ....
5. ....
6. ....
7. ....

■ Usamos ***cómo*** para destacar el **modo** en el que se realiza una acción:

- ¡***Cómo*** *come tu hijo*! [Me sorprende cómo come tu hijo: muy bien o muy mal.]
- ¡***Cómo*** *vive mi tío Alberto*! [Me sorprende cómo vive mi tío Alberto: muy bien o muy mal, o de un modo extraño.]

19 **La madre de Romualdo, Doña Angustias, va a pasar unos días a casa de su hijo y se sorprende de los cambios que ha habido desde la última vez que estuvo. Formula las exclamaciones con *cómo*.**

➲ Romualdo ha adelgazado de forma sorprendente. ¡Cómo ha adelgazado Romualdo!
1. Clara, su hija, ha crecido mucho. ....
2. Rufo, el perro, ladra sin parar. ....
3. La cocina está muy desordenada y sucia. ....
4. El jardín también está sucio y sin cuidar. ....
5. Los precios en el supermercado han subido mucho. Todo cuesta el doble. ....

41. Comparar

A ¿Más o menos?

■ Para comparar dos cosas que son diferentes en algo, usamos:

VERBO → *más* / *menos* → *que*

más / *menos* → ADJETIVO / ADVERBIO / SUSTANTIVO → *que*

- *En la ciudad la gente se estresa **más que** en el campo.*
- *En la ciudad los niños juegan **menos que** en el campo.*

- *La ciudad es **más** ruidosa **que** el campo.*
- *En el campo la gente se acuesta **más** temprano **que** en la ciudad.*
- *En el campo hay **menos** contaminación **que** en la ciudad.*

■ Para ser más precisos en la comparación, usamos cuantificadores como ***un poco, bastante*** o ***mucho/muchísimo*** antes de ***más/menos***:

- *Sevilla es **bastante** más grande que Granada.*
- *Jaime ha comido **un poco** menos que Ángel.*
- *Ir en avión es **mucho** más rápido que en barco.*

➲ 11. Cuantificadores

■ Cuando está claro de qué estamos hablando, no expresamos el segundo término de la comparación:

- *Tu jefe gana **más que** tú.*
- ○ *Sí, aunque yo trabajo **más**.* [que él]

- *El radiador nuevo es **más** grande pero calienta **menos**.* [que el viejo]

■ Cuando el segundo término de la comparación es un pronombre sin preposición, siempre usamos las formas de sujeto:

- *Tu hermano habla más que **tú**.* [~~Tu hermano habla más que ti.~~]
- *Tu hermano habla más de mí que de **ti**.*

➲ 13. Pronombres sujeto
➲ 14. Pronombres con preposición

1 **Aquí tienes algunos datos sobre el aspecto y la vida cotidiana de los habitantes de dos planetas de la galaxia Pelambres. Compáralos como en los ejemplos.**

	Rizus	Lisus	Más / menos
Nº de antenas	6	1	➲ Los Rizus tienen *más antenas que los Lisus.*
Nº de ojos	2	6	1. Los Rizus tienen ....
Altura media	220 cm	150 cm	2. Los Rizus son .... altos ....
Coeficiente intelectual	170	60	3. Los Lisus son .... inteligentes ....
Hora de levantarse	Entre 10 y 11 a.m.	Entre 6 y 7 a.m.	4. Los Lisus se levantan .... temprano ....
Hora de acostarse	00:00	22:00	5. Los Rizus se acuestan .... tarde ....
Litros de alcohol por habitante y año	420 litros	1 litro	6. Los Rizus beben ....
Expectativas de vida	123 años	67 años	7. Los Lisus viven ....

2 **Piensa en lo que dirían esta ancianita y esta joven.**

1. La vida ser tranquila
   ....
2. Los trenes ir despacio
   ....
3. La gente casarse joven
   ....
4. La fruta tener sabor
   ....
5. Haber igualdad entre hombres y mujeres
   ....
6. La gente divorciarse
   ....
7. La gente vivir años
   ....
8. La gente viajar
   ....

B *Igual, tan / tanto, el mismo...*

■ Para decir que dos cosas son **equivalentes**, usamos:

Con **ADJETIVOS** y **ADVERBIOS**

igual de	ADJETIVO ADVERBIO	***que***
tan		***como***

- *Paco es **igual de** <u>atractivo</u> **que** José.*
- *Paco no baila **igual de** <u>bien</u> **que** José.*
- *Paco es **tan** <u>atractivo</u> **como** José.*
- *Paco no baila **tan** <u>bien</u> **como** José.*

Y también:
- *Paco y José **son igual de** <u>atractivos</u>.*
- *Paco y José no bailan **igual de** <u>bien</u>.*

Con **VERBOS**

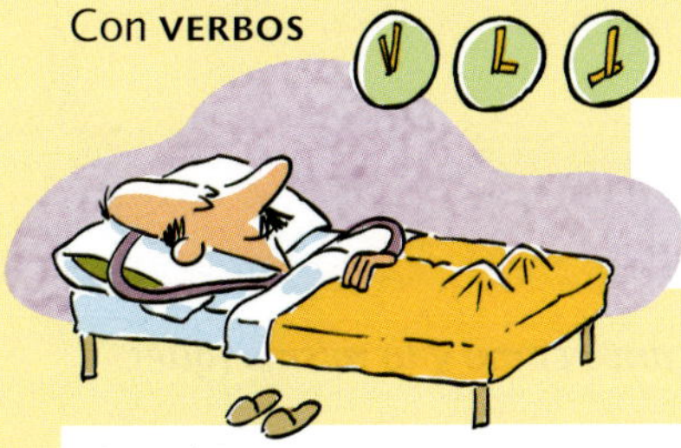

...	***igual que***	...
	tanto como	

Igual que
(DE MANERA O CANTIDAD EQUIVALENTE)

- *Mi hija <u>duerme</u> **igual que** mi marido.*
  [De idéntica manera (boca arriba) o igual cantidad de horas.]
- *Mi hija no <u>ronca</u> **igual que** mi marido.*

Tanto como
(CANTIDAD EQUIVALENTE)

- *Mi hija <u>duerme</u> **tanto como** mi marido.*
  [Igual cantidad de horas.]
- *Mi hija no <u>ronca</u> **tanto como** mi marido.*

Y también: • *Mi hija y mi marido <u>duermen</u> **igual**.*

👁 Cuando nos referimos al complemento de un verbo, también usamos ***lo mismo*** (***que***) para indicar "la misma cantidad" o "la/s misma/s cosa/s":

- *Mis dos hijos estudian **lo mismo**: arquitectura y piano.*
- *He dormido **lo mismo** que tú, doce horas.*
- *Pidieron **lo mismo** que vosotros: una subida de sueldo.*

■ Cuando está claro de qué estamos hablando, no expresamos el segundo término de la comparación:

- *El hotel Plasta es **igual de** caro **que** el Jilton e **igual de** cómodo.* [que el Jilton.]

👁 Pero con ***tanto*** eliminamos el segundo término **sólo cuando la frase es negativa**:

- *Paco bebe **tanto como** José pero no fuma **tanto**.* [como José.]
  [Paco bebe tanto como José y fuma tanto.] como él.

3 **Lola Menta y Carmen Druga son dos actrices famosas muy parecidas, pero no iguales. Utiliza los adjetivos y adverbios del recuadro y forma frases usando *igual de...* y *tan... como* para describir en qué se parecen y en qué no.**

alta · delgada · joven ✓ · rica · rápido · tarde · cerca

	Lola	Carmen
Edad	35	45
Altura	173 cm	173 cm
Peso	60 Kg	55 Kg
Hora de desayunar	12:00	12:00
Velocidad conduciendo	170 Km/h	170 Km/h
Distancia de casa al trabajo	5 Km	30 Km
Dinero	2 millones de euros/año	10 millones de euros/año

➲ Carmen no es tan joven como Lola. / Carmen no es igual de joven que Lola.
1. ....
2. ....
3. ....
4. ....
5. ....
6. ....

4 **Compara lo que hacen Lola Menta y Carmen Druga usando *igual que*, *tanto como* y *lo mismo* (*que*). Cuidado, sólo podrás usar *tanto como* cuando se comparan cantidades.**

➲ Lola se ha operado la nariz, los labios y las orejas. Carmen sólo se ha operado la nariz. ➲ Carmen no se ha operado lo mismo que Lola. Carmen no se ha operado tanto como Lola.
1. Lola fuma tres paquetes de Güiston al día. Carmen también. 1. ....
2. Lola habla con falso acento argentino. Carmen también. 2. ....
3. Lola se bebe una botella de ron Palique al día. Carmen también. 3. ....

4. Lola se pinta los ojos, los labios, las uñas de las manos y de los pies.
   Carmen también.
5. Lola duerme con antifaz y en colchón de agua.
   Carmen también.
6. Lola desayuna dos docenas de ostras, salchichas y huevos.
   Carmen desayuna café solo.

4. ....
....
....

5. ....
....

6. ....
....
....

Con **SUSTANTIVOS**:

IDENTIDAD Y CANTIDAD	*el mismo* *la misma* *los mismos* *las mismas*	SUSTANTIVO	*que*
SÓLO CANTIDAD	*tanto* *tanta* *tantos* *tantas*	SUSTANTIVO	*como*

IDENTIDAD / IGUAL CANTIDAD
CONTABLES Y NO CONTABLES

- *Pedro lleva **el mismo** <u>móvil</u> **que** Juan.*
- *Pedro usa **la misma** <u>talla</u> **que** Juan.*
- *Pedro tiene **los mismos** <u>gustos</u> **que** Juan.*
- *Pedro tiene **las mismas** <u>amigas</u> que Juan.*
  [Idénticas amigas o igual número de amigas.]
- *Pedro bebe **el mismo** <u>vino</u> **que** Juan.*
  [Idéntica marca de vino o igual cantidad.]
- *Pedro no lleva **el mismo** <u>jersey</u> **que** Juan.*

IGUAL CANTIDAD

NO CONTABLES En singular

- *Tomo **tanto** café **como** mi marido.*
- *Esa casa tiene **tanta** luz **como** la vuestra.*
- *Ya no tengo **tanto** pelo **como** antes.*

CONTABLES En plural

- *Tengo **tantos** problemas **como** tú.*
- *Este hotel tiene **tantas** habitaciones **como** el de la playa.*
- *Tú no tienes **tantos** problemas **como** yo, ¿no?*

Y también:

- *Pedro y Juan tienen **el mismo** <u>móvil</u>.*
- *Pedro y Juan tienen **la misma** <u>talla</u>.*
- *Pedro y Juan tienen **los mismos** <u>gustos</u>.*
- *Pedro y Juan tienen **las mismas** <u>amigas</u>.*

■ Cuando está claro de qué estamos hablando, no expresamos el segundo término de la comparación. Pero con **tanto**/**-a**/**-os**/**-as** eliminamos el segundo término sólo cuando la frase es negativa:

- *Mi ordenador tiene **tanta** memoria **como** el tuyo pero <u>no</u> lleva **tantos** programas.* [como el tuyo.]
  [*Mi ordenador tiene tanta memoria como el tuyo y lleva tantos programas.*]
  como el tuyo.

5 **Aquí tienes otros datos sobre Lola Menta y Carmen Druga. Completa las frases siguientes como en el ejemplo.**

	Lola	Carmen
Maridos	4	4
Pastillas para dormir	3 (Morfidal)	6 (Morfidal)
Agua mineral	Vichí	Vichí
Yates	3	3
Peluquera personal	Paquí Tijeras	Rocío Mechas
Entrenador personal	Jesús Cachas	Jesús Cachas
Amigas íntimas	Cari, Bea y Ana	Luci, Rosa y Pepi
Tazas de café al día	5 tazas (Colombiano)	5 tazas (Brasileño)

➲ Lola ha tenido ..tantos.......... maridos como Carmen.

1. Carmen bebe .... agua que Lola.
2. Carmen tiene .... entrenador personal que Lola.
3. Carmen toma .... café .... Lola, pero no toma ....
4. Lola toma las mismas .... que Carmen pero no toma ....
5. Lola y Carmen tienen .... yates.
6. Lola tiene tantas .... como Carmen pero no ....
7. Carmen no tiene .... peluquera .... Lola.

6 **Pablo y Paula se acaban de conocer, pero ya han descubierto que son el uno para el otro.**

➲ Van a los ..mismos......... restaurantes: vegetarianos.

1. Se duchan .... : con agua fría.
2. Los dos son .... tímidos: no hablan con nadie.
3. Los dos tienen .... trabajo: son fontaneros.
4. Los dos cocinan .... bien: hacen maravillas.
5. Oyen .... tipo de música: jazz y zarzuela.
6. Les gustan .... películas: japonesas y turcas.
7. Los dos son .... altos: miden 1,72.
8. Tienen .... terapeuta, pero lo van a dejar.
9. Les gusta .... vino: Sotontano.
10. Los dos se acuestan .... tarde: a las 2 de la mañana.
11. Los dos tienen .... manía: morderse las uñas.

C Superlativo relativo: *El hombre más rápido del mundo*.

■ Cuando queremos destacar a una persona o una cosa frente a todas las demás de un conjunto, usamos:

el/la/los/las → (SUSTANTIVO) → ***más/menos*** → ADJETIVO → ***de*** + CONJUNTO / ***que*** + FRASE

- *El edificio azul es **el** rascacielos **más** alto **de** la ciudad.*
- *Es **el** (rascacielos) **más** alto **que** he visto en mi vida.*

■ Cuando está claro por el contexto, no es necesario mencionar el conjunto de referencia:

- *Me has dicho quién es la más simpática de tus amigas, pero no quién es **la más rica**.*
  [La más rica de tus amigas.]

7 **Une los elementos de las tres columnas.**

➲ Mi novio es	a. la menor	a. de la clase.
1. El Quijote es	b. el tren más rápido	b. que conozco.
2. Antoñito es	c. el libro más emocionante	c. de toda nuestra vida.
3. El AVE es	d. el hombre más guapo	d. de las cinco hermanas.
4. Los tres primeros años son	e. el niño más torpe	e. que he leído.
5. Sofía es	f. los más importantes	f. de España.
6. Los Polos son	g. el cuadro más famoso	g. de los últimos cinco años.
7. Este verano ha sido	h. la habitación más tranquila	h. del planeta.
8. Su dormitorio es	i. el peor día	i. de la semana.
9. El Guernica es	j. el más seco	j. de la casa.
10. El lunes es	k. las zonas más frías	k. de Picasso.

D Superlativo absoluto: *Una mujer cariñosísima.*

■ Para expresar que algo muestra un grado muy alto en cierto aspecto pero sin relacionarlo con otros objetos de su clase, usamos:

ADJETIVO ADVERBIO	*-**ísimo**/-a/-os/-as*

- *Este rascacielos es alt**ísimo**.*
- *El sitio está bien pero la cafetería es car**ísima**.*
- *Lola siempre llega tard**ísimo**.*

■ Cuando -***ísimo*** se añade a un adjetivo, concuerda en género y número con el sustantivo al que se refiere:

- *Tus hijos están alt**ísimos**.*
- *¡Qué barbaridad! Es una tienda carísima.*

👁 Con adjetivos que ya expresan mucha intensidad (como ***precioso***, ***horrible***, ***magnífico***, ***estupendo***, ***espantoso***, o ***maravilloso***) no es necesario usar -***ísimo***.

■ La terminación -***ísimo*** se une a la forma singular de los adjetivos y a algunos adverbios:

Si el adjetivo o el adverbio termina en **vocal**, se sustituye la vocal por -***ísimo***:

alto/-a → *alt**ísimo**/-a* | *interesante* → *interesant**ísimo**/-a*
temprano → *tempran**ísimo*** | *tarde* → *tard**ísimo***

Si el adjetivo o el adverbio termina en **consonante**, se añade -***ísimo***:

útil → *util**ísimo**/-a* | *fácil* → *facil**ísimo**/-a* | *difícil* → *dificil**ísimo**/-a*

Si el adjetivo termina en -***ble***:

*ama**ble*** → *amab**ilísimo**/-a* | *sensi**ble*** → *sensib**ilísimo**/-a*

Con los **adverbios** terminados en -***mente*** (formados con **el femenino singular de un adjetivo**) se añade -***ísima***- a la forma del adjetivo:

*lent**amente*** → *lent**ísima**mente* | *rápid**amente*** → *rapid**ísima**mente*

👁 ADJETIVOS *joven* → *joven**c**ísimo* | *fuerte* → *fortísimo/fuertísimo*
nuevo → *novísimo/nuevísimo* | *antiguo* → *antiquísimo*
poco → *po**qu**ísimo* | *fresco* → *fres**qu**ísimo*
ADVERBIOS *cerca* → *cer**qu**ísima* | *lejos* → *lejísimos*

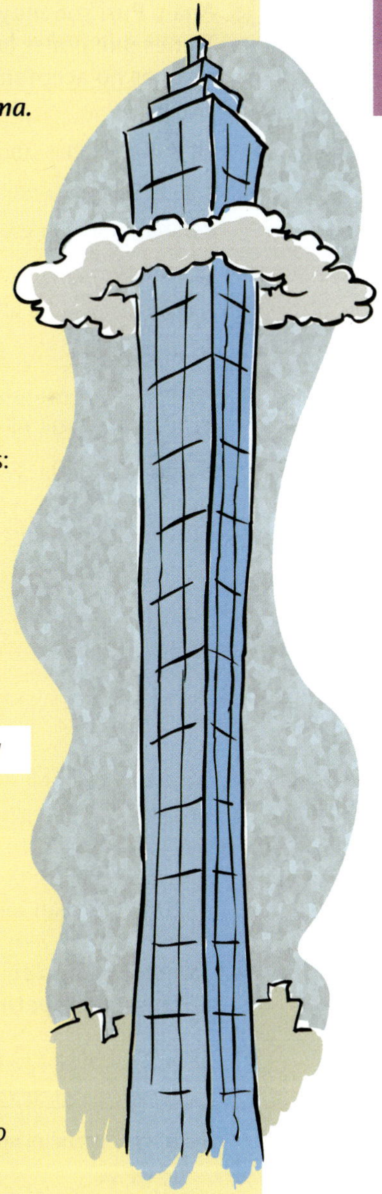

➲ 44. Acentuación

8 **Pon la terminación *-ísimo* /*-a* /*-os* /*-as* a estos adjetivos, manteniendo la concordancia.**

pocas	poquísimas	feliz	....	salado	....
simpáticos	....	joven	....	interesantes	....
antipático	....	amables	....	fácil	....
secas	....	agradable	....	divertido	....

9 **Escribe los adjetivos correspondientes a estas formas.**

fortísimos	fuertes	fragilísimo	....	tontísimos	....
jovencísimas	....	grandísima	....	felicísimas	....
amabilísimo	....	blanquísimo	....	agradabilísimo	....

10 **Pon la terminación *-ísimo* a estos adverbios.**

cerca	cerquísima	mucho	....	recientemente	....
lejos	....	poco	....	claramente	....
tarde	....	lentamente	....	fácilmente	....
pronto	....	tranquilamente	....	temprano	....

11 **Ana y Puri son muy exageradas. Comentan la fiesta de cumpleaños de su amigo Félix. Tienes que poner las palabras entre paréntesis en la forma *-ísimo*/*-a*/*-os*/*-as*. Pero, atención, algunas no aceptan esa forma. Y cuidado con la concordancia.**

Ana: Tú estabas (**mona**), ➲ monísima .... y el vestido que llevabas era precioso. Pero Mimín, la novia de Félix, estaba fatal, con ese pelo (1. **corto**) .... y (2. **rubio**) .... Y ese vestido (3. **largo**) .... y esos tacones (4. **altos**) .... Nada, fatal, (5. **horrible**) .... Y el bolso, ¿viste el bolso? Era (6. **feo**) .... , (7. **espantoso**) ....
Puri: El que está (8. **feo**) .... es Félix... Con esa barba (9. **largo**) .... , y (10. **despeinado**) .... Llevaba unos vaqueros (11. **gastado**) .... y una camisa (12. **normal**) .... Seguro que la camisa era (13. **barato**) ....
Ana: Sí, es verdad. Pero el que está (14. **magnífico**) .... es Alejandro. (15. **Guapo**) .... y (16. **elegante**) .... Llevaba un traje (17. **precioso**) .... Y es (18. **educado**) .... Y, además, es (19. **simpático**) ....
Puri: Yo no lo vi en toda la noche. Estaba (20. **lejos**) .... ¡Qué suerte, hija! Tú estabas (21. **cerca**) .... de él...

Contesta a estas preguntas: ¿Quiénes iban mal vestidos? ....
¿Quiénes iban bien vestidos? ....

12 **Completa como en el ejemplo. En dos casos no se puede formar el superlativo y tienes que repetir el adjetivo.**

➲ ● El profesor es muy agradable, ¿verdad?
❍ Sí, es agradabilísimo ....

1. ● No, prefiero no comprar este vino... Es muy caro.
❍ Sí, es ....

2. ● Basta, no quiero ver más a José. Es muy creído.
❍ Sí, es .... Me cae fatal.

3. ● ¿Qué pensáis? A mí me parece muy feo.
❍ Es .... , la verdad.

4. ● Es un cuadro precioso. ¿Te gusta?
❍ Sí, es ....

5. ● Es una situación horrible.
❍ Sí, es .... ¿Nos vamos?

E Mejor, peor, mayor, menor.

■ Los adjetivos ***bueno***, ***malo***, ***grande***, ***pequeño*** y los adverbios ***bien***, ***mal*** tienen formas especiales para expresar un grado mayor:

Mejor = (más + bueno) / (más + bien)

- *El aceite de oliva es **mejor** que la mantequilla.*
- *Mi madre cocina **mejor** que tú.*
- *Es el **mejor** libro que he leído.*

Peor = (más + malo) / (más + mal)

- *La película es **peor** que el libro.*
- *Mi marido conduce **peor** que tú.*
- *¿Quién es el **peor** de la clase?*

Mayor = más grande (de más edad)

- *Mi hermana es un poco **mayor que** yo.*
- *Es el **mayor** pero no es el más listo.*

Menor = más pequeño (de menos edad)

- *Tu novio es bastante **menor** que tú, ¿no?*
- *Sólo conozco al **menor** de los hermanos.*

Cuando ***mejor***, ***peor***, ***mayor*** y ***menor*** son adjetivos sólo concuerdan en número:

- *Las bromas de José son mejores que las de Alex.*

13 Completa con *mejor*, *peor*, *mayor* y *menor*. Cuidado con la concordancia.

➲ ¡Veinte años más! Tu marido es bastante ...*mayor*..... que tú.

1. No me ha gustado nada la película. El libro es mucho ....
2. El hotel era muchísimo .... que el del año pasado. Había cucarachas y ratones. Lo hemos pasado fatal.
3. Doctor, me siento mucho .... Estas pastillas son fabulosas.
4. ¡Claro que Jesús es .... que yo! Él tiene 28 y yo 37.
5. En mi país los autobuses son .... : son más puntuales y más cómodos.
6. Aquellos cursos fueron bastante .... que los de otros años. No aprendimos nada. Un desastre.
7. Está claro que estas gambas son .... Aunque son más baratas, están bastante más frescas.

14 Fernando se pasa el día comparándose con su mejor amigo del cole, Jorge. Lee esta página de su diario y suprime el segundo término de la comparación siempre que puedas.

Querido diario:

Hoy voy a hablar de mi amigo Jorge. ➲ Su padre no le puede pegar al mío porque mi padre es más fuerte (que el suyo). (1) A mí me hacen más regalos en Navidad que a él porque mi padre gana mucho más dinero que el suyo. (2) Cuando hacemos carreras yo corro tanto como él, pero cuando jugamos al fútbol yo no meto tantos goles como él. (3) Yo me tengo que ir a la cama a las nueve y no entiendo por qué Jorge se acuesta más tarde que yo. No es justo. (4) Como vamos a la misma clase, nos mandan los mismos deberes, pero yo no tardo tanto como él en hacerlos. Yo soy mucho más rápido que él. (5) Él vive tan cerca del colegio como yo, pero siempre va en coche. Yo voy andando o en autobús. (6) A Jorge y a mí nos gusta la misma niña, Susana, pero ella me mira a mí más que a él. (7) Yo soy mejor que él con los videojuegos, pero él es mejor que yo con las canicas. (8) Los dos hemos pasado la gripe a la vez. Un día me llamó y me dijo que tenía tanta fiebre como yo y que le dolía la garganta tanto como a mí, pero que él no lloraba tanto como yo, que era más valiente que yo. (9) Jorge es mi mejor amigo y yo soy su mejor amigo. La verdad es que no sé si a Susana la quiero más que a él, pero cuando estamos de vacaciones me acuerdo más de Jorge que de ella.

42. Unir frases: *y, o, pero, sino, porque, cuando, si, que...*

A *Y, o, ni*

■ Con ***y*** añadimos un elemento a otro elemento:

- *Han venido Luis **y** María a vernos.*
- *Vamos a cenar **y** a ver una película.*
- *Fuimos a la fiesta **y** lo pasamos muy bien.*

■ Cuando hay más de dos elementos, es suficiente poner la ***y*** antes del último:

- *Tenemos que comprar patatas, tomates, lechuga **y** ajos.*
- *Me levanto, me ducho, desayuno **y** voy a trabajar.*

Pero también es posible decir:

- *Hay que comprar patatas **y** tomates **y** ajos.*

👁 Usamos ***e*** (en lugar de ***y***), sobre todo en textos escritos, cuando la palabra siguiente comienza por ***i-*** o ***hi-***:

- *En el barrio viven paquistaníes **e** **i**ndios.*
- *Tienen que ir a la reunión padres **e** **hi**jos.*

■ Con ***o*** señalamos una **alternativa** entre dos o más elementos:

- *¿Sacas tú la basura **o** la saco yo?*
- *De regalo, quiere unos guantes **o** un collar.*

- *Podemos ir al cine esta noche. ¿**O** vamos al teatro?*
- ○ ***O** a la discoteca. Tengo ganas de bailar.*

O puede ponerse antes de **todos** los elementos que relacionamos, excepto en las preguntas:

- *Iré el jueves **o** el viernes, aún no lo sé .*

Y también:
- *Iré **o** el jueves **o** el viernes, aún no lo sé .*

Pero: ~~¿O~~ *te apetece un té o prefieres un café?*

👁 Usamos ***u*** (en lugar de ***o***), sobre todo en textos escritos, cuando la palabra siguiente comienza por ***o-*** u ***ho-***:

- *Los López tienen siete **u** **o**cho hijos.*
- *¿Vertical **u** **ho**rizontal?*

1 **Relaciona las dos partes de cada enunciado.**

➔ Están aquí Clara y
1. Vamos a ir a cenar y
2. Tenemos clase esta tarde y
3. Vino tu madre **e**
4. Julián habla muy bien francés **e**
5. Esta mañana salgo de casa y

a. después al cine.
b. sus amigas del colegio.
c. inglés. Es traductor.
d. mañana por la tarde.
e. me encuentro con Ana.
f. hizo la cena para todos.

6. ¿Quieres un café **o**
7. El viaje dura dos **o**
8. ¿Vamos al campo **o**
9. Lola quiere visitar Bélgica **u**
10. Y Paco quiere visitar Italia **o**
11. Vamos a estar siete **u**
12. Setenta **u**

g. a la playa?
h. Holanda. No me acuerdo.
i. Alemania, me parece.
j. ocho horas en el avión.
k. prefieres una cerveza?
l. tres horas en barco.
m. ochenta personas son demasiadas.

■ Con ***ni*** añadimos un elemento negativo a otro elemento negativo:

- *<u>No</u> ha venido Juan.*
- ○ ***Ni*** *María. ¡Qué raro!*
- *<u>No</u> quiero té **ni** café.*
- *Luis <u>no</u> sabe inglés **ni** quiere aprender.*

Podemos poner ***ni*** antes de todos los elementos que unimos. Así, indicamos desde el principio que todos esos elementos serán negativos:

- ***Ni*** *ha venido **ni** ha llamado.*
- ***Ni*** *tengo novio **ni** estoy casada **ni** quiero casarme.*

2 **Carmen y su madre compran regalos para la familia. ¿Cuántas cosas van a comprar a cada persona?**

➲ Para Ana, un perfume, o un bolso y una camiseta. ....1 ó 2..........
1. Para Mercedes, ni juguetes ni dulces: un cuento. ....
2. Para Antonio, un libro, un póster o un disco. ....
3. Para Julia, un marco de fotos o un cuadro. ....
4. Para Elisa, ni un piano, ni una guitarra ni nada. ....
5. Para Carla, una camisa y un chaleco o unos pantalones y un cinturón. ....
6. Para Juan, una toalla y un jabón. ....
7. Para Jordi, una planta y un disco, o unos zapatos. ....
8. Para Menchu, ni libros ni discos. Un collar o una pulsera. ....

3 **Unos amigos proponen planes para el fin de semana. Completa con *y, ni, o*.**

Carla: El sábado ➲ ....o.... el domingo por la mañana podemos ir al zoo (1) .... después a pasear por el campo.
Goyo: No hay tiempo para las dos cosas: (2) .... vamos al zoo (3) .... vamos al campo.
Merche: A mí no me apetece (4) .... una cosa (5) .... la otra. ¿Por qué no vamos a pasar el día a casa de Tomás?
Carla: ¿A casa de Tomás (6) .... a casa de Luis? La casa de Luis es más grande y tiene jardín.
Goyo: Pero (7) .... Luis (8) .... Tomás saben nada de nuestros planes. En vez de eso, podemos ir todo el fin de semana a la playa a tomar el sol (9) .... a descansar.
Merche: Sí, mejor. A la playa por la mañana (10) .... a bailar por la noche, ¿de acuerdo?

4 **Fíjate en los dibujos, completa las descripciones con *y, ni*.**
¿Sabes quién es el marido de Cristina?

El tipo de hombre ideal de Cristina...

➲ No lleva ..ni.. barba ..ni.... bigote.
1. Tiene el pelo corto ...... liso.
2. Lleva chaqueta ...... corbata.
3. No es ...... muy alto ...... muy delgado.
4. No tiene los ojos azules ...... el pelo rubio.

El marido de Cristina...

5. Lleva barba ...... bigote.
6. No tiene el pelo ...... corto ...... liso.
7. No lleva ...... chaqueta ...... corbata.
8. No es ...... muy bajo ...... muy gordo.
9. Tiene los ojos azules ...... el pelo rubio.

B *Pero, sino*

■ ***Pero*** introduce una idea que **contrasta** con otra anterior o la **limita**:

- *Tengo una piscina en casa, **pero** no sé nadar.*
- *Quiero mucho a Lorenzo, **pero** no me voy a casar con él.*
- *Tu hermano no ha llegado, **pero** sí tu cuñada.*
- *La casa de Luisa es fantástica **pero** un poco cara.*

5 Escribe *y, o, pero* donde mejor corresponda en cada uno de los ejemplos.

➲ Julián quiere ganar mucho dinero

....y.... ha hecho entrevistas con tres empresas.

....o.... casarse con una chica millonaria.

.pero. no quiere trabajar.

1. Los López tienen una casa en la playa

.... siempre van a la montaña.

.... en la montaña. No me acuerdo.

.... otra en la montaña.

2. Rogelio está enamorado de Marta

.... de Alicia. No estoy seguro.

.... de Clara al mismo tiempo.

.... no quiere irse a vivir con ella.

3. El nuevo empleado trabaja muy bien

.... trabaja muy mal, depende del día.

.... mucho. Es el mejor de todos.

.... poco: sale siempre el primero.

4. Mañana vamos al cine

.... no antes de las 7 porque tengo que trabajar.

.... , mejor, a dar una vuelta si no llueve.

.... a cenar después.

5. Rosa todos los días va al gimnasio

.... hace ejercicio en casa, una de dos.

.... todavía no está tan fuerte como Alex.

.... , además, come sólo frutas y verduras.

■ Podemos usar ***pero*** para **añadir una idea** que **contrasta** con otra idea negativa anterior:

*Jane no habla español, **pero** lo comprende.*

- *Tú no has pedido jamón, ¿verdad?*
- *No, no he pedido jamón, **pero** me lo han traído.*

- *No tengo azúcar, **pero** tengo miel.*
- *No has hecho bien el examen, **pero** has aprobado.*

■ Usamos ***sino*** para corregir. **Negamos** un elemento de una idea y lo **sustituimos** por otro:

*Jane no habla español **sino** inglés.*

- *Usted ha pedido jamón, ¿verdad?*
- *No, yo no he pedido jamón **sino** salmón.*

- *Esas galletas no llevan azúcar **sino** miel.*
- *En el examen no has sacado un 6, como yo creía, **sino** un 8.*

👁 [*Mopa no pasea con su dueño ~~pero~~ sino con su dueña.*]

👁 Cuando ***sino*** introduce un verbo conjugado usamos ***sino que***:

- *El ladrón no huyó por la ventana, **sino que** <u>estuvo</u> escondido en la casa hasta que llegó la policía.*
- *Y esta tarde no vas al parque, **sino que** <u>te vas a quedar</u> en casa y sin televisión.*

6 La actriz Guadalupe Chamorro está perdiendo la memoria. Ayuda a sus hijos a corregir las informaciones que le da a un periodista. Tienes que usar *sino* o *sino que*.

➲ Nací en Reus en 1933.
(Nació en Barcelona en 1933.)
No nació en Reus sino en Barcelona.

1. En 1950 me casé. Mi marido se llamaba Paco Frutales. (Su marido se llamaba Antonio Frutales.)
....
2. En 1985 mi marido me abandonó por otra.
(En 1985 su marido murió de un infarto.)
....
3. Mi primera película fue un gran éxito.
(En realidad fue un fracaso.)
....
4. En el 52 fui la protagonista de "Historia de G".
(Tuvo un papel secundario en la película.)
....
5. Tengo siete hijos.
(Tiene sólo tres hijos.)
....
6. Mi hijo mayor, Julián, es director de cine.
(Julián trabaja en el circo.)
....
7. Gané un Óscar por la película "José y yo".
(Ganó el premio "Ciudad de Teruel".)
....

7 Guadalupe Chamorro es también muy pesimista y olvida contarle al periodista las cosas positivas de su vida. Ayuda otra vez a sus hijos a completar la información de Guadalupe.

➲ No tengo ninguna hija.
(Tiene cinco nietas preciosas.)
No tiene ninguna hija, pero tiene cinco nietas preciosas.

1. Ya no tengo casa en Hollywood.
(Tiene casas en París y en Roma.)
....
....
2. Gregory Peck nunca me quiso.
(Tuvo romances con varios actores de Hollywood.)
....
....
3. Nunca he tenido una buena crítica.
(Ha ganado mucho dinero en el cine.)
....
....

8 El periodista que ha hecho la entrevista a Guadalupe es extranjero y no sabe usar *sino*. Corrige sus errores (hay 5 más).

➲ No tiene siete hijos ~~pero~~ (..*sino*..) tres.
No es joven, pero (..✓...) todavía es atractiva.

1. No se casó en 1940 pero (........) en 1950.
2. No tiene avión privado pero (........) la productora le regaló un barco de recreo.
3. Su primera película no fue "Historia de G" pero (........) "Las aventuras del conde Drágila".
4. No es una buena actriz, pero (........) ha ganado mucho dinero.
5. Su hijo no trabaja en el cine pero (........) en el circo.
6. No le gustan los periodistas, pero (........) a veces habla con ellos.
7. Ahora no vive en Barcelona pero (........) en Reus.
8. No vive sola pero (........) con su hermana pequeña.

C Porque, como, es que

- Con ***porque*** explicamos la causa de algo:

[Jaime explica la causa por la que tiene que irse a casa: su hija está enferma.]

La causa introducida con ***porque*** normalmente se pone después:

- *No puedo ir a la fiesta de Jimena **porque** me voy a Madrid.*

- Con ***como*** presentamos un hecho en el que hay que pensar antes para poder comprender después otro hecho:

[Si el chico tiene en cuenta la lluvia, comprenderá la propuesta de la chica.]

La causa presentada con ***como*** normalmente se pone antes:

- ***Como** trabaja tanto, Raquel no tiene tiempo para su familia.*

A diferencia de la pregunta sobre la causa, que se escribe en dos palabras y con tilde (***por qué***), la explicación de la causa se escribe con una palabra y sin tilde (***porque***):

- *¿**Por qué** no vas a trabajar?*
- ***Porque** tengo 39 de fiebre.*

➔ 40. Preguntar y exclamar

- ***Es que*** sirve para presentar una causa como la justificación de algo:

  - *No he hecho los deberes. **Es que** no he tenido tiempo en toda la semana.* [Se justifica.]
  - *Me gustaría ir al cine contigo esta noche, pero no puedo. **Es que** mañana tengo que madrugar.* [Se disculpa.]

9 Completa estas frases con la explicación más adecuada. Ten cuidado con el orden de los elementos.

como no hay nada interesante en el cine ✓
porque me he quedado sin batería en el móvil
como ya teníamos las entradas para el concierto
porque se han ido al parque con su madre
como Catalina sabe latín
porque ésta se nos ha quedado pequeña ✓
como el banco estaba cerrado
porque necesitábamos ocho

➔ Como no hay nada interesante en el cine, mejor alquilamos una película. ....
➔ .... D dentro de un mes nos mudamos de casa porque ésta se nos ha quedado pequeña.
1. .... le he pedido que me ayude con la traducción ....
2. .... los niños no están en casa ....
3. .... he tenido que pedirle dinero a mi hermano ....
4. .... no te he llamado por teléfono ....
5. .... no tuvimos que hacer cola ....
6. .... hemos puesto un ejemplo más ....

10 **Completa cada diálogo con la opción más adecuada según el sentido.**

Pues porque María no me invitó. ✓	Sí, porque, si no, se va a enfriar el pescado.	Es que mi madre es de Milán.
No, porque no hay mucho que hacer en la oficina.	Es que no tenemos a nadie con quien dejar al niño.	
Es que no tengo cepillo.	Porque ya estamos en junio y los días son más largos.	Es que no había huevos.

➲ ● ¿Por qué no viniste a la fiesta anoche?
○ *Pues porque María no me invitó.*

1. ● ¿No has preparado la tortilla?
○ ....

2. ● ¿Podemos empezar a comer ya nosotros?
○ ....

3. ● ¿Vas a trabajar este fin de semana?
○ ....

4. ● ¿Por qué no te has lavado los dientes?
○ ....

5. ● ¿Vais a venir esta noche a casa?
○ ....

6. ● Oye, ¡qué bien hablas italiano!
○ ....

7. ● ¿Por qué amanece tan pronto?
○ ....

D *Que, donde, como, cuando*

■ Podemos usar frases para **dar información** sobre objetos, personas o lugares que nombramos con un **sustantivo**. Para unir las frases a los sustantivos usamos los relativos ***que*** (con objetos y personas) y ***donde*** (con lugares):

● *Ese perro se llama Bruch.*

● *Ese perro **que** tiene Ana en brazos se llama Bruch.*

[Ese perro se llama Bruch. Ana tiene a ese perro en brazos.]

● *La novela es fantástica.*

● *La novela **que** me regalaste es fantástica.*

[La novela es fantástica. Tú me regalaste la novela.]

● *El hotel está en la playa.*

➲ 33. ¿Indicativo o subjuntivo?

● *El hotel **donde** trabaja Carlos está en la playa.*

[El hotel está en la playa. En el hotel trabaja Carlos.]

11 **En la carta que Ángela le escribe a los Reyes Magos se han borrado algunas frases. ¿Puedes ayudar a los Reyes Magos a reconstruirlas? En el recuadro encontrarás los elementos que faltan.**

Queridos Reyes Magos:

Este año quiero el libro de los animales *que tiene mi amiga* Sandra; la muñeca de Juguetosa (1) .... sola y (2) .... muchas canciones de Los Changuitos; la película de dibujos animados (3) .... con mis padres (es de una princesa india (4) .... con un marinero (5) .... muy lejano); el disco del cantante (6) .... de Neurovisión este año; y un traje de enfermera. Para mi hermana Lucía, (7) .... , os pido la bicicleta (8) .... para ir al colegio.

que tiene mi amiga ✓
que vive en un país
que puede andar
que tiene nueve años
que se enamora y se casa
que ha ganado el festival
que vi ayer en el cine
que quiere comprarse
que canta

12 **Gianni, que está aprendiendo español, escribe cosas curiosas sobre su familia, pero tiene algunos problemas para construir frases con *que*. ¿Puedes ayudarle?**

➲ Mi tío Humberto tiene una casa preciosa. La casa de mi tío está en la costa.
Mi tío Humberto tiene una casa preciosa que está en la costa.

1. Un primo mío está casado con una japonesa. La japonesa se llama Machiko.
....
2. Mi madre es traductora en una empresa. La empresa está a 10 Km. de nuestra casa.
....
3. Paola, mi hermana, escribe novelas. Las novelas de mi hermana tienen mucho éxito.
....
4. Ferdinando, mi hermano, tiene una cámara y se dedica a la fotografía. La cámara era de mi abuelo.
....
5. Y yo tengo un trabajo pero también tengo tiempo para estudiar español. Mi trabajo no me gusta nada.
....

13 **Cuando Gianni escribe sobre sus amigos tiene problemas para construir las frases con *donde*.**

➲ Gian Carlo trabaja en un casino. En ese casino yo tengo prohibida la entrada.
Gian Carlo trabaja en un casino donde yo tengo prohibida la entrada.

1. Bianca es azafata en una compañía aérea y también es bailarina. En la compañía aérea gana mucho dinero.
....
2. Silvia trabajaba antes en una editorial, pero ahora se dedica a escribir guías de viaje. Yo trabajé también en esa editorial.
....
3. Lucca vive todo el año en un hotel de Milán. En el hotel no pueden entrar ni niños ni perros.
....
4. Piero vive en un pueblecito de la India. En ese pueblo todavía no hay luz ni teléfono.
....
5. Francesca es profesora en una escuela, pero quiere dejar la enseñanza. En la escuela sólo hay veinte estudiantes.
....

■ Cuando el sujeto o el complemento de un verbo es una frase **subordinada** con un **verbo conjugado**, usamos ***que*** para introducir esa frase:

- *Tu hermana me ha dicho **que** viene el fin de semana.*
- *He visto **que** te has comprado un coche nuevo.*
- *La jefa quiere **que** trabajemos el sábado.*
- *Me gusta **que** me rasquen la espalda.*
- *Es importante **que** llevemos ropa de abrigo.*

No usamos ***que*** cuando el verbo de la frase subordinada es un **infinitivo**:

- *La jefa quiere **trabajar** el sábado.*
- *Me gusta **jugar** con mi amigo Sebastián.*
- *Es importante **llevar** ropa de abrigo.*

➔ 20. Formas no personales
➔ 33. ¿Indicativo o subjuntivo?

14 **¿En qué frases es necesario decir *que*? Señala con ↓ dónde debe ponerse.**

➔ No soporto llevar zapatos de tacón. Me duelen mucho los pies. (...✓...)
➔ No soporto ↓ leas el periódico en el desayuno. (..que..)
1. Quieren cenemos esta noche en un restaurante argentino. (........)
2. Quieren cenar en un restaurante argentino. (........)
3. ¿Es necesario llevar traje de etiqueta? (........)
4. ¿Es necesario lleve corbata? (........)
5. Le gusta le den masajes en los pies. (........)
6. Le gusta dar masajes en los pies. (........)
7. Últimamente no consigo dormir. Estoy muy nerviosa. (........)
8. Últimamente no consigo duerma. Está muy nerviosa. (........)

■ Igualmente, podemos referirnos con una frase al **modo**, al **lugar** o al **tiempo** en que se realiza una acción:

Modo:

Como
- *Prohibieron fumar en los bares **como** habían hecho en otros países.*
- *Voy a hacer la tortilla **como** me has dicho, sin cebolla y con ajo.*
- *Termina este trabajo **como** puedas, pero termínalo pronto.*

Lugar:

Donde
- *Al abuelo lo enterramos **donde** nos había dicho.*
- *Mis gafas no están **donde** las he dejado. ¿Tú las has visto?*
- *Aparca **donde** encuentres un sitio, pero no en doble fila.*

Tiempo:

Cuando
- *Nos encontramos con Daniel **cuando** íbamos al instituto.*
- *Me pongo muy nerviosa **cuando** hay tormenta.*
- *Iremos a visitaros **cuando** tengamos unos días libres.*

➔ 33. ¿Indicativo o subjuntivo?

15 ¿*Donde, como* o *cuando*?

➲ He colgado el cuadro	donde	me has dicho, con dos clavos finos.
	como	me has dicho, al lado del espejo.
	cuando	no había nadie en casa.
1. Marga hizo una cena	donde	sólo ella sabe hacerla: fantástica.
	como	se fueron sus padres de viaje.
	cuando	vive ahora, en casa de sus padres.
2. Hoy he comido	donde	he terminado de hacer cosas en el banco.
	como	siempre, con prisa.
	cuando	come Carlos, un restaurante estupendo.
3. En el concierto de ayer, Ravinof tocó el piano	donde	suele tocar los sábados, en el Auditorio General.
	como	nadie se lo esperaba: ¡en la pausa!
	cuando	suele tocar: fatal.
4. Me compré un traje	donde	el de tu madre, con cinturón, pero blanco y negro.
	como	empezaron las rebajas.
	cuando	se lo compró tu madre, en Zaza.

16 **Carlota y Arnau son adolescentes y siempre evitan contestar directamente a sus padres. Relaciona las preguntas con las respuestas y escribe *donde, como* o *cuando* según corresponda.**

➲ ¿Dónde vais de excursión?
1. ¿Cuándo pensáis volver?
2. ¿Dónde vais a dormir?
3. ¿Cómo vais a ir? ¿En coche?
4. ¿Cuándo tienes los exámenes del instituto?
5. ¿Cómo piensas aprobar si no estudias nada este fin de semana?

➲ ¿Cuándo vamos a conocer a tu novio?
6. ¿Y cómo se llama?
7. ¿Dónde vive el tal David?
8. ¿Cómo os conocisteis?
9. ¿Cuándo empezó a trabajar?

(➲) ...Donde... vamos siempre, al campo.
a. ( ) .... podamos, no sé, en autobús a lo mejor.
b. ( ) .... encontremos sitio, en una pensión o en un camping.
c. ( ) .... siempre. Ya estudiaré la semana que viene.
d. ( ) .... nos cansemos del campo, dentro de unos días.
e. ( ) .... acabe el curso, a finales de junio.

(➲) ...Cuando... él pueda. Es que tiene mucho trabajo ahora.
f. ( ) .... vivía la tía Lou, por allí cerca.
h. ( ) No sé, ... dejó el Instituto, supongo.
i. ( ) .... te he dicho mil veces, mamá: David.
j. ( ) Pues .... he conocido a todos mis novios: chateando, en la cola de un concierto, no me acuerdo.

E *Cuando, hasta que, en cuanto, mientras, siempre que, antes de (que), después de (que)*

■ ***Cuando*** sirve para expresar que dos hechos están conectados temporalmente.
Estos dos hechos pueden ser simultáneos o uno antes y otro después:

Cuando | **Hechos simultáneos** | **Un hecho antes y otro después**

- *Jenaro canta ópera **cuando** se ducha.*
  [Canta y se ducha al mismo tiempo.]
- ***Cuando** llueve y hay sol, sale el arco iris.*
- *Siempre escuchaba música **cuando** estudiaba.*

➲ 33. ¿Indicativo o subjuntivo?

- ***Cuando** terminó la película, nos acostamos.*
- *Esther se levanta de mal humor **cuando** duerme poco.*
- ***Cuando** nos acostamos, la película ya había terminado.*
  [Primero termina la película. Después nos acostamos.]

17 **Lee estas frases sobre los hábitos de Belén. Después ordena las acciones en el cuadro de la derecha. Cuidado: algunas acciones son simultáneas.**

A. Se levanta cuando suena el despertador.
B. Cuando sale de casa, apaga la tele.
C. Cuando se ha duchado, se viste.
D. Desayuna cuando está vestida.
E. Se ducha cuando se levanta.
F. Cuando termina el desayuno, sale de casa.
G. Ve la tele cuando desayuna.

➲ Primero ...suena el despertador... ;
después ...se levanta... ;
1. después .... ;
2. luego .... ;
3. a continuación .... y
.... ;
4. después .... ;
5. y, por último, ...

18 **Relaciona, elige tu opción y comprueba los resultados de este cuestionario.**

➲ Cuando no puedo dormir,
A. Cuando hace mucho calor,
B. Cuando mi novio/-a me deja,
C. Cuando estoy en un atasco,

I a. salgo a buscar otro/-a inmediatamente.
b. me retiro a un monasterio a meditar.
c. me tomo una pastilla.

II a. cuento ovejas.
b. me levanto y como.
c. me tomo una pastilla.

III a. miro a las personas de los coches cercanos.
b. me rasco la cabeza y me toco la nariz.
c. me tomo una pastilla.

IV a. meto la ropa interior en el frigorífico.
b. me doy un baño en cubitos de hielo.
c. me tomo una pastilla.

Mayoría de a:	Eres una persona más o menos normal, no te preocupes.
Mayoría de b:	Eres genial, sigue así.
Mayoría de c:	Tienes un problema.

- Para conectar hechos temporalmente podemos emplear también ***en cuanto***, ***siempre que***, ***hasta que*** o ***mientras***:

33. ¿Indicativo o subjuntivo?

En cuanto — **Un hecho es inmediatamente posterior a otro.**

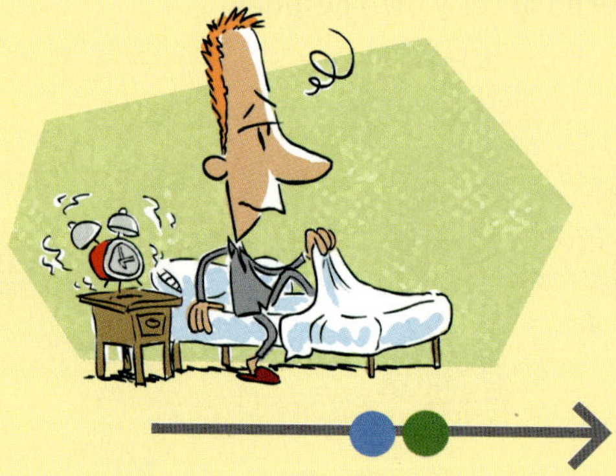

- ***En cuanto*** *supo que su abuela estaba enferma, cogió un avión y se fue.*
- *Salimos corriendo de clase* ***en cuanto*** *suena el timbre.*
- *Dímelo* ***en cuanto*** *lo sepas, por favor, tengo mucha curiosidad.*

- ***En cuanto*** *suena el despertador, me levanto.*

Desde que / Hasta que — **Un hecho es el límite temporal de otro.**

- *Estuvo esperando* ***hasta que*** *lo llamé.*
- *Por las mañanas,* ***hasta que*** *me tomo un café, no puedo hacer nada.*
- *Por favor,* ***hasta que*** *yo te lo diga, no cuentes nada de nuestra relación.*
- *No he comido nada* ***desde que*** *desayuné.*
- *No he mirado a otra mujer* ***desde que*** *estoy contigo.*
- *No comeré nada* ***desde que*** *salga* ***hasta que*** *vuelva.*

- *No me levanto* ***desde que*** *me acuesto* ***hasta que*** *suena el despertador.*

Siempre que — **Todas las veces que se da un hecho, se da el otro.**

- *Antes íbamos al cine* ***siempre que*** *ponían algo interesante.*
- ***Siempre que*** *quedamos con mis padres, te pones enfermo.*
- ***Siempre que*** *vengas a Barcelona, ya sabes que puedes quedarte en casa.*

- ***Siempre que*** *paseo, escucho la radio.*

Mientras — **Dos hechos suceden al mismo tiempo.**

- ***Mientras*** *ella veía la tele nosotros jugábamos a las cartas.*
- *¿Tú hablas con el móvil* ***mientras*** *conduces?*
- *No podrás comer verdura* ***mientras*** *tengas problemas de estómago.*

- ***Mientras*** *conduzco, canto.*

19 **El pequeño Luis cuenta algunas cosas de su vida, pero todavía no sabe hablar bien. Ayúdalo a elegir la opción más apropiada en cada caso.**

➲ Juego con mis amigos en el parque **en cuanto/desde que/hasta que** mi madre me lleva a casa.

1. Pero no puedo ir al parque **mientras/siempre que/hasta que** quiero. Sólo una vez al día.
2. Me lavo las manos y la cara con jabón **en cuanto/mientras/hasta que** llego a casa, porque me ensucio mucho.
3. A veces lloro y lloro **desde que/siempre que/hasta que** me compran un caramelo. ¡Es que me encantan los caramelos!
4. Mi madre me da la merienda **desde que/mientras/hasta que** vemos juntos la tele.
5. **Mientras/Siempre que/Hasta que** pego a otros niños, mi padre después se enfada y me castiga.
6. Por las mañanas, me quedo en casa de mis abuelos unas horas **en cuanto/mientras/hasta que** mis padres están trabajando.
7. Voy a la guardería **desde que/mientras/hasta que** cumplí dos años. Pero no me gusta nada. Yo prefiero jugar en el parque.

***Antes de* (*que*) / *Después de* (*que*)** — **Un hecho es anterior o posterior a otro.**

- *¿Por qué no limpiamos un poco **antes de que** lleguen los invitados?*
- *Tuvimos que limpiar un poco **antes de que** llegaran los invitados.*
- ***Antes de** apagar las velas, **pide un deseo**.*
- ***Después de que** se fueran los invitados, la casa estaba más sucia que **antes de** limpiar.*

- *Cenaré **después de** ducharme y saldré **antes de que** sean las diez.*

Con ***Antes de*** (***que***) y ***después de*** (***que***) usamos subjuntivo o infinitivo.

20 **Paco Melena y Juan Pelón nos cuentan su experiencia con la calvicie. Completa con *en cuanto*, *siempre que*, *desde que*, *hasta que*, *antes de* (*que*) o *después de* (*que*) según corresponda por el sentido.**

Paco Melena

➲ ...En cuanto... perdí el primer pelo, con 22 años, me puse en manos de un dermatólogo.

1. De hecho, ... yo naciera, mi padre ya estaba completamente calvo. Es cosa de familia.
2. Estuve haciendo el tratamiento veinticinco años: .... cumplí los 22 hasta los 47.
3. .... iba al peluquero, le pedía que me cortara mucho, para fortalecer el cabello.
4. Y .... no pasó el peligro, no probé ni una gota de alcohol.
5. .... terminar el tratamiento, no se me ha vuelto a caer ni un pelo. Ha sido un milagro.

Juan Pelón

6. No fui a un médico .... un niño me llamó calvo por la calle.
7. .... me quedé completamente calvo, me hice un peluquín, pero estaba muy feo, así que me compré una gorra.
8. .... perder el pelo, yo nunca llevaba gorra; pero ahora, si no me la pongo, me resfrío o se me quema la calva.
9. .... gastarme todo mi dinero en operaciones y trasplantes que no sirvieron de nada, decidí aceptarme como soy.
10. Además, ... mi novia me dijo que le gustan mucho más los hombres calvos, soy feliz.

F Expresar condiciones con *si*: *Si tienes tiempo, llámame.*

- Usamos ***si*** para introducir una condición:

- *Podemos ir juntos al cine esta tarde, **si** os apetece.*
- ***Si** te compras un coche nuevo, ¿me dejarás conducirlo a mí?*
- *¿Vendréis a vernos en Semana Santa **si** encontráis un billete barato?*
- ***Si** llamara mi mujer, dígale que he salido.*

- Cuando pensamos que la condición puede realizarse (en el presente o en el futuro), usamos **presente de indicativo** en la frase introducida por ***si***:

- ***Si** me <u>suben</u> el sueldo, vamos a dar una fiesta para celebrarlo.*
- *Llámame por teléfono **si** <u>ves</u> algún problema.*
- ***Si** <u>tenéis</u> vacaciones en julio, ¿vendréis con nosotros de viaje?*

No se usa ni futuro ni presente de subjuntivo en la oración introducida por ***si*** condicional:

El domingo, si ~~lloverá~~ llueve, nos quedaremos en casa.

Si ~~quiera~~ quiere venir con nosotros, la invitaremos.

➲ 33. ¿Indicativo o subjuntivo?

21 Ramón Eurales, un anciano multimillonario, ha hecho testamento. Además, ha puesto algunas condiciones para que sus herederos puedan repartirse el dinero y las propiedades. Completa cada una de las frases con los verbos de los recuadros.

➲ Mi hijo mayor, Juan, ...*será*....... director de la empresa si ...*termina*.... la carrera de Derecho. Mi hija Marta (1) .... con la casa de Santander si (2) .... de Ibiza y (3) .... con su novio. Mi mujer (4) .... 200.000 euros cada año pero sólo si no (5) .... a casar y no (6) .... más hijos. Mi sobrino Luis (7) .... la editorial Eurol si (8) .... de la cárcel y (9) .... la bebida. Mi hermano Pedro (10) .... vivir en la casa de la isla el resto de su vida si (11) .... a su amante y (12) .... con su mujer.

Ser Terminar
Casarse Volver Quedarse
Tener Volverse Recibir
Dirigir Dejar Salir
Volver Poder Abandonar

- Cuando creemos que la condición no puede realizarse o es improbable, usamos **imperfecto de subjuntivo** en la frase introducida por ***si***:

  - ***Si** volviera a nacer, me gustaría ser como tú.*
    [Pero no puedo volver a nacer.]
  - *Llámame por teléfono **si** vieras algún problema.*
    [Pero seguramente no habrá problemas.]
  - ***Si** tuviera el dinero que me pides, te lo dejaría, pero no lo tengo.*

- En la **parte de la oración que no va introducida por *si***, la forma verbal que usamos depende de lo que queramos decir: un petición, una afirmación, una suposición, una pregunta, etc.:

  - ***Si** vas a Barcelona el mes que viene,...*
    [Considero muy probable que vayas.]
  - ***Si** fueras a Barcelona el mes que viene,...*
    [Considero poco probable que vayas.]

...tienes que ver a Montse.
...llámame por teléfono.
...no olvides traerme algo de vino.
...conocerás a Álex y a Lourdes.
...yo te podría acompañar.
...¿visitarías la Sagrada Familia?

22 **Señala en cada frase dónde debe colocarse *si* ↓, y escribe después quién se la dice a Florentino Peláez: ¿Su jefe (J), su mujer (M), su hija (H)?**

➲ ↓no me **das** dinero, no **puedo** hacer la compra ..M...

1. **tendrá** que venir el sábado hoy no **pudiera** trabajar ....
2. te **vas** de viaje, **tráeme** una muñeca ....
3. **acabara** el informe antes de las dos, le **invito** a comer ....
4. ¿me **vas** a llevar de viaje contigo **saco** buenas notas? ....
5. **terminaras** pronto, **pasa** por el banco a sacar dinero ....
6. no me **podré** dormir no me **lees** un cuento ....
7. **dejamos** a la niña con mi madre, **podríamos** salir esta noche ....
8. **llámeme tuviera** algún problema el sábado en la oficina ....

23 **Félix es siempre mucho más optimista que Tristán. Decide quién dice cada una de estas frases, ¿Félix o Tristán? Relaciona después con el final más adecuado.**

➲ ..Félix.. Si mañana dejo de fumar,
..Tristán.. Si mañana pudiera dejar de fumar,

1. .... Si estudiara un poco más cada día,
   .... Si estudio un poco más cada día,
2. .... Si Marta vuelve conmigo,
   .... Si Laura volviera conmigo,
3. .... Si gana este partido el Motril Fútbol Club,
   .... Si ganara este partido el Sexi Fútbol Club,
4. .... Si comiera menos bocadillos de calamares,
   .... Si como menos bocadillos de calamares,
5. .... Si adelgazo cinco kilos.
   .... Si adelgazara cinco kilos.

a. mi estómago me lo agradecía, seguro.
b. a lo mejor aprendo inglés en unos meses.
c. seguramente dejaría de toser y me sentiría mejor.
d. nos vamos todos a la playa a celebrarlo.
e. me gustaría ir con ella de vacaciones a Maldivas.
f. no tendría que comprarme ropa nueva para el verano.

24 **Tristán acaba de heredar una fortuna de su tía Gloria y hace planes para el futuro. Pero piensa que algunas cosas son posibles y otras no. Ayúdalo a formularlas y escribe cada frase donde corresponda.**

Piensa que es posible:	Piensa que es muy difícil:
➲ Conseguir el amor de Laura	➲ Tener cinco hijos
Comprarles una casa a sus padres	Poder comprar todas las casas de su pueblo
Mudarse a Madrid	Vivir en Nueva York
Dejar de trabajar un año	Dejar de trabajar para siempre
Hacer muchos viajes a París	Perder el miedo a los aviones

➲ *Si consigo el amor de Laura*, a lo mejor algún día nos casamos.
➲ *Si tuviéramos cinco hijos*, seríamos realmente felices juntos los siete.
1. ...., no pasa nada, ya trabajaré en el futuro.
2. ...., seguro que Laura se viene conmigo.
3. ...., podré aprender francés y hacer muchas compras.
4. ...., vivirán con más comodidad que ahora.
5. ...., en pocos años volvería a ser pobre.
6. ...., haría una urbanización de lujo.
7. ...., podría ir a Cuba, a Tailandia, a China...
8. ...., tendría un apartamento en la 5ª Avenida.

■ Cuando en la condición introducida por ***si*** hablamos de un pasado imposible, que ya no puede ser verdad porque sucedió otra cosa, usamos **pluscuamperfecto de subjuntivo** en la frase introducida por ***si***.

En la otra parte de la oración usamos **condicional compuesto** para hablar de una realidad pasada hipotética, y **condicional simple** para hablar de un presente o futuro hipotéticos:

- ***Si** hubiera encendido el cigarrillo, habría estallado el gas. Afortunadamente no encontró el mechero.*
- ***Si** hubiera estudiado más, aprobaría el examen de mañana. Seguro que suspendo.*

➲ 30. Condicional
➲ 31. Condicional compuesto
➲ 32. Formas del subjuntivo

25 **Completa esta historia con las frases del recuadro y con las formas verbales adecuadas. Añade *si* cuando sea necesario.**

Mi padre iba en un taxi. Hacía calor y abrió la ventanilla del taxi. Entró una abeja y le picó. Mi padre era alérgico a las picaduras de abeja y se puso muy enfermo. El taxista lo llevó al hospital. Mi padre se enamoró de la doctora que lo curó. Se casó con ella. Yo nací a los nueve meses. Por eso ahora estoy aquí y puedo contaros esta historia.

Era una tarde de verano, mi padre había cogido un taxi porque llegaba tarde al trabajo. ➲ *Si no hubiera hecho mucho calor*, (1) .... la ventanilla del taxi. Si no hubiera abierto la ventanilla del taxi, (2) .... una abeja. (3) .... a las picaduras de abeja, no (4) .... muy enfermo. (5) .... muy enfermo, (6) el taxista .... al hospital. (7) .... al hospital, (8) .... de la doctora que lo curó. (9) .... de la doctora que lo curó, (10) .... con ella. Si (11) ...., yo (12) .... Si yo (13) .... nueve meses después, ahora (14) .... aquí y (15) .... esta historia.

SECCIÓN 7

Ortografía

43 Letras y sonidos
44 Acentuación

43. Letras y sonidos

El alfabeto español está formado por las letras siguientes:

A a *a*	**B b** *be*	**C c** *ce*	**Ch ch** *che*	**D d** *de*	**E e** *e*	**F f** *efe*	**G g** *ge*
H h *hache*	**I i** *i*	**J j** *jota*	**K k** *ka*	**L l** *ele*	**Ll ll** *elle*	**M m** *eme*	**N n** *ene*
Ñ ñ *eñe*	**O o** *o*	**P p** *pe*	**Q q** *cu*	**R r** *ere*	**RR rr** *erre*	**S s** *ese*	**T t** *te*
U u *u*	**V v** *uve*	**W w** *uve doble*	**X x** *equis*	**Y y** *i griega, ye*	**Z z** *zeta*		

Las letras son femeninas:
- *Aquí tienes que poner* ***una*** *be, no* ***una*** *uve.*

En general, en español hay bastante correspondencia entre la escritura y la pronunciación.

La ***h*** no se pronuncia.

A Grupos de letras que representan un solo sonido

- Los siguientes grupos de letras representan un solo sonido:

ch [tʃ]

champú *chocolate*
Chicago *hecho*

ll [ʎ]

ella *llave*
lleno

rr [R]

perro *correr*

- La letra ***q*** **siempre** forma un grupo con la letra ***u*** (la *u* no se pronuncia). Este grupo se combina **siempre** con ***e*** y con ***i***:

qu [k]

[*~~q~~uatro*] [*~~q~~uota*]
c c

queso *quiero* *aquí* *que*

1 **En español hay muchas comidas con grupos de letras. Completa las palabras para descubrirlas.**

➲ A mí me encanta el ..ch...ocolate. Pero engorda.
1. Es extraño, pero a Joaquín no le gusta ningún ......eso. Ni los frescos ni los curados.
2. La pae......a es un plato de mediodía. Los españoles nunca la pedimos para cenar.
3. ¡Qué buena está la torti......a de patatas!
4. En Madrid toman ......urros en el desayuno.
5. Estoy harto de comer po......o. ¿No podríamos comer una buena ......uleta un día de éstos?
6. Las ......irimoyas son una fruta de invierno, ¿verdad?
7. Prueba las alca......ofas con ......orizo de ese restarurante. Están buenísimas.

B Letras que pueden representar sonidos diferentes

LETRAS			SONIDOS
g + *a, o, u*	*gato, gota, gustar, apagar, gorra, agua, amiga, mago, antiguo*		[g]
gu + *e, i*	*guerra, guitarra, juguete, conseguir*	En algunas palabras (muy pocas) se pronuncia la ***u***. En estos casos la ***u*** se escribe con diéresis: *vergüenza, pingüino*.	[g]
g + *e, i*	*gerundio, gitano, ángel, frágil*		[χ]
c + *a, o, u*	*casa, comer, cuñado, escapar, poco, oscuro*		[k]
c + *e, i*	*cenar, cocina, hacer, encima*	La mayoría de los hispanohablantes pronuncian en estos casos el sonido [θ] como [s]: *cenar* [senár]; *cocina* [cosína]...	[θ]
rr	Va siempre entre vocales y se pronuncia de modo **fuerte**: *carro, perro, erre, hierro*		[ʀ]
r	Se pronuncia de modo **fuerte** al principio de palabra: *ropa, reír, río, Roma* y cuando va después de ***l***, ***n*** o ***sub-***: *Enrique, alrededor, subrayar*	[alrededor] [Enrique]	[ʀ]
r	Se pronuncia de modo **suave** en los demás casos: *caro, crece, señor, mejorar, gracias, flor, empezar, abrazo, pero, ahora, salir, poder, transporte, aprendo*		[r]
y	Al principio de palabra y entre vocales: *yo, ayer, yate, haya, yegua, leyendo*		[ʎ]
y	Al final de palabra o sola: *hoy, detrás y delante, hay, rey, Paraguay*		[i]

2 Guillermo Alfredo, un loro muy estudioso, quiere ordenar estas palabras según sus sonidos. Ayúdalo.

a. Subraya las letras con sonido [r] y rodea con un círculo las que tengan sonido [ʀ].

claro	carro	risa	escribir	Roma	rosa	alrededor
rincón	roto	ratón	Sara	familiar	recibir	calor
sierra	raro	aparcar	caro	revolución	subrayar	toro

b. Subraya las letras con sonido [k] y rodea con un círculo las que tengan sonido [θ] o [s].

cosa	cielo	cola	velocidad	conoces	práctico	felices
casco	acusar	costa	cerrar	cuscús	crema	casa
encerrar	canción	círculo	conciencia	oscuro	claro	

c. Subraya las letras con sonido [g] y rodea con un círculo las que tengan sonido [χ].

guerra	gitano	antiguo	lengua	gesto	gente	ceguera
guapo	gris	dirigir	agenda	tragedia	generoso	gas
gato	guitarra	gorro	ágil	gracioso	cirugía	

d. Subraya las letras con sonido [ʎ] y rodea con un círculo las que tengan sonido [i].

yo	ayer	haya	hay	y	ya	rey
reyes	jersey	playa	ley	leyes	hoy	trayendo

C Letras diferentes que representan el mismo sonido

LETRAS		Ejemplos	Observaciones	SONIDOS
c	*a, o, u*	*cama, poca, correr, loco, cubierto, oscuro*		[k]
qu	*e, i*	*querer, quedar, quise, equipo*		[k]
k	*vocal*	*Alaska, keroseno* (o *queroseno*), *kilo* (o *quilo*), *whisky* (o *güisqui*), *kurdo* (o *curdo*)	En español hay muy pocas palabras que se escriben con *k*, y muchas de ellas se escriben también con *c* o *qu*.	[k]
c	*e, i*	*cerrar, pertenece, canción, encima*	La mayoría de los hispanohablantes pronuncian en estos casos el sonido [θ] como [s]: *cerrar* [seʀár]; *plaza* [plása] ...	[θ]
z	*a, o, u*	*zapato, plaza, zoo, zorro, zumo, zurdo*	Son muy pocas las palabras que se escriben con *ze*/*zi*: *zeta, zigzag...*	[θ]
b		*broma, Barcelona, obtener, cambio*		[b]
v		*vaso, volver, enviar*		[b]

g j	e i	gente mujer girar jirafa	[x]
ll		llueve llamar pollo	[ʎ]
y		haya playa yo	

3 **Completa las palabras que corresponden a estas definiciones. En todas hay al menos una *c* o una *z*.**

➲ Una verdura que nos hace llorar. — C e b o L L A
1. Género musical español parecido a la ópera. — .... a r .... u e ....
2. Lugar donde podemos ver animales de sitios muy diferentes. — .... o l ó g i ....
3. Parte del cuerpo donde tenemos el cerebro. — .... a .... e .... a
4. Antiguo emperador de Rusia. — .... a ....
5. Forma geométrica redonda. — .... í .... u l ....
6. Persona que no puede ver. — .... i e g ....
7. Número igual a nada. — .... r o
8. Ciudad más importante de un país. — .... p .... t l
9. Espectáculo con payasos y fieras. — .... i r ....

4 **En estos *sms* no se respeta la escritura del español. ¿Puedes corregirlos?**

5 **Ayuda a Guillermo Alfredo a decidir. Usa el diccionario si lo necesitas.**

¿g o j?

masa....e	extran....ero	ener....ía	frá....il	pá....ina	mensa....e	condu....e	corri....ió
ló....ico	má....ico	....igante	vie....o	....irafa	gara....e	ur....ente	co....emos

¿b o v?

fa....uloso	....ino	cam....iamos	estu....o	....erde	o....tener	....er	ha....itación
posi....le	mó....il	a....razo	....om....a	ha....lar	....otella	....itamina	....oca....ulario
....oca	hier....a	....aso	....i....o	....uelo	sam....a	o....jeti....o	

¿ll o y?

....ueve	....o	....a	....evaron	a....er	....amar	pla....a	....eno
estre....a	....egarán	....orar	....egua	....oga	le....endo	be....a	bo....o

D La *ñ*

■ La *ñ* es una letra característica del español:

ñ [ɲ]

español *niño* *enseñar* *bañera*

6 **Muchas de las palabras que hay aquí no tienen ene sino eñe. ¿Puedes ponerlas?**

➔ En español tenemos muchas eñes, una letra típica de esta lengua.
1. Los suenos que no nos gustan se llaman pesadilllas.
2. Cuando echamos de menos algo, lo anoramos.
3. En otono, en el campo, cortamos mucha lena para poder encender la chimenea.
4. Cuando algo nos duele, decimos que nos hace mucho dano.
5. Tenemos nenes y nenas, pero también ninos y ninas.
6. Nos banamos en el mar y en baneras.
7. Ensenamos nuestra lengua a los que quieren aprenderla.
8. Y celebramos el ano nuevo comiendo doce uvas.

7 **Busca en esta sopa de letras las palabras que corresponden a las definiciones (las palabras pueden aparecer horizontal o verticalmente).**

➔ Pronombre de primera persona singular.
1. Animal que tiene el cuello muy largo.
2. Animal que ladra.
3. Sirve para borrar.
4. Número entre el 3 y el 5.
5. Mucha gente lo toma por las mañana, sobre todo si es de naranja.
6. A los ratones les encanta comerlo.
7. Femenino de 'él'.
8. Gran corriente de agua que va al mar.
9. Lo usamos para lavarnos el pelo.
10. Lo contrario de 'barato'.
11. Última comida del día.
12. El día anterior a hoy.

Q	M	J	I	R	A	F	A	S	S
U	T	G	I	V	C	E	Y	O	C
E	H	X	Z	Z	H	C	E	N	A
S	B	O	C	U	A	T	R	O	R
O	F	C	Q	M	M	R	W	G	O
D	Ñ	R	Í	O	P	E	I	O	M
E	L	L	A	X	Ú	V	K	M	V
P	E	R	R	O	P	F	C	A	C

44. Acentuación

A El acento de la palabra

- Las palabras están formadas por sílabas. Una sílaba es un grupo de sonidos que pronunciamos a la vez, en un solo golpe de voz:

ven	*ho-ja*	*plan-ta*	*co-ci-na*	*e-jem-plo*	*or-de-na-dor*	*im-pre-sio-nan-te*
[1 sílaba]	[2 sílabas]	[2 sílabas]	[3 sílabas]	[3 sílabas]	[4 sílabas]	[5 sílabas]

- En español hay palabras formadas por:

UNA SÍLABA (MONOSÍLABOS)	DOS SÍLABAS	TRES O MÁS SÍLABAS
y, de, mi, pan, ten, col, sin, sal, ver, flor, luz...	*li-bro, me-sa, lá-piz, go-ma, co-che, dis-co...*	*sen-ci-llo, tran-qui-lo, bo-te-lla, te-le-vi-sor, im-pre-sio-nan-te, in-te-re-san-tí-si-mo...*

- Todas las palabras tienen **un acento**. Una de las sílabas, la **sílaba tónica**, se pronuncia con **más intensidad**:

··· □ □ □ ■	··· □ □ ■ □	··· □ ■ □ □	··· □ ■ □ □ □
yo			
*so-**fá***	*e-llos*		
*se-ma-**nal***	*do-**min**-go*	***sá**-ba-do*	
*re-pro-duc-**tor***	*con-tro-**la**-da*	*po-**lí**-ti-cos*	***quí**-ta-se-lo*
*des-tor-ni-lla-**dor***	*ma-ra-vi-**lla**-dos*	*fri-go-**rí**-fi-co*	*re-ga-**lán**-do-se-las*

En español, la mayor parte de las palabras tiene el ritmo: ··· □ □ ■ □

- En español sólo hay un acento gráfico (o tilde): (´). Se escribe siempre sobre las vocales de la sílaba tónica: ***á, é, í, ó, ú*** (*ca-fé, mó-vil, mé-di-co...*), teniendo en cuenta el ritmo y la terminación de la palabra:

··· □ □ □ ■		··· □ □ ■ □		··· □ ■ □ □ ··· □ ■ □ □ □	
Si terminan en CONSONANTE (excepto *-n* y *-s*): SIN TILDE	Si terminan en VOCAL, *-n* y *-s*: CON TILDE	Si terminan en VOCAL, *-n* y *-s*: SIN TILDE	Si terminan en CONSONANTE (excepto *-n* y *-s*): CON TILDE	CON TILDE SIEMPRE	
can-tad	*so-fá*	*ma-pa*	*có-mic*	*mú-si-ca*	
re-loj	*es-quí*	*ma-pas*	*cés-ped*	*plá-ta-no*	
con-trol	*hin-dú*	*ha-bla*	*ár-bol*	*rá-pi-do*	
ha-blar	*jar-dín*	*ha-blas*	*fá-cil*	*sí-la-ba*	
sa-lir	*sa-lón*	*sa-len*	*ál-bum*	*mé-di-co*	
sa-lid	*sa-lí*	*sa-les*	*Ló-pez*	*plás-ti-co*	
ac-triz	*qui-zás*	*di-ce*	*cán-cer*	*cás-ca-ra*	
an-da-luz	*ja-rrón*	*ha-blan*	*dó-lar*	*fan-tás-ti-co*	
es-cri-tor	*de-trás*	*en-tra-da*	*lá-piz*	*gra-má-ti-ca*	
a-mis-tad	*fran-cés*	*can-ta-bas*	*a-zú-car*	*ki-ló-me-tros*	*pá-sa-me-lo*
pa-si-vi-dad	*can-ta-rás*	*fran-ce-sa*	*di-fí-cil*	*te-lé-fo-no*	*pí-de-se-las*
ro-tu-la-dor	*ca-ta-lán*	*es-cri-to-ra*	*por-tá-til*	*an-ti-pá-ti-cos*	*co-mén-ta-se-lo*
des-tor-ni-lla-dor	*co-mu-ni-ca-rán*	*de-mo-cra-cia*	*re-fe-rén-dum*	*de-mo-crá-ti-cos*	*to-mán-do-se-las*

- Las palabras monosílabas, por regla general, no llevan acento gráfico:

con, en, por...
pan, ser, sal, sol...
di, haz, pon, ten...

1 **Jaime está enseñando a escribir a su loro Guillermo Alfredo, pero tiene problemas con los acentos gráficos. Ayúdalo: pon la tilde donde sea necesario.**

gustan, árbol, pajaro, llevamelo, menu, calor, cadaver, mejor, coñac, abril, kilometro, examen, caracter, ademas, angel, hotel, imbecil, ojala, agenda, haz, daselos, palabra, dormir, dormid, sin, camisa, llamalo, fin, velocidad, saltatela, subir, suben, descontrol, descontrolados, tomala, callad, callado, rayo, doctor, tranquilidad, goma, sal, botella, bebetelos, primo, escribir, alegre, inteligente, papel, papeles, salud, conductor, conductora.

2 **En la Academia Herodes tienen un examen de tildes. Rodrigo no sabe muy bien las reglas y no ha puesto ninguna. Pon las diez tildes (además del ejemplo) que faltan.**

➲ La moneda española es el euro y la de Estados Unidos es el dólar.
1. Los Reyes Magos me van a traer un camion de madera y lo van a dejar en la cocina.
2. En el jardin de mis primos hay un arbol muy grande y siempre nos subimos.
3. Este verano voy a ir a Granada en tren y voy a pasar por un tunel.
4. Yo quiero tener un movil pero mis padres no me dejan.
5. Ayer tuve una discusion con mi hermano mayor porque no me llevaba de excursion.
6. Prefiero sentarme en el sofa y ver la television que hacer deberes.
7. Esto de poner acentos es muy dificil.

■ Cuando añadimos pronombres a un infinitivo, un gerundio o un imperativo positivo, el acento se mantiene en la misma sílaba, pero, como la posición de la sílaba tónica es distinta, a veces hay que poner tilde:

➲ 16. Posición y combinación

➲ 34. Imperativo

Pon + *la* → *ponla*
Pasar + *lo* → *pasarlo*

Pero:

Pon + *se* + *la* → *pónsela*
Pasar + *me lo* → *pasármelo*
Entreguen + *se las* → *entréguenselas*
Explicando + *se lo* → *explicándoselo*

■ En los adverbios formados por ADJETIVO + ***-mente***, si el adjetivo lleva tilde cuando se usa solo, también lleva tilde en el adverbio:

claramente [cla-ra + men-te]
igualmente [i-gual + men-te]

fácilmente [fá-cil + men-te]
cómodamente [có-mo-da + men-te]

3 **Escribe en una sola palabra estas combinaciones de verbos y pronombres. Pon la tilde donde es necesario.**

➲ comprando + se + la ..*comprándosela*..
1. escribid + nos + la ....
2. secar + lo ....
3. canta + la ....
4. pon + se + lo ....
5. mira + me + lo ....
6. haz + los ....
7. devolver + me + la ....
8. preparad + lo ....
9. resolviendo + lo ....
10. solucionar + la ....
11. pintando + nos + las ....
12. levantar + las ....
13. di + lo ....
14. haz + se + los ....
15. di + se + lo ....

4 **Sustituye la parte de la frase subrayada por un adverbio y ponle tilde si es necesario.**

unicamente	**seguramente**	**normalmente**	**estupidamente** ✓	**tontamente**	**ultimamente**

➲ Se comportó como un imbécil. Empezó a dar gritos y a romper cosas y me marché.

estúpidamente

1. Todas las noches me tomo un vaso de leche antes de acostarme.

....

2. Ha engordado mucho en estos tres meses. Está mejor.

....

3. Casi con toda probabilidad tendrán que cambiar de casa. Van a tener trillizos.

....

4. Van a trabajar sólo con nosotras.

....

5. De una forma absurda, por culpa de un solo cigarro, volvió a fumar.

....

B Diptongos

- Cuando en una palabra hay **dos vocales seguidas**, pueden formar dos sílabas distintas o una sola sílaba. Forman **dos sílabas** cuando se combinan ***a, e*** y ***o***:

a-é-re-o *o-cé-a-no* *a-ho-ra* *ma-es-tro* *po-e-ta* *le-o* *te-a-tro*

- Forman **una sola sílaba** cuando se combinan ***a, e, o*** con ***i, u,*** o cuando se combinan ***i*** y ***u***. Estas uniones de vocales en una sílaba se llaman **diptongos**:

-ai-, -au-:	*ai-re, au-la*	-ie-, -ue-:	*pien-so, rue-da*	-ia-, -ua-:	*pia-no, a-gua*
-io-, -uo-:	*sa-bio, cuo-ta*	-ei-, -eu-:	*pei-ne, eu-ro*		
-iu-, -ui-:	*ciu-dad, rui-do*	-oi-:	*oi-go*		

- Cuando la sílaba tónica de una palabra contiene un diptongo, el acento está en las vocales ***a, e, o,*** o en la segunda vocal de las combinaciones ***-iu-, -ui-***:

sa-béis	*rue-da*	*cui-dan*	*cons-trui-do*
au-la	*bue-no*	*diur-no*	*viu-do*
biom-bo	*pia-no*		

- En algunas palabras, el acento tónico no está en ***a, e, o,*** sino en ***i*** o ***u***. En estos casos la combinación de vocales forma dos sílabas y debemos escribir acento gráfico sobre ***i*** o ***u*** para indicarlo:

Ma-rí-a *dí-a* *rí-o* *grú-a* *a-hí* *le-í-do* *o-í-do*

5 **Guillermo Alfredo tiene problemas con los diptongos. Ayúdalo a poner la tilde donde es necesaria.**

puerta viaje suavidad erais paella línea sauna diez pais
leon cuidala caida Ruiz raiz sabeis contais seis nueve
veintiseis infierno feo reuniamos devolvais soy buho Raul
cliente fiel confiabamos siguiendolos cruel diente sueño huir
ibais jerseis vais prohibo reisteis siguientes teorico feisimo
cien igual siesta duo via huevo guion ingenuo sabia sabia
sintiendo pie riesgo luego fuimos sepais hay

C Distinguir el significado de las palabras por la tilde: *te* / *té*

- Algunas palabras son fonéticamente iguales, pero no significan lo mismo.
  Por esa razón, cuando las escribimos, hay que distinguirlas con una tilde:

PALABRAS MONOSÍLABAS

SIN TILDE	**CON** TILDE
de [preposición]	*dé* [Presente de subjuntivo del verbo *dar*]
el [artículo]	*él* [pronombre]
mi [posesivo]	*mí* [pronombre]
que [conjunción, relativo]	*qué* [interrogativo o exclamativo]
se [pronombre]	*sé* [Presente de indicativo del verbo *saber*]
te [pronombre]	*té* [sustantivo: bebida]
si [conjunción: *Si quieres, voy.*]	*sí* [adverbio afirmativo: *Sí, ven.*]
	sí [pronombre reflexivo: *Se defendió a sí mismo.*]

OTRAS PALABRAS

SIN TILDE	**CON** TILDE
como [comparativo, conjunción]	*cómo* [interrogativo]
cuando [conjunción]	*cuándo* [interrogativo]
quien, quienes [relativos: *Es él quien viene.*]	*quién, quiénes* [interrogativos: *¿Quién viene?*]
este, esta, ... [adjetivos demostrativos]	*éste, ésta, ...* [pronombres demostrativos]
ese, esa, ... [adjetivos demostrativos]	*ése, ésa, ...* [pronombres demostrativos]
aquel, aquella, ... [adjetivos demostrativos]	*aquél, aquélla...* [pronombres demostrativos]
solo [adjetivo: *Estoy muy solo.*]	*sólo* [adverbio: *Ella sólo va conmigo.*]

➔ 6. Demostrativos

6 **Luisito está escribiendo su primera carta de amor, pero tiene problemas con algunas tildes. Ayúdalo a ponerlas.**

Querida Susana:

El otro día en casa de tu madre cuando ella tomaba el te y tu buscabas el CD, te miré a los ojos y, buf, fue genial. Para mi eres la chica más estupenda que he visto en mi vida. No se, eres fantástica....

¿Vienes este domingo a patinar conmigo? Tengo unos patines nuevos. Aquellos que te gustaban tanto se rompieron. Si quieres venir, me mandas un sms. Pon solo una palabra: si. Y entonces yo estaré muy contento porque no pasaré la horrible tarde del domingo solo.

Luis

7 **Susana también tiene problemas con las tildes. Esto es lo que escribe en su diario.**

Querido diario:

Hace muchos días que no te escribo. El domingo pasado salí con Luis y, bueno, fue un poco rollo. El no habló casi nada y como yo hablo tanto, no se qué pensar... ¿Se aburrió? ¿Se divirtió? No se... Me escuchó, eso si, pero no se si me escuchó con ganas (yo a veces no escucho mucho si algo no me interesa mucho).

Ah, Luis tiene unos patines nuevos... Me gustan mucho más estos que los otros que tenía antes... Estos son mucho más chulos... pero yo a aquellos les tenía cariño...

Y el final, fue horrible... Sobre todo cuando el me dijo: "Susana, tu a mi me gustas mucho. Y yo, ¿yo te gusto a ti?"

Y yo le dije: "¿Tu a mi?"

Y entonces me puse muy nerviosa, cogí mis patines y me fui.... Si le gusto, volverá... ¿verdad que si?

Verbos conjugados

Verbos conjugados

A Verbos regulares

HABLAR Se conjugan como ***hablar*** todos los verbos regulares terminados en ***-ar***.

INDICATIVO			SUBJUNTIVO	
Presente	**Pretérito pluscuamp.**	**Futuro perfecto**	**Presente**	**Pretérito pluscuamp.**
Hablo	Había hablado	Habré hablado	Hable	Hubiera (-se) hablado
Hablas	Habías hablado	Habrás hablado	Hables	Hubieras (-ses) hablado
Habla	Había hablado	Habrá hablado	Hable	Hubiera (...) hablado
Hablamos	Habíamos hablado	Habremos hablado	Hablemos	Hubiéramos hablado
Habláis	Habíais hablado	Habréis hablado	Habléis	Hubierais hablado
Hablan	Habían hablado	Habrán hablado	Hablen	Hubieran hablado
Pretérito perfecto	**Pretérito indefinido**	**Condicional**	**Pretérito perfecto**	GERUNDIO
He hablado	Hablé	Hablaría	Haya hablado	Hablando
Has hablado	Hablaste	Hablarías	Hayas hablado	PARTICIPIO
Ha hablado	Habló	Hablaría	Haya hablado	Hablado
Hemos hablado	Hablamos	Hablaríamos	Hayamos hablado	
Habéis hablado	Hablasteis	Hablaríais	Hayáis hablado	
Han hablado	Hablaron	Hablarían	Hayan hablado	IMPERATIVO
Pretérito imperfecto	**Futuro**	**Cond. compuesto**	**Pretérito imperfecto**	**Positivo/Negativo**
Hablaba	Hablaré	Habría hablado	Hablara (-se)	
Hablabas	Hablarás	Habrías hablado	Hablaras (-ses)	Habla /No hables
Hablaba	Hablará	Habría hablado	Hablara (...)	Hable/ No hable
Hablábamos	Hablaremos	Habríamos hablado	Habláramos	
Hablabais	Hablaréis	Habríais hablado	Hablarais	Hablad /No habléis
Hablaban	Hablarán	Habrían hablado	Hablaran	Hablen /No hablen

COMER Se conjugan como ***comer*** todos los verbos regulares terminados en ***-er***.

INDICATIVO			SUBJUNTIVO	
Presente	**Pretérito pluscuamp.**	**Futuro perfecto**	**Presente**	**Pretérito pluscuamp.**
Como	Había comido	Habré comido	Coma	Hubiera (-se) comido
Comes	Habías comido	Habrás comido	Comas	Hubieras (-ses) comido
Come	Había comido	Habrá comido	Coma	Hubiera (...) comido
Comemos	Habíamos comido	Habremos comido	Comamos	Hubiéramos comido
Coméis	Habíais comido	Habréis comido	Comáis	Hubierais comido
Comen	Habían comido	Habrán comido	Coman	Hubieran comido
Pretérito perfecto	**Pretérito indefinido**	**Condicional**	**Pretérito perfecto**	GERUNDIO
He comido	Comí	Comería	Haya comido	Comiendo
Has comido	Comiste	Comerías	Hayas comido	PARTICIPIO
Ha comido	Comió	Comería	Haya comido	Comido
Hemos comido	Comimos	Comeríamos	Hayamos comido	
Habéis comido	Comisteis	Comeríais	Hayáis comido	
Han comido	Comieron	Comerían	Hayan comido	IMPERATIVO
Pretérito imperfecto	**Futuro**	**Cond. compuesto**	**Pretérito imperfecto**	**Positivo/Negativo**
Comía	Comeré	Habría comido	Comiera (-se)	
Comías	Comerás	Habrías comido	Comieras (-ses)	Come / No comas
Comía	Comerá	Habría comido	Comiera (...)	Comed / No comáis
Comíamos	Comeremos	Habríamos comido	Comiéramos	
Comíais	Comeréis	Habríais comido	Comierais	Coma / No coma
Comían	Comerán	Habrían comido	Comieran	Coman / No coman

VIVIR Se conjugan como *vivir* todos los verbos regulares terminados en *-ir*.

INDICATIVO			SUBJUNTIVO	
Presente	**Pretérito pluscuamp.**	**Futuro perfecto**	**Presente**	**Pretérito pluscuamp.**
Vivo	Había vivido	Habré vivido	Viva	Hubiera (-se) vivido
Vives	Habías vivido	Habrás vivido	Vivas	Hubieras (-ses) vivido
Vive	Había vivido	Habrá vivido	Viva	Hubiera (...) vivido
Vivimos	Habíamos vivido	Habremos vivido	Vivamos	Hubiéramos vivido
Vivís	Habíais vivido	Habréis vivido	Viváis	Hubierais vivido
Viven	Habían vivido	Habrán vivido	Vivan	Hubieran vivido
Pretérito perfecto	**Pretérito indefinido**	**Condicional**	**Pretérito perfecto**	GERUNDIO
He vivido	Viví	Viviría	Haya vivido	Viviendo
Has vivido	Viviste	Vivirías	Hayas vivido	PARTICIPIO
Ha vivido	Vivió	Viviría	Haya vivido	Vivido
Hemos vivido	Vivimos	Viviríamos	Hayamos vivido	
Habéis vivido	Vivisteis	Viviríais	Hayáis vivido	
Han vivido	Vivieron	Vivirían	Hayan vivido	IMPERATIVO
Pretérito imperfecto	**Futuro**	**Cond. compuesto**	**Pretérito imperfecto**	**Positivo/Negativo**
Vivía	Viviré	Habría vivido	Viviera (-se)	
Vivías	Vivirás	Habrías vivido	Vivieras (-ses)	Vive / No vivas
Vivía	Vivirá	Habría vivido	Viviera (...)	Vivid / No viváis
Vivíamos	Viviremos	Habríamos vivido	Viviéramos	
Vivíais	Viviréis	Habríais vivido	Vivierais	Viva / No viva
Vivían	Vivirán	Habrían vivido	Vivieran	Vivan / No vivan

B Verbos con dos o más irregularidades

ANDAR

INDICATIVO			SUBJUNTIVO	
Presente	**Pretérito pluscuamp.**	**Futuro perfecto**	**Presente**	**Pretérito pluscuamp.**
Ando	Había andado	Habré andado	Ande	Hubiera (-se) andado
Andas	Habías andado	Habrás andado	Andes	Hubieras (-ses) andado
Anda	Había andado	Habrá andado	Ande	Hubiera (...) andado
Andamos	Habíamos andado	Habremos andado	Andemos	Hubiéramos andado
Andáis	Habíais andado	Habréis andado	Andéis	Hubierais andado
Andan	Habían andado	Habrán andado	Anden	Hubieran andado
Pretérito perfecto	**Pretérito indefinido**	**Condicional**	**Pretérito perfecto**	GERUNDIO
He andado	**Anduve**	Andaría	Haya andado	Andando
Has andado	**Anduviste**	Andarías	Hayas andado	PARTICIPIO
Ha andado	**Anduvo**	Andaría	Haya andado	Andado
Hemos andado	**Anduvimos**	Andaríamos	Hayamos andado	
Habéis andado	**Anduvisteis**	Andaríais	Hayáis andado	
Han andado	**Anduvieron**	Andarían	Hayan andado	IMPERATIVO
Pretérito imperfecto	**Futuro**	**Cond. compuesto**	**Pretérito imperfecto**	**Positivo/Negativo**
Andaba	Andaré	Habría andado	**Anduviera (-se)**	
Andabas	Andarás	Habrías andado	**Anduvieras (-ses)**	Anda / No andes
Andaba	Andará	Habría andado	**Anduviera (...)**	Andad / No andéis
Andábamos	Andaremos	Habríamos andado	**Anduviéramos**	
Andabais	Andaréis	Habríais andado	**Anduvierais**	Ande / No ande
Andaban	Andarán	Habrían andado	**Anduvieran**	Anden / No anden

CABER

INDICATIVO			SUBJUNTIVO	
Presente	**Pretérito pluscuamp.**	**Futuro perfecto**	**Presente**	**Pretérito pluscuamp.**
Quepo	Había cabido	Habré cabido	**Quepa**	Hubiera (-se) cabido
Cabes	Habías cabido	Habrás cabido	**Quepas**	Hubieras (-ses) cabido
Cabe	Había cabido	Habrá cabido	**Quepa**	Hubiera (...) cabido
Cabemos	Habíamos cabido	Habremos cabido	**Quepamos**	Hubiéramos cabido
Cabéis	Habíais cabido	Habréis cabido	**Quepáis**	Hubierais cabido
Caben	Habían cabido	Habrán cabido	**Quepan**	Hubieran cabido
Pretérito perfecto	**Pretérito indefinido**	**Condicional**	**Pretérito perfecto**	GERUNDIO
He cabido	**Cupe**	**Cabría**	Haya cabido	Cabiendo
Has cabido	**Cupiste**	**Cabrías**	Hayas cabido	PARTICIPIO
Ha cabido	**Cupo**	**Cabría**	Haya cabido	Cabido
Hemos cabido	**Cupimos**	**Cabríamos**	Hayamos cabido	
Habéis cabido	**Cupisteis**	**Cabríais**	Hayáis cabido	
Han cabido	**Cupieron**	**Cabrían**	Hayan cabido	IMPERATIVO
Pretérito imperfecto	**Futuro**	**Cond. compuesto**	**Pretérito imperfecto**	**Positivo/Negativo**
Cabía	**Cabré**	Habría cabido	**Cupiera** (-se)	
Cabías	**Cabrás**	Habrías cabido	**Cupieras** (-ses)	(No se usan.)
Cabía	**Cabrá**	Habría cabido	**Cupiera** (...)	
Cabíamos	**Cabremos**	Habríamos cabido	**Cupiéramos**	
Cabíais	**Cabréis**	Habríais cabido	**Cupierais**	
Cabían	**Cabrán**	Habrían cabido	**Cupieran**	

CAER

INDICATIVO			SUBJUNTIVO	
Presente	**Pretérito pluscuamp.**	**Futuro perfecto**	**Presente**	**Pretérito pluscuamp.**
Caigo	Había caído	Habré caído	**Caiga**	Hubiera (-se) caído
Caes	Habías caído	Habrás caído	**Caigas**	Hubieras (-ses) caído
Cae	Había caído	Habrá caído	**Caiga**	Hubiera (...) caído
Caemos	Habíamos caído	Habremos caído	**Caigamos**	Hubiéramos caído
Caéis	Habíais caído	Habréis caído	**Caigáis**	Hubierais caído
Caen	Habían caído	Habrán caído	**Caigan**	Hubieran caído
Pretérito perfecto	**Pretérito indefinido**	**Condicional**	**Pretérito perfecto**	GERUNDIO
He caído	Caí	Caería	Haya caído	**Cayendo**
Has caído	Caíste	Caerías	Hayas caído	PARTICIPIO
Ha caído	**Cayó**	Caería	Haya caído	Caído
Hemos caído	Caímos	Caeríamos	Hayamos caído	
Habéis caído	Caísteis	Caeríais	Hayáis caído	
Han caído	**Cayeron**	Caerían	Hayan caído	IMPERATIVO
Pretérito imperfecto	**Futuro**	**Cond. compuesto**	**Pretérito imperfecto**	**Positivo/Negativo**
Caía	Caeré	Habría caído	**Cayera** (-se)	
Caías	Caerás	Habrías caído	**Cayeras** (-ses)	Cae / No **caigas**
Caía	Caerá	Habría caído	**Cayera** (...)	Caed / No **caigáis**
Caíamos	Caeremos	Habríamos caído	**Cayéramos**	
Caíais	Caeréis	Habríais caído	**Cayerais**	**Caiga** / No **caiga**
Caían	Caerán	Habrían caído	**Cayeran**	**Caigan** / No **caigan**

■ Se conjugan como *caer*: ***decaer***, ***recaer***.

CONDUCIR

INDICATIVO			SUBJUNTIVO	
Presente	**Pretérito pluscuamp.**	**Futuro perfecto**	**Presente**	**Pretérito pluscuamp.**
Conduzco	Había conducido	Habré conducido	**Conduzca**	Hubiera (-se) conducido
Conduces	Habías conducido	Habrás conducido	**Conduzcas**	Hubieras (-ses) conducido
Conduce	Había conducido	Habrá conducido	**Conduzca**	Hubiera (...) conducido
Conducimos	Habíamos conducido	Habremos conducido	**Conduzcamos**	Hubiéramos conducido
Conducís	Habíais conducido	Habréis conducido	**Conduzcáis**	Hubierais conducido
Conducen	Habían conducido	Habrán conducido	**Conduzcan**	Hubieran conducido
Pretérito perfecto	**Pretérito indefinido**	**Condicional**	**Pretérito perfecto**	GERUNDIO
He conducido	**Conduje**	Conduciría	Haya conducido	Conduciendo
Has conducido	**Condujiste**	Conducirías	Hayas conducido	
Ha conducido	**Condujo**	Conduciría	Haya conducido	PARTICIPIO
Hemos conducido	**Condujimos**	Conduciríamos	Hayamos conducido	Conducido
Habéis conducido	**Condujisteis**	Conduciríais	Hayáis conducido	
Han conducido	**Condujeron**	Conducirían	Hayan conducido	IMPERATIVO
Pretérito imperfecto	**Futuro**	**Cond. compuesto**	**Pretérito imperfecto**	**Positivo/Negativo**
Conducía	Conduciré	Habría conducido	**Condujera** (-se)	
Conducías	Conducirás	Habrías conducido	**Condujeras** (-ses)	Conduce / No **conduzcas**
Conducía	Conducirá	Habría conducido	**Condujera** (...)	Conducid / No **conduzcáis**
Conducíamos	Conduciremos	Habríamos conducido	**Condujéramos**	
Conducíais	Conduciréis	Habríais conducido	**Condujerais**	**Conduzca** / No **conduzca**
Conducían	Conducirán	Habrían conducido	**Condujeran**	**Conduzcan** / No **conduzcan**

■ Se conjugan como *conducir*: ***introducir, producir, reducir, traducir...***

CONFIAR

INDICATIVO			SUBJUNTIVO	
Presente	**Pretérito pluscuamp.**	**Futuro perfecto**	**Presente**	**Pretérito pluscuamp.**
Confío	Había confiado	Habré confiado	**Confíe**	Hubiera (-se) confiado
Confías	Habías confiado	Habrás confiado	**Confíes**	Hubieras (-ses) confiado
Confía	Había confiado	Habrá confiado	**Confíe**	Hubiera (...) confiado
Confiamos	Habíamos confiado	Habremos confiado	Confiemos	Hubiéramos confiado
Confiáis	Habíais confiado	Habréis confiado	Confiéis	Hubierais confiado
Confían	Habían confiado	Habrán confiado	**Confíen**	Hubieran confiado
Pretérito perfecto	**Pretérito indefinido**	**Condicional**	**Pretérito perfecto**	GERUNDIO
He confiado	Confié	Confiaría	Haya confiado	Confiando
Has confiado	Confiaste	Confiarías	Hayas confiado	
Ha confiado	Confió	Confiaría	Haya confiado	PARTICIPIO
Hemos confiado	Confiamos	Confiaríamos	Hayamos confiado	Confiado
Habéis confiado	Confiasteis	Confiaríais	Hayáis confiado	
Han confiado	Confiaron	Confiarían	Hayan confiado	IMPERATIVO
Pretérito imperfecto	**Futuro**	**Cond. compuesto**	**Pretérito imperfecto**	**Positivo/Negativo**
Confiaba	Confiaré	Habría confiado	Confiara (-se)	
Confiabas	Confiarás	Habrías confiado	Confiaras (-ses)	**Confía** / No **confíes**
Confiaba	Confiará	Habría confiado	Confiara (...)	Confiad / No confiéis
Confiábamos	Confiaremos	Habríamos confiado	Confiáramos	
Confiabais	Confiaréis	Habríais confiado	Confiarais	**Confíe** / No **confíe**
Confiaban	Confiarán	Habrían confiado	Confiaran	**Confíen** / No **confíen**

■ Se conjugan como *confiar*: ***desconfiar, enfriar, enviar, esquiar, guiar, variar...***

CONOCER

INDICATIVO

Presente	Pretérito pluscuamp.	Futuro perfecto
Conozco	Había conocido	Habré conocido
Conoces	Habías conocido	Habrás conocido
Conoce	Había conocido	Habrá conocido
Conocemos	Habíamos conocido	Habremos conocido
Conocéis	Habíais conocido	Habréis conocido
Conocen	Habían conocido	Habrán conocido

Pretérito perfecto	Pretérito indefinido	Condicional
He conocido	Conocí	Conocería
Has conocido	Conociste	Conocerías
Ha conocido	Conoció	Conocería
Hemos conocido	Conocimos	Conoceríamos
Habéis conocido	Conocisteis	Conoceríais
Han conocido	Conocieron	Conocerían

Pretérito imperfecto	Futuro	Cond. compuesto
Conocía	Conoceré	Habría conocido
Conocías	Conocerás	Habrías conocido
Conocía	Conocerá	Habría conocido
Conocíamos	Conoceremos	Habríamos conocido
Conocíais	Conoceréis	Habríais conocido
Conocían	Conocerán	Habrían conocido

SUBJUNTIVO

Presente	Pretérito pluscuamp.
Conozca	Hubiera (-se) conocido
Conozcas	Hubieras (-ses) conocido
Conozca	Hubiera (...) conocido
Conozcamos	Hubiéramos conocido
Conozcáis	Hubierais conocido
Conozcan	Hubieran conocido

Pretérito perfecto	Pretérito imperfecto
Haya conocido	Conociera (-se)
Hayas conocido	Conocieras (-ses)
Haya conocido	Conociera (...)
Hayamos conocido	Conociéramos
Hayáis conocido	Conocierais
Hayan conocido	Conocieran

GERUNDIO

Conociendo

PARTICIPIO

Conocido

IMPERATIVO

Positivo/Negativo

Conoce / No **conozcas**
Conoced / No **conozcáis**

Conozca / No **conozca**
Conozcan / No **conozcan**

■ Se conjugan como *conocer*: ***desconocer, reconocer, aparecer, desaparecer, agradecer, apetecer, crecer, establecer...***

CONSTRUIR

INDICATIVO

Presente	Pretérito pluscuamp.	Futuro perfecto
Construyo	Había construido	Habré construido
Construyes	Habías construido	Habrás construido
Construye	Había construido	Habrá construido
Construimos	Habíamos construido	Habremos construido
Construís	Habíais construido	Habréis construido
Construyen	Habían construido	Habrán construido

Pretérito perfecto	Pretérito indefinido	Condicional
He construido	Construí	Construiría
Has construido	Construiste	Construirías
Ha construido	**Construyó**	Construiría
Hemos construido	Construimos	Construiríamos
Habéis construido	Construisteis	Construiríais
Han construido	**Construyeron**	Construirían

Pretérito imperfecto	Futuro	Cond. compuesto
Construía	Construiré	Habría construido
Construías	Construirás	Habrías construido
Construía	Construirá	Habría construido
Construíamos	Construiremos	Habríamos construido
Construíais	Construiréis	Habríais construido
Construían	Construirán	Habrían construido

SUBJUNTIVO

Presente	Pretérito pluscuamp.
Construya	Hubiera (-se) construido
Construyas	Hubieras (-ses) construido
Construya	Hubiera (...) construido
Construyamos	Hubiéramos construido
Construyáis	Hubierais construido
Construyan	Hubieran construido

Pretérito perfecto	Pretérito imperfecto
Haya construido	**Construyera (-se)**
Hayas construido	**Construyeras (-ses)**
Haya construido	**Construyera (...)**
Hayamos construido	**Construyéramos**
Hayáis construido	**Construyerais**
Hayan construido	**Construyeran**

GERUNDIO

Construyendo

PARTICIPIO

Construido

IMPERATIVO

Positivo/Negativo

Construye / No **construyas**
Construid / No **construyáis**

Construya / No **construya**
Construyan / No **construyan**

■ Se conjugan como *construir*: ***atribuir, concluir, constituir, contribuir, destruir, disminuir, distribuir, excluir, huir, incluir, influir, instruir, reconstruir, sustituir...***

CREER

INDICATIVO			SUBJUNTIVO	
Presente	**Pretérito pluscuamp.**	**Futuro perfecto**	**Presente**	**Pretérito pluscuamp.**
Creo	Había creído	Habré creído	Crea	Hubiera (-se) creído
Crees	Habías creído	Habrás creído	Creas	Hubieras (-ses) creído
Cree	Había creído	Habrá creído	Crea	Hubiera (...) creído
Creemos	Habíamos creído	Habremos creído	Creamos	Hubiéramos creído
Creéis	Habíais creído	Habréis creído	Creáis	Hubierais creído
Creen	Habían creído	Habrán creído	Crean	Hubieran creído
Pretérito perfecto	**Pretérito indefinido**	**Condicional**	**Pretérito perfecto**	GERUNDIO
He creído	Creí	Creería	Haya creído	**Creyendo**
Has creído	Creíste	Creerías	Hayas creído	
Ha creído	**Creyó**	Creería	Haya creído	PARTICIPIO
Hemos creído	Creímos	Creeríamos	Hayamos creído	Creído
Habéis creído	Creísteis	Creeríais	Hayáis creído	
Han creído	**Creyeron**	Creerían	Hayan creído	IMPERATIVO
Pretérito imperfecto	**Futuro**	**Cond. compuesto**	**Pretérito imperfecto**	**Positivo/Negativo**
Creía	Creeré	Habría creído	**Creyera** (-se)	
Creías	Creerás	Habrías creído	**Creyeras** (-ses)	Cree / No creas
Creía	Creerá	Habría creído	**Creyera** (...)	Creed / No creáis
Creíamos	Creeremos	Habríamos creído	**Creyéramos**	
Creíais	Creeréis	Habríais creído	**Creyerais**	Crea / No crea
Creían	Creerán	Habrían creído	**Creyeran**	Crean / No crean

■ Se conjugan como *creer*: ***leer, poseer.***

DAR

INDICATIVO			SUBJUNTIVO	
Presente	**Pretérito pluscuamp.**	**Futuro perfecto**	**Presente**	**Pretérito pluscuamp.**
Doy	Había dado	Habré dado	Dé	Hubiera (-se) dado
Das	Habías dado	Habrás dado	Des	Hubieras (-ses) dado
Da	Había dado	Habrá dado	Dé	Hubiera (...) dado
Damos	Habíamos dado	Habremos dado	Demos	Hubiéramos dado
Dais	Habíais dado	Habréis dado	Deis	Hubierais dado
Dan	Habían dado	Habrán dado	Den	Hubieran dado
Pretérito perfecto	**Pretérito indefinido**	**Condicional**	**Pretérito perfecto**	GERUNDIO
He dado	**Di**	Daría	Haya dado	Dando
Has dado	**Diste**	Darías	Hayas dado	
Ha dado	**Dio**	Daría	Haya dado	PARTICIPIO
Hemos dado	**Dimos**	Daríamos	Hayamos dado	Dado
Habéis dado	**Disteis**	Daríais	Hayáis dado	
Han dado	**Dieron**	Darían	Hayan dado	IMPERATIVO
Pretérito imperfecto	**Futuro**	**Cond. compuesto**	**Pretérito imperfecto**	**Positivo/Negativo**
Daba	Daré	Habría dado	**Diera** (-se)	
Dabas	Darás	Habrías dado	**Dieras** (-ses)	Da / No des
Daba	Dará	Habría dado	**Diera** (...)	Dad / No deis
Dábamos	Daremos	Habríamos dado	**Diéramos**	
Dabais	Daréis	Habríais dado	**Dierais**	Dé / No dé
Daban	Darán	Habrían dado	**Dieran**	Den / No den

DECIR

INDICATIVO			SUBJUNTIVO	
Presente	**Pretérito pluscuamp.**	**Futuro perfecto**	**Presente**	**Pretérito pluscuamp.**
Digo	Había dicho	Habré dicho	Diga	Hubiera (-se) dicho
Dices	Habías dicho	Habrás dicho	Digas	Hubieras (-ses) dicho
Dice	Había dicho	Habrá dicho	Diga	Hubiera (...) dicho
Decimos	Habíamos dicho	Habremos dicho	Digamos	Hubiéramos dicho
Decís	Habíais dicho	Habréis dicho	Digáis	Hubierais dicho
Dicen	Habían dicho	Habrán dicho	Digan	Hubieran dicho
Pretérito perfecto	**Pretérito indefinido**	**Condicional**	**Pretérito perfecto**	**GERUNDIO**
He dicho	Dije	Diría	Haya dicho	Diciendo
Has dicho	Dijiste	Dirías	Hayas dicho	**PARTICIPIO**
Ha dicho	Dijo	Diría	Haya dicho	Dicho
Hemos dicho	Dijimos	Diríamos	Hayamos dicho	
Habéis dicho	Dijisteis	Diríais	Hayáis dicho	
Han dicho	Dijeron	Dirían	Hayan dicho	**IMPERATIVO**
Pretérito imperfecto	**Futuro**	**Cond. compuesto**	**Pretérito imperfecto**	**Positivo/Negativo**
Decía	Diré	Habría dicho	Dijera (-se)	
Decías	Dirás	Habrías dicho	Dijeras (-ses)	Di / No digas
Decía	Dirá	Habría dicho	Dijera (...)	Decid / No digáis
Decíamos	Diremos	Habríamos dicho	Dijéramos	
Decíais	Diréis	Habríais dicho	Dijerais	Diga / No diga
Decían	Dirán	Habrían dicho	Dijeran	Digan / No digan

■ Se conjugan como *decir*: ***contradecir, predecir...***

DORMIR

INDICATIVO			SUBJUNTIVO	
Presente	**Pretérito pluscuamp.**	**Futuro perfecto**	**Presente**	**Pretérito pluscuamp.**
Duermo	Había dormido	Habré dormido	Duerma	Hubiera (-se) dormido
Duermes	Habías dormido	Habrás dormido	Duermas	Hubieras (-ses) dormido
Duerme	Había dormido	Habrá dormido	Duerma	Hubiera (...) dormido
Dormimos	Habíamos dormido	Habremos dormido	Durmamos	Hubiéramos dormido
Dormís	Habíais dormido	Habréis dormido	Durmáis	Hubierais dormido
Duermen	Habían dormido	Habrán dormido	Duerman	Hubieran dormido
Pretérito perfecto	**Pretérito indefinido**	**Condicional**	**Pretérito perfecto**	**GERUNDIO**
He dormido	Dormí	Dormiría	Haya dormido	Durmiendo
Has dormido	Dormiste	Dormirías	Hayas dormido	**PARTICIPIO**
Ha dormido	Durmió	Dormiría	Haya dormido	Dormido
Hemos dormido	Dormimos	Dormiríamos	Hayamos dormido	
Habéis dormido	Dormisteis	Dormiríais	Hayáis dormido	
Han dormido	Durmieron	Dormirían	Hayan dormido	**IMPERATIVO**
Pretérito imperfecto	**Futuro**	**Cond. compuesto**	**Pretérito imperfecto**	**Positivo/Negativo**
Dormía	Dormiré	Habría dormido	Durmiera (-se)	
Dormías	Dormirás	Habrías dormido	Durmieras (-ses)	Duerme / No duermas
Dormía	Dormirá	Habría dormido	Durmiera (...)	Dormid / No durmáis
Dormíamos	Dormiremos	Habríamos dormido	Durmiéramos	
Dormíais	Dormiréis	Habríais dormido	Durmierais	Duerma / No duerma
Dormían	Dormirán	Habrían dormido	Durmieran	Duerman / No duerman

ENTENDER

INDICATIVO			SUBJUNTIVO	
Presente	**Pretérito pluscuamp.**	**Futuro perfecto**	**Presente**	**Pretérito pluscuamp.**
Entiendo	Había entendido	Habré entendido	**Entienda**	Hubiera (-se) entendido
Entiendes	Habías entendido	Habrás entendido	**Entiendas**	Hubieras (-ses) entendido
Entiende	Había entendido	Habrá entendido	**Entienda**	Hubiera(...) entendido
Entendemos	Habíamos entendido	Habremos entendido	Entendamos	Hubiéramos entendido
Entendéis	Habíais entendido	Habréis entendido	Entendáis	Hubierais entendido
Entienden	Habían entendido	Habrán entendido	**Entiendan**	Hubieran entendido
Pretérito perfecto	**Pretérito indefinido**	**Condicional**	**Pretérito perfecto**	GERUNDIO
He entendido	Entendí	Entendería	Haya entendido	Entendiendo
Has entendido	Entendiste	Entenderías	Hayas entendido	PARTICIPIO
Ha entendido	Entendió	Entendería	Haya entendido	
Hemos entendido	Entendimos	Entenderíamos	Hayamos entendido	Entendido
Habéis entendido	Entendisteis	Entenderíais	Hayáis entendido	
Han entendido	Entendieron	Entenderían	Hayan entendido	IMPERATIVO
Pretérito imperfecto	**Futuro**	**Cond. compuesto**	**Pretérito imperfecto**	**Positivo/Negativo**
Entendía	Entenderé	Habría entendido	Entendiera (-se)	
Entendías	Entenderás	Habrías entendido	Entendieras (-ses)	**Entiende** / No **entiendas**
Entendía	Entenderá	Habría entendido	Entendiera (...)	Entended / No entendáis
Entendíamos	Entenderemos	Habríamos entendido	Entendiéramos	
Entendíais	Entenderéis	Habríais entendido	Entendierais	**Entienda** / No **entienda**
Entendían	Entenderán	Habrían entendido	Entendieran	**Entiendan** / No **entiendan**

■ Se conjugan como *entender*: ***atender, defender, encender, extender, perder, tender, verter...***

ESTAR

INDICATIVO			SUBJUNTIVO	
Presente	**Pretérito pluscuamp.**	**Futuro perfecto**	**Presente**	**Pretérito pluscuamp.**
Estoy	Había estado	Habré estado	**Esté**	Hubiera (-se) estado
Estás	Habías estado	Habrás estado	**Estés**	Hubieras (-ses) estado
Está	Había estado	Habrá estado	**Esté**	Hubiera (...) estado
Estamos	Habíamos estado	Habremos estado	Estemos	Hubiéramos estado
Estáis	Habíais estado	Habréis estado	Estéis	Hubierais estado
Están	Habían estado	Habrán estado	**Estén**	Hubieran estado
Pretérito perfecto	**Pretérito indefinido**	**Condicional**	**Pretérito perfecto**	GERUNDIO
He estado	**Estuve**	Estaría	Haya estado	Estando
Has estado	**Estuviste**	Estarías	Hayas estado	PARTICIPIO
Ha estado	**Estuvo**	Estaría	Haya estado	
Hemos estado	**Estuvimos**	Estaríamos	Hayamos estado	Estado
Habéis estado	**Estuvisteis**	Estaríais	Hayáis estado	
Han estado	**Estuvieron**	Estarían	Hayan estado	IMPERATIVO
Pretérito imperfecto	**Futuro**	**Cond. compuesto**	**Pretérito imperfecto**	**Positivo/Negativo**
Estaba	Estaré	Habría estado	**Estuviera** (-se)	
Estabas	Estarás	Habrías estado	**Estuvieras** (-ses)	**Está** / No **estés**
Estaba	Estará	Habría estado	**Estuviera** (...)	Estad / No **estéis**
Estábamos	Estaremos	Habríamos estado	**Estuviéramos**	
Estabais	Estaréis	Habríais estado	**Estuvierais**	**Esté** / No **esté**
Estaban	Estarán	Habrían estado	**Estuvieran**	**Estén** / No **estén**

FREÍR

INDICATIVO

Presente	Pretérito pluscuamp.	Futuro perfecto
Frío	Había frito	Habré frito
Fríes	Habías frito	Habrás frito
Fríe	Había frito	Habrá frito
Freímos	Habíamos frito	Habremos frito
Freís	Habíais frito	Habréis frito
Fríen	Habían frito	Habrán frito

Pretérito perfecto	Pretérito indefinido	Condicional
He frito	Freí	Freiría
Has frito	Freíste	Freirías
Ha frito	Frió	Freiría
Hemos frito	Freímos	Freiríamos
Habéis frito	Freísteis	Freiríais
Han frito	Frieron	Freirían

Pretérito imperfecto	Futuro	Cond. compuesto
Freía	Freiré	Habría frito
Freías	Freirás	Habrías frito
Freía	Freirá	Habría frito
Freíamos	Freiremos	Habríamos frito
Freíais	Freiréis	Habríais frito
Freían	Freirán	Habrían frito

SUBJUNTIVO

Presente	Pretérito pluscuamp.
Fría	Hubiera (-se) frito
Frías	Hubieras (-ses) frito
Fría	Hubiera (...) frito
Friamos	Hubiéramos frito
Friáis	Hubierais frito
Frían	Hubieran frito

Pretérito perfecto
Haya frito
Hayas frito
Haya frito
Hayamos frito
Hayáis frito
Hayan frito

Pretérito imperfecto
Friera (-se)
Frieras (-ses)
Friera (...)
Friéramos
Frierais
Frieran

GERUNDIO

Friendo

PARTICIPIO

Frito

IMPERATIVO

Positivo/Negativo

Fríe / No frías
Freíd / No friáis

Fría / No fría
Frían / No frían

■ *Freír* tiene un participio regular *freído*, poco usado.

HABER

INDICATIVO

Presente	Pretérito pluscuamp.	Futuro perfecto
He	Había habido	Habré habido
Has	Habías habido	Habrás habido
Ha (Hay)	Había habido	Habrá habido
Hemos	Habíamos habido	Habremos habido
Habéis	Habíais habido	Habréis habido
Han	Habían habido	Habrán habido

Pretérito perfecto	Pretérito indefinido	Condicional
He habido	Hube	Habría
Has habido	Hubiste	Habrías
Ha habido	Hubo	Habría
Hemos habido	Hubimos	Habríamos
Habéis habido	Hubisteis	Habríais
Han habido	Hubieron	Habrían

Pretérito imperfecto	Futuro	Cond. compuesto
Había	Habré	Habría habido
Habías	Habrás	Habrías habido
Había	Habrá	Habría habido
Habíamos	Habremos	Habríamos habido
Habíais	Habréis	Habríais habido
Habían	Habrán	Habrían habido

SUBJUNTIVO

Presente	Pretérito pluscuamp.
Haya	Hubiera (-se) habido
Hayas	Hubieras (-ses) habido
Haya	Hubiera (...) habido
Hayamos	Hubiéramos habido
Hayáis	Hubierais habido
Hayan	Hubieran habido

Pretérito perfecto
Haya habido
Hayas habido
Haya habido
Hayamos habido
Hayáis habido
Hayan habido

Pretérito imperfecto
Hubiera (-se)
Hubieras (-ses)
Hubiera (...)
Hubiéramos
Hubierais
Hubieran

GERUNDIO

Habiendo

PARTICIPIO

Habido

IMPERATIVO

Positivo/Negativo

(No se usan.)

HACER

INDICATIVO			SUBJUNTIVO	
Presente	Pretérito pluscuamp.	Futuro perfecto	Presente	Pretérito pluscuamp.
Hago	Había hecho	Habré hecho	Haga	Hubiera (-se) hecho
Haces	Habías hecho	Habrás hecho	Hagas	Hubieras (-ses) hecho
Hace	Había hecho	Habrá hecho	Haga	Hubiera (...) hecho
Hacemos	Habíamos hecho	Habremos hecho	Hagamos	Hubiéramos hecho
Hacéis	Habíais hecho	Habréis hecho	Hagáis	Hubierais hecho
Hacen	Habían hecho	Habrán hecho	Hagan	Hubieran hecho
Pretérito perfecto	Pretérito indefinido	Condicional	Pretérito perfecto	GERUNDIO
He hecho	Hice	Haría	Haya hecho	Haciendo
Has hecho	Hiciste	Harías	Hayas hecho	
Ha hecho	Hizo	Haría	Haya hecho	PARTICIPIO
Hemos hecho	Hicimos	Haríamos	Hayamos hecho	Hecho
Habéis hecho	Hicisteis	Haríais	Hayáis hecho	
Han hecho	Hicieron	Harían	Hayan hecho	IMPERATIVO
Pretérito imperfecto	Futuro	Cond. compuesto	Pretérito imperfecto	Positivo/Negativo
Hacía	Haré	Habría hecho	Hiciera (-se)	
Hacías	Harás	Habrías hecho	Hicieras (-ses)	Haz / No hagas
Hacía	Hará	Habría hecho	Hiciera (...)	Haced / No hagáis
Hacíamos	Haremos	Habríamos hecho	Hiciéramos	
Hacíais	Haréis	Habríais hecho	Hicierais	Haga / No haga
Hacían	Harán	Habrían hecho	Hicieran	Hagan / No hagan

■ Se conjugan como *hacer*: ***deshacer***, ***rehacer***, ***satisfacer***.

IR

INDICATIVO			SUBJUNTIVO	
Presente	Pretérito pluscuamp.	Futuro perfecto	Presente	Pretérito pluscuamp.
Voy	Había ido	Habré ido	Vaya	Hubiera (-se) ido
Vas	Habías ido	Habrás ido	Vayas	Hubieras (-ses) ido
Va	Había ido	Habrá ido	Vaya	Hubiera (...) ido
Vamos	Habíamos ido	Habremos ido	Vayamos	Hubiéramos ido
Vais	Habíais ido	Habréis ido	Vayáis	Hubierais ido
Van	Habían ido	Habrán ido	Vayan	Hubieran ido
Pretérito perfecto	Pretérito indefinido	Condicional	Pretérito perfecto	GERUNDIO
He ido	Fui	Iría	Haya ido	Yendo
Has ido	Fuiste	Irías	Hayas ido	
Ha ido	Fue	Iría	Haya ido	PARTICIPIO
Hemos ido	Fuimos	Iríamos	Hayamos ido	Ido
Habéis ido	Fuisteis	Iríais	Hayáis ido	
Han ido	Fueron	Irían	Hayan ido	IMPERATIVO
Pretérito imperfecto	Futuro	Cond. compuesto	Pretérito imperfecto	Positivo/Negativo
Iba	Iré	Habría ido	Fuera (-se)	
Ibas	Irás	Habrías ido	Fueras (-ses)	Ve / No vayas
Iba	Irá	Habría ido	Fuera (...)	Id / No vayáis
Íbamos	Iremos	Habríamos ido	Fuéramos	
Ibais	Iréis	Habríais ido	Fuerais	Vaya / No vaya
Iban	Irán	Habrían ido	Fueran	Vayan / No vayan

JUGAR

INDICATIVO

Presente	Pretérito pluscuamp.	Futuro perfecto
Juego	Había jugado	Habré jugado
Juegas	Habías jugado	Habrás jugado
Juega	Había jugado	Habrá jugado
Jugamos	Habíamos jugado	Habremos jugado
Jugáis	Habíais jugado	Habréis jugado
Juegan	Habían jugado	Habrán jugado

Pretérito perfecto	Pretérito indefinido	Condicional
He jugado	Jugué	Jugaría
Has jugado	Jugaste	Jugarías
Ha jugado	Jugó	Jugaría
Hemos jugado	Jugamos	Jugaríamos
Habéis jugado	Jugasteis	Jugaríais
Han jugado	Jugaron	Jugarían

Pretérito imperfecto	Futuro	Cond. compuesto
Jugaba	Jugaré	Habría jugado
Jugabas	Jugarás	Habrías jugado
Jugaba	Jugará	Habría jugado
Jugábamos	Jugaremos	Habríamos jugado
Jugabais	Jugaréis	Habríais jugado
Jugaban	Jugarán	Habrían jugado

SUBJUNTIVO

Presente	Pretérito pluscuamp.
Juegue	Hubiera (-se) jugado
Juegues	Hubieras (-ses) jugado
Juegue	Hubiera (...) jugado
Juguemos	Hubiéramos jugado
Juguéis	Hubierais jugado
Jueguen	Hubieran jugado

Pretérito perfecto	Pretérito imperfecto
Haya jugado	Jugara (-se)
Hayas jugado	Jugaras (-ses)
Haya jugado	Jugara (...)
Hayamos jugado	Jugáramos
Hayáis jugado	Jugarais
Hayan jugado	Jugaran

GERUNDIO

Jugando

PARTICIPIO

Jugado

IMPERATIVO

Positivo/Negativo

Juega / No **juegues**
Jugad / No juguéis

Juegue / No **juegue**
Jueguen / No **jueguen**

■ El sonido [g] se escribe ***g*** antes de los sonidos [o] y [a] , y ***gu*** antes del sonido [e]

MORIR

INDICATIVO

Presente	Pretérito pluscuamp.	Futuro perfecto
Muero	Había **muerto**	Habré **muerto**
Mueres	Habías **muerto**	Habrás **muerto**
Muere	Había **muerto**	Habrá **muerto**
Morimos	Habíamos **muerto**	Habremos **muerto**
Morís	Habíais **muerto**	Habréis **muerto**
Mueren	Habían **muerto**	Habrán **muerto**

Pretérito perfecto	Pretérito indefinido	Condicional
He **muerto**	Morí	Moriría
Has **muerto**	Moriste	Morirías
Ha **muerto**	**Murió**	Moriría
Hemos **muerto**	Morimos	Moriríamos
Habéis **muerto**	Moristeis	Moriríais
Han **muerto**	**Murieron**	Morirían

Pretérito imperfecto	Futuro	Cond. compuesto
Moría	Moriré	Habría **muerto**
Morías	Morirás	Habrías **muerto**
Moría	Morirá	Habría **muerto**
Moríamos	Moriremos	Habríamos **muerto**
Moríais	Moriréis	Habríais **muerto**
Morían	Morirán	Habrían **muerto**

SUBJUNTIVO

Presente	Pretérito pluscuamp.
Muera	Hubiera (-se) **muerto**
Mueras	Hubieras (-ses) **muerto**
Muera	Hubiera (...) **muerto**
Muramos	Hubiéramos **muerto**
Muráis	Hubierais **muerto**
Mueran	Hubieran **muerto**

Pretérito perfecto	Pretérito imperfecto
Haya **muerto**	**Muriera** (-se)
Hayas **muerto**	**Murieras** (-ses)
Haya **muerto**	**Muriera** (...)
Hayamos **muerto**	**Muriéramos**
Hayáis **muerto**	**Murierais**
Hayan **muerto**	**Murieran**

GERUNDIO

Muriendo

PARTICIPIO

Muerto

IMPERATIVO

Positivo/Negativo

Muere / No **mueras**
Morid / No **muráis**

Muera / No **muera**
Mueran / No **mueran**

MOVER

INDICATIVO			SUBJUNTIVO	
Presente	**Pretérito pluscuamp.**	**Futuro perfecto**	**Presente**	**Pretérito pluscuamp.**
Muevo	Había movido	Habré movido	**Mueva**	Hubiera (-se) movido
Mueves	Habías movido	Habrás movido	**Muevas**	Hubieras (-ses) movido
Mueve	Había movido	Habrá movido	**Mueva**	Hubiera(...) movido
Movemos	Habíamos movido	Habremos movido	Movamos	Hubiéramos movido
Movéis	Habíais movido	Habréis movido	Mováis	Hubierais movido
Mueven	Habían movido	Habrán movido	**Muevan**	Hubieran movido
Pretérito perfecto	**Pretérito indefinido**	**Condicional**	**Pretérito perfecto**	GERUNDIO
He movido	Moví	Movería	Haya movido	Moviendo
Has movido	Moviste	Moverías	Hayas movido	PARTICIPIO
Ha movido	Movió	Movería	Haya movido	
Hemos movido	Movimos	Moveríamos	Hayamos movido	Movido
Habéis movido	Movisteis	Moveríais	Hayáis movido	
Han movido	Movieron	Moverían	Hayan movido	IMPERATIVO
Pretérito imperfecto	**Futuro**	**Cond. compuesto**	**Pretérito imperfecto**	**Positivo/Negativo**
Movía	Moveré	Habría movido	Moviera (-se)	
Movías	Moverás	Habrías movido	Movieras (-ses)	**Mueve** / No **muevas**
Movía	Moverá	Habría movido	Moviera (...)	Moved / No mováis
Movíamos	Moveremos	Habríamos movido	Moviéramos	
Movíais	Moveréis	Habríais movido	Movierais	**Mueva** / No **mueva**
Movían	Moverán	Habrían movido	Movieran	**Muevan** / No **muevan**

■ Se conjugan como ***mover***: ***cocer***, ***conmover***(*se*), ***doler***, ***llover***, ***oler*** (en este verbo se escriben con ***h***- las formas con -*ue*-: ***huelo***)...

OÍR

INDICATIVO			SUBJUNTIVO	
Presente	**Pretérito pluscuamp.**	**Futuro perfecto**	**Presente**	**Pretérito pluscuamp.**
Oigo	Había oído	Habré oído	**Oiga**	Hubiera (-se) oído
Oyes	Habías oído	Habrás oído	**Oigas**	Hubieras (-ses) oído
Oye	Había oído	Habrá oído	**Oiga**	Hubiera (...) oído
Oímos	Habíamos oído	Habremos oído	**Oigamos**	Hubiéramos oído
Oís	Habíais oído	Habréis oído	**Oigáis**	Hubierais oído
Oyen	Habían oído	Habrán oído	**Oigan**	Hubieran oído
Pretérito perfecto	**Pretérito indefinido**	**Condicional**	**Pretérito perfecto**	GERUNDIO
He oído	Oí	Oiría	Haya oído	**Oyendo**
Has oído	Oíste	Oirías	Hayas oído	PARTICIPIO
Ha oído	**Oyó**	Oiría	Haya oído	
Hemos oído	Oímos	Oiríamos	Hayamos oído	Oído
Habéis oído	Oísteis	Oiríais	Hayáis oído	
Han oído	**Oyeron**	Oirían	Hayan oído	IMPERATIVO
Pretérito imperfecto	**Futuro**	**Cond. compuesto**	**Pretérito imperfecto**	**Positivo/Negativo**
Oía	Oiré	Habría oído	Oyera (-se)	
Oías	Oirás	Habrías oído	Oyeras (-ses)	**Oye** / No **oigas**
Oía	Oirá	Habría oído	Oyera (...)	Oíd / No **oigáis**
Oíamos	Oiremos	Habríamos oído	Oyéramos	
Oíais	Oiréis	Habríais oído	Oyerais	**Oiga** / No **oiga**
Oían	Oirán	Habrían oído	Oyeran	**Oigan** / No **oigan**

■ Se conjuga como ***oír***: ***desoír***.

PEDIR

INDICATIVO			SUBJUNTIVO	
Presente	Pretérito pluscuamp.	Futuro perfecto	Presente	Pretérito pluscuamp.
Pido	Había pedido	Habré pedido	**Pida**	Hubiera (-se) pedido
Pides	Habías pedido	Habrás pedido	**Pidas**	Hubieras (-ses) pedido
Pide	Había pedido	Habrá pedido	**Pida**	Hubiera (...) pedido
Pedimos	Habíamos pedido	Habremos pedido	**Pidamos**	Hubiéramos pedido
Pedís	Habíais pedido	Habréis pedido	**Pidáis**	Hubierais pedido
Piden	Habían pedido	Habrán pedido	**Pidan**	Hubieran pedido
Pretérito perfecto	Pretérito indefinido	Condicional	Pretérito perfecto	GERUNDIO
He pedido	Pedí	Pediría	Haya pedido	**Pidiendo**
Has pedido	Pediste	Pedirías	Hayas pedido	PARTICIPIO
Ha pedido	**Pidió**	Pediría	Haya pedido	Pedido
Hemos pedido	Pedimos	Pediríamos	Hayamos pedido	
Habéis pedido	Pedisteis	Pediríais	Hayáis pedido	
Han pedido	**Pidieron**	Pedirían	Hayan pedido	IMPERATIVO
Pretérito imperfecto	Futuro	Cond. compuesto	Pretérito imperfecto	Positivo/Negativo
Pedía	Pediré	Habría pedido	**Pidiera** (-se)	
Pedías	Pedirás	Habrías pedido	**Pidieras** (-ses)	**Pide** / No **pidas**
Pedía	Pedirá	Habría pedido	**Pidiera** (...)	Pedid / No **pidáis**
Pedíamos	Pediremos	Habríamos pedido	**Pidiéramos**	
Pedíais	Pediréis	Habríais pedido	**Pidierais**	**Pida** / No **pida**
Pedían	Pedirán	Habrían pedido	**Pidieran**	**Pidan** / No **pidan**

■ Se conjugan como *pedir*: ***corregir, elegir, reír, repetir, seguir, servir...***

PENSAR

INDICATIVO			SUBJUNTIVO	
Presente	Pretérito pluscuamp.	Futuro perfecto	Presente	Pretérito pluscuamp.
Pienso	Había pensado	Habré pensado	**Piense**	Hubiera (-se) pensado
Piensas	Habías pensado	Habrás pensado	**Pienses**	Hubieras (-ses) pensado
Piensa	Había pensado	Habrá pensado	**Piense**	Hubiera (...) pensado
Pensamos	Habíamos pensado	Habremos pensado	Pensemos	Hubiéramos pensado
Pensáis	Habíais pensado	Habréis pensado	Penséis	Hubierais pensado
Piensan	Habían pensado	Habrán pensado	**Piensen**	Hubieran pensado
Pretérito perfecto	Pretérito indefinido	Condicional	Pretérito perfecto	GERUNDIO
He pensado	Pensé	Pensaría	Haya pensado	Pensando
Has pensado	Pensaste	Pensarías	Hayas pensado	PARTICIPIO
Ha pensado	Pensó	Pensaría	Haya pensado	Pensado
Hemos pensado	Pensamos	Pensaríamos	Hayamos pensado	
Habéis pensado	Pensasteis	Pensaríais	Hayáis pensado	
Han pensado	Pensaron	Pensarían	Hayan pensado	IMPERATIVO
Pretérito imperfecto	Futuro	Cond. compuesto	Pretérito imperfecto	Positivo/Negativo
Pensaba	Pensaré	Habría pensado	Pensara (-se)	
Pensabas	Pensarás	Habrías pensado	Pensaras (-ses)	**Piensa** / No **pienses**
Pensaba	Pensará	Habría pensado	Pensara (...)	Pensad / No penséis
Pensábamos	Pensaremos	Habríamos pensado	Pensáramos	
Pensabais	Pensaréis	Habríais pensado	Pensarais	**Piense** / No **piense**
Pensaban	Pensarán	Habrían pensado	Pensaran	**Piensen** / No **piensen**

■ Se conjugan como *pensar*: ***cerrar, comenzar, despertar(se), empezar, sentar(se)...***

PODER

INDICATIVO			SUBJUNTIVO	
Presente	**Pretérito pluscuamp.**	**Futuro perfecto**	**Presente**	**Pretérito pluscuamp.**
Puedo	Había podido	Habré podido	Pueda	Hubiera (-se) podido
Puedes	Habías podido	Habrás podido	Puedas	Hubieras (-ses) podido
Puede	Había podido	Habrá podido	Pueda	Hubiera (...) podido
Podemos	Habíamos podido	Habremos podido	Podamos	Hubiéramos podido
Podéis	Habíais podido	Habréis podido	Podáis	Hubierais podido
Pueden	Habían podido	Habrán podido	Puedan	Hubieran podido
Pretérito perfecto	**Pretérito indefinido**	**Condicional**	**Pretérito perfecto**	**GERUNDIO**
He podido	Pude	Podría	Haya podido	Pudiendo
Has podido	Pudiste	Podrías	Hayas podido	
Ha podido	Pudo	Podría	Haya podido	**PARTICIPIO**
Hemos podido	Pudimos	Podríamos	Hayamos podido	Podido
Habéis podido	Pudisteis	Podríais	Hayáis podido	
Han podido	Pudieron	Podrían	Hayan podido	**IMPERATIVO**
Pretérito imperfecto	**Futuro**	**Cond. compuesto**	**Pretérito imperfecto**	**Positivo/Negativo**
Podía	Podré	Habría podido	Pudiera (-se)	
Podías	Podrás	Habrías podido	Pudieras (-ses)	(No se usan.)
Podía	Podrá	Habría podido	Pudiera (...)	
Podíamos	Podremos	Habríamos podido	Pudiéramos	
Podíais	Podréis	Habríais podido	Pudierais	
Podían	Podrán	Habrían podido	Pudieran	

PONER

INDICATIVO			SUBJUNTIVO	
Presente	**Pretérito pluscuamp.**	**Futuro perfecto**	**Presente**	**Pretérito pluscuamp.**
Pongo	Había puesto	Habré puesto	Ponga	Hubiera (-se) puesto
Pones	Habías puesto	Habrás puesto	Pongas	Hubieras (-ses) puesto
Pone	Había puesto	Habrá puesto	Ponga	Hubiera (...) puesto
Ponemos	Habíamos puesto	Habremos puesto	Pongamos	Hubiéramos puesto
Ponéis	Habíais puesto	Habréis puesto	Pongáis	Hubierais puesto
Ponen	Habían puesto	Habrán puesto	Pongan	Hubieran puesto
Pretérito perfecto	**Pretérito indefinido**	**Condicional**	**Pretérito perfecto**	**GERUNDIO**
He puesto	Puse	Pondría	Haya puesto	Poniendo
Has puesto	Pusiste	Pondrías	Hayas puesto	
Ha puesto	Puso	Pondría	Haya puesto	**PARTICIPIO**
Hemos puesto	Pusimos	Pondríamos	Hayamos puesto	Puesto
Habéis puesto	Pusisteis	Pondríais	Hayáis puesto	
Han puesto	Pusieron	Pondrían	Hayan puesto	**IMPERATIVO**
Pretérito imperfecto	**Futuro**	**Cond. compuesto**	**Pretérito imperfecto**	**Positivo/Negativo**
Ponía	Pondré	Habría puesto	Pusiera (-se)	
Ponías	Pondrás	Habrías puesto	Pusieras (-ses)	Pon / No pongas
Ponía	Pondrá	Habría puesto	Pusiera (...)	Poned / No pongáis
Poníamos	Pondremos	Habríamos puesto	Pusiéramos	
Poníais	Pondréis	Habríais puesto	Pusierais	Ponga / No ponga
Ponían	Pondrán	Habrían puesto	Pusieran	Pongan / No pongan

■ Se conjugan como *poner*: ***componer, presuponer, proponer, suponer...***

PROHIBIR

INDICATIVO

Presente	Pretérito pluscuamp.	Futuro perfecto
Prohíbo	Había prohibido	Habré prohibido
Prohíbes	Habías prohibido	Habrás prohibido
Prohíbe	Había prohibido	Habrá prohibido
Prohibimos	Habíamos prohibido	Habremos prohibido
Prohibís	Habíais prohibido	Habréis prohibido
Prohíben	Habían prohibido	Habrán prohibido

Pretérito perfecto	Pretérito indefinido	Condicional
He prohibido	Prohibí	Prohibiría
Has prohibido	Prohibiste	Prohibirías
Ha prohibido	Prohibió	Prohibiría
Hemos prohibido	Prohibimos	Prohibiríamos
Habéis prohibido	Prohibisteis	Prohibiríais
Han prohibido	Prohibieron	Prohibirían

Pretérito imperfecto	Futuro	Cond. compuesto
Prohibía	Prohibiré	Habría prohibido
Prohibías	Prohibirás	Habrías prohibido
Prohibía	Prohibirá	Habría prohibido
Prohibíamos	Prohibiremos	Habríamos prohibido
Prohibíais	Prohibiréis	Habríais prohibido
Prohibían	Prohibirán	Habrían prohibido

SUBJUNTIVO

Presente	Pretérito pluscuamp.
Prohíba	Hubiera (-se) prohibido
Prohíbas	Hubieras (-ses) prohibido
Prohíba	Hubiera (...) prohibido
Prohibamos	Hubiéramos prohibido
Prohibáis	Hubierais prohibido
Prohíban	Hubieran prohibido

Pretérito perfecto	Pretérito imperfecto
Haya prohibido	Prohibiera (-se)
Hayas prohibido	Prohibieras (-ses)
Haya prohibido	Prohibiera (...)
Hayamos prohibido	Prohibiéramos
Hayáis prohibido	Prohibierais
Hayan prohibido	Prohibieran

GERUNDIO

Prohibiendo

PARTICIPIO

Prohibido

IMPERATIVO

Positivo/Negativo

Prohíbe / No **prohíbas**
Prohibid / No prohibáis

Prohíba / No **prohíba**
Prohíban / No **prohíban**

■ Se conjuga como ***prohibir***: ***reunir***.

QUERER

INDICATIVO

Presente	Pretérito pluscuamp.	Futuro perfecto
Quiero	Había querido	Habré querido
Quieres	Habías querido	Habrás querido
Quiere	Había querido	Habrá querido
Queremos	Habíamos querido	Habremos querido
Queréis	Habíais querido	Habréis querido
Quieren	Habían querido	Habrán querido

Pretérito perfecto	Pretérito indefinido	Condicional
He querido	**Quise**	**Querría**
Has querido	**Quisiste**	**Querrías**
Ha querido	**Quiso**	**Querría**
Hemos querido	**Quisimos**	**Querríamos**
Habéis querido	**Quisisteis**	**Querríais**
Han querido	**Quisieron**	**Querrían**

Pretérito imperfecto	Futuro	Cond. compuesto
Quería	**Querré**	Habría querido
Querías	**Querrás**	Habrías querido
Quería	**Querrá**	Habría querido
Queríamos	**Querremos**	Habríamos querido
Queríais	**Querréis**	Habríais querido
Querían	**Querrán**	Habrían querido

SUBJUNTIVO

Presente	Pretérito pluscuamp.
Quiera	Hubiera (-se) querido
Quieras	Hubieras (-ses) querido
Quiera	Hubiera (...) querido
Queramos	Hubiéramos querido
Queráis	Hubierais querido
Quieran	Hubieran querido

Pretérito perfecto	Pretérito imperfecto
Haya querido	**Quisiera** (-se)
Hayas querido	**Quisieras** (-ses)
Haya querido	**Quisiera** (...)
Hayamos querido	**Quisiéramos**
Hayáis querido	**Quisierais**
Hayan querido	**Quisieran**

GERUNDIO

Queriendo

PARTICIPIO

Querido

IMPERATIVO

Positivo/Negativo

Quiere / No **quieras**
Quered / No queráis

Quiera / No **quiera**
Quieran / No **quieran**

SABER

INDICATIVO			SUBJUNTIVO	
Presente	**Pretérito pluscuamp.**	**Futuro perfecto**	**Presente**	**Pretérito pluscuamp.**
Sé	Había sabido	Habré sabido	**Sepa**	Hubiera (-se) sabido
Sabes	Habías sabido	Habrás sabido	**Sepas**	Hubieras (-ses) sabido
Sabe	Había sabido	Habrá sabido	**Sepa**	Hubiera (...) sabido
Sabemos	Habíamos sabido	Habremos sabido	**Sepamos**	Hubiéramos sabido
Sabéis	Habíais sabido	Habréis sabido	**Sepáis**	Hubierais sabido
Saben	Habían sabido	Habrán sabido	**Sepan**	Hubieran sabido
Pretérito perfecto	**Pretérito indefinido**	**Condicional**	**Pretérito perfecto**	GERUNDIO
He sabido	**Supe**	**Sabría**	Haya sabido	Sabiendo
Has sabido	**Supiste**	**Sabrías**	Hayas sabido	PARTICIPIO
Ha sabido	**Supo**	**Sabría**	Haya sabido	
Hemos sabido	**Supimos**	**Sabríamos**	Hayamos sabido	Sabido
Habéis sabido	**Supisteis**	**Sabríais**	Hayáis sabido	
Han sabido	**Supieron**	**Sabrían**	Hayan sabido	IMPERATIVO
Pretérito imperfecto	**Futuro**	**Cond. compuesto**	**Pretérito imperfecto**	**Positivo/Negativo**
Sabía	**Sabré**	Habría sabido	**Supiera** (-se)	
Sabías	**Sabrás**	Habrías sabido	**Supieras** (-ses)	Sabe / No **sepas**
Sabía	**Sabrá**	Habría sabido	**Supiera** (...)	Sabed / No **sepáis**
Sabíamos	**Sabremos**	Habríamos sabido	**Supiéramos**	
Sabíais	**Sabréis**	Habríais sabido	**Supierais**	**Sepa** / No **sepa**
Sabían	**Sabrán**	Habrían sabido	**Supieran**	**Sepan** / No **sepan**

SALIR

INDICATIVO			SUBJUNTIVO	
Presente	**Pretérito pluscuamp.**	**Futuro perfecto**	**Presente**	**Pretérito pluscuamp.**
Salgo	Había salido	Habré salido	**Salga**	Hubiera (-se) salido
Sales	Habías salido	Habrás salido	**Salgas**	Hubieras (-ses) salido
Sale	Había salido	Habrá salido	**Salga**	Hubiera (...) salido
Salimos	Habíamos salido	Habremos salido	**Salgamos**	Hubiéramos salido
Salís	Habíais salido	Habréis salido	**Salgáis**	Hubierais salido
Salen	Habían salido	Habrán salido	**Salgan**	Hubieran salido
Pretérito perfecto	**Pretérito indefinido**	**Condicional**	**Pretérito perfecto**	GERUNDIO
He salido	Salí	**Saldría**	Haya salido	Saliendo
Has salido	Saliste	**Saldrías**	Hayas salido	PARTICIPIO
Ha salido	Salió	**Saldría**	Haya salido	
Hemos salido	Salimos	**Saldríamos**	Hayamos salido	Salido
Habéis salido	Salisteis	**Saldríais**	Hayáis salido	
Han salido	Salieron	**Saldrían**	Hayan salido	IMPERATIVO
Pretérito imperfecto	**Futuro**	**Cond. compuesto**	**Pretérito imperfecto**	**Positivo/Negativo**
Salía	**Saldré**	Habría salido	Saliera (-se)	
Salías	**Saldrás**	Habrías salido	Salieras (-ses)	**Sal** / No **salgas**
Salía	**Saldrá**	Habría salido	Saliera (...)	Salid / No **salgáis**
Salíamos	**Saldremos**	Habríamos salido	Saliéramos	
Salíais	**Saldréis**	Habríais salido	Salierais	**Salga** / No **salga**
Salían	**Saldrán**	Habrían salido	Salieran	**Salgan** / No **salgan**

■ Se conjugan como ***salir***: ***sobresalir***, ***equivaler***, ***valer*** (con las terminaciones de los verbos en *-er*).

SENTIR

INDICATIVO

Presente	Pretérito pluscuamp.	Futuro perfecto
Siento	Había sentido	Habré sentido
Sientes	Habías sentido	Habrás sentido
Siente	Había sentido	Habrá sentido
Sentimos	Habíamos sentido	Habremos sentido
Sentís	Habíais sentido	Habréis sentido
Sienten	Habían sentido	Habrán sentido

Pretérito perfecto	Pretérito indefinido	Condicional
He sentido	Sentí	Sentiría
Has sentido	Sentiste	Sentirías
Ha sentido	**Sintió**	Sentiría
Hemos sentido	Sentimos	Sentiríamos
Habéis sentido	Sentisteis	Sentiríais
Han sentido	**Sintieron**	Sentirían

Pretérito imperfecto	Futuro	Cond. compuesto
Sentía	Sentiré	Habría sentido
Sentías	Sentirás	Habrías sentido
Sentía	Sentirá	Habría sentido
Sentíamos	Sentiremos	Habríamos sentido
Sentíais	Sentiréis	Habríais sentido
Sentían	Sentirán	Habrían sentido

SUBJUNTIVO

Presente	Pretérito pluscuamp.
Sienta	Hubiera (-se) sentido
Sientas	Hubieras (-ses) sentido
Sienta	Hubiera (...) sentido
Sintamos	Hubiéramos sentido
Sintáis	Hubierais sentido
Sientan	Hubieran sentido

Pretérito perfecto	Pretérito imperfecto
Haya sentido	**Sintiera** (-se)
Hayas sentido	**Sintieras** (-ses)
Haya sentido	**Sintiera** (...)
Hayamos sentido	**Sintiéramos**
Hayáis sentido	**Sintierais**
Hayan sentido	**Sintieran**

GERUNDIO

Sintiendo

PARTICIPIO

Sentido

IMPERATIVO

Positivo/Negativo

Siente / No **sientas**
Sentid / No **sintáis**

Sienta / No **sienta**
Sientan / No **sientan**

■ Se conjugan como *sentir*: ***divertir(se), mentir, preferir, presentir, sugerir...***

SER

INDICATIVO

Presente	Pretérito pluscuamp.	Futuro perfecto
Soy	Había sido	Habré sido
Eres	Habías sido	Habrás sido
Es	Había sido	Habrá sido
Somos	Habíamos sido	Habremos sido
Sois	Habíais sido	Habréis sido
Son	Habían sido	Habrán sido

Pretérito perfecto	Pretérito indefinido	Condicional
He sido	**Fui**	Sería
Has sido	**Fuiste**	Serías
Ha sido	**Fue**	Sería
Hemos sido	**Fuimos**	Seríamos
Habéis sido	**Fuisteis**	Seríais
Han sido	**Fueron**	Serían

Pretérito imperfecto	Futuro	Cond. compuesto
Era	Seré	Habría sido
Eras	Serás	Habrías sido
Era	Será	Habría sido
Éramos	Seremos	Habríamos sido
Erais	Seréis	Habríais sido
Eran	Serán	Habrían sido

SUBJUNTIVO

Presente	Pretérito pluscuamp.
Sea	Hubiera (-se) sido
Seas	Hubieras (-ses) sido
Sea	Hubiera (...) sido
Seamos	Hubiéramos sido
Seáis	Hubierais sido
Sean	Hubieran sido

Pretérito perfecto	Pretérito imperfecto
Haya sido	**Fuera** (-se)
Hayas sido	**Fueras** (-ses)
Haya sido	**Fuera** (...)
Hayamos sido	**Fuéramos**
Hayáis sido	**Fuerais**
Hayan sido	**Fueran**

GERUNDIO

Siendo

PARTICIPIO

Sido

IMPERATIVO

Positivo/Negativo

Sé / No seas
Sed / No **seáis**

Sea / No **sea**
Sean / No **sean**

TENER

INDICATIVO

Presente	Pretérito pluscuamp.	Futuro perfecto
Tengo	Había tenido	Habré tenido
Tienes	Habías tenido	Habrás tenido
Tiene	Había tenido	Habrá tenido
Tenemos	Habíamos tenido	Habremos tenido
Tenéis	Habíais tenido	Habréis tenido
Tienen	Habían tenido	Habrán tenido

Pretérito perfecto	Pretérito indefinido	Condicional
He tenido	Tuve	Tendría
Has tenido	Tuviste	Tendrías
Ha tenido	Tuvo	Tendría
Hemos tenido	Tuvimos	Tendríamos
Habéis tenido	Tuvisteis	Tendríais
Han tenido	Tuvieron	Tendrían

Pretérito imperfecto	Futuro	Cond. compuesto
Tenía	Tendré	Habría tenido
Tenías	Tendrás	Habrías tenido
Tenía	Tendrá	Habría tenido
Teníamos	Tendremos	Habríamos tenido
Teníais	Tendréis	Habríais tenido
Tenían	Tendrán	Habrían tenido

SUBJUNTIVO

Presente	Pretérito pluscuamp.
Tenga	Hubiera (-se) tenido
Tengas	Hubieras (-ses) tenido
Tenga	Hubiera (...) tenido
Tengamos	Hubiéramos tenido
Tengáis	Hubierais tenido
Tengan	Hubieran tenido

Pretérito perfecto
Haya tenido
Hayas tenido
Haya tenido
Hayamos tenido
Hayáis tenido
Hayan tenido

Pretérito imperfecto
Tuviera (-se)
Tuvieras (-ses)
Tuviera (...)
Tuviéramos
Tuvierais
Tuvieran

GERUNDIO

Teniendo

PARTICIPIO

Tenido

IMPERATIVO

Positivo/Negativo

Ten / No tengas
Tened / No tengáis

Tenga / No tenga
Tengan / No tengan

■ Se conjugan como *tener*: ***contener, mantener, obtener...***

TRAER

INDICATIVO

Presente	Pretérito pluscuamp.	Futuro perfecto
Traigo	Había traído	Habré traído
Traes	Habías traído	Habrás traído
Trae	Había traído	Habrá traído
Traemos	Habíamos traído	Habremos traído
Traéis	Habíais traído	Habréis traído
Traen	Habían traído	Habrán traído

Pretérito perfecto	Pretérito indefinido	Condicional
He traído	Traje	Traería
Has traído	Trajiste	Traerías
Ha traído	Trajo	Traería
Hemos traído	Trajimos	Traeríamos
Habéis traído	Trajisteis	Traeríais
Han traído	Trajeron	Traerían

Pretérito imperfecto	Futuro	Cond. compuesto
Traía	Traeré	Habría traído
Traías	Traerás	Habrías traído
Traía	Traerá	Habría traído
Traíamos	Traeremos	Habríamos traído
Traíais	Traeréis	Habríais traído
Traían	Traerán	Habrían traído

SUBJUNTIVO

Presente	Pretérito pluscuamp.
Traiga	Hubiera (-se) traído
Traigas	Hubieras (-ses) traído
Traiga	Hubiera (...) traído
Traigamos	Hubiéramos traído
Traigáis	Hubierais traído
Traigan	Hubieran traído

Pretérito perfecto
Haya traído
Hayas traído
Haya traído
Hayamos traído
Hayáis traído
Hayan traído

Pretérito imperfecto
Trajera (-se)
Trajeras (-ses)
Trajera (...)
Trajéramos
Trajerais
Trajeran

GERUNDIO

Trayendo

PARTICIPIO

Traído

IMPERATIVO

Positivo/Negativo

Trae / No traigas
Traed / No traigáis

Traiga / No traiga
Traigan / No traigan

■ Se conjugan como *traer*: ***abstraer, atraer, distraer, extraer...***

VENIR

INDICATIVO

Presente	Pretérito pluscuamp.	Futuro perfecto
Vengo	Había venido	Habré venido
Vienes	Habías venido	Habrás venido
Viene	Había venido	Habrá venido
Venimos	Habíamos venido	Habremos venido
Venís	Habíais venido	Habréis venido
Vienen	Habían venido	Habrán venido

Pretérito perfecto	Pretérito indefinido	Condicional
He venido	Vine	Vendría
Has venido	Viniste	Vendrías
Ha venido	Vino	Vendría
Hemos venido	Vinimos	Vendríamos
Habéis venido	Vinisteis	Vendríais
Han venido	Vinieron	Vendrían

Pretérito imperfecto	Futuro	Cond. compuesto
Venía	Vendré	Habría venido
Venías	Vendrás	Habrías venido
Venía	Vendrá	Habría venido
Veníamos	Vendremos	Habríamos venido
Veníais	Vendréis	Habríais venido
Venían	Vendrán	Habrían venido

SUBJUNTIVO

Presente	Pretérito pluscuamp.
Venga	Hubiera (-se) venido
Vengas	Hubieras (-ses) venido
Venga	Hubiera (...) venido
Vengamos	Hubiéramos venido
Vengáis	Hubierais venido
Vengan	Hubieran venido

Pretérito perfecto
Haya venido
Hayas venido
Haya venido
Hayamos venido
Hayáis venido
Hayan venido

Pretérito imperfecto
Viniera (-se)
Vinieras (-ses)
Viniera (...)
Viniéramos
Vinierais
Vinieran

GERUNDIO

Viniendo

PARTICIPIO

Venido

IMPERATIVO

Positivo/Negativo

Ven / No vengas
Venid / No vengáis

Venga / No venga
Vengan / No vengan

■ Se conjugan como *venir*: ***convenir, provenir...***

VER

INDICATIVO

Presente	Pretérito pluscuamp.	Futuro perfecto
Veo	Había visto	Habré visto
Ves	Habías visto	Habrás visto
Ve	Había visto	Habrá visto
Vemos	Habíamos visto	Habremos visto
Veis	Habíais visto	Habréis visto
Ven	Habían visto	Habrán visto

Pretérito perfecto	Pretérito indefinido	Condicional
He visto	Vi	Vería
Has visto	Viste	Verías
Ha visto	Vio	Vería
Hemos visto	Vimos	Veríamos
Habéis visto	Visteis	Veríais
Han visto	Vieron	Verían

Pretérito imperfecto	Futuro	Cond. compuesto
Veía	Veré	Habría visto
Veías	Verás	Habrías visto
Veía	Verá	Habría visto
Veíamos	Veremos	Habríamos visto
Veíais	Veréis	Habríais visto
Veían	Verán	Habrían visto

SUBJUNTIVO

Presente	Pretérito pluscuamp.
Vea	Hubiera (-se) visto
Veas	Hubieras (-ses) visto
Vea	Hubiera (...) visto
Veamos	Hubiéramos visto
Veáis	Hubierais visto
Vean	Hubieran visto

Pretérito perfecto
Haya visto
Hayas visto
Haya visto
Hayamos visto
Hayáis visto
Hayan visto

Pretérito imperfecto
Viera (-se)
Vieras (-ses)
Viera (...)
Viéramos
Vierais
Vieran

GERUNDIO

Viendo

PARTICIPIO

Visto

IMPERATIVO

Positivo/Negativo

Ve / No veas
Ved / No veáis

Vea / No vea
Vean / No vean

■ Se conjuga como *ver*: ***prever.***

VOLAR

INDICATIVO

Presente	Pretérito pluscuamp.	Futuro perfecto
Vuelo	Había volado	Habré volado
Vuelas	Habías volado	Habrás volado
Vuela	Había volado	Habrá volado
Volamos	Habíamos volado	Habremos volado
Voláis	Habíais volado	Habréis volado
Vuelan	Habían volado	Habrán volado

Pretérito perfecto	Pretérito indefinido	Condicional
He volado	Volé	Volaría
Has volado	Volaste	Volarías
Ha volado	Voló	Volaría
Hemos volado	Volamos	Volaríamos
Habéis volado	Volasteis	Volaríais
Han volado	Volaron	Volarían

Pretérito imperfecto	Futuro	Cond. compuesto
Volaba	Volaré	Habría volado
Volabas	Volarás	Habrías volado
Volaba	Volará	Habría volado
Volábamos	Volaremos	Habríamos volado
Volabais	Volaréis	Habríais volado
Volaban	Volarán	Habrían volado

SUBJUNTIVO

Presente	Pretérito pluscuamp.
Vuele	Hubiera (se) volado
Vueles	Hubieras (-ses) volado
Vuele	Hubiera (...) volado
Volemos	Hubiéramos volado
Voléis	Hubierais volado
Vuelen	Hubieran volado

Pretérito perfecto	Pretérito imperfecto
Haya volado	Volara (-se)
Hayas volado	Volaras (-ses)
Haya volado	Volara (...)
Hayamos volado	Voláramos
Hayáis volado	Volarais
Hayan volado	Volaran

GERUNDIO

Volando

PARTICIPIO

Volado

IMPERATIVO

Positivo/Negativo

Vuela / No **vueles**
Volad / No voléis

Vuele / No **vuele**
Vuelen / No **vuelen**

■ Se conjugan como *volar*: ***acostar(se), costar, probar, recordar, soñar...***

VOLVER

INDICATIVO

Presente	Pretérito pluscuamp.	Futuro perfecto
Vuelvo	Había **vuelto**	Habré **vuelto**
Vuelves	Habías **vuelto**	Habrás **vuelto**
Vuelve	Había **vuelto**	Habrá **vuelto**
Volvemos	Habíamos **vuelto**	Habremos **vuelto**
Volvéis	Habíais **vuelto**	Habréis **vuelto**
Vuelven	Habían **vuelto**	Habrán **vuelto**

Pretérito perfecto	Pretérito indefinido	Condicional
He **vuelto**	Volví	Volvería
Has **vuelto**	Volviste	Volverías
Ha **vuelto**	Volvió	Volvería
Hemos **vuelto**	Volvimos	Volveríamos
Habéis **vuelto**	Volvisteis	Volveríais
Han **vuelto**	Volvieron	Volverían

Pretérito imperfecto	Futuro	Cond. compuesto
Volvía	Volveré	Habría **vuelto**
Volvías	Volverás	Habrías **vuelto**
Volvía	Volverá	Habría **vuelto**
Volvíamos	Volveremos	Habríamos **vuelto**
Volvíais	Volveréis	Habríais **vuelto**
Volvían	Volverán	Habrían **vuelto**

SUBJUNTIVO

Presente	Pretérito pluscuamp.
Vuelva	Hubiera (-se) **vuelto**
Vuelvas	Hubieras (-ses) **vuelto**
Vuelva	Hubiera (...) **vuelto**
Volvamos	Hubiéramos **vuelto**
Volváis	Hubierais **vuelto**
Vuelvan	Hubieran **vuelto**

Pretérito perfecto	Pretérito imperfecto
Haya **vuelto**	Volviera (-se)
Hayas **vuelto**	Volvieras (-ses)
Haya **vuelto**	Volviera (...)
Hayamos **vuelto**	Volviéramos
Hayáis **vuelto**	Volvierais
Hayan **vuelto**	Volvieran

GERUNDIO

Volviendo

PARTICIPIO

Vuelto

IMPERATIVO

Positivo/Negativo

Vuelve / No **vuelvas**
Volved / No volváis

Vuelva / No **vuelva**
Vuelvan / No **vuelvan**

■ Se conjugan como *volver*: ***devolver, envolver, resolver...***

C Verbos con una irregularidad

ABRIR

- Se conjuga como *vivir*.
  Participio irregular: abierto.
  Se conjugan como *abrir*: ***entreabrir, reabrir.***

CUBRIR

- Se conjuga como *vivir*.
  Participio irregular: cubierto.
  Se conjugan como **cubrir**: ***descubrir, encubrir, recubrir.***

ESCRIBIR

- Se conjuga como vivir.
  Participio irregular: escrito.
  Se conjuga como *escribir*: ***describir, inscribir, reescribir, suscribir...***

IMPRIMIR

- Se conjuga como *vivir*.
  Dos formas de participio, una regular y otra irregular: **imprimido, impreso.**

ROMPER

- Se conjuga como *comer*.
  Participio irregular: roto.

D Lista de verbos irregulares

- Los verbos de la izquierda se conjugan como los verbos modelo que aparecen a su derecha.
  La información entre [ ] se refiere a aspectos ortográficos del verbo.
  La información entre ( ) se refiere a alguna peculiaridad de la conjugación.
  Los verbos señalados con (*) sólo se usan en algunas de sus formas.

Abrir: 272
Abstraer: *traer*, 269
Acertar: *pensar*, 264
Acordar: *volar*, 271
Acostar: *volar*, 271
Adquirir: *sentir*, 268
Advertir: *sentir*, 268
Almorzar: *volar*, 271
[pr. subj.: almuerce...; pret. indef.: almorcé; imp.: almuerce...]
Andar: 253
Ansiar: *confiar*, 255
Anteponer: *poner*, 265
Aparecer: *conocer*, 256
Apetecer: *conocer*, 256
Apretar: *pensar*, 264
Aprobar: *volar*, 271
Arrepentirse: *sentir*, 268
Ascender: *entender*, 259
Atender: *entender*, 259
Atraer: *traer*, 269
Atravesar: *pensar*, 264
Atribuir: *construir*, 256
Avergonzar: *volar*, 271

Bendecir: *decir*, 258
(part.: bendecido; fut.: bendeciré...; cond.: bendeciría...)

Caber: 254
Caer: 254
Calentar: *pensar*, 264
Carecer: *conocer*, 256
Cerrar: *pensar*, 264
Cocer: *mover*, 263
[pr. ind.: cuezo, cueces...; pr. subj.: cueza...; imp.: cuece, cueza...]
Colgar: *volar*, 271
[pr. subj.: cuelgue...; pret. indef..: colgué; imp.: cuelgue...]
Comenzar: *pensar*, 264
[pr. subj.: comience...; pret. indef.: comencé; imp.: comience...]
Compadecer: *conocer*, 256
Competir: *pedir*, 264
Complacer: *conocer*, 256
Componer: *poner*, 265
Comprobar: *volar*, 271
Concebir: *pedir*, 264
Concluir: *construir*, 256
Conducir: 255
Confesar: *pensar*, 264
Confiar: 255
Conmover: *mover*, 263
Conocer: 256
Conseguir: *pedir*, 264
[pr. ind.: consigo, consigues...; pr. subj.: consiga...; imp.: consigue, consiga...]
Consentir: *sentir*, 268
Consolar: *volar*, 271
Constituir: *construir*, 256
Construir: 256
Contar: *volar*, 271
Contener: *tener*, 269
Contradecir: *decir*, 258
Contraer: *traer*, 269
Contraponer: *poner*, 265
Contribuir: *construir*, 256
Convenir: *venir*, 270
Convertir: *sentir*, 268
Corregir: *pedir*, 264
[pr. ind.: corrijo, corriges...; pr. subj.: corrija...; imp.: corrige, corrija...]
Costar: *volar*, 271
Crecer: *conocer*, 256
Creer: 257
Criar: *confiar*, 255
Cubrir: 272

Dar: 257
Decaer: *caer*, 254
Decir: 258
Deducir: *conducir*, 255
Defender: *entender*, 259
Demostrar: *volar*, 271
Desafiar: *confiar*, 255
Desaparecer: *conocer*, 256
Desaprobar: *volar*, 271
Desatender: *entender*, 259
Descender: *entender*, 259
Descolgar: *volar*, 271
[pr. subj.: descuelgue...; imp.: descuelgue...]
Descomponer: *poner*, 265
Desconfiar: *confiar*, 255
Desconocer: *conocer*, 256
Describir: *vivir*, 253
(part.: descrito)
Desentenderse: *entender*, 259
Desenvolver: *volver*, 271
Deshacer: *hacer*, 261
Desliar: *confiar*, 255
Desmentir: *pedir*, 264
Desmerecer: *conocer*, 256
Desobedecer: *conocer*, 256
Desoír: *oír*, 263
Despedir: *pedir*, 264
Despertar: *pensar*, 264
Destituir: *construir*, 256
Desviar: *confiar*, 255
Descubrir: *vivir*, 253
(part.: descubierto)
Detener: *tener*, 269

Devolver: *volver*, 271
Digerir: *sentir*, 268
Diluir: *construir*, 256
Disentir: *sentir*, 268
Disminuir: *construir*, 256
Disolver: *volver*, 271
Disponer: *poner*, 265
Distraer: *traer*, 269
Distribuir: *construir*, 256
Divertir: *sentir*, 268
Doler: *mover*, 263
Dormir: 258

Elegir: *pedir*, 264
[pr. ind.: elijo, eliges...;
pr. subj.: elija...;
imp.: elige, elija...]
Empezar: *pensar*, 264
[pr. subj.: empiece...;
pret. indef.: empecé;
imp.: empiece...]
Encender: *entender*, 259
Encerrar: *pensar*, 264
Encontrar: *volar*, 271
Encubrir: *vivir*, 253
(part.: encubierto)
Enfriar: *confiar*, 255
Entender: 259
Entreabrir: *vivir*, 253
(part.: entreabierto)
Entretener: *tener*, 269
Enviar: *confiar*, 255
Envolver: *volver*, 271
Equivaler: *salir*, 267
(pero con term. -*er*)
Escribir: 272
Espiar: *confiar*, 255
Esquiar: *confiar*, 255
Establecer: *conocer*, 256
Estar: 259
Excluir: *construir*, 256
Exponer: *poner*, 265
Extender: *entender*, 259
Extraer: *traer*, 269

Favorecer: *conocer*, 256
Florecer: *conocer*, 256
Fluir: *construir*, 256
Fregar: *pensar*, 264
Freír: 260

Gobernar: *pensar*, 264
Guiar: *confiar*, 255

Haber: 260
Hacer: 261
Herir: *sentir*, 268
Hervir: *sentir*, 268
Huir: *construir*, 256

Impedir: *pedir*, 264
Imponer: *poner*, 265
Imprimir: 272
Incluir: *construir*, 256
Influir: *construir*, 256
Ingerir: *sentir*, 268
Inscribir: *vivir*, 253
(part.: inscrito)
Instituir: *construir*, 256
Instruir: *construir*, 256
Interferir: *sentir*, 268
Intervenir: *venir*, 270
Introducir: *conducir*, 255
Invertir: *sentir*, 268
Ir: 261

Jugar: 262

Leer: *creer*, 257
Liar: *confiar*, 255

Llover*: *mover*, 263

Manifestar: *pensar*, 264
Mantener: *tener*, 269
Medir: *pedir*, 264
Mentir: *sentir*, 268
Merecer: *conocer*, 256
Merendar: *pensar*, 264
Moler: *mover*, 263
Morder: *mover*, 263
Morir: 262
Mostrar: *volar*, 271
Mover: 263

Nacer: *conocer*, 256
Negar: *pensar*, 264
Nevar*: *pensar*, 264

Obedecer: *conocer*, 256
Obtener: *tener*, 269
Ofrecer: *conocer*, 256
Oír: 263
Oler: *mover*, 263
[pr. ind.: huelo, hueles,
huele... huelen;
pr. subj.: huela, huelas,
huela... huelan;
imp.: huele, huela...]
Oponer: *poner*, 265

Padecer: *conocer*, 256
Parecer: *conocer*, 256
Pedir: 264
Pensar: 264
Perder: *entender*, 259
Permanecer: *conocer*, 256
Perseguir: *sentir*, 268
Pertenecer: *conocer*, 256
Poder: 265
Poner: 265
Poseer: *creer*, 257
Posponer: *poner*, 265
Preconcebir: *pedir*, 264
Predecir: *decir*, 258
Predisponer: *poner*, 265
Preferir: *sentir*, 268
Presuponer: *poner*, 265
Prevenir: *venir*, 270
Prever: *ver*, 270
Probar: *volar*, 271
Producir: *conducir*, 255
Prohibir: 266
Promover: *mover*, 263
Proponer: *poner*, 265
Proveer: *creer*, 257
(part.: proveído, provisto)
Provenir: *venir*, 270

Quebrar: *pensar*, 264
Querer: 266

Reabrir: *vivir*, 253
(part.: reabierto)
Recaer: *caer*, 254
Recomendar: *pensar*, 264
Recomponer: *poner*, 265
Reconocer: *conocer*, 256
Reconstruir: *construir*, 256
Recordar: *volar*, 271
Recubrir: *vivir*, 253
(part.: recubierto)
Reducir: *conducir*, 255
Reescribir: *vivir*, 253
(part.: reescrito)
Referir: *sentir*, 268
Regar: *pensar*, 264
[pr. subj.: riegue...;
pret. indef..: regué;
imp.: riegue...]
Rehacer: *hacer*, 261
Reír: *pedir*, 264
Remover: *mover*, 263
Renovar: *volar*, 271
Reñir: *pedir*, 264
Repetir: *pedir*, 264
Reprobar: *volar*, 271
Reproducir: *conducir*, 255
Restituir: *construir*, 256
Retener: *tener*, 269
Retraer: *traer*, 269
Retribuir: *construir*, 256
Reunir: *prohibir*, 266
Revolver: *volver*, 271
Romper: 272
Rogar: *volar*, 271
[pr. subj.: ruegue...;
pret. indef.: rogué;
imp.: ruegue...]

Saber: 267
Salir: 267
Satisfacer: *hacer*, 261
Seducir: *conducir*, 255
Seguir: *pedir*, 264
Sembrar: *pensar*, 264
Sentar(se): *pensar*, 264
Sentir: 268
Ser: 268
Servir: *pedir*, 264
Sobrentender: *entender*, 259
Sobreponer: *poner*, 265
Sobresalir: *salir*, 267
Sobrevenir: *venir*, 270
Soler*: *mover*, 263
Soltar: *volar*, 271
Sonar: *volar*, 271
Sonreír: *pedir*, 264
Soñar: *volar*, 271
Sostener: *tener*, 269
Sugerir: *sentir*, 268
Superponer: *poner*, 265
Suponer: *poner*, 265
Suscribir: *vivir*, 253
(part.: suscrito)
Sustituir: *construir*, 256
Sustraer: *traer*, 269

Temblar: *pensar*, 264
Tender: *entender*, 259
Tener: 269
Tostar: *volar*, 271
Traducir: *conducir*, 255
Traer: 269
Transferir: *sentir*, 268
Tropezar: *pensar*, 264

Vaciar: *confiar*, 255
Valer: *salir*, 267
(pero con term. -*er*)
Variar: *confiar*, 255
Venir: 270
Ver: 270
Verter: *entender*, 259
Vestir: *pedir*, 264
Volar: 271
Volcar: *volar*, 271
[pr. subj.: vuelque....;
pret. indef..: volqué;
imp.: vuelque...]
Volver: 271

Claves de los ejercicios

1. Sustantivo. Género de las cosas.

Página 14

1 1. vaso 2. gafas 3. casa 4. floreros

2 1. bolígraf**o**, plum**a** 2. pis**o**, cas**a** 3. marid**o**, regal**o** 4. famili**a**.

Página 15

3 1. **brazo** es masculina y las otras son femeninas.
2. **impresora** es femenina y las otras son masculinas.
3. **crema** es femenina y las otras son masculinas.
4. **canción** es femenina y las otras son masculinas.
5. **garaje** es masculina y las otras son femeninas.

4 **Masculino**: El salón. El sobre. El taxi. El microondas. El café. El pie. El árbol. El sol. El lavavajillas.
Femenino: La crisis. La luna. La tesis. La clase. La tarde. La sal. La leche. La nariz. La carne.

Página 16

5 **I**. el garaje, el ordenador, la clase
II. El potaje, el microondas, el champú, el paraguas, el jersey
III. Un problema, la moto, las llaves
IV. Un error, la traducción
V. El tema
VI. El sillón, una reunión, una parte, la tarde, el móvil

6 1. el 2. la 3. el 4. el 5. el 6. el 7. la 8. el 9. el 10. la 11. el 12. el 13. la, el 14. el 15. la 16. el 17. el 18. la 19. la 20. la 21. el 22. el 23. la 24. la 25. la 26. la

2. Sustantivo. Género de personas y animales.

Página 17

1 1. g, moderna 2. d, nervioso 3. h, fantástica 4. a, comprensivo 5. c, extraordinario 6. f, loca 7. e, un artista

2 1. abuel**a** 2. prim**as** 3. amig**os** 4. herman**os** 5. herman**as** 6. niñ**a**

Página 18

3 1. padre, padre/madre 2. madre, padre/madre 3. mujer, mujer 4. hermana, padre/madre 5. hija 6. hermano, padre/madre 7. padre, marido/mujer 8. madre, marido/mujer 9. hijo 10. hija 11. hijo

4 1. pianista 2. pianista 3. policía 4. taxista 5. profesora 6. periodista 7. cantante 8. actriz, 9. actor 10. veterinario 11. futbolista

Página 19

5 **Marca de masculino/femenino**: gato/gata, cerdo/cerda, tigre/tigresa, gallo/gallina,
Una palabra diferente para cada sexo: caballo/yegua
Invariable femenino: jirafa, tortuga, hormiga, gamba.
Invariable masculino: cocodrilo, dinosaurio, calamar, caracol, mejillón

6 1. ¿esto es un **canguro macho** o un **canguro hembra**?
2. ¿es un **ratón macho** o un **ratón hembra**?
3. ¿un **camaleón macho** o un **camaleón hembra**?
4. ¿un **pato macho** o un **pato hembra**?
5. ¿Es una **serpiente macho** o una **serpiente hembra**?
6. ¿una **lechuza macho** o una **lechuza hembra**?

3. Sustantivo. Número.

Página 21

1 1. pe**ces** 2. so**fás** 3. relo**jes** 4. boto**nes** 5. jer**séis**

2 1. papeles 2. sartenes 3. tenedores 4. luces 5. lápices 6. boligrafos 7. rotuladores 8. árboles 9. bebés

3 1. paraguas 2. lavadora 3. abrebotellas 4. sofá 5. cuadro 6. cafetera 7. abrelatas 8. microondas

Página 22

4 1. ~~la luz~~ / las luces 2. agua / ~~aguas~~ 3. carne / ~~carnes~~ 4. vino / ~~vinos~~ 5. té / ~~tes~~

5 1. e, aplaudieron entusiasmados 2. c, estaban muy interesadas 3. salió muy contento 4. b, esperaba atenta el final del concierto

6 1. pastel 2. pez 3. jersey 4. luz 5. canapé

7 1. Dos relojes de pared 2. Dos abrelatas 3. Dos cortinas de baño 4. Dos bragas de algodón 5. Dos paraguas

4. Adjetivo

Página 24

1 1. cariñosa 2. vaga 3. guapa 4. superficial 5. dormilona 6. ecologista 7. tímido 8. alegre 9. trabajador 10. independiente 11. frágil

12. nerviosa 13. fuerte 14. optimista 15. inteligente 16. fea 17. pedante

2 1. italiano (es el único adjetivo de género variable).
2. contento (es el único adjetivo de género variable).
3. lista (es el único adjetivo de género variable).
4. hermosa (es el único adjetivo de género variable).
5. joven (es el único adjetivo de género invariable).

3 1. dos niñas cursis 2. dos personas felices 3. dos niños llorones 4. dos camisas grises 5. dos hombres habladores 6. dos mujeres interesantes

Página 25

4 1. estadounidense 2. italianas 3. colombiano 4. turcas 5. cubanos 6. japonesa 7. escocés 8. senegalés 9. suizos 10. finlandesa 11. españoles 12. franceses 13. china

5 1. a, elegante 2. a, pequeña y ruidosa 3. b, amplia y luminosa 4. d, lento e inseguro 5. a, grande y rápido 6. b, incómodos 7. a, impresionantes

6 1. ...son asturian**os**, pero yo nací en Madrid.
2. ...son maravillos**os**, aunque hace mucho frío.
3. ...son medios más objetiv**os** que la televisión.
4. ...son más ecológic**as**. Los coches contaminan mucho.
5. ...son muy mal**os** para la salud.
6. ...están mojad**os** y te puedes caer.

Página 26

7 1. Hay un grifo abierto.
2. Ponte el jersey naranja.
3. Dame un cenicero vacío.
4. Trae la ropa sucia.
5. Mete la botella llena.
6. Es un coche familiar.
7. Vivo en una residencia universitaria.
8. Los vuelos internacionales.
9. Está en un sobre cerrado.

Página 27

8 1. destaca 2. distingue 3. distingue 4. destaca 5. destaca 6. distingue 7. destaca 8. distingue

9 1. ~~industrial~~ edificio: edificio **industrial**.
2. ~~redondo~~ objeto: objeto **redondo**.
3. ~~japonés~~ reloj: reloj **japonés**.
4. ~~oficial~~ coche: coche **oficial**.
5. ~~vacía~~ casa: casa **vacía**.

Página 28

10 1. **segundo** marido 2. costas **caribeñas** 3. **tercer** marido 4. carretera **secundaria** 5. **cuarto** marido 6. barbacoa **familiar** 7. **próximo** marido 8. **futuro** presidente 9. banco **suizo**

11 1. ~~primer~~: primera. 2. ~~mal~~: malos.
3. ~~tercer~~: tercera. 4. ~~mal~~: mala.
5. ~~bueno~~: buen. 6. ~~grande~~: gran.
7. ~~grande~~: gran. 8. ~~buen~~: buena.
9. ~~bueno~~: buen. 10. ~~bueno~~: buen.

5. Artículos: *un, el, ø*

Página 30

1 1. unas, unos 2. un, unas 3. una, un 4. un, una 5. los, las 6. las, del 7. el, la 8. la, al

Página 31

2 1. un 2. la, últim**a** 3. las 4. un, horroros**a** 5. el 6. las 7. la, mism**a** 8. el 9. las

Página 32

3 1a. b 1b. a 2a. b 2b. a 3a. a 3b. b 4a. a 4b. b 5a. b 5b. a

4 1. el, una 2. la/una, un 3. el 4. unos, los 5. el, un, el

5 1. sí 2. no 3. no 4. no 5. no 6. sí 7. sí

Página 33

6 1. ~~Ø~~/el, d 2. Ø/~~un~~, f 3. Ø/~~un~~, c 4. ~~Ø~~/el, e 5. ~~Ø~~/un, b 6. ~~Ø~~/el, g 7. Ø/~~el~~, l 8. ~~Ø~~/un, j 9. ~~Ø~~/el, i 10. Ø/~~un~~, k 11. ~~Ø~~/el, h

Página 34

7 1. huevos 2. agua 3. café 4. pilas 5. aspirinas 6. dinero

Página 35

8 1a. III, 1b. I, 1c. II 2a. I, 2b. III, 2c. II 3a. III, 3b. II, 3c. I 4a. I, 4b. III, 4c. II 5a. III, 5b. I, 5c. II

9 1. el abanico 2. los cajeros 3. mostaza 4. los helados 5. las hormigas 6. el té, el café / el café, el té 7. el ratón 8. el carrito 9. agua

10 1. Después de cazar bisontes, nos duelen mucho **las** piernas, pero **el** gran jefe Halcón Maltés nos da zumo de uvas y aspirinas.
2. **Los** indios quieren ser como **el** oso y **el** águila y respetan a **los** seres vivos. Sólo cazan animales para comer.
3. A **los** indios les gusta fumar hierba seca con **el** anciano más viejo de **la** tribu.
4. Para **los** indios **el** amor es **el** sentimiento más hermoso. **Los** indios aman **la** naturaleza y también **al** hombre blanco.

5. **Los** indios hacen fuego y bailan **la** danza de **la** lluvia cuando llega **la** primavera.
6. Todas **las** primaveras **los** osos bajan de **las** montañas **al** río para pescar salmones. **Los** indios aprenden mucho de ellos.
7. **Los** hombres indios se pintan para **la** guerra. **Las** mujeres indias nunca se pintan. Les gusta **la** paz.

Página 36

11 1. unas ~~medias~~
2. los ~~sobres~~ amarillos, los ~~sobres~~ que están ahí
3. una ~~cerveza~~
4. un*o* ~~reloj~~ que tiene cronómetro
5. la ~~chica~~ de las gafas, la ~~chica~~ alta, la ~~chica~~ que está de pie
6. unos ~~amigos~~ que conocí en la discoteca
7. ¿El ~~libro~~ gordo? ¿El ~~libro~~ de física?
8. un*o* ~~café~~ solo, un*o* ~~café~~ con leche

12 1. lleva peluca 2. guantes largos
3. pistola 4. delgado 5. pañuelo de lunares
6. está cantando 7. guapísimas

6. Demostrativos: *este, ese, aquel... esto, eso...*

Página 38

1 1. estas 2. estos 3. esta 4. ese
5. esa 6. esas 7. esos 8. aquella
9. aquellos 10. aquellas 11. aquel

2 1. d 2. b 3. c

3 1. estos 2. esas 3. aquel 4. aquella 5. esos

Página 39

4 1. d 2. c 3. a 4. f 5. b

5 1. hombres 2. hoja 3. chico 4. papel
5. pendientes

Página 41

6 1. esto 2. esto 3. eso 4. eso 5. eso 6. aquello
7. aquello

7 1. f 2. c 3. g 4. b 5. d 6. e
No sabe el nombre: 1, 3
No importa el nombre: 5, 6
No es un objeto: 2, 4

Página 42

8 1. eso 2. eso 3. esto 4. aquello 5. eso

9 1. aquello 2. esa chica / eso 3. esa carta 4. ésa
5. ese señor 6. aquella chica 7. aquello
8. este mueble / esto 9. ése

7. Posesivos: *mi, tu, su... mío, tuyo, suyo...*

Página 44

1 1. nuestra, nuestras, nuestros
2. tu, tu, tu, tus, tus
3. mi, mis, mis, mi, mis
4. vuestro, vuestras, vuestras
5. su, su, su, su, sus, sus

2 1. mis 2. tus 3. tus 4. mi
5. tu 6. tu 7. mis 8. mi
9. tu 10. tu 11. tu

Página 45

3 1. f/suyos 2. e/vuestro 3. c/míos 4. d/suyos
5. b/vuestros

4 1. ~~de ti~~ tuyo 2. ~~de vosotros~~ vuestro 3. ~~de ti~~ tuyo
4. ~~de nosotros~~ nuestro

Página 47

5 1. a 2. b 3. b 4. b 5. b 6. b 7. a

6 1. **mis** camisones de seda 2. **mi** dentadura postiza 3. **nuestras** dieciocho maletas 4. **nuestros** seis abrigos de pieles 5. **nuestros** gorros de dormir 6. **su** magnífica colección de pipas de marfil 7. **mi** esposa 8. **su** último cumpleaños 9. **tu** ordenador portátil 10. **tus** doce palos de golf preferidos 11. algunos objetos **suyos** 12. **su** ordenador 13. varios poemas **suyos** 14. algunas joyas **suyas** 15. **su** anillo 16. Dos pipas **suyas** 17. **sus** doce palos de golf 18. dos camisones **suyos** 19. **una** maleta suya 20. **su** dentadura postiza 21. **tu** pijama

Páginas 48 y 49

7 1. Me gusta más su dentista que **el nuestro**. Hace menos daño.
2. Mi móvil se ha quedado sin batería. ¿Me dejas **el tuyo**?
3. Éstas son mis toallas. **Las tuyas** están en el armario.
4. El barrio donde vivo no está mal, pero **el suyo** es más tranquilo.
5. Mi sueldo es más alto que **el vuestro**. Y eso que trabajo bastante menos.
6. Yo tengo una letra muy difícil de leer, pero **la tuya** no se entiende nada.
7. Entre la bicicleta de David y **la nuestra**, prefiero la de David.
8. Tenemos el mismo coche, pero **el suyo** tiene aire acondicionado.
9. Nunca te lo había dicho, pero prefiero su café **al tuyo**.

8 1. nuestro 2. suyo 3. mío 4. suyas 5. mías 6. mía 7. mío 8. suya 9. mía/nuestra 10. mía 11. nuestras 12. mías 13. vuestras 14. nuestros 15. nuestro 16. vuestros 17. nuestra

9 1. el 2. las 3. la 4. la 5. el 6. las 7. las 8. los 9. las 10. la 11. la 12. el 1. C 2. D 3. B

8. Indefinidos: *todos, algunos, alguien, nada...*

Página 51

1 1. algunas, ninguna, todas 2. algunas, ningunas, Todas 3. algunos, ninguno, todos 4. algunos, ninguno, todos 5. Algunas, ninguna, todas 6. algunos, Ninguno, Todos 7. algunos, ninguno, Todos 8. Algunas, ninguna, Todas

2 1. algunas 2. algunos 3. todos, ninguno 4. ningún 5. algún 6. ningún 7. todas 8. alguna 9. algún

3 1. Algunos 2. algunas 3. ninguna 4. algunas 5. todas 6. Algunos 7. ninguno 8. todos 9. Todas 10. todos 11. Algunos

Página 52

4 1. algo 2. Nadie 3. algo 4. nada 5. todo 6. nada 7. alguien 8. algo 9. nada 10. algo 11. nadie 12. nada 13. alguien 14. nadie 15. todo 16. algo 17. algo

5 1. perezos**a** 2. barat**o** 3. oscur**o** 4. roj**o** 5. rápid**o**

Página 53

6 1. alguien, nadie, alguno, algo 2. algo, nada, algo, nada 3. algo, algunas 4. algunas, ninguna 5. alguien, algún 6. algo, ningún, Ninguno, nada 7. algo, alguno, algún, algún 8. Alguno/algunos, algo, nada, alguno / algunos, alguna

Página 54

7 1. *correcto* 2. Bueno, yo esperaba tu ayuda, pero si no puedes, **no** pasa <u>nada</u>. 3. *correcto* 4. Dicen que Rosa y aquel chico se besaron, pero yo **no** vi <u>nada</u>. 5. Tiene cuatro gatos, pero **no** quiere regalarme <u>ninguno</u>. 6. No lo dudo, será tu hijo, pero **no** se parece en <u>nada</u> a ti.

Página 55

8 1. b/otro 2. a/otra 3. d/otras 4. c/otros

9 1. otras 2. otros tres 3. otro 4. otras dos 5. otra 6. otras dos

10 1. (~~una~~, casa, otra) otra casa 2. (otra, la, parte) la otra parte 3. (otra, su, hija) su otra hija 4. (hijos, otros, dos) otros dos hijos 5. (ternero, ~~un~~, otro) otro ternero 6. (tres, casas, otras) otras tres casas 7. (chico, otro, aquel) aquel otro chico

11 1. *correcto*
2. ¿Por qué te fijas en ~~unos~~ otros si me tienes a mí?
3. Jerónimo, yo no miro ~~unos~~ otros ojos, no miro ~~una~~ otra boca, no miro otras manos. Yo sólo te miro a ti.
4. Eso deseo yo, Alablanca. Porque tú eres mi única luna y no hay en todo el mundo ninguna otra. Nunca podrá haber ~~una~~ otra. Sólo te quiero a ti.

9. Numerales cardinales: *uno, dos, tres...*

Página 56

1 1. diez 2. dos 3. seis 4. doce 5. catorce 6. ocho 7. diez 8. seis 9. dos

2 1. dos, uno 2. una, tres 3. una, un 4. un, una 5. tres, dos, uno 6. dos, una, un

Página 57

3 quince - ocho = siete, nueve + cuatro = trece, seis + tres = nueve, dos + nueve = once, trece - siete = seis, diez + cuatro = catorce, doce + tres = quince, siete + cinco = doce

4 1. treinta y nueve 2. treinta y uno 3. veintisiete 4. diecinueve 5. veintitrés 6. veinticinco 7. dieciséis

Página 58

5 1. setenta y una 2. sesenta y tres 3. ochenta y cuatro 4. tres 5. nueve 6. cincuenta y dos 7. cinco 8. dos

6 1. diecisiete 2. setenta y nueve 3. noventa y seis 4. treinta y tres 5. veintiuno 6. cuarenta y cinco 7. sesenta y uno 8. ochenta y dos 9. cincuenta y seis

7 **Cuaderno de Ana** (€): doscient**os** cincuenta (250), ochocient**os** (800), setecient**os** dos (702), novecient**os** veintidós (922)
Cuaderno de Julie (£): seiscient**as** doce (612), quinient**as** treinta y una (531), setecient**as** (700), cuatrocient**as** cincuenta (450)

Página 59

8 Electricidad: 281 euros, doscientos ochenta y uno
Móvil: 789 euros: setecientos ochenta y nueve
Teléfono: 411 euros: cuatrocientos once
Agua: 576 euros: quinientos setenta y seis
Droguería: 125 euros: ciento veinticinco

9 1. 4.179 cuatro mil ciento setenta y nueve
2. 95.167 noventa y cinco mil ciento sesenta y siete
3. 5.021 cinco mil veintiuno
4. 81.184 ochenta y un mil ciento ochenta y cuatro
5. 31.901 treinta y un mil novecientos uno
6. 27.432 veintisiete mil cuatrocientos treinta y dos

Página 60

10 1. ciento cuatro millones doscientos mil ciento sesenta y cinco habitantes
2. veinticinco millones doscientos ochenta y siete mil seiscientos setenta habitantes
3. catorce millones cuatrocientos cuarenta y siete mil cuatrocientos noventa y cuatro habitantes
4. seis millones ochenta y cuatro mil cuatrocientos noventa y un habitantes
5. catorce millones trescientos catorce mil setenta y nueve habitantes
6. cuarenta y un millones setenta y siete mil cien habitantes
7. dieciséis millones cuatrocientos noventa y ocho mil novecientos treinta habitantes

11 1. Cuarenta y dos mil ciento ~~y~~ cinco (42.105)
2. Tres millones ~~y~~ ochenta y ocho mil trescientos ~~y~~ cuarenta y seis (3.088.346)
3. Cuatrocientos ~~y~~ cinco mil sesenta y uno (405.071)
4. Cincuenta y nueve mil ~~y~~ once (59.011)
5. Noventa y dos mil trescientos ~~y~~ quince (92.315)
6. Ochocientos ~~y~~ cinco mil quinientos ~~y~~ ochenta (805.580)
7. Trescientos ~~y~~ veintiséis (326)
8. Setecientos ~~y~~ setenta mil (770.000)

12 Golandia tiene una superficie de seiscientos quince mil km^2 y un total de **dos millones quinientos sesenta y cinco mil** habitantes. La capital, Gola City, está situada al norte del país y tiene **ochocientos cuarenta y nueve mil trescientos** habitantes. La segunda ciudad importante de Golandia es Rúcola, con **trescientos siete mil** habitantes. El monte principal de la isla es El Golón con una altura de **cuatro mil cincuenta y ocho metros**, y tiene dos ríos principales: el Gologolo, de **cuatrocientos setenta y nueve** kilómetros y el Golín, de **doscientos treinta y cinco kilómetros**.

10. Numerales ordinales: *primero, segundo...*

Página 61

1 Carlos es el **tercero**, María es la **quinta**, Juan es el **sexto**, Francisco es el **cuarto**, Laura es la **segunda** y Ricardo es el **séptimo**.

2 1. Segundo 2. Noveno
3. Octavo 4. Tercer
5. Primera 6. Tercera 7. Primer

Página 62

3 1. Tercero 2. Quince 3. Décimo 4. Segunda
5. Trece

4 El primer día, la orquesta va a tocar el **segundo** concierto para piano de Brahms y la **cuarta** sinfonía de Bruckner. El **segundo** día, el **cuarta** concierto para violín de Mozart y la **octava** sinfonía de Mahler. Y el **tercer** día va a tocar el **quinto** concierto para piano de Beethoven y la **sexta** sinfonía de Tchaikovsky.

Página 63

5 Primero, se corta una rebanada de pan. **Segundo**, se unta con tomate. **Tercero**, se echa sal y aceite de oliva. **Cuarto**, se cubre con lonchas finas de jamón.

6 1. 69 2. 46 3. 91 4. 18 5. 11
6. 82 7. 76 8. 34 9. 50
10. 12 11. 99

7 1. cuadragésimo quinto 2. vigésimo sexto
3. décimo novena 4. trigésimo primera

11. Cuantificadores: *demasiado, mucho...*

Página 64

1 1. Hay **mucha** agua y **pocos** cubitos.
2. Hay **bastante** agua y **bastantes** cubitos.
3. No hay **nada** de agua y **demasiados** cubitos.
4. Hay **demasiada** agua y **ningún** cubito.

Página 65

2 1. nada de 2. nada de 3. ninguna
4. ningún 5. nada de 6. ningún

3 1. Bonifacio 2. Dolores
3. Dolores 4. Bonifacio
5. Bonifacio 6. Dolores
7. Dolores

4 1. un poco de 2. poca 3. un poco de 4. poco
5. un poco de 6. poco 7. un poco de 8. un poco de
9. poco

Página 66

5 1. demasiadas 2. bastante
3. demasiados 4. muy
5. demasiado 6. Demasiado
7. poco 8. Demasiado
9. Muy 10. bastante

6 1. demasiado 2. bastante
3. poco 4. demasiados, poco
5. demasiadas

12. Pronombres personales. Introducción.

Página 69

1 1. Leonor 2. Paco 3. Dolores
4. Elisabeth 5. Eduardo 6. María
7. la casa 8. agua 9. el desayuno
10. la compra 11. a los pequeños
12. la ropa 13. al bebé
14. la comida y la cena 15. a las plantas
16. a sus hermanos pequeños 17. a todos

2 1. El secretario anota siempre: a/CD
El secretario le anota sus citas: b/CI
2. El profesor les enseña música jugando: b/CI
El profesor enseña con juegos: a/CD
3. El hijo les lava y les plancha la ropa: a/CI
La lavadora lava y seca en dos horas: b/CD
4. Paco pone en la mesa: a/CD
Paco le pone la comida: b/CI

Página 70

3 1a. a 1b. b/reflexivo 2a. a/reflexivo 2b. b
3a. b/reflexivo 3b. a

4 1a. la cabeza 1b. Alicia
2a. unos helados 2b. Los niños
3a. ese problema 3b. nosotros
4a. Tu madre 4b. los niños
5a. el ruido 5b. Los niños
6a. Las chicas 6b. la música disco
7a. La tele 7b. Tu madre

13. Pronombres sujeto: *yo, tú, él...*

Página 71

1 1. nosotras 2. nosotros 3. ellos 4. tú 5. él 6. ella
7. ellas 8. vosotros 9. vosotras

2 1. tú, h 2. tú, b 3. usted, d 4. usted, a 5. tú, g
6. usted, e 7. tú, f

Página 72

3 1. a, b 2. a, b 3. a, b 4. b, a 5. a, b

14. Pronombres complemento: *a mí, para ti...*

Página 73

1 1. vosotras, b, nosotras 2. usted, a, mí 3. tú, f, ti
4. vosotros, d, nosotros 5. mí, ustedes, e, vosotros

Página 74

2 1. ti 2. ella 3. nosotras
4. ella 5. contigo
6. nosotras 7. él 8. ella

3 1. conmigo 2. contigo 3. para ellos 4. a ti
5. entre tú y yo 6. sin nosotras 7. de mí
8. hasta yo 9. de ti 10. según tú 11. por mí
12. sobre ti

15. Pronombres complemento: *me, te, nos...*

Página 75

1 1. me 2. Nos 3. Nos 4. Os
5. Te/Os 6. Te 7. nos 8. os, os

Página 77

2 1. las 2. lo 3. las 4. la 5. los 6. la 7. los

3 1. les 2. le 3. les 4. le 5. le

4 1. le 2. lo 3. le 4. la 5. les 6. les
7. los 8. lo 9. la 10. los 11. las

Página 78

5 1. b (N) 2. b (N) 3. a (M) 4. b (N) 5. b (N)
6. b (N) 7. a (M)

16. Posición y combinación de pronombres

Página 79

1 **I.** mayordomo (D)
1. ¿Le reservo mesa en su restaurante de siempre?
2. ¿Lo llevo a alguna parte?
3. ¿Le preparo un baño caliente?
II. pareja en el coche (C)
4. ¿Te llevo a la peluquería?
5. ¿Te pongo música?
6. ¿Te enciendo el aire acondicionado?
7. ¿Te abrocho el cinturón de seguridad?
III. hablando con extraterrestres (A)
8. ¿Os laváis los dientes?
9. ¿Os acostáis temprano?
10. ¿Os llevan al médico?
11. ¿Os hacen regalos en Navidad?
IV. grupo musical (B)
12. Nos han aplaudido durante veinte minutos.
13. Me han tirado ropa interior al escenario.
14. Nos han pedido muchos autógrafos.
15. Me han hecho miles de fotos.

Página 80

2 1. los 2. la 3. lo 4. me la 5. os los
6. nos lo 7. te la

Página 81

3 1. se lo 2. se lo 3. se los 4. se los, se los 5. se lo

4 1. se las he devuelto 2. te los limpio 3. os lo pongo 4. nos lo lees 5. se lo he dado 6. te la doy 7. os la doy 8. nos las hemos lavado 9. se la he echado, se la han comido 10. se lo he dado

Página 82

5 1a. moviéndolas, 1b. moviéndoselas
2a. doblándolas, 2b. doblándoselas
3a. girándola, 3b. girándosela
4a. moviéndolas, 4b. moviéndoselas
5a. subiéndola, 5b. subiéndosela
6a. moviéndolo, 6b. moviéndoselo

6 1. cóge**le** 2. míra**la** 3. di**le** 4. desperta**os** (desperta~~d~~os) 5. levanta**os** (levanta~~d~~os) 6. pruéba**le** 7. cóge**le** 8. pon**le** 9. tíra**le** 10. di**le**

Página 83

7 1. déja**me** 2. **me** estás regañando / estás regañándo**me** 3. **me** puedes dejar / puedes dejar**me** 4. cómpra**me**, di**me** 5. **os** tenéis que decir / tenéis que deci**ros** 6. **nos** tenemos que decir / tenemos que decir**nos** 7. mánda**le**, diciéndo**le**, llláma**la**, decir**le**

8 1. **los** quieres recoger / quieres recoger**los**
2. **los** vas a recoger / vas a recoger**los**
3. **los** tienes que recoger / tienes que recoger**los**
4. **los** estoy recogiendo / estoy recogiéndo**los**
5. **te** vas a tomar / vas a tomar**te**
6. **me la** estoy tomando / estoy tomándo**mela**
7. apága**la**
8. **la** tienes que apagar / tienes que apagar**la**
9. **la** vas a apagar / vas a apagar**la**
10. **la** estoy apagando / estoy apagándo**la**

9 1. le 2. me los 3. Les 4. Le 5. Nos las 6. nos 7. os

17. Presencia y reduplicación de pronombres

Página 84

1 *Columna izquierda*:
1. lo 2. la 3. las 4. lo
Columna derecha:
1. le 2. se 3. les 4. le 5. se 6. se, se

Página 85

2 1. *correcto* 2. ~~Lo~~ han descolgado el teléfono. No paraba de sonar. 3. *correcto* 4. *correcto* 5. *correcto* 6. *correcto* 7. ~~La~~ prepararé la ensaladilla y la meteré enseguida en el frigorífico. 8. *correcto* 9. No ~~las~~ he metido las sábanas en la secadora. Las he tendido.

Página 86

3 1.I-b, 1.II-a 2.I.a, 2.II-b 3.I-a, 3.II-b 4.I-a, 4.II-b 5.I-b, 5.II-a

4 1. te 2. me, os 3. nos 4. nos 5. os

5 1. no **me** miras (a mí)... 2. **Nos** pasa algo ~~a nosotros~~ 3. Antes **nos** besábamos ~~a nosotros~~... 4. Yo **te** adoro (a ti)... 5. Y yo también **te** quiero (a ti) mucho... 6. Pues si **nos** queremos tanto ~~a nosotros~~... 7. ¿por qué no **nos** compramos ~~a nosotros~~...?

6 1. a. a él / d. a usted 2. b. a sus hijos / c. a ellas / e. a ustedes 3. b. a Corina / c. a usted 4. a. a ella / b. a su marido / c. a ustedes / d. a ellos / e. a sus amigas 5. a. a ustedes / c. a ellos 6. b. a ustedes / d. a ellas

18. Construcciones reflexivas y valorativas

Página 87

1 1. No hay verbo reflexivo 2. te acuestas
3. No hay verbo reflexivo 4. se ha puesto
5. No hay verbo reflexivo 6. nos vestimos
7. No hay verbo reflexivo 8. No hay verbo reflexivo
9. os ponéis 10. No hay verbo reflexivo
11. se levantan

2 1a. b, 1b. a 2a. a, 2b. b 3a. b, 3b. a 4a. a, 4b. b

Página 88

3 1. ducha 2. acuest**an** 3. se duerm**en** 4. nos 5. nos levanta**mos** 6. se 7. me levant**o** 8. me vist**o** 9. se afeit**a** 10. se bañ**a**, se pein**a** 11. te levant**as**

Página 89

4 1. se, las 2. se, las 3. se, el 4. se, los 5. se, los 6. se, los 7. se, el

5 1. f 2. g 3. a 4. c 5. h 6. b 7. e 8. c 9. d 10. h 11. b 12. a 13. f 14. e 15. g

6 1. Nos 2. os 3. nos 4. os 5. nos 6. se enamoraron 7. se cayeron 8. se besaron 9. se entienden

Páginas 91 y 92

7 1. *A mi madre* no ***le*** gusta**n** **los chicos** con pelo largo.
2. *A mis hermanas* ***les*** gusta **la ropa** y **salir** por la noche.
3. *A mí* ***me*** encanta sobre todo **viajar** y **dormir**.
4. *A todos nosotros* ***nos*** gusta mucho **el queso** francés.
5. *A todos nosotros* ***nos*** duele a menudo **la cabeza**.
6. ¿*A tus padres* ***les*** molesta **el tabaco**?

7. ¿*A tus hermanos* ***les*** interes**a la ecología**?
8. ¿*A vosotros* ***os*** gusta**n la sangría y la paella**?
9. ¿*A vosotros* ***os*** molesta**n los gatos**?
10. ¿*A tu hermana* ***le*** gust**a esquiar**?

8 1. me encanta, me gusta / c. les molesta
2. os fastidia, Os da vergüenza / a. nos molesta
3. nos molesta / e. me fastidia
4. te gusta / d. me encanta
6. me fastidia / j. les encanta
7. te molesta / i. me molesta, le importa
8. me encanta, Me relaja / h. me molesta
9. nos gustan / g. me gustan

9 1. Me da rabia... 2. Me alegran...
3. Me cae fatal... 4. Me apasionan... 5. Me resulta espantoso... 6. Me dan alergia...

A Jerónimo le da rabia ir de caza en invierno y coser zapatillas. **Le alegran** la luna llena sobre las montañas y mi sonrisa. **Le cae fatal** la nieta del jefe Pluma Roja.

A Alablanca le apasionan el olor a tierra mojada, pintarse la cara de colores y mi sonrisa. **Le resulta espantoso** lavar la ropa en el río y preparar tortas de maíz. **Le dan alergia** el humo de la pipa de la paz y los adornos de plumas.

19. Conjugación. Elementos básicos

Página 94

1 **Verbos en** *-ar*: entrar, llamar, levantarse, ocuparse, cortarse, acostarse, ducharse
Verbos en *-er*: poner, ser, tener, poder, aprender, haber, perderse, ponerse
Verbos en *-ir*: salir, conducir, oír, decir, reproducir, partir, irse, vestirse

Página 95

2 **Verbos en** *-ar*: cocinar (cocina), estar (estás), trabajar (trabajan), sentar (sentamos), cantar (cantas)
Verbos en *-er*: aprender (aprenden), ver (vemos), beber (bebe), traer (traen), comer (comemos), leer (lee)
Verbos en *-ir*: salir (salís), escribir (escribimos), pedir (pedís), dormir (dormís), vivir (vivimos), sentir (sentimos)

3 Abr**ir**, termin**ar**, escrib**ir**, aprend**er**, com**er**, desayun**ar**, pod**er**, conduc**ir**, ped**ir**, recib**ir**, sal**ir**, quer**er**, pon**er**, nac**er**, encant**ar**, romp**er**, prohib**ir**, soñ**ar**, dorm**ir**, pens**ar**

Página 96

4 **yo**: creo **tú**: escribes, envías, sabes
él, ella, usted: sabe
nosotros/-as: salimos, tenemos, cantamos, sabemos, saldremos
vosotros/-as: hacéis, comunicáis, venís
ellos, ellas, ustedes: llamarán, fueron, decían, tradujeron, estaban

5 1. llegaremos 2. podrás, sales
3. cenan 4. llevamos 5. pueden
6. agradecerán 7. iréis

20. Formas no personales: *hablar, hablando...*

Página 97

1 1. saltar 2. contar 3. rodar 4. salir 5. entrar 6. venir
7. vender 8. hacer 9. sentir 10. ir 11. amar
12. correr 13. volver 14. sudar

Página 98

2 1. ~~conduciendo motos~~ 2. ~~corriendo mañana~~
3. ~~acabo de comiendo~~ 4. ~~durmiendo sola~~
5. ~~durmiendo mucho~~

3 1. no girar a la derecha 2. no tocar el claxon
3. no adelantar 4. no comer 5. no hacer pipí
6. no besarse 7. no dormir

Página 99

4 1. yo 2. Cristina 3. yo 4. en general
5. tus amigos 6. la policía 7. Sra. López
8. en general 9. yo 10. vosotras
12. Antonio y Luis 13. en general

5 1. nadando 2. haciendo 3. poniendo
4. mordiendo

Página 100

6 2. repetir (irregular): rep**i**tiendo
3. dormir (irregular): d**u**rmiendo
4. reír (irregular): **r**iendo
5. sufrir: sufriendo
6. oír (irregular): o**y**endo
7. decidir: decidiendo
8. ir (irregular): **y**endo
9. salir: saliendo
10. competir (irregular): comp**i**tiendo
11. seguir (irregular): s**i**guiendo
12. producir: produciendo
13. mentir (irregular): m**i**ntiendo
14. compartir: compartiendo
15. sentir (irregular): s**i**ntiendo

7 1. ... cuando **estaba entrando** al cine
2. Ilsa **está estudiando** español...
3. Yo **estuve saliendo** con una chica francesa...

4. Yo ya me **estaba yendo**, cuando...
5. **Estuve trabajando** en esa empresa...

8 1. a 2. e 3. c 4. d 5. b

Página 101

9 1. *correcto* 2. ~~viniendo~~ venir
3. ~~Jugando~~ jugar 4. *correcto*
5. *correcto* 6. ~~buscando~~ buscar
7. *correcto* 8. ~~hablando~~ hablar
9. ~~estando~~ estar 10. *correcto*

Página 102

10 1. ha **escapado**: *correcto*, ha ~~volvido~~: **vuelto**, ha visto: *correcto*, ha ~~morido~~: **muerto** 2. ha ~~ponido~~: **puesto**, frito: *correcto*, he **comido**: *correcto* 3. he ~~rompido~~: **roto**, han ido: *correcto*, han ~~descubrido~~: **descubierto** 4. he encontrado: *correcto*, he ~~abrido~~: **abierto**, ha ~~escribido~~: **escrito**

11 1. puesta 2. dicho 3. rotos 4. hechas
5. sorprendidos 6. resueltas 7. estudiada (la mitad de...) / estudiados (los temas de...)

Página 103

12 1. Los científicos han **resuelto** bien el problema.
2. Elena no me había **convencido** con su explicación.
3. ¿Todavía no has **devuelto** los libros?
4. Pedro la habrá **asustado** con sus gritos.
5. Los economistas habían **previsto** una crisis.

13 1. rotas 2. rota 3. rotas 4. roto
5. abierta 6. abierto 7. abiertas
8. abierta 9. resuelto
10. resueltos 11. resuelto 12. resuelto

21. Presente de indicativo

Página 104

1 1. com**o**, cen**o**: *yo* 2. pued**e**, estudi**a**, le**e**, escrib**e**, practic**a**: *usted / el amigo de Hans*
3. viv**es**, com**es**: *tú* 4. sub**es**, llam**as**, abr**es**, entr**as**: *tú*
5. mir**áis**: *vosotros tres* 6. cant**an**: *Lucía y Sole / usted y su marido*, bail**amos**: *Elena y yo*
7. viv**ís**: *vosotros tres*

2 1. toc**o**, toc**as**, dej**as** 2. signific**a**, levant**as**, signific**a**, madrug**as** 3. pas**a** 4. deb**o**, esper**an**, beb**emos**
5. escuch**as**, signific**o** 6. habl**áis**, habl**amos**, practica**mos** 7. llev**áis**, viv**ís**

Página 105

3 1. pierden 2. empiezo 3. pensamos
4. prefieren 5. cierras 6. entendéis
7. sentimos 8. duele 9. recordáis
10. mueren 11. jugamos 12. encuentro
13. duermes 14. cuesta 15. vuelves
16. volamos

Página 106

4 1. ríe, reímos 2. piden, pedimos
3. persigue, perseguimos 4. repiten, repetimos
5. compiten, competimos 6. mide, medimos

5 1. hablo, ~~sabo~~ **sé** 2. parece, ~~parezo~~ **parezco**
3. ~~conozo~~ **conozco** 4. ~~salo~~ **salgo**, ~~caio~~ **caigo**

Página 107

6 1. veo 2. doy 3. traigo
4. sé 5. conduzco
6. desaparezco 7. supongo
8. reconozco

7 1. digo, dices, decimos 2. tengo, tienes, tenemos
3. oigo, oyes, oimos 4. estoy, estás, estamos
5. vienes, estoy, digo, oyes, estás, tengo

Página 108

8 1. sois 2. voy, hemos, vamos
3. hay, hay 4. has, he
5. es, son 6. vais

Página 109

9 1. Es verdad 2. No lo sabemos 3. Es verdad
4. No lo sabemos 5. Es verdad

10 Tengo, vuelven, es, tengo, es, voy, tengo

Página 110

11 puede, tienen, ayuda, Pueden, Miden, Pesan, alimentan, mantiene, ama, necesita, encanta, nada

12 1. P 2. F 3. F 4. P 5. G 6. F 7. F 8. G 9. F

13 1. c/piensa 2. a/siente 3. e/ahorra, gasta 4. b/se ríe
5. d/ve

22. Pretérito perfecto de indicativo

Página 111

1 1. Yo 2. Sus hermanos 3. Alejandro y tú
4. Su novia 5. Tú

2 1. He encendido (F) 2. has metido (H)
3. ha tenido (A) 4. has bebido (B)
5. Hemos ganado (G) 6. Ha salido (C)
7. hemos llegado (D)

Página 112

3 1. e 2. a 3. g 4. f 5. d 6. b

4 1. Han bailado toda la noche. 2. Han comido muchos dulces. 3. Ha ganado el gordo en la lotería. 4. Han ido a la playa. 5. Ha salido en televisión muchas veces.

Página 113

5 1. Pedro siempre (a) **ha conseguido buenos trabajos** hasta ahora. Ángel (b) **ha tenido trabajos** difíciles muchas veces.
2. Pedro (b) **ha ganado mucho dinero** en los últimos años. Ángel (a) **ha perdido mucho dinero** últimamente.
3. Pedro (b) **ha tenido muy buena salud** este año. Ángel (a) **se ha puesto enfermo tres veces** en los últimos meses.
4. Pedro (a) **ha conocido a una chica fantástica** esta semana. Ángel (b) **se ha separado de su mujer** esta semana.
5. Pedro (a) **ha encontrado una billetera** esta mañana. Ángel (b) **ha perdido su billetera** esta mañana.

Página 114

6 1. Pasado 2. Futuro 3. Pasado 4. Pasado 5. Futuro 6. Pasado 7. Futuro 8. Pasado

7 1. sí 2. no 3. no 4. sí 5. sí 6. no

23. Pretérito indefinido

Página 115

1 1. abriste 2. cerramos 3. bailó
4. canté 5. (indefinido) 6. oíste
7. hablé 8. huyeron 9. decidí
10. (indefinido) 11. invitaste
12. salió 13. comimos 14. (indefinido)
15. terminaron 16. vivimos 17. creyó
18. bebisteis 19. leyó 20. (indefinido)
21. encontraste 22. entraron
23. (indefinido) 24. construyeron
25. (indefinido) 26. estudiasteis
27. escondiste 28. decidisteis

Página 116

2 1. Presente 2. Indefinido
3. Indefinido 4. Presente
5. Presente 6. Indefinido
7. Indefinido 8. Presente

3 1. ~~veniste~~ **viniste**, ~~Hacimos~~ **hicimos**, bañamos
2. ~~conducíó~~ **condujo**, quise, ~~podí~~ **pude**, quitó
3. ~~dició~~ **dijo**, compraste, ~~teniste~~ **tuviste**

Página 117

4 1. introduje, produjo 2. dije, viniste, quisiste
3. tubimos, condujo 4. traduje, pude 5. hubo, hice

5 1. (irr.) repitió, repitieron 2. (irr.) hirió, hirieron
3. (r.) discutió, discutieron 4. (irr.) oyó, oyeron
5. (irr.) impidió, impidieron 6. (irr.) midió, midieron
7. (r.) salió, salieron 8. (r.) repartió, repartieron
9. (irr.) mintió, mintieron 10. (r.) decidió, decidieron
11. (irr.) prefirió, prefirieron 12. (irr.) persiguió, persiguieron 13. (irr.) rió, rieron 14. (irr.) presintió, presintieron 15. (irr.) compitió, compitieron

Página 118

6 1. Fuimos, dio 2. fuimos, fuimos, fuimos
3. dimos, Fue

7 1. oí 2. tomé 3. llegó 4. Llamaste

8 1. Hablaste 2. comimos
3. influyeron 4. Oísteis
5. bebimos

24. ¿Perfecto o indefinido? *Ha salido / Salió*

Página 120

1 1. b 2. a 3. b 4. a 5. a 6. b 7. b

2 1. has arreglado, he tenido 2. hemos pasado, fue
3. has ido, fui, he estado 4. has hecho, salí, casamos

Página 121

3 1. 'aquí' 2. 'aquí' 3. 'allí' 4. 'aquí'
5. 'aquí' 6. 'allí' 7. 'allí' 8. 'allí'
9. 'allí' 10. 'allí' 11. 'allí' 12. 'aquí'
13. 'allí' 14. 'allí' 15. 'aquí'

4 1. ha funcionado, dio 2. he dicho, has dicho, dijiste
3. pasaron, se casó, he pasado 4. hemos tenido, estuvimos, dijo 5. se enfadó, cambió

5 1. En los años 90 **ganamos** siete veces el campeonato de fútbol.
2. En los últimos diez años **hemos ganado** dos veces el concurso de levantar piedras.
3. En las fiestas del verano pasado **perdimos** la carrera de sacos.
4. Casi siempre en los últimos años **hemos perdido** el concurso de belleza masculina.
5. Siempre hasta ahora **hemos perdido** el tiro al plato de espaldas.
6. En el año 2004 **empatamos** en el concurso de paellas de marisco.
7. Últimamente, muchas veces, **hemos empatado** en el concurso de bandas de música.

Página 122

6 1. hemos traído 2. recordé 3. he olvidado 4. vi 5. ha empezado 6. has mojado 7. tapé 8. has cerrado 9. cerré 10. hemos tenido 11. encontré

25. Pretérito imperfecto de indicativo

Página 123

1 1. No le gustaba ir a los restaurantes. Nunca come en casa. 2. Llevaba una ropa muy clásica. Viste muy moderno. 3. No tenía amigos. Sale todas las noches con sus amigos. 4. Quería tener muchos hijos. Tiene tres perros.

Página 124

2 Cuando los padres de Blas llamaron a la puerta, él y Silvia estaban bailando muy pegados. Casimiro, el novio de Silvia, no **paraba** de mirar a Blas. **Había** varias botellas de cerveza en la mesa y el cenicero **estaba** lleno de colillas. La música **estaba** muy alta y todo el mundo se **reía** sin parar. La hermana de Silvia y el hermano de Blas **dormían** en el sofá, cogidos de la mano. La foto de los padres de Blas **tenía** tres chicles pegados. En la cocina, cuatro chicos **estaban** tirándose aceitunas unos a otros.

3 1. Ella 2. Usted 3. Él 4. Ella 5. Yo 6. Él 7. Yo 8. Ella 9. Yo

Página 125

4 1. iba 2. era 3. erais
4. veía 5. eran 6. veíais
7. éramos 8. ibais

Página 126

5 1. Tenía, Había, Era 2. era, se parecía, iba, llevaba 3. Se llamaba, Tenía, gustaba, sabía 4. Era, Costaba, llegaba, gastaba

6 1. cocinábamos, era, tenemos 2. podemos, veíamos 3. buscábamos, compramos 4. estamos, pasábamos, hacíamos

Página 127

7 1. Estaba en la oficina. Estaba hablando con el jefe. 2. Estaba en casa. Estaba comiendo solo. 3. Estaba en unos grandes almacenes. Estaba comprando ropa. 4. Estaba en el coche. Estaba besando a una chica.

8 1. Eran 2. Era 3. Hacía 4. había 5. cantaban 6. paseaba 7. corrían 8. estaba 9. miraba 10. era 11. conocía 12. parecía 13. bailaba 14. miraba 15. podía 16. Era 17. estaba 18. quería 19. gustaba

26. ¿Imperfecto, Indefinido o Pretérito perfecto?

Página 129

1 1a. volvimos 1b. volvíamos 2a. llevamos 2b. llevábamos 3a. supe 3b. sabía 4a. pareció 4b. parecía 5a. escondían 5b. escondieron

Página 130

2 1. estuve, estaba 2. estuvo, estaba 3. estábamos, estuvisteis, estuvimos 4. estabas, estaba, Estuve 5. estaba, estuve 6. estábamos, Estuvimos

Página 131

3 1. ¿Cómo **era** tu primera casa? 2. ¿Cómo **fue** el partido de fútbol? 3. ¿Cómo **era** el perrito que tenías? 4. ¿Cómo **era** la falda que llevaba Elena? 5. ¿Cómo **fue** tu primer día de trabajo? 6. ¿Cómo **era** tu hermana de pequeña? 7. ¿Cómo **era** el ladrón? 8. ¿Cómo **fue** la conferencia? 9. ¿Cómo **era** el hotel donde dormiste? 10. ¿Cómo **fue** el viaje? 11. ¿Cómo **fue** el curso de alemán? 12. ¿Cómo **era** el reloj que te regalaron?

4 1. era 2. Fue 3. estuvo 4. estaba 5. era 6. fue 7. se llamó 8. se llamaba

Página 132

5 1a. fui (hecho completo) 1b. iba (situación regular) 2a. estuvimos (hecho completo) 2b. estábamos (situación regular) 3a. llamaron (hecho completo) 3b. llamaban (situación regular) 4a. llevaba (situación regular) 4b. llevó (hecho completo) 5a. fue (hecho completo) 5b. eran (situación regular)

Página 133

6 Ayer yo **caminaba** tranquilamente por el bosque, porque **iba** a casa de Alablanca para llevarle pasteles y, de pronto, en el camino, un lobo muy malo **salió** de los árboles y se **puso** enfrente de mí, con la boca abierta. Yo **estaba** muerto de miedo, pero **salí** corriendo y, al final, **conseguí** escapar de él. **Podía** hacer dos cosas: o **volvía** a mi casa o **intentaba** llegar a casa de Alablanca, a pesar de todo. **Decidí** seguir andando para visitarla. Cuando **entré** en la casa, ella **estaba** acostada en la cama, pero **tenía** una cara muy extraña con muchos pelos. Por eso yo, rápidamente, **dejé** la comida al lado de su cama y **volví** a mi casa corriendo. Yo **era** Jerónimo, no **era** Brus Güilis.

7 1a. llevábamos 1b. hemos llevado 2a. sabía 2b. he sabido 3a. ha parecido 3b. parecía

Página 134

8 1. ha estado, estaba 2. habéis estado, hemos estado,

estábamos 3. estabas, estaba, He estado

Página 135

9 1. he ido 2. era 3. he hablado 4. ha invitado 5. quería 6. he ido 7. conocía 8. he dicho 9. era 10. ha creído 11. ha sido 12. estaba 13. era 14. he tenido 15. ha sido

10 1. trabajaba 2. era 3. tenía 4. preguntó 5. mentí 6. estaba 7. dije 8. era 9. estaba 10. Era 11. tenía 12. invitaba 13. contaba 14. fuimos 15. invitó 16. sabía 17. gustaba 18. llamé 19. fuimos 20. dije 21. era 22. puso 23. fue

27. Pluscuamperfecto de indicativo

Página 136

1 1. **habíais** dejado (b) 2. **había** ido (d) 3. **habían** quedado (e) 4. **había** quedado (f) 5. **había** visto (a)

Página 137

2 1. habían arreglado 2. había preparado 3. había sido 4. había estudiado 5. habíamos dejado 6. había ido

Página 138

3 1. habían comprado 2. había contado 3. había estudiado 4. había hecho 5. habían estado

4 1. correcto 2. ~~había viajado~~ **viajé** 3. ~~había echado~~ **echó** 4. correcto 5. correcto 6. ~~había venido~~ **vino** 7. correcto

28. Futuro

Página 139

1 1. P 2. F 3. P 4. F 5. F 6. P

Página 140

2 1. volverá 2. cambiaré 3. comeremos 4. dolerá 5. invitarás 6. hablaré 7. Estaréis 8. estarán

3 1. ~~deciré~~ **diré**, ~~venirá~~ **vendrá,** quitará dará 2. volverá ~~ponerá~~ **pondrá** 3. ~~saliré~~ **saldré** jugaré 4. iré, ~~saberé~~ **sabré,** ~~poderé~~ **podré** 5. traerán, ~~poneré~~ **pondré** recogeré, ~~quererá~~ **querrá**

Página 141

4 1. cabrá 2. tendrán 3. dirá 4. vendrá 5. saldrán 6. hará 7. sabrá 8. valdrá 9. podré 10. habrá

5 1. a 2. e 3. h 4. i 5. b 6. f 7. c 8. d

Página 142

6 1. conocerás, sentirás 2. cambiará 3. abandonará 4. Ganarás 5. querrá 6. Tendrás/Tendréis 7. morirás

7 1. Saldrá con otra. 2. Conocerá a otra persona más interesante que él. 3. Se arruinarán. 4. La próxima Navidad no estarán juntos. 5. Se separarán.

Página 143

8 1. Tendrá 2. sabrá 3. tendrá 4. gustarán 5. Vendrá 6. Estará 7. querrá 8. sabrá 9. Tendrá

9 1. b 2. b 3. a 4. b 5. b 6. b 7. a

10 Si hablas con ella:
1. tienes 2. eres 3. conoces 4. gusta 5. usas 6. Sales 7. Quieres 8. das 9. importa
Si hablas con tu amigo:
1. tendrá 2. será 3. conocerá 4. gustará 5. usará 6. Saldrá 7. Querrá 8. dará 9. importará

29. Futuro perfecto

Página 144

1 1. Habrás trabajado 2. habréis asustado 3. Habremos tomado 4. habrá olvidado 5. habrán perdido 6. Habrá salido

Página 145

2 1. (Lo sabe) 2. (Lo imagina) 3. (Lo imagina) 4. (Lo imagina) 5. (Lo sabe) 6. (Lo sabe)

3 1. (sí) 2. (no) 3. (no) 4. (sí) 5. (no) 6. (sí)

30. Condicional

Página 146

1 1. ~~sabería~~ **sabría**, podría 2. ~~salería~~ **saldría**, pasearía, ~~hacería~~ **haría**, ~~venirías~~ **vendrías** 3. sería, daría, ~~decería~~ **diría** 4. ~~querería~~ **querría**, ~~ponería~~ **pondría**, ~~habería~~ **habría**, haría 5. reiría, ~~Poderías~~ **Podrías**

Página 147

2 1. sabría 2. estaría 3. tendría 4. apetecería

Página 148

3 1. Era 2. estaban 3. vería 4. Estaban 5. estaba 6. Era 7. Querrían

4 1.gusta/~~gustaría~~ 2. ~~serás~~/serías 3. ~~llevaréis~~/llevaríais 4. ~~casaré~~/casaría 5. ~~contrataré~~/contrataría

6. ~~será~~/sería 7. ~~gusta~~/gustaría 8. importa/importaría 9. Puedes/Podrías 10. debemos/deberíamos 11. encantaría/~~encanta~~ 12. Podríamos/Podemos

31. Condicional compuesto

Página 149

1 1. **habría** metido 2. **habrías** asustado 3. **habríais** asustado 4. **habría** tenido 5. **habrían** explicado

Página 150

2 1. habrían avisado 2. habría puesto 3. habría tenido 4. habría olvidado

3 1. ... habría escuchado con mucho gusto. 2. ... también se habría enfadado con él. 3. ... le habría preguntado a quién. 4. ... le habría dado otro a él. 5. ... lo habría consolado. 6. ... se habría sorprendido mucho, pero habría comprendido. 7. ... se habría sentido ofendida y las habría rechazado. 8. ... habría jurado también quererlo siempre.

32. Formas del subjuntivo: *hablé*

Página 151

1 1. I, bebas 2. I, camine 3. I, perdone 4. I, rompa 5. I, viváis 6. I, miréis 7. limpias, S 8. I, cocines 9. cuida, S 10. caminas, S 11. corres, S 12. rompéis, S 13. I, limpiemos 14. miras, S 15. perdona, S 16. I, partamos 17. beben, S 18. I, corra 19. I, mejoren 20. saludamos, S

Página 152

2 1. sonreímos, sonriamos 2. amáis, sintáis 3. competimos, compitamos 4. preferís, prefiráis 5. dormimos, durmamos

Página 153

3 1. ~~ponamos~~ pongamos, traiga
2. ~~salamos~~ salgamos, ~~tena~~ tenga, ~~vena~~ venga
3. ~~conduza~~ conduzca, oiga

Página 154

4 1. veas 2. estés 3. vayas 4. seas 5. haya

Página 155

5 1. vivieron, viviera 2. probaron, probáramos 3. mintieron, mintiera 4. vinieron, viniéramos 5. eligieron, eligiéramos 6. rieron, riera 7. pudieron, pudieras 8. condujeron, condujera 9. quisieron, quisieras 10. escaparon, escapara

6 1. **tuvisteis**: es la única forma que no es subjuntivo
2. **vieron**: es la única forma que no es subjuntivo
3. **conduzca**: es la única forma que es presente de subjuntivo
4. **cayese**: es la única forma que es subjuntivo
5. **oyera**: es la única forma que es subjuntivo

Página 156

7 1. hayáis encontrado 2. haya llegado 3. hayas terminado 4. haya perdido 5. hayamos acertado

8 1. hubieras (-ses) cortado 2. hubiera (-se) ido 3. hubiera (-se) cambiado 4. hubiéramos (-semos) decidido

33. ¿Indicativo o subjuntivo?

Página 158

1 1. no 2. sí 3. sí 4. sí 5. no 6. no 7. no 8. no 9. no 10. no

Página 159

2 **Columna izquierda**:
Me parece que..., Estamos seguros de que..., Sé que..., Me han contado que..., Pensamos que..., Todos imaginan que...
Columna derecha:
¿Me permite que...?, Es fundamental que..., ¿No preferís que...?, ¿Me recomiendas que...?, ¿Necesitas que...?, No me puedes pedir que

Página 160

3 1. Nosotros/-as 2. Tú 3. En general 4. Tú 5. Nosotros/-as 6. Vosotros/-as 7. Tú 8. Tú 9. Nosotros/-as

4 1. ver 2. que hable 3. que hable 4. que no piense 5. que llame 6. que llame 7. que piense 8. que podamos 9. que confiese 10. que espere 11. que sepa

5 1. hablar 2. no insistas 3. busques 4. cambie 5. no esté 6. confieses 7. esperes 8. no está 9. estés 10. ayudarte

Página 161

6 1. cumplas, *g* 2. tengas, *b* 3. diviertas, *a* 4. descanses, *c* 5. tengas, *f* 6. seáis, *d*

7 1. Que no te pelees con nadie.
2. Que te comas tu bocadillo entero.
3. Que vayas siempre cerca de la maestra.
4. Que no te ensucies la ropa.

Página 163

8 **Introducimos una afirmación**:
Es evidente que..., Te aseguro que...
Introducimos una suposición:
Suponen que..., A ellas les parece que... Sospecho que...
Consideramos una posibilidad:
Me parece probable que..., Es bastante posible que..., Es posible que...
Rechazamos una idea:
No es cierto que..., Es falso que...

Página 164

9 1. son, tienen 2. sean, tengan 3. aprenden, son, tienen 4. aprendan, sean, tengan 5. aprendan, sean, tengan 6. aprenden, sean, tengan

10 1. ...**llevan** su casa en la espalda. 2. ...**tienen** dos antenas. 3. ...**son** muy pacíficos. 4. ...**puedan** ver la comida a varios kilómetros de distancia. 5. ...**tengan** una inteligencia muy parecida a la humana. 6. ...se **suban** encima de la cabeza de las palomas.

Página 165

11 1. baile, baila 2. no quiere 3. no quiere 4. tenga 5. no diga 6. deje 7. parezco 8. soy 9. sea 10. puede 11. voy, vaya 12. coma, como

Página 167

12 **Columna izquierda**:
Me imagino que..., Su marido piensa que..., He oído que..., ¿Ana te ha contado que...?, Yo he visto que..., ¡Me parece que...!

Columna derecha:
Es difícil que..., Es estupendo que..., Es verdaderamente extraño que..., ¿Crees que es importante que...?, Es un problema que..., Odio que...

13 1. *Es curioso*/... que Groenlandia **suspenda** su festival de nieve por una ola de calor.
2. *Me parece preocupante*/... que dos ex ladrones **presenten** un programa de televisión sobre robos.
3. *Me parece muy justo*/... que más de la mitad de los ministros del gobierno español **sean** mujeres.
4. *Está muy bien*/... que los japoneses ya **puedan** pagar en los supermercados con la huella dactilar.
5. *Me parece ridículo que*/... que una conocida marca de helados **investigue** en la fabricación de un helado para perros.
6. *Me parece exagerado*/... que un juez **mande** a prisión a un hombre por hacer chistes sexistas.
7. *A mí me da igual*/... que un perro **espere** diez días en la puerta de la comisaría hasta que liberan a su amo.
8. *Yo pienso que es lógico*/... que el gobierno **pague** 500 euros mensuales por cada hijo menor de tres años.

Página 168

14 1. Tú 2. Ellos/-as/Ustedes 3. Yo 4. Usted 5. Yo 6. Ellos 7. Tú 8. En general 9. En general

Página 169

15 1. b 2. a 3. b 4. a 5. b

Página 170

16 1. a 2. c 3. c 4. c

17 1. estás / ~~estés~~ 2. dice / ~~diga~~ 3. ~~dice~~ / diga 4. dice / ~~diga~~ 5. ~~quieres~~ / quieras 6. ~~puede~~ / pueda 7. dice / ~~diga~~ 8. lleva / ~~lleve~~ 9. ~~puedo~~ / pueda

Página 171

18 1. P 2. H 3. H 4. H 5. F 6. H 7. F

19 1. H, puedo 2. P, podía 3. H, tomo 4. P, tomaba 5. F, tome 6. P, hacíamos 7. F, haga 8. H, hago

Página 172

20 1. callara/-se 2. encuentre 3. tenga 4. visitara/-se 5. hubiéramos/-semos comido 6. haya querido 7. hayan previsto 8. vayas 9. hubiera/-se quedado 10. pensaras/-ses

21 1. sea 2. haya ocultado 3. fuera/-se 4. inventara/-se 5. pueda 6. haya estado 7. haya sido

34. Imperativo

Página 173

1 1. Ruego 2. Orden 3. Instrucción 4. Dar permiso 5. Invitación 6. Consejo

Página 174

2 1. Enciende 2. Llora 3. Sube, baja 4. Bebe 5. Baila 6. Sé 7. Ven 8. Ve 9. Pon 10. Di 11. Sal 12. Haz 13. Propón

3 1. Id 2. Tomad 3. Seguid 4. Tened 5. Hablad 6. Haced 7. Sed 8. venid 9. Volved

Página 175

4 1. salgan 2. traduzca 3. Hablen 4. Perdone 5. Tenga 6. Oiga 7. Hagan 8. Ponga 9. Vengan

5 1. fumes 2. salgas 3. bebas 4. conduzcas
5. pienses 6. tengas 7. creas

Página 176

6 1. fuméis 2. salgáis 3. bebáis 4. conduzcáis
5. penséis 6. tengáis 7. creáis

7 1. Escríbele, léeselas 2. Llámala 3. Díselo
4. Acompáñala 5. Perdónaselos 6. Házsela
7. Dúchate, ponte

8 Segunda columna:
No **se las deis** No **se las dé** No **se las den**
Tercera columna:
Piénsalo No **lo pienses** No **lo penséis** **Piénselo** **Piénsenlo**
Cuarta columna:
Siéntate No **te sientes** **Sentaos** **Siéntese** No **se siente** No **se sienten**
Quinta columna:
No **nos lo traigas** **Traédnoslo** No **nos lo traigáis** **Tráiganoslo** No **nos lo traiga** **Tráigannoslo** No **nos lo traigan**

35. *Ser y estar*

Página 177

1 Mis guantes son de lana. Son rojos.
Son pequeñísimos.
Mis gafas son de sol. Son muy oscuras.
Son cuadradas.
Mi móvil es rojo. Es Ricsson. Es un poco antiguo.

Página 178

2 1. están 2. están 3. está
4. estoy 5. Estoy 6. están
7. están 8. está

Página 179

3 1a. está 1b. (incorrecto)
2a. es 2b. (incorrecto)
3a. (incorrecto) 3b. es
4a. son 4b. (incorrecto)
5a. (incorrecto) 5b. es
6a. (incorrecto) 6b. está
7a. (incorrecto) 7b. están
8a. está 8b. (incorrecto)
9a. es 9b. (incorrecto)
10a. (incorrecto) 10b. está
11a. es 11b. (incorrecto)

4 **Juan** está contento. Está sentado. Es moreno.
Es mayor. Es alto. Es oficinista.
Pedro es un chico. Es joven. Es rubio. Es deportista.
Está triste. Es bajo.

5 1. Estábamos 2. era 3. soy 4. Tenía
5. estaba 6. es 7. está 8. es 9. están
10. son 11. Son 12. es 13. Era 14. está
15. está 16. es 17. es 18. estaba

36. *Haber y estar*

Página 181

1 1. hay (i) 2. ha (d) 3. hay (g) 4. Han (c)
5. Habéis (e) 6. hay (b) 7. hay (h) 8. hemos (f)

2 1. ~~habían~~ había coches, ~~hubieron~~ hubo muchos cambios 2. había silencio, ~~habían~~ había ruidos
3. había ordenadores 4. ~~han habido~~ ha habido unas fiestas 5. ha habido más gente 6. correcto

Página 182

3 1. Vegetación: En Vepiturno hay árboles.
En Marsatón no hay árboles, pero hay plantas.
2. Geografía: En Vepiturno hay un río.
En Marsatón no hay ríos, pero hay dos mares.
3. Vivienda: En Vepiturno hay pueblos.
En Marsatón no hay pueblos, pero hay una ciudad.
4. Habitantes: En Vepiturno hay niños.
En Marsatón no hay niños, sólo hay jóvenes o mayores.

Página 183

4 1. hay 2. están 3. hay 4. están
5. hay 6. hay 7. hay 8. hay 9. están
10. hay 11. hay 12. hay 13. está
14. está 15. hay 16. hay

Página 184

5 Queridos Reyes Magos: Este año hemos cambiado de casa y quiero explicaros dónde ~~hay~~/**está** la nueva. En Barcelona **hay**/~~está~~ una calle que se llama Vía Layetana. En esta calle no ~~hay~~/**está** mi casa. Es una calle muy larga que va al mar. En esta calle **hay**/~~están~~ muchos edificios bastante altos. A mitad de la calle, **hay**/~~está~~ un trozo de las murallas romanas. Enfrente de las murallas romanas **hay**/~~está~~ una callecita muy estrecha y en la esquina ~~hay~~/**está** “La Colmena”, que es una pastelería muy buena. Bueno, pues al lado de esa pastelería **hay**/~~está~~ un portal muy grande, de madera. Ésa es la puerta de mi casa. Cuando entras, **hay**/~~está~~ una puerta de hierro muy grande. Es la puerta del ascensor. Tenéis que subir al quinto piso. Al salir **hay**/~~están~~ dos puertas, una, a la derecha, y otra, a la izquierda. La de la derecha es la de mi casa. En mi casa **hay**/~~están~~ cuatro dormitorios. Mucho cuidado, mi dormitorio ~~hay~~/**está** al final del pasillo. En la puerta **hay**/~~está~~ un cartel que pone “Anita”. Yo soy Anita. Traedme muchos regalos, que he sido muy buena este año. Un beso para los tres. Anita.

37. Perífrasis verbales

Página 185

1 1. Va a suspender 2. Van a entrar 3. Va a nevar 4. Va a explotar 5. Va a saltar

2 1. vais a estudiar 2. vas a comer 3. vas a volver 4. vas a comprar 5. vais a ir

Página 186

3 1. iba a suspender 2. íbamos a entrar 3. iba a nevar 4. iba a explotar 5. iba a saltar

Página 187

4 1. **tienes que** / ~~hay que~~ 2. **tienes que** / **hay que** 3. **tienes que** / **hay que** 4. **tenía que** / ~~había que~~ 5. **ha tenido que** / ~~ha habido que~~ 6. **tienes que** / ~~no hay~~ 7. ~~Habéis tenido que~~ / **Ha habido que**

Página 188

5 1. Estamos aparcando, *e* 2. está sonriendo, *b* 3. están durmiendo, *d* 4. estoy planchando, *c*

Página 189

6 1. **dan** / ~~están dando~~ (d) **reciben** / ~~están recibiendo~~ 2. **hierve** / ~~está hirviendo~~ (f) 3. **está hirviendo** / ~~hierve~~ (a) 4. **Estamos dando** / ~~Damos~~ (e) 5. **dan** / ~~están dando~~ (g) **Me mareo** / ~~estoy mareando~~ 6. (c) **Estaba guardando** / ~~Guardaba~~ 7. **íbamos** / ~~estábamos yendo~~ (h) **Guardábamos** / ~~Estábamos guardando~~

7 1. parece 2. Estáis haciendo, tiene 3. estamos viendo, Es 4. estaba 5. estaba cortando, Estaba, llevaba 6. querías, estaba haciendo, sabía

Página 190

8 1. no 2. no 3. sí 4. no

9 1. Hicieron / ~~Estuvieron haciendo~~
2. ~~estuvo naciendo~~ / nació
3. He estado leyendo / ~~He leído~~
4. ~~había estado perdiendo~~ / había perdido
5. Estuve escribiendo / ~~Escribí~~
6. ~~Estuvimos chocando~~ / chocamos

38. Preposiciones (I): *de, a, desde, hasta, en...*

Página 193

1 1. de 2. al 3. en 4. de 5. al 6. de 7. a 8. de 9. de 10. a 11. de 12. a 13. del 14. de 15. al 16. de 17. de 18. de 19. a 20. a 21. A 22. en 23. en 24. de 25. a 26. a 27. a 28. de 29. de 30. de

2 1. correcto 2. Tengo un billete ~~a~~ **de** avión ~~con~~ **de** ida y vuelta 3. correcto 4. correcto 5. ¿Por qué estamos aquí? Me han traído ~~de~~ **a** la fuerza. 6. ¿Han venido ~~en~~ **a** Arábiga sólo a interrogarnos? 7. correcto 8. Perdone, inspector, ¿hay un teléfono cerca ~~a~~ **de** aquí? Tengo que hablar con mi mujer.

Página 194

3 1a. a 1b. b 2a. a 2b. b 3a. b 3b. a 4a. b 4b. a 5a. a 5b. b 6a. b 6b. a 7a. b 7b. a 8a. a 8b. b

4 1. b 2. b 3. b 4. a 5. a 6. b

Página 196

5 1. en, a 2. en, a 3. en 4. En, en 5. En, a, en 6. en, a 7. en

6 1. en *c.* entre 2. en *a.* en 3. en *b.* en 4. entre *f.* en 5. en *e.* en 6. en *d.* en, entre

7 1. incorrecta (~~A~~ **En** un bosque...) 2. correcta 3. incorrecta (~~Al~~ **En** el interior de...) 4. incorrecta (~~Al~~ **En** el centro de...) 5. incorrecta (~~Entre~~ **En** una palmera...) 6. correcta 7. incorrecta (Envuelto ~~a~~ **en** una...) 8. correcta

Página 197

8 1. por 2. por 3. por 4. por, por, por 5. Para 6. para 7. por 8. por 9. por 10. para 11. por 12. por

Página 198

9 1a. a 1b. b 2a. a 2b. b 3a. a 3b. b 4a. b 4b. a

10 1. correcto 2. correcto 3. correcto 4. correcto 5. correcto 6. correcto 7. incorrecto: por 8. incorrecto: por 9. incorrecto: para 10. correcto 11. incorrecto: por 12. incorrecto: por 13. incorrecto: por 14. correcto 15. correcto 16. correcto 17. correcto 18. correcto 19. correcto 20. correcto 21. correcto 22. correcto 23. correcto 24. correcto 25. incorrecto: para 26. incorrecto: por 27. correcto 28. incorrecto: por 29. incorrecto: por 30. correcto

Página 199

11 1. Todo lo ha descubierto **por**/~~para~~ los problemas con las preposiciones. 2. Los inocentes ya pueden volver ~~por~~/**para** sus casas. 3. Pero los culpables tienen que ir a la cárcel ~~por~~/**para** ser juzgados. 4. El juicio está previsto ~~por~~/**para** dentro de un mes. 5. La policía está muy agradecida **por**/~~para~~ tu trabajo y te van a nombrar policía de honor del reino de Chilab.

Página 200

12 1. con, sin 2. con, con 3. con, sin, con, sin, con 4. sin 5. con, sin 6. con, sin 7. con, sin 8. con 9. con 10. con 11. con, con 12. sin 13. con

13 1. contra, hacia 2. Contra, hacia 3. Hacia, hacia, hacia 4. Hacia, hacia, hacia, hacia 5. Contra, hacia

39. Preposiciones (II): *encima (de), debajo (de)...*

Página 202

1 1. delante 2. detrás 3. debajo 4. lejos 5. encima

2 1. al lado de/ a la derecha 2. debajo de 3. encima de 4. encima de 5. al lado de/ a la izquierda del 6. encima de 7. alrededor de 8. debajo de 9. debajo de 10. Encima de 11. encima de 12. encima de 13. encima de 14. detrás de 15. enfrente del/delante del

Página 203

3 1. detrás de Iván 2. enfrente del Banco Capital 3. enfrente de la vecina rubia 4. detrás del coche rojo 5. a la izquierda de la moto 6. delante de 7. enfrente de Colón 8. delante de 9. a la izquierda de, delante de 10. debajo de

4 1. al fondo 2. al otro lado 3. antes de 4. en el centro 5. después de 6. al final 7. Dentro 8. En medio 9. dentro del 10. después de 11. dentro de 12. fuera del 13. Al final del 14. dentro del

40. Preguntar y exclamar

Página 206

1 P.: Usted se llama Javier Rosales, ¿**verdad**?
J.: Sí, efectivamente.
P.: Trabaja en la universidad de verano de Laponia, ¿**no**?
J.: Sí, así es.
P.: Es evidente que usted conocía a la difunta Mercedes Clarín. ¿**Eran amigos o algo más**?
J.: Éramos simplemente amigos.
P.: ¿**Sabía que Mercedes Clarín salía con otro hombre**?
J.: No tenía ni idea. Tampoco me importa.
P.: ¿**Estuvo en casa de Mercedes el viernes 28 de enero alrededor de las 22.30**?
J.: ¿**Tengo que contestar a eso**? Es mi vida privada.
P.: Es mejor colaborar. Créame.
J.: De acuerdo, estaba en el bingo. Canté línea. Aquí tiene el cartón. Puedo irme ya, ¿**verdad**?

Página 207

2 1. Cuándo, *d* 2. Dónde, *e* 3. Cómo, *b* 4. Cuándo, *f* 5. Dónde, *a*

3 1. Cómo/Qué tal 2. Cómo 3. Qué tal 4. Cómo 5. Cómo/Qué tal 6. Qué tal 7. Qué tal

Página 208

4 1. Cuánto, *f* 2. Cuántas, *b* 3. Cuánta, *h* 4. Cuánto, *a* 5. Cuánto, *d* 6. Cuánta, *c* 7. Cuántas, *g*

5 1. Cuánto 2. Cuánta 3. Cuántos 4. Cuánto 5. Cuántas 6. Cuánto 7. Cuántos

Página 209

6 1. Por qué no, por qué no 2. Por qué no, porque 3. Por qué, porque 4. Por qué, porque 5. Por qué no, porque 6. Por qué no

7 1. ¿Dónde? 2. ¿Cómo? 3. ¿Cuándo? 4. Cuánto 5. ¿cuánto? 6. ¿Por qué?/¿Por qué no? 7. ¿Por qué?/¿Por qué no? 8. ¿Cómo?

Página 211

8 1. Qué, qué, cuál 2. Cuáles 3. Qué, cuál 4. Qué 5. Qué 6. qué, cuál, Cuál 7. Cuáles

Página 212

9 1. Qué 2. quién/cuál 3. quién 4. quién 5. Quiénes 6. quién 7. quiénes/cuáles 8. quién, cuál 9. Quién

10 1. Quiénes, *a* 2. Qué, *c* 3. Quién, *b* 4. Qué, *h* 5. Cuál, *g* 6. Cuáles, *f* 7. Qué, *e*

11 1. dónde 2. qué 3. Quién 4. cuántos 5. Cómo 6. Por qué 7. cómo/qué tal 8. qué

Página 213

12 1. I d, II c 2. I e, II f 3. I h, II g 4. I j, II i 5. I l, II k 6. I m, II n 7. I p, II o

Página 214

13 1. Qué 2. Cuál 3. Qué 4. Cuál 5. qué 6. Qué 7. Cuáles 8. Qué

14 1. De quiénes 2. Contra qué 3. Por cuál 4. De quiénes 5. Con qué 6. En quién 7. Con quién

15 1. ¿**Con cuántos** pasajeros a bordo?
2. ¿**Hasta cuándo** permanecerá en nuestra ciudad?

3. ¿**Adónde/Dónde** se trasladará ese mismo día?
4. ¿**Por cuántos millones** la ha comprado?
5. ¿**Desde cuándo** pertenece Intergas a Carlos Etéreo?

Página 215

16 1. qué 2. cuánto 3. dónde 4. si 5. cómo 6. cuál 7. qué 8. cuál 9. si 10. si 11. cuántos 12. cómo 13. cómo 14. si 15. qué 16. cuál 17. si 18. quién 19. cuáles 20. si

Página 216

17 1. d 2. c 3. b 4. h 5. f 6. e 7. g 8. k 9. j 10. l 11. i

Página 217

18 1. ¡Cuántos hijos tiene! 2. ¡Cuánto pesaba y fumaba antes y qué poco come ahora! 3. ¡Qué poco fuma ahora! 4. ¡Cuánto le gustan la música y el cine! 5. ¡Cuántos discos tiene! 6. ¡Cuánto sabe sobre actores, directores y películas! 7. ¡Qué poco va al cine!

19 1. ¡Cómo ha crecido Clara! 2. ¡Cómo ladra el perro! 3. ¡Cómo está la cocina! 4. ¡Cómo está el jardín! 5. ¡Cómo están los precios!

41. Comparar

Página 218

1 1. ... menos ojos que los Lisus. 2. ... más altos que los Lisus. 3. ... menos inteligentes que los Rizus. 4. ... más temprano que los Rizus. 5. ... más tarde que los Lisus. 6. ... más alcohol que los Lisus. 7. ... menos que los Rizus.

Página 219

2 1. La vida era más tranquila que ahora. 2. Los trenes iban más despacio que ahora. 3. La gente se casaba más joven que ahora. 4. La fruta tenía más sabor que ahora. 5. Hay más igualdad entre hombres y mujeres que antes. 6. La gente se divorcia más que antes. 7. La gente vive más años que antes. 8. La gente viaja más que antes.

Página 220

3 1. Lola (Carmen) es tan alta como Carmen (Lola). / Lola (Carmen) es igual de alta que Carmen (Lola). / Lola y Carmen (Carmen y Lola) son igual de altas 2. Lola no es tan delgada como Carmen. / Lola no es igual de delgada que Carmen. / Lola y Carmen (Carmen y Lola) no son igual de delgadas. 3. Lola (Carmen) desayuna tan tarde como Carmen (Lola). / Lola (Carmen) desayuna igual de tarde que Carmen (Lola). / Lola y Carmen (Carmen y Lola) desayunan igual de tarde. 4. Lola (Carmen) conduce tan rápido como Carmen (Lola). / Lola (Carmen) conduce igual de rápido que Carmen (Lola). / Lola y Carmen (Carmen y Lola) conducen igual de rápido. 5. Carmen no vive tan cerca del trabajo como Lola. / Carmen no vive igual de cerca del trabajo que Lola. / Carmen y Lola (Lola y Carmen) no viven igual de cerca del trabajo. 6. Lola (Carmen) no gana al año tanto como Carmen (Lola).

4 1. Carmen fuma tanto como Lola. / Carmen fuma igual que Lola. / Carmen fuma lo mismo que Lola. / Carmen y Lola fuman lo mismo. 2. Carmen habla igual que Lola. 3. Carmen bebe tanto como Lola. / Carmen bebe lo mismo que Lola. / Carmen y Lola beben lo mismo. 4. Carmen se pinta tanto como Lola. / Carmen se pinta lo mismo que Lola. / Carmen y Lola se pintan lo mismo. 5. Carmen duerme igual que Lola. 6. Carmen no desayuna tanto como Lola. / Carmen no desayuna lo mismo que Lola. / Carmen y Lola no desayunan lo mismo.

Página 222

5 1. la misma 2. el mismo 3. tanto, como, el mismo 4. pastillas, tantas 5. los mismos 6. amigas, las mismas 7. la misma, que

6 1. igual 2. igual de 3. el mismo 4. igual de 5. el mismo 6. las mismas 7. igual de 8. el mismo 9. el mismo 10. igual de 11. la misma

Página 223

7 1. c, e 2. e, a 3. b, f 4. f, c 5. a, d 6. k, h 7. j, g 8. h, j 9. g, k 10. i, i

Página 224

8 felicísimo/-a saladísimo simpatiquísimos
jovencísimo/-a interesantísimos/-as
antipatiquísimo amabilísimos/-as
facilísimo/-a sequísimas
agradabilísimo/-a divertidísimo

9 frágil tontos jóvenes grande
felices amable
blanco agradable

10 muchísimo recientísimamente lejísimos
poquísimo clarísimamente tardísimo
lentísimamente facilísimamente prontísimo
tranquilísimamente tempranísimo

11 1. cortísimo 2. rubísimo 3. larguísimo 4. altísimos 5. horrible 6. feísimo 7. espantoso 8. feísimo 9. larguísima 10. despeinadísimo 11. gastadísimos 12. normalísima 13. baratísima 14. magnífico 15. Guapísimo 16. elegantísimo 17. precioso 18. educadísimo 19. simpatiquísimo

20. lejísimos 21. cerquísima

Primera pregunta: Mimín y Felix
Segunda pregunta: Alejandro

12 1. carísimo 2. creidísimo 3. feísimo 4. muy bonito 5. horrible

Página 225

13 1. mejor 2. peor 3. mejor 4. menor 5. mejores 6. peores 7. mejores

14 1. ~~que a él~~, ~~que el suyo~~ 2. como él, ~~como él~~ 3. ~~que yo~~ 4. ~~como él~~ , ~~que él~~ 5. como yo 6. ~~que a él~~ 7. ~~que él~~, ~~que yo~~ 8. como yo, como a mí, ~~como yo~~, ~~que yo~~ 9. ~~que a él~~, ~~que de ella~~

42. Unir frases: *y, o, pero, sino, porque, cuando...*

Página 226

1 1. a 2. d 3. f 4. c 5. e 7. l 8. g 9. h 10. i 11. j 12. m

Página 227

2 1. 1 2. 1 3. 1 4. 0 5. 2 ó 2 6. 2 7. 2 ó 1 8. 1

3 1. y 2. o 3. o 4. ni 5. ni 6. o 7. ni 8. ni 9. y 10. y

4 1. y 2. y 3. ni, ni 4. ni 5. y 6. ni, ni 7. ni, ni 8. ni, ni 9. y

Página 228

5 1. pero, o, y 2. o, y, pero 3. o, y, pero 4. pero, o, y 5. o, pero, y

Página 229

6 1. Su marido no se llamaba Paco Frutales, sino Antonio Frutales. 2. Su marido no la abandonó por otra, sino que murió de un infarto. 3. Su primera película no fue un gran éxito sino un fracaso. 4. No fue la protagonista de "Historia de G" sino que tuvo un papel secundario. 5. No tiene siete hijos, sino tres. 6. Su hijo Julián no es director de cine sino que trabaja en un circo. 7. No ganó un Óscar por la película "José y yo" sino el premio "Cuidad de Teruel".

7 1. No tiene casa en Hollywood, pero tiene casas en París y en Roma. 2. Gregory Peck nunca la quiso, pero tuvo romances con varios actores de Hollywood. 3. Nunca ha tenido una buena crítica, pero ha ganado mucho dinero en el cine.

8 1. ~~pero~~ **sino** 2. correcto 3. ~~pero~~ **sino** 4. correcto 5. ~~pero~~ **sino** 6. correcto 7. ~~pero~~ **sino** 8. ~~pero~~ **sino**

Página 230

9 *Como Catalina sabe latín*, le he pedido que me ayude con la traducción. 2. Los niños no están en casa *porque se han ido al parque con su madre.* 3. *Como el banco estaba cerrado*, he tenido que pedirle dinero a mi hermano. 4. No te he llamado por teléfono *porque me he quedado sin batería en el móvil.* 5. *Como ya teníamos las entradas para el concierto*, no tuvimos que hacer cola. 6. Hemos puesto un ejemplo más *porque necesitábamos ocho.*

Página 231

10 1. Es que no había huevos. 2. Sí, porque, si no, se va a enfriar el pescado. 3. No, porque no hay mucho que hacer en la oficina. 4. Es que no tengo cepillo. 5. Es que no tenemos a nadie con quien dejar al niño. 6. Es que mi madre es de Milán. 7. Porque ya estamos en junio y los días son más largos.

Página 232

11 1. que puede andar 2. que canta 3. que vi ayer en el cine 4. que se enamora y se casa 5. que vive en un país 6. que ha ganado el festival 7. que tiene nueve años 8. que quiere comprarse

12 1. Un primo mío está casado con una japonesa *que se llama Machiko.* 2. Mi madre es traductora en una empresa *que está a 10 Km. de nuestra casa.* 3. Paola, mi hermana, escribe novelas *que tienen mucho éxito.* 4. Ferdinando, mi hermano, tiene una cámara *que era de mi abuelo* y se dedica a la fotografía. 5. Y yo tengo un trabajo *que no me gusta nada*, pero también tengo tiempo para estudiar español.

13 1. Bianca es azafata en una compañía aérea *donde gana mucho dinero* y también es bailarina. 2. Silvia trabajaba antes en una editorial *donde yo trabajé también*, pero ahora se dedica a escribir guías de viaje. 3. Lucca vive todo el año en un hotel de Milán *donde no pueden entrar ni niños ni perros.* 4. Piero vive en un pueblecito de la India *donde todavía no hay luz ni teléfono.* 5. Francesca es profesora en una escuela *donde sólo hay veinte estudiantes*, pero quiere dejar la enseñanza.

Página 233

14 1. Quieren **que** cenemos esta noche en un restaurante argentino. 2. Correcto 3. correcto 4. ¿Es necesario **que** lleve corbata? 5. Le gusta **que** le den masajes en los pies. 6. Correcto 7. Correcto 8. Últimamente no consigo **que** duerma. Está muy nerviosa.

Página 234

15 1. ...donde vive ahora, en casa de sus padres. ...como sólo ella sabe hacerla: fantástica. ...cuando se fueron sus padres de viaje. 2. ...donde come Carlos, un restaurante estupendo. ...como siempre, con prisa. ...cuando he terminado de hacer las cosas en el banco. 3. ...donde suele tocar los sábados: en el Auditorio General. ...como suele tocar: fatal. ...cuando nadie se lo esperaba: en la pausa. 4. ...donde se lo compró tu madre, en Zaza. ...como el de tu madre, con cinturón, pero blanco y negro. ...cuando empezaron las rebajas.

16 1. (d) Cuando 2. (b) Donde 3. (a) Como 4. (e) Cuando 5. (c) Como 6. (i) Como 7. (f) Donde 8. (j) como 9. (h) cuando

Página 235

17 1. se ducha 2. se viste 3. desayuna, ve la tele 4. apaga la tele 5. sale de casa

18 A. IV B. I C. III

Página 237

19 1. siempre que 2. en cuanto 3. hasta que 4. mientras 5. siempre que 6. mientras 7. desde que

20 1. antes de que 2. desde que 3. Siempre que 4. hasta que 5. Después de 6. hasta que 7. En cuanto 8. Antes de 9. Después de 10. desde que

Página 238

21 1. se quedará 2. vuelve 3. se casa 4. recibirá 5. se vuelve 6. tiene 7. dirigirá 8. sale 9. deja 10. podrá 11. abandona 12. vuelve

Página 239

22 1. Tendrá que venir el sábado **si** hoy no pudiera trabajar. (J) 2. **Si** te vas de viaje, tráeme una muñeca. (H) 3. Si acabara el informe antes de las dos, le invito a comer. (J) 4. ¿Me vas a llevar de viaje contigo **si** saco buenas notas? (H) 5. **Si** terminaras pronto, pasa por el banco a sacar dinero. (M) 6. No me podré dormir **si** no me lees un cuento. (H) 7. **Si** dejamos a la niña con mi madre, podríamos salir esta noche. (M) 8. Llámeme **si** tuviera algún problema el sábado en la oficina. (J)

23 1. Tristán, Félix, b 2. Félix, Tristán, e 3. Félix, Tristán, d 4. Tristán, Félix, a 5. Félix, Tristán, f

Página 240

24 1. Si dejo el trabajo un año... 2. Si me mudo a Madrid... 3. Si hago muchos viajes a París... 4. Si les compro una casa a mis padres... 5. Si dejara/-se de trabajar para siempre... 6. Si pudiera/-se comprar todas las casas de mi pueblo... 7. Si perdiera/-se el miedo a los aviones... 8. Si viviera/-se en Nueva York...

25 1. mi padre no habría abierto 2. no le habría picado 3. Si mi padre no hubiera / -se sido alérgico 4. se habría puesto 5. Si no se hubiera/-se puesto 6. no lo habría llevado 7. Si no lo hubiera/-se llevado 8. no se habría enamorado 9. Si no se hubiera/-se enamorado 10. no se habría casado 11. no se hubiera/-se casado con ella 12. no habría nacido a los nueve meses 13. no hubiera/-se nacido 14. no estaría 15. no podría contaros

43. Letras y sonidos

Página 242

1 1. **qu**eso 2. pae**ll**a 3. torti**ll**a 4. **ch**urros 5. po**ll**o, **ch**uleta 6. **ch**irimoyas 7. alca**ch**ofas, **ch**orizo

Página 244

2 a) risa escribir Roma rosa alrededor rincón roto ratón Sara familiar recibir calor sierra raro aparcar caro revolución subrayar toro

b) cosa cielo cola velocidad conoces práctico felices casco acusar costa cerrar cuscús crema casa encerrar canción círculo conciencia oscuro claro

c) guerra gitano antiguo lengua gesto gente ceguera guapo gris dirigir agenda tragedia generoso gas gato guitarra gorro ágil gracioso cirugía

d) yo ayer haya hay y ya rey reyes jersey playa ley leyes hoy trayendo

Página 245

3 1. **zarzuela** 2. **zoológico** 3. **cabeza** 4. **zar** 5. **círculo** 6. **ciega** 7. **cero** 8. **capital** 9. **circo**

4 1. ¿~~Ké~~ **Qué** tal estás? ¿~~Komo~~ **Cómo** va todo? ¿Te vienes a la disco esta tarde?
2. Te ~~kiero~~ **quiero** un montón. ¿~~Kedamos~~ **Quedamos** en ~~kasa~~ **casa**?
3. ¿~~Ké~~ **Qué** me dices? ¿~~Kieres~~ **Quieres** venir o no?
4. ~~Kalla~~, **Calla**, ~~kalla~~, **calla**, ~~ke~~ **que** ayer ~~konocí~~ **conocí** a un tipo guapísimo ,-)
5. ~~Kuando~~ **Cuando** vengas al ~~kole~~ **cole**, trae medio kilo de churros, ~~ke~~ **que** tengo hambre. Hoy hemos ~~komido~~ **comido** fatal.
6. Viaje muy ~~inkómodo~~ **incómodo**. Demasiados kilómetros.

Página 246

5 *¿g o j?*
masaje extranjero energía frágil
página mensaje conduje corrigió
lógico mágico gigante viejo jirafa
garaje urgente cogemos

¿b o v?
fabuloso vino cambiamos estuvo verde obtener
ver habitación posible móvil abrazo bomba
hablar botella vitamina vocabulario boca hierba
vaso vivo vuelo samba objetivo

¿ll o y?
llueve yo ya llevaron ayer llamar playa lleno
estrella llegarán llorar yegua yoga leyendo bella
bollo

6 1. sueños 2. añoramos 3. otoño, leña 4. daño 5. niños, niñas 6. bañamos, bañeras 7. enseñamos 8. año

7 1. jirafa 2. perro 3. goma
4. cuatro 5. zumo 6. queso
7. ella 8. río 9. champú 10. caro
11. cena 12. ayer

44. Acentuación

Página 248

1 gustan, árbol, pájaro, llévamelo, menú, calor, cadáver, mejor, coñac, abril, kilómetro, examen, carácter, además, ángel, hotel, imbécil, ojalá, agenda, haz, dáselos, palabra, dormir, dormid, sin, camisa, llámalo, fin, velocidad, sáltatela, subir, suben, descontrol, descontrolados, tómala, callad, callado, rayo, doctor, tranquilidad, goma, sal, botella, bébetelos, primo, escribir, alegre, inteligente, papel, papeles, salud, conductor, conductora.

2 1. camión 2. jardín, árbol 3. túnel 4. móvil
5. discusión, excursión 6. sofá, televisión 7. difícil

3 1. escribídnosla 2. secarlo 3. cántala
4. pónselo 5. míramelo 6. hazlos
7. devolvérmela 8. preparadlo 9. resolviéndolo
10. solucionarla 11. pintándonoslas 12. levantarlas
13. dilo 14. házselos 15. díselo

Página 249

4 1. normalmente 2. últimamente 3. seguramente
4. únicamente 5. tontamente

5 Puer-ta, via-je, sua-vi-dad, e-rais, pa-e-lla (no es diptongo), lí-ne-a (no es diptongo), sauna, diez, pa-ís (dos sílabas), le-ón (no es diptongo), cuí-da-la (tres sílabas), ca-í-da (tres sílabas), Ruiz, ra-íz (dos sílabas), sa-béis, con-táis, seis, nue-ve, vein-ti-séis, in-fier-no, fe-o (no es diptongo), reu-ní-a-mos (cuatro sílabas), de-vol-váis, soy, bú-ho (dos sílabas), Ra-úl (dos sílabas), clien-te, fiel, con-fiá-ba-mos, si-guién-do-los, cruel, dien-te, sue-ño, huir, i-bais, jer-séis, vais, pro-hí-bo (tres sílabas), re-ís-teis (tres sílabas), si-guien-tes, te-ó-ri-co (no es diptongo), fe-í-si-mo (cuatro sílabas), cien, i-gual, sies-ta, dú-o (dos sílabas), ví-a (dos sílabas), hue-vo, guion (también guión), in-ge-nuo, sa-bí-a (tres sílabas, imperfecto de 'saber'), sa-bia (femenino de 'sabio'), sin-tien-do, pie, ries-go, lue-go, fui-mos, se-páis, hay.

Página 250

6 *Carta de Luisito*:
Querida Susana: El otro día en casa de tu madre cuando ella tomaba el **té** y **tú** buscabas el CD, te miré a los ojos y, buf, fue genial. Para **mí** eres la chica más estupenda que he visto en mi vida. No **sé**, eres fantástica... ¿Vienes este domingo a patinar conmigo? Tengo unos patines nuevos. **Aquéllos** que te gustaban tanto se rompieron. Si quieres venir, me mandas un sms. Pon **sólo** una palabra: **sí**. Y entonces yo estaré muy contento porque no pasaré la horrible tarde del domingo solo. Luis.

Diario de Susana:
Querido diario: Hace muchos días que no te escribo. El domingo pasado salí con Luis y, bueno, fue un poco rollo. **Él** no habló casi nada y como yo hablo tanto, no **sé** qué pensar... ¿Se aburrió? ¿Se divirtió? No **sé**... Me escuchó, eso **sí**, pero no **sé** si me escuchó con ganas (yo a veces no escucho mucho si algo no me interesa mucho). Ah, Luis tiene unos patines nuevos... Me gustan mucho más **éstos** que los otros que tenía antes... **Éstos** son mucho más chulos... Pero yo a **aquéllos** les tenía cariño... Y el final, fue horrible... Sobre todo cuando **él** me dijo: "Susana, **tú** a **mí** me gustas mucho, y yo, ¿yo te gusto a ti?"... Y yo le dije: "**¿Tú** a **mí?**" Y entonces me puse muy nerviosa, cogí mis patines y me fui... Si le gusto, volverá... ¿Verdad que **sí**?

Índice temático

A: 192, 195
contracción con el artículo definido (*al*): 30, 192
con pronombres personales: 68, 70, 73, 85, 90
con complemento directo (CD) de persona: 68, 192
con complemento indirecto (CI): 68, 90, 192
Acento:
de los tiempos verbales:
del Condicional simple: 146
del Futuro: 139, 140
del Imperativo: 174
del Imperfecto de subjuntivo: 154
del Presente de indicativo: 104, 105, 107
del Presente de subjuntivo: 151, 152
del Pretérito imperfecto de indicativo: 124, 125
del Pretérito indefinido: 115, 116, 117
gráfico: ver **tilde**
Acusativo (**CD**): 68
Adjetivo: 23-28
apócope (*gran, buen, primer, tercer...*): 28, 63
concordancia con el sustantivo: 25
con cuantificadores: 66
género: 23-24
de género invariable: 23
formación del femenino: 23, 24
de nacionalidad o procedencia: 23, 24
terminados en consonante: 23
terminados en *-ista*: 23
terminados en vocal: 23
terminados en vocal tónica + *-n*: 23
terminados en *-or*: 23
número: 24
formación del plural: 24
singular terminado en vocal: 24
singular terminado en consonante: 24
plural en *-s*: 24
plural en *-es*: 24
usos: 23, 26, 27
antes del sustantivo: 26, 27
después del sustantivo: 26
posesivos: 43, 45
posición:
antes del sustantivo: 26, 27, 62
después del sustantivo: 26, 45
participio: 101, 102
superlativo absoluto (*-ísimo/-a...*): 223
mejor, peor, mayor, menor: 223
¿Adónde?: 214
Adverbio:
gerundio: 99
superlativo absoluto (*-ísimo/-a...*): 223
terminados en *-mente*: 223
acento gráfico (tilde) en los adverbios terminados en *-mente*: 248
Ahora (***mismo***): 188
Al: 30, 192
A la derecha / ***izquierda*** (***de***): 201
Al lado (***de***): 201
Al final (***de***): 203
Al fondo (***de***): 203
Al principio (***de***): 203
Alfabeto: 242
relación entre escritura y sonido: 242-245
Algo: ver **indefinidos**: 52
Alguien: ver **indefinidos**: 52
Algún, ***alguno***, ver **indefinidos**: 50
Alguna vez (***algunas veces***...): 113, 120, 126
Alrededor (***de***): 201
Antes: 123, 137, 138
Antes de (***que***): 203, 236
Apócope: ver **adjetivo** y **numerales cardinales**
Aquel, ***aquello***...: ver **demostrativos**
Artículos: 30-36
concordancia con el sustantivo: 30
casos especiales: 30
contracción (*al, del*): 30,192
formas: 30
formas de los definidos (*él, la, los, las*): 30
formas de los indefinidos (*un, una, unos, unas, uno*): 30
usos: 31, 33, 34
artículo Ø con sustantivos contables y no contables: 33
artículo definido en lugar de posesivo: 49, 88
en construcciones reflexivas: 88
con los indefinidos *otro, otra...*: 54
con el verbo *haber* (*hay, había, hubo...*) y con el verbo *estar*: 183
con el superlativo: 222
Ayer: 119, 128, 129

Bastante: 64, 66
Billón: ver **numerales**: 59
Buen, ***bueno***: 28

Cardinales: ver **numerales**
Cerca (***de***): 201
Cien, ***ciento***, ***cientos***: 58
Como:
para presentar una causa: 230
para introducir el segundo término de la comparación: 218, 219, 220, 221
para unir frases (la manera como se realiza una acción): 231, 233
con indicativo o subjuntivo: 170
¿Cómo?: 207
¡Cómo!: 217
Comparar: 218-225
superioridad o inferioridad (*más que, menos que*): 218
con cuantificadores: 218
uso de los pronombres sujeto: 218
igualdad (*igual, tan, tanto/-a, el mismo...*): 219-221
superlativo relativo (*el más, la más... de...*): 222
superlativo absoluto (*-ísimo/-a...*): 222
con *mejor, peor, mayor, menor*: 225
Complemento Directo (**CD**) **o acusativo**: 68
ver **pronombres personales**
el infinitivo: 97, 98

Complemento Indirecto (CI) **o dativo**: 68
ver **pronombres personales**
el infinitivo: 98
Complementos circunstanciales:
el infinitivo: 98
Con: 199
ver **pronombres personales**: 73
Concordancia:
con el sustantivo:
del adjetivo: 25, 225
de los artículos: 30
de los cuantificadores: 64, 65, 66
de los demostrativos: 37, 39, 40
de los indefinidos: 50, 52, 54
de los numerales cardinales: 56, 57, 58, 59
de los numerales ordinales: 62
de los posesivos: 43, 45, 47
del participio como adjetivo: 102
del participio y del adjetivo con *ser* y *estar*: 102, 177, 178
del participio con *tener*: 102
en las preguntas con *cuánto, cuánta...*: 208
en las preguntas con *cuál, cuáles...*: 210, 211, 213
en las preguntas con *quién, quiénes...*: 210
en las exclamaciones con *cuánto, cuánta...*: 216, 217
en las comparaciones con *el/la mismo/-a, tanto/-a...*: 210
con la persona gramatical: 43, 96
sujeto y verbo, el infinitivo como sujeto: 97
el sujeto del infinitivo: 98
el sujeto del verbo subordinado: 159, 168
en construcciones valorativas: 90
Condicional compuesto: 149-150
formas: 149
usos: 149-150
hacer suposiciones sobre el pasado del pasado: 149
hacer declaraciones hipotéticas sobre el pasado del presente: 150
Condicional compuesto o Futuro perfecto: 149
Condicional simple: 146-148
formas regulares: 146
formas irregulares: 146
usos: 147-148
hacer suposiciones sobre el pasado: 147
hacer declaraciones hipotéticas sobre el presente y el futuro: 148
Condicional o Futuro: 147
Condicional para pedir indirecta y cortésmente: 148
Condicionales: ver **oraciones condicionales**
Conjugación de los verbos: 94-96
ver **verbo** y **verbos conjugados**
Conjunciones: 226-229
y (*e*), *o* (*u*), *ni*: 226-227
pero, sino (*que*): 228, 229
porque: 230
si: 238-240
Conmigo, contigo: 73
Construcciones reflexivas: 70, 83, 87, 88
Construcciones valorativas (***gustar, encantar, doler, molestar, apetecer***...): 70, 83, 90, 97
con subjuntivo o infinitivo: 166, 168
Contable: ver **sustantivo contable**
Contra: 200
¿Cuál?, ¿cuáles?: 210, 211, 213
con el verbo *ser*: 213
con preposición: 214
con preposición (*¿Con cuál?...*): 214
Cuando: 119, 126, 128
relacionar temporalmente dos hechos: 171, 231-233, 235
con indicativo o subjuntivo: 171
¿Cuándo?: 207
con preposición (*¿hasta cuándo?...*): 214
Cuantificadores (***demasiado, mucho, bastante***...): 64-66
concordancia: 64, 65, 66
formas con sustantivos: 64, 65
contables y no contables: 64
formas con adjetivos, adverbios y verbos: 66
sin sustantivo: 64
usos: 64, 65
usos de *demasiado, mucho, muy, bastante, poco, nada de, ningún, ninguno...*: 64, 66
usos de *poco, un poco de ...*: 65
usos con *haber* (*hay, había, hubo...*): 183
usos con comparativos (*más que, menos que*): 218
¿Cuánto?, ¿cuánto/-a...?: 208
con preposición (*¿por cuánto?...*): 214
¡Cuánto/-a...!: 216

Dativo (CI): 68
De: 192, 194, 193
con frases preposicionales: 201, 203, 204
contracción con el artículo definido (*del*): 30, 192
ver **posesivos**: 48
ver **indefinidos**: 50
ver **numerales cardinales**: 59
ver **pronombres personales**: 73
¿De quién...?: ver **posesivos**: 48
Debajo (***de***): 201
Definidos: ver **artículos**
Decir:
para declarar o pedir: 165
Del: 30, 192
Delante (***de***): 201-202
ver pronombres personales: 73
Deletrear: 242
Demasiado: ver **cuantificadores**: 64, 66
Demostrativos: 37-42
formas (*este, ese, aquel...*): 37, 39, 40
adjetivos (*este, ese, aquel...*): 37
pronombres (*éste, ése, aquél...*): 39
pronombres neutros (*esto, eso, aquello*): 40
concordancia: 37, 39, 40
usos: 37, 39, 40
en relación con el espacio: 37
en relación con el tiempo: 39, 112
neutros: 40
con el verbo *estar*: 183
Dentro (***de***): 203

Desde (***que***): 113, 195-196, 236
Después de (***que***): 203, 237
Determinantes: ver **artículos**, **demostrativos**, **posesivos**, **indefinidos**, **cuantificadores** y **numerales**: 30-66
Detrás (***de***): 201-202
Diéresis: 243
Diptongos: 105, 249
¿Dónde?: 207
con preposición (*¿de dónde?...*): 214
Donde:
relativo: 168, 231, 233
con indicativo o subjuntivo: 169
Durante: 129

E: 226
El, la...: ver **artículos**
Él, ella...: ver **pronombres personales sujeto**
En: 192, 195
con expresiones de tiempo (*en septiembre, en Navidad, en* 2009...): 195
ver **pronombres personales**: 73
En el centro (***de***): 203
Encima (***de***): 201
En cuanto: 236
Enfrente (***de***): 202
En medio (***de***): 203
Entonación:
de las oraciones exclamativas: 216
de las oraciones interrogativas: 206
Entre: 73, 195
Es que: 230
Estar: 178, 182-183
con artículos definidos, demostrativos y posesivos: 183
estar o *haber*: 182-183
estar o *ser*: 177-178
con el pronombre *lo*: 78
concordancia con el participio: 102
Estar + **GERUNDIO**: 100, 188-190
verbo sin perífrasis o *Estar* + GERUNDIO: 188, 189
con hechos terminados: 190
posición de los pronombres: 82
Este, ese...: ver **demostrativos**
Esto, eso...: ver **demostrativos** neutros
Exclamar: 216- 217
sobre la intensidad (*¡qué!*): 216
sobre la cantidad (*¡cuánto/-a...!, ¡qué poco/-a...!*): 216, 217
sobre el modo (*¡cómo!*): 217

Femenino: ver **adjetivo**, **artículos**, **concordancia**, **demostrativos**, **indefinidos**, **posesivos** y **sustantivo**
Final (***al final***): 120
Formas no personales del verbo (**infinitivo**, **gerundio**, **participio**): 97- 103
posición de los pronombres personales: 81
Fuera (***de***): 203
Futuro de indicativo: 139-143
formas regulares: 139
formas irregulares: 140
usos: 141-143
predecir el futuro: 141
suponer el presente: 142
Futuro o Condicional: 147
Presente o Futuro: 142
Futuro, Presente o *Ir a* + INFINITIVO: 141
en oraciones condicionales: 238
Futuro perfecto de indicativo: 144-145
formas: 144
usos: 144-145
suponer el pasado del presente: 144
predecir el pasado del futuro: 145
Futuro perfecto o Pretérito perfecto: 144, 145
Futuro perfecto o Condicional compuesto: 149

Género: ver **adjetivo**, **artículos**, **concordancia**, **demostrativos**, **indefinidos**, **posesivos** y **sustantivo**
Gente (***familia, público***...): 22
Gerundio: 99-100, 199
formas regulares e irregulares: 99
usos: 100-101
posición de los pronombres personales: 81
acento gráfico (tilde) con pronombres personales: 81, 248
no con preposiciones: 101, 199
Gran, grande: 28
Gustar: ver **construcciones valorativas**

Hace (***un rato, un momento, unos días***...): 119, 122
Hasta (***que***): 128, 129, 193-194, 236
ver **pronombres personales**: 73
Hasta ahora: 113, 120
Haber: 180-183
formas: 180
usos: 180-181
de la forma impersonal (*hay, había, hubo*...): 181
como auxiliar de los tiempos compuestos del verbo: 103, 111, 136, 144, 149, 156, 180
sin determinantes o con indefinidos, cardinales o cuantificadores: 183
formación del Futuro de indicativo: 139
formación del Condicional simple: 146
Haber que + **INFINITIVO**: 187
posición de los pronombres: 82
Hacia: 200
Hoy: 112, 119

Igual (***que***), ***igual*** (***de***): 219
Imperativo: 173-176
positivo, formas: 173-175
forma *tú* regular e irregular: 173
forma *vosotros*: 174
forma *usted* y *ustedes*: 173
negativo, formas: 175
usos: 173
posición de los pronombres personales: 81, 176
acento gráfico (tilde) con pronombres personales: 81, 248
Imperfecto: ver **Pretérito imperfecto**
Indefinido: ver **Pretérito indefinido**
Indefinidos (***algún, alguno, ninguno,***

todo, ***alguien***, ***nadie***...): 50-55
concordancia: 50, 52, 54
formas: 50, 52, 54
usos: 50, 52-54
de *alguien, nadie, algo, nada, todo*: 52
de *algún, alguno, ningún, ninguno, todos*: 50
de *otro, otra*...: 54
con artículos y otros determinantes: 54
doble negación y posición respecto al verbo: 53
sin sustantivo: 50, 54
con haber (*hay, había, hubo*...): 183
ver **artículos**
Incluso: 73, 193
Indicativo: ver **Presente de indicativo**, **Pretérito imperfecto de indicativo**, **Pretérito indefinido**, **Pretérito perfecto de indicativo**, **Pretérito pluscuamperfecto de indicativo**, **Condicional simple**, **Condicional compuesto**, **Futuro de indicativo**, **Futuro perfecto de indicativo**
correspondencia con subjuntivo: 151, 154, 156, 172
indicativo o subjuntivo: 157-172
Infinitivo: 94, 97-98, 233
formas y usos: 97-98
con preposiciones: 97, 199
acento gráfico (tilde) con pronombres personales: 81, 248
posición de los pronombres personales: 81
sujeto en construcciones valorativas: 90
como complemento directo: 97
con perífrasis (*ir a, tener que, haber que*): 185, 187
*-**ísimo**/-**a***: 223
Ir a + **INFINITIVO**: 185-186
posición de los pronombres: 82

Jamás: 53, 175

La, ***las***, ***el***, ***los***...: ver **artículos**
Le, ***les***: ver **pronombres personales de complemento indirecto** (**CI**) **o dativo de tercera persona**
ver **construcciones valorativas**: 70, 90
presencia de *le, les* con objetos aún no identificados: 84
ver **combinación de pronombres**: 80
Lejos (***de***): 201
Lengua formal:
adjetivos antes del sustantivo: 27
ver **ordinales**: 63
ver **pronombres personales sujeto** 71
Lengua hablada
adjetivos antes o después del sustantivo: 27
ver **ordinales**: 61, 174
Lo, ***la***, ***los***, ***las***: ver **pronombres personales de complemento directo** (**CD o acusativo**) **de tercera persona**
en construcciones reflexivas: 88
Lo neutro: 78, 220

Mal, ***malo***: 28
Más (***que***): 218
Masculino: ver **adjetivo**, **artículos**, **concordancia**, **demostrativos**, **indefinidos**, **posesivos y sustantivo**
Mayor: 225
Me: ver **pronombres personales de primera persona**, **construcciones reflexivas** y **construcciones valorativas**
Menos (***que***): 218
Mejor: 225
Menor: 225
Mi, ***mis***, ***mío***...: ver **posesivos**
Mí: 73, 85, 90
Mientras: 236
Mil, ***miles***: ver **numerales**: 59
Millón, ***millones***: ver **numerales**: 59
Mismo (***que***): 220, 221
Modo (**del verbo**): ver **verbo**
Monosílabos: 247
Mucho: 64, 66
Muy: 66
Nada: ver **indefinidos**: 52
ver **cuantificadores**: 64, 66
Nada de: 64
Nadie: 52
Negar, **negación**:
doble negación y posición respecto al verbo: 53
imperativo negativo: 175
unir frases (*ni*): 226, 227
con *pero* o *sino*: 228
Neutro:
sustantivo: 14
demostrativos: 40
ver **pronombres personales**: 78
Ni: 227
doble negación: 53
Ningún, ***ninguno***...: ver **indefinidos**: 50, 53
ver **cuantificadores**: 64
No: ver **negar**, **negación**
ver **indefinidos**, doble negación: 53
con imperativo: 175
¿Por qué no?: 209
¿no?: 206
No contable: ver **sustantivo no contable**
Nos: ver **pronombres personales de primera persona**, **construcciones reflexivas** y **construcciones valorativas**
Nosotros, ***nosotras***: ver **pronombres personales sujeto**
Nuestro, ***nuestra***, ***nuestros***, ***nuestras***:
ver **posesivos**
Numerales: 56-63
cardinales (*uno, dos, tres*...): 56-60
apócope (*un, uno*): 57
concordancia: 56, 57, 58, 59
posición después de *otros, otras*...: 54
usos: 56
usos de la preposición *de*: 59
usos de *y*: 57, 58, 60
usos con los días del mes: 62
lectura de las cifras: 60
unidades (del 1 al 9): 56

decenas (del 10 al 99): 56, 57
centenas (del 100 al 999): 58
miles (del 1000 al 999.999): 59
millones: 59
usos con *haber* (*hay, había, hubo*...): 183
ordinales (*primero, segundo, tercero*...): 61-63
apócope (*primer, tercer*): 61
concordancia: 62
usos: 62, 63
hasta 10º: 61
a partir de 10º: 63
escritura: 61
posición: 61, 62
sin sustantivo: 62
para ordenar el discurso: 63
Nunca: 113, 120, 175
doble negación: 53

O: 226
Ojalá: 155
Oraciones causales (***porque***, ***como***, ***es que***): 230
Oraciones comparativas: ver **comparar**
Oraciones condicionales (***si***): 238-240
Oraciones de relativo (*que, donde, como, cuando*): 231-233
Oraciones exclamativas: ver **exclamar**
Oraciones interrogativas: ver **preguntar**
Oraciones subordinadas: el infinitivo: 98
en indicativo o en subjuntivo: 157
introducidas por *que*: 233
Oraciones temporales [*cuando*, *desde que*, *hasta que*, *en cuanto*, *mientras*, *siempre que*, *antes de* (*que*), *después de* (*que*)]: 235-236
Orden de la frase: 215, 216, 230
Ordinales: ver **numerales**: 61-63
Ortografía:
c/*q*: 242
c/*q*/*k*: 244
c/*z*: 20, 244
diéresis: 243
ordinales: 61
signos de interrogación: 206
signos de admiración: 216
Os: ver **pronombres personales de segunda persona**, **construcciones reflexivas** y **construcciones valorativas**
Otro, ***otra***...: ver **indefinidos**: 54

Para: 197
para que + SUBJUNTIVO: 159
ver **pronombres personales**: 73
Parecer: con el pronombre *lo*: 78
Participio: 101-103
formas regulares e irregulares: 101
uso como adjetivo: 102
uso en las formas compuestas del verbo: 103, 111, 136, 144, 149, 156
Pasado (***el jueves*** / ***el año*** / ***el mes pasado***...): 119
Peor: 225
Perfecto: ver **Pretérito perfecto**
Perífrasis verbales: 185-190
Ir a + INFINITIVO: 185-186
Tener que / *Haber que* + INFINITIVO: 187
Estar + GERUNDIO: 188-190
posición de los pronombres: 82
Pero: 228
Plural: ver **adjetivo**, **artículos**, **concordancia**, **demostrativos**, **indefinidos**, **posesivos y sustantivo**
Pluscuamperfecto: ver **Pretérito pluscuamperfecto**
Por: 197
ver **pronombres personales**: 73
¿Por qué?, ***¿Por qué no?***: 209, 230
Porque: 209, 230
Poco: ver **cuantificadores**: 64, 65, 66
Posesivos (***mi***, ***tu***, ***su***...; ***mío***, ***tuyo***...): 43-49
concordancia: 43, 45, 47
formas: 43, 45, 47, 48
antes del sustantivo (*mi, tu, su*...): 43
después del sustantivo (*mío, tuyo, suyo*...): 45
sin sustantivo (*el mío, el tuyo*...): 47
usos: 43, 45, 46, 47, 48, 49
determinantes (antes del sustantivo): 43, 46
adjetivos (después del sustantivo): 45-46
para expresar la pertenencia (*mío, tuyo, suyo*...): 48
sin sustantivo: 47
casos especiales: 49, 88
con el verbo *estar*: 183
Preposiciones: 192-204
a, con, contra, de, desde, hacia, hasta, en, entre, para, por, sin: 192-200
frases preposicionales (*al fondo* (*de*), *al final* (*de*), *encima* (*de*), *debajo* (*de*)...): 201-204
con interrogativos: 214
con pronombres personales (*a mí, para usted, sin ellos*...): 73
preposición *con* y pronombres: (*conmigo, contigo, con usted*...): 74
Preguntar: 206-215
preguntas de respuesta *sí* o *no*: 206
por el lugar, el tiempo y el modo (*¿dónde?*, *¿cuándo?*, *¿cómo?*, *¿qué tal?*): 207
por la cantidad (*¿cuánto?*, *¿cuánto/-a...?*): 208
por la causa (*¿por qué?*): 208
por cosas (*¿qué?*, *¿cuál?*, *¿cuáles?*): 210
por personas (*¿quién/-es?*, *¿qué?*, *¿cuál/-es?*): 211
interrogativos con preposición (*¿con quién?*, *¿de qué?*, *¿hasta cuándo?*...): 214
indirectas (*no sé si..., preguntan dónde*...): 214
Presente de indicativo: 104-110
formas regulares: 104
formas irregulares: 105-108
e → *ie* (*querer, pensar, empezar*...);
o → *ue* (*poder, doler, dormir*...);
u → *ue* (*jugar*): 105
e...-ir → *i* (*pedir, seguir*...): 105
primera persona irregular (*hacer, poner, salir*...) y terminados en *-ecer, -ocer, -ucir*: 106
primera persona irregular y otras

[Presente de indicativo]
alteraciones (*tener, venir*...): 107
totalmente irregulares (*ir, ser, haber*): 108
usos: 108-110
afirmar el presente: 108
afirmar el futuro: 109
afirmar en general: 110
Presente o Futuro: 142
Presente, Futuro o *Ir a* + INFINITIVO: 141
en oraciones condicionales: 238
Presente de subjuntivo: 151-153
formas regulares: 151
formas irregulares: 152-153
verbos con alteraciones vocálicas (*empezar, querer, pedir, reír, mentir, dormir*...): 152
verbos con raíz irregular (*hacer, venir, decir, salir, tener*...): 153
totalmente irregulares (*ir, ser, estar, ver, haber, saber*): 153
correspondencia con el indicativo: 151, 172
usos: 151, 157-172, 175-176
subjuntivo o indicativo en oraciones subordinadas: 157-172
en oraciones condicionales: 238
en oraciones temporales: 171, 235-237
uso como imperativo: 175-176
Pretérito imperfecto de indicativo: 115-118
formas regulares: 124
formas irregulares (*ir, ser, ver*): 125
usos: 123, 125-127, 128-134
describir cualidades: 125, 130
describir situaciones regulares: 126, 132
describir situaciones momentáneas: 125, 128
Imperfecto o Presente: 123, 125, 126, 127
Imperfecto o Indefinido: 128-132
Imperfecto o Perfecto: 133
Imperfecto, Perfecto o Indefinido: 118, 119, 134
Pretérito imperfecto de subjuntivo: 154-155
formas regulares: 154-155
formas irregulares: 154-155
correspondencia con el indicativo: 172
usos: 154
en oraciones condicionales: 239
Pretérito indefinido: 115-118
formas regulares: 115
formas irregulares: 116-117
verbos con raíz irregular (*decir, poder, tener*...): 116
verbos *e...-ir* y *o...-ir* (*pedir, reír, dormir* ...): 117
totalmente irregulares (*ir, ser, dar*): 117
usos: 115, 118, 119-122
Perfecto o Indefinido: 119-122
Imperfecto o Indefinido: 128-132
Indefinido, Perfecto o Imperfecto: 118, 119, 134
Pretérito perfecto de indicativo: 111-114
formas: 111
usos: 111-114, 119-122
el pasado del presente: 112-113
el pasado del futuro: 114
Perfecto o Indefinido: 118, 119-122
Imperfecto o Perfecto: 133
Perfecto, Indefinido o Imperfecto: 118, 119, 134
Pretérito perfecto o Futuro perfecto: 144, 145
Pretérito perfecto de subjuntivo: 156
formas: 156
usos: 156
Pretérito pluscuamperfecto de indicativo: 136-138
formas: 136
usos: el pasado del pasado: 137-138
Pluscuamperfecto, Perfecto o Indefinido: 137
Pretérito pluscuamperfecto de subjuntivo: 156
formas: 156
usos: el pasado del pasado: 156
en relación con el indicativo: 172
en oraciones condicionales: 240
Primer, primero: 28, 61, 62
Pronombres:
demostrativos (*éste, ése, aquél*...): 39
demostrativos neutros (*esto, eso, aquello*...): 40
personales (*me, te, se*...; *lo, la*...; *le, les, se*...; *me lo, te la, se los*...): 68-92
complemento directo (CD) o acusativo de tercera persona (*lo, la, los, las*):
formas y usos: 76, 78, 79, 80, 83, 84, 88
lo neutro: usos: 78
complemento indirecto (CI) o dativo de tercera persona (*le, les, se*):
formas y usos: 76, 80, 84
presencia de *le, les* (con objetos aún no identificados): 84
se en los infinitivos de las formas reflexivas: 94
complemento directo (CD) o acusativo y complemento indirecto (CI) o dativo de primera y segunda persona (*me, te, nos, os*):
formas y usos: 75, 79, 80
sujeto (*yo, tú, él, usted*...): formas y usos: 71-72, 73, 74
presencia y ausencia de los pronombres sujeto: 72
concordancia con el verbo: 96
con preposiciones: (*a mí, de ti, para usted, sin ellos*...): 73
con la preposición *con*: (*conmigo, contigo, con usted*...): 74
usos de *mí, ti* con preposiciones: 73
en las comparaciones: 218
posición:
antes del verbo: 79, 80, 82, 83
después del verbo: 81, 82
con perífrasis verbales: 82
con imperativo: 82
combinación de dos pronombres (*me lo, te la, se las*...): 80
reduplicación de pronombres (*a mí me, a ti te, a él le*...): 85
en construcciones reflexivas (*me, te,*

se...): 70, 83, 87, 88
usos de *lo, la, los, las*: 88
la reciprocidad: 89
en construcciones valorativas (*me, te, le*...): 70, 83, 90, 94
Pronunciación: 242-245

Que:
para introducir el segundo término de la comparación: 218, 219, 221, 222
relativo: 36, 168, 169, 231
para introducir una frase/oración subordinada con verbo conjugado: 159, 161, 168, 233
¿Qué?: 210, 211
con el verbo *ser*: 213
con preposición (*¿con qué?*...): 214
¡Qué!: 216
¡Qué poco/-a...!: 217
¿Qué tal?: 207
¿Quién? ¿quiénes?: 210, 211
con preposición (*¿con quién?*...): 214

Reflexivos: ver **construcciones reflexivas**

Se: ver **pronombres personales**
ver **construcciones reflexivas**: 70, 87, 88
ver **combinación de pronombres**: 80
Según: ver **pronombres personales con preposición**: 73
Ser: usos: 177
ser o *estar*: 177-178
con posesivos para expresar la pertenencia: 48
con *¿qué?* y *¿cuál?*: 213
con el pronombre *lo*: 78
Si: condicional: 238
preguntas indirectas: 215
Siempre (que): 113, 120, 126, 236
Sílaba: 247, 249
tónica: 247
diptongos: 249
Sin: ver **preposiciones**: 199
ver **pronombres personales**: 73
Singular: ver **adjetivo**, **artículos**, **concordancia**, **demostrativos**, **indefinidos**, **posesivos** y **sustantivo**
Sino (que): 228, 229
Sonidos: 242-244
Su, sus, suyo...: ver **posesivos**
Subjuntivo: ver **Presente de subjuntivo**, **Pretérito imperfecto de subjuntivo**, **Pretérito perfecto de subjuntivo**, **Pretérito pluscuamperfecto de subjuntivo**
formas: 151-156
indicativo o subjuntivo: 157-172
subjuntivo o infinitivo: 159, 168, 237
Sujeto:
con determinantes: 34
ver **pronombres personales sujeto**: 68, 71-74
en construcciones valorativas: 83, 90, 97
concordancia con el verbo: 96
el infinitivo como sujeto: 97
el sujeto del infinitivo: 98
Superlativo: 222-223
Sustantivo: 13-22
género: 14, 15, 17, 18, 19
casos especiales: 15, 19, 30
con terminación especial: 18
terminado en *-a*: 14, 17
terminado en *-aje*: 15
terminado en *-ante*: 18
terminado en *-ción*: 15
terminado en consonante: 17
terminado en *-dad*: 15
terminado en *-e*: 17
terminado en *-ista*: 18
terminado en *-o*: 14, 17
terminado en *-or*: 15
terminado en *-sión*: 15
terminado en *-tad*: 15
formación del femenino: 17, 18
número: 20, 21, 22
formación del plural: 20
plural en *-s*: 20
plural en *-es*: 20
casos especiales: 21, 22
singular: 20
singular terminado en consonante: 20
singular terminado en las vocales *-í* o *-ú*: 20
singular terminado en *-s*: 20
singular terminado en vocal: 20
singular terminado en *-y*: 20
contable:
con artículos: 33, 34
con cuantificadores: 64
con *¿cuántos/-as?*: 208
con *¡cuántos/-as! y ¡qué pocos/-as!*: 217
con *el mismo, la misma... y tantos/-as*: 221
no contable:
definición: 21
con artículos: 33, 34
con cuantificadores: 64
con *¿cuánto/-a?*: 208
con *¡cuánto/-a!* y *¡qué poco/-a*: 217
con *el mismo, la misma... y tanto/-a*: 221

Tampoco: 53, 175
Tan / Tanto/-a... (como): 219, 220, 221
Te: ver **pronombres personales de segunda persona**, **construcciones reflexivas y construcciones valorativas**
Tener: 178
***Tener que* + INFINITIVO**: 187
posición de los pronombres: 82
Tercer, tercero: 28, 61, 62
Ti : 73, 85, 90
Tilde (acento gráfico): 209, 230, 247-250
reglas generales: 247
en monosílabos: 247, 250
en infinitivo, gerundio e imperativo positivo con pronombres: 81, 248
en los adverbios terminados en *-mente*: 248
en los diptongos: 249
en los pronombres demostrativos: 39
en el Pretérito indefinido: 115
Tiempos verbales: ver **verbo**
Todo; todos, todas: ver **indefinidos**: 50, 52

Toda la vida: 113
Todos los días (***todas las semanas***...): 126
Tú: ver **pronombres personales sujeto**
Tu, ***tus***, ***tuyo***....: ver **posesivos**
Todavía: 119

U: 226
Últimamente: 113
Un, ***uno***, ***una***...: ver **artículos**
ver **numerales**: 56, 57
Un poco de: 65
Usted, ***ustedes***: ver **pronombres personales sujeto**

Verbo:
compuestos (derivados): 101, 106, 116, 140, 153, 173
con cuantificadores: 66
complementos del verbo:
ver **pronombres personales de complemento directo** (**CD**) **e indirecto** (**CI**)
conjugados: ver **verbos conjugados**: 252-273
conjugar un verbo: 94
formas regulares:
terminados en *-ar*: 95, 252
terminados en *-er*: 95, 252
terminados en *-ir*: 95, 253
en Presente de indicativo: 104
en Pretérito imperfecto: 124
en Pretérito indefinido: 115
en Futuro de indicativo: 139
en Condicional simple: 146
en Presente de subjuntivo: 151
en Pretérito imperfecto de subjuntivo: 154, 155
en imperativo: 173-175
gerundio: 99
participio: 101
formas irregulares: ver **verbos conjugados** 253-273
en Presente de indicativo: 105, 106, 107, 108
en Pretérito imperfecto: 125
en Pretérito indefinido: 116, 117
en Futuro de indicativo: 140
en Condicional simple: 146
en Presente de subjuntivo: 152, 153
en Pretérito imperfecto de subjuntivo: 154, 155
en imperativo: 173
gerundio: 99
participio: 101
sin perífrasis y con perífrasis: 188
formación de los tiempos compuestos: *haber* + PARTICIPIO: 103
modos: ver **indicativo**, **subjuntivo**, **imperativo**
terminaciones de persona: 96
tiempos verbales:
de indicativo: ver **Presente de indicativo, Pretérito imperfecto, de indicativo, Pretérito indefinido, Pretérito perfecto de indicativo, Pretérito pluscuamperfecto de indicativo, Condicional simple, Condicional compuesto, Futuro de indicativo, Futuro perfecto de indicativo**
de subjuntivo: ver **Presente de subjuntivo, Pretérito imperfecto de subjuntivo, Pretérito perfecto de subjuntivo, Pretérito pluscuamperfecto de subjuntivo**
terminaciones de persona: 96
como *gustar*: ver **construcciones valorativas**
reflexivos: ver **construcciones reflexivas**
Verbos conjugados: 252-273
¿verdad?: 206
Vez (***alguna*** / ***la última vez***; ***algunas*** / ***muchas veces***...): 113, 119, 120, 126
Vocal átona: 20
Vocal tónica: 23
Vosotros, ***vosotras***: ver **pronombres personales sujeto**
Vuestro, ***vuestra***, ***vuestros***, ***vuestras***: ver **posesivos**

Y: 226
usos con numerales cardinales: 57, 58, 60
Ya: 122
Yo: ver **pronombres personales sujeto**

¿Te acuerdas de cuando hablábamos con infinitivos?
¡Cómo hemos cambiado!
Continuará...